KB109980

대승,
현상과 본질을 뛰어넘다 上

대승기신론 강의

번뇌즉보리 총서 1

대승,
현상과 본질을 뛰어넘다 上

대승기신론 강의

월인越因 지음

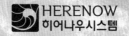

HERENOW
히어나우시스템

차   례

상相, 현상과 본질, 번뇌와 보리는 서로 의존한다

지금 불행을 느끼는 것은 현재 마음 아래에는 행복의 느낌이 올라와 있다는 증거입니다. 그것에 주의를 주어보고, 이후 다시 둘 다에 주의를 주어보면 뭔가 심오한 깊음이 느껴질 것입니다. 이것을 대승기신론에서는 의타성依他性이라고 합니다. 당신이 외로움을 느낀다는 것은 그 아래에는 우주적 충만함, 우주가 함께한다는 느낌이 동시에 나타나 있기에 느껴진다는 것입니다.

또한 당신이 충만 속에 있고 기쁨로 가득할 때 언뜻 외로움과 슬픔의 그림자가 느껴지는 것은 바로 지금 이 순간 기쁨을 느끼는 마음의 배경에 슬픔과 외로움이 일어나있기 때문입니다. 그래서 우리는 항상 사랑하는 사람과의 깊은 충만 속에서도 한편으론 그 깊이만큼이나 큰 외로움을 느끼는 것입니다. 나무가 하늘높이 솟아있는 것은 지금 이 순간 땅속 깊이 뿌리가 박혀있기 때문임과 같습니다.

당신이 이 순간 느끼는 모든 선함은 그 이면에 비교대상인 악함을 마음에 떠올리고 있기에 느껴지는 것입니다. 그래서 선함 속에 있다는 것은 곧 악한 느낌을 동시에 느끼고 있는 것이므로 미묘하게 악에 물들고 있는 것이기도 합니다.

정의를 강하게 주장하고 느끼는 이들이 경찰이 되지만 오래지않아 부정을 더 많이 저지를 소지를 안고 있는 이유도 바로 이 때문입니다. 이미 정의를 느끼는 사람은 그 이면에 정의롭지 않은 마음을 일으켜 그것을 기반으로 비교하여 정의를 느끼기 때문에 그렇습니다.

이것을 우리의 감정에 사용해봅시다. 지금 당신이 커다란 불안 속에 있다면 이는 곧 그것을 느끼기 위해 이면에 아주 안정된 느낌을 불러일으키고 있다는 반증입니다. 그렇지 않으면 우리는 그것을 느낄 수 없기 때문이지요. 느낌이란 이렇게 비교를 통해서만 느낄 수 있습니다. 비교대상을 갖지 않은 것에 대해 우리가 그것을 좋다거나 싫다고 하지 못하는 이유가 그것이지요.

이처럼 상相이란 '함께 안다', '함께 느낀다'는 의미입니다. 서로가 서로를 느끼는 기반이 되어주는 것이지요. 대승기신론에서 가장 깊이 이해하고 넘어가야 할 용어가 있다면 바로 상相이라는 단어입니다. 마음의 상이란 사실 '상像'을 써야 적당하겠지만 이보다 더 깊은 마음의 작용을 본다면 모든 느낌은 의타적인 상相이 되어야 함을 통찰하게 될 것입니다. 그래서 깨달음도 상相이요, 번뇌도 상相이며 보리도 상相인 것입니다.

본질과 현상이란 서로가 서로에게 의존하는 상相이며, 그러하기에 마음으로 이해하는 모든 것은 인연에 의해 존재하는 상相임을 알면 비로소 그 둘을 뛰어넘게 될 것입니다.

2016년 7월
월인越因

이 책은 지난 2012년 8월부터 2014년 4월까지 오인회悟因會 회원들을 대상으로 진행한 강의를 엮은 것이며 많은 사람의 도움으로 이루어졌습니다. 먼저 전체 강의를 녹취해준 바람, 햇살, 해연, 아름드리, 푸리 님과 그것을 모두 취합해 정리하고 다듬어준 세희, 원문 대조 후 2차 교정을 해준 선호, 마지막으로 3차 교정과 레이아웃 등으로 책의 모습을 갖추게 해준 연주, 그리고 무엇보다 책 발간 비용을 후원한 오인회원들인 우현, 무연, 기보, 광주나무, 세희, 고을, 목어, 화동, 허유, 칼라, 자연, 나무, 아무개, 드랜, 바람 님의 도움으로 이 책이 나오게 되었습니다. 모든 분들께 깊이 감사를 드립니다.

먼저 제일 뒤의 용어정의를 보고 읽으시면 이해에 도움이 될 것입니다. 경험을 통해 해석한 것이기 때문입니다.

이 글들은 한번 읽고 지나갈 것이 아니라 한구절 한구절을 깊이 숙고하고 명상해보아야 할 것들입니다. 그렇게 하면 어느 순간 번개가 지나가듯 통찰로 이어질 것입니다. 여러분의 본질 탐구에 도움이 되기를 바라며...

일러두기

- 원문 발췌 중에서 [논論]이란 마명馬鳴이 저술한 대승기신론을 말하며, [소疏]와 [별기別記]란 각각 원효가 저술한 대승기신론소와 대승기신론소별기를 말합니다.
- 원문 해석은《원효의 대승기신론 소·별기》(일지사 刊, 은정희 譯註)를 참고하였습니다.

Ⅰ. 서분序分

본질과 현상, 그리고 믿음

대승기신론大乘起信論은 마명馬鳴이라는 인도인이 쓴 글로, 원효대사가 소疏[1]를 달면서 유명해진 글입니다. 의식이 펼쳐지는 과정을 과학적이고 치밀하게 분석, 분해한 글로서 제목에 믿을 신信자가 붙었다는 것이 흥미롭습니다. 대승大乘이란 마하야나mahayana라는 산스크리트어를 번역한 것으로 큰 수레를 의미하며, 많은 중생들을 실어서 저 피안彼岸으로 가겠다는 의미입니다. 기신起信은 일으킬 기起, 믿을 신信으로, 대승의 믿음을 일으킨다는 의미입니다.

그런데 이 대승大乘은 큰 수레라는 은유적 의미뿐 아니라 우리의 본성이나 생명과 의식의 본질을 나타내는 단어라고 할 수 있습니다. 원효대사가 이에 대해서 한 말이 있습니다. 원효의 《대승기신론소大乘起信論疏》에서는 "대승의 본질적인 부분은 고요하며 적막하고 깊고도 그윽하다. 깊고도 또 깊으나 어찌 만상의 밖을 벗어나겠으며 고요하고 또 고요하나 오히려 수많은 사람들의 말 속에 있다(夫大乘之爲體也蕭焉空寂湛爾冲玄玄之又玄之豈出萬像之表寂之又寂之猶在百家之談引之於有)." 이런 표현이 나옵니다. 그리고 이어서 "무無에 두려하면 만물이 이를 타서 생성되니 무엇이라고 말해야 할지 몰라 억지로 대승이라 이름하였다(一如用之而空獲之於無萬物乘之而生不知何以言之强號之謂大乘)."라고 되어 있습니다. 우리는 일반적으로 소승은 자기 자신만 깨치는 것에 초점을 두고, 대승은 자신뿐 아니라 수많은 사람들, 중생들, 모든 인류와 생명체까지 다 깨달음으로 이끈다는 측면으로 이해하

---

1) 소疏는 '막힌 것을 튼다.'는 뜻으로 원효의 《기신론소》는 《대승기신론》을 풀어 쓴 주석서라고 할 수 있다.

고 있습니다. 그런데 여기서 대승의 의미는 그러한 수레의 의미이기보다는 생명력의 본질, 의식의 본질을 이야기하고 있는 것입니다. 그리고 그것과 믿음이 무슨 관계가 있는가를 보여주는 것이 바로 대승기신론입니다. 제목이 무척 재미있는 표현입니다. 믿음(信)과 의식의 본질(大乘)은 무슨 관계가 있는가?

단순하게 이야기하면 부처님이 우리에게 설파한 것도 '믿음'이라는 것입니다. 말로 된 모든 것은 믿음일 뿐입니다. 그런데 믿음의 종류에는 세 가지가 있습니다. 첫 번째는 진리를 깨우친 부처님의 믿음이 있고, 다음으로 아직 깨우치지 못한 사람이 진리를 향해 굳건하게 멈추지 않고 가는 불퇴전不退轉의 믿음이 있습니다. 그리고 가끔 가다가 지치면 쓰러지고 다시 돌아서고 다른 길로 가고 왔다갔다 하는 퇴전의 믿음이 있습니다. 그중에서 대승의 믿음이라는 것은 바로 본질적인 통찰을 이룬 사람의 믿음입니다. 그런 믿음을 기起, 즉 일으키고자 하는 것이 바로 이 대승기신론의 본뜻입니다.

앎이라는 것은 그 밑바닥에 가면 결국 믿음과 통하게 되어 있습니다. 즉, 우리가 알고 있는 모든 앎이라는 것은 믿음의 일종이에요. 믿고 있는 것이지 결코 아는 것이 아닙니다. 왜냐하면 우리가 '안다'라고 여기는 것도 일종의 의식세계에서 벌어지는 '현상'이기 때문입니다. 현상이란 드러났다는 것, 나타나있는 어떤 '움직임'이라는 말입니다. 어떻게든 보여진 현상이라는 것이지요. 그래서 석가모니의 깨우침은 진리를 통찰한 믿음인 것이고, 그렇지 못한 사람의 믿음은 맹목적인 믿음, 즉 주입된 생각을 믿어버리는 믿음이며, 또는 그 진리를 향해 끊임없는 탐구의 마음을 내는 불퇴전의 믿음이거나, 가끔 멈추며 뒤돌아가는 퇴전의 믿음입니다. 그런데 진리를 향해서 끊임없이 멈추지 않고 가는 불

퇴전의 믿음을 가진 사람은 거의 도달한 것이나 마찬가지입니다. 왜냐하면 멈추지 않을 것이기 때문이지요. 반면 가다가 쉬고 가다가 멈추고 하는 퇴전의 믿음, 즉 후퇴하는 믿음은 굉장히 오랜 시간이 걸리죠.

대승기신론에서 말하는 이 신信은 바로 그 세 가지 믿음을 다 말하고 있습니다. 마명馬鳴은 깨우침도 일종의 신信이라고 이야기하는 것입니다. 굉장히 혁명적인 이야기입니다.

소승小乘은 혼자만 깨닫고 말죠. "세상에 나와 네가 어디 있는가? 깨달은 '자'가 없는데 내가 어디 있으며 내가 '누구'를 '어디'로 데리고 간다는 것인가?" 이렇게 말하는 것이 일반적인 소승의 이야기입니다. 깨달음도 없고 깨닫지 않음도 없다는 관점입니다. 금강경 제9장 일상무상분一相無相分에 보면 석가모니와 수보리의 유명한 대화가 나오지요. "수보리야, '내가 깨달았'고 생각하는 아라한이 있느냐?"라고 물으니 수보리가 이렇게 답합니다. "아닙니다. 만약에 깨달았다고 생각한다면 그것은 또 하나의 무명無明입니다." 이것이 바로 소승의 관점입니다.

그런데 대승은 이렇게 이야기합니다. 대승은 두 가지의 문이 있는데 심진여문心眞如門과 심생멸문心生滅門이라는 것입니다. 심진여문은 말 그대로 마음이 곧 진여라는 뜻인데 마음의 참 본질은 끊임없는 변화도 없고 더욱이 있을 수도 없는, 나타나지도 않고 나타나지 않지도 않는, 있지도 않고 없지도 않는, 본질 그 자체라는 것입니다. 그에 반해 심생멸문은 마음이라는 것이 나기도 하고 멸하기도 하며, 태어나고 죽는다는 말입니다. 대승은 마음의 본질로서, 이 두 가지를 다 포함합니다.

소승은 주로 심진여문, 즉 본질에만 초점을 맞추고 있는데 반해 대승은 부처의 마음인 본질과 생멸하는 중생의 마음이 다르지 않다고 보고 있습니다. 그래서 이 대승기신론 맨 처음에 나오는 중생심衆生心이라는 말은 두 가지를 모두 포함하고 있습니다. 번뇌煩惱가 보리菩提고 중생이 부처고 일상이 초월이고 절대가 상대라는 뜻입니다. 두 가지가 다 있다는 것이죠. 그러니까 절대를 향해서만 가는 것이 아니라 절대와 상대가 다르지 않음을 보는 것, 고요 속에서 움직임을 보는 것이죠.

우리는 보통 고요를 향해 갑니다. 명상을 하거나 수련을 하는 사람은 고요함으로 가려합니다. 평화를 향해 가려고 하지요. 고요와 평화를 향해서만 가는 마음은 움직임과 소란스러움을 제외한 반쪽의 마음입니다. 이것은 움직임의 반대되는 한 '상태'일 뿐이지 진짜 본질은 아니라는 것을 마명은 말하고 있습니다.

구마라즙鳩摩羅什이라는 사람이 있습니다. 인도에서 중국으로 넘어와 많은 불경을 번역한 사람이고 깊은 통찰을 지녀서 아주 훌륭한 몇몇 제자를 두었습니다. 그중 한 사람이 승조법사僧肇法師인데 그가 쓴 《조론肇論》에 보면 "반드시 고요함을 움직임 속에서 찾아야(必求靜於諸動) 진정한 본질로 가는 길이다."라고 이야기합니다. 고요함을 움직임과 반대되는 정적 속에서만 찾는 것이 아니라, 소란스런 움직임의 한가운데에서 고요함을 찾을 때 진짜 고요인 것이며, 이때 비로소 고요와 움직임이 다르지 않으며 동動과 정靜이 다르지 않다는 것, 그리하여 동과 정이 일어나는 본질을 꿰뚫게 된다는 것입니다.

앞으로 그것이 어떻게 믿음과 연결되는가를 살펴볼 것입니다. 이것은 매우 흥미 있는 논문입니다. 논論은 논문이죠. 논문은 딱딱한 느낌이 납니다. 하지만 옛 사람이 쓴 글이라기에는 매우 과학적이고 의식이 펼쳐지는 과정을 세밀하게 분석하고 풀이한 흥미롭고 놀라운 글입니다.

대승기신론의 구조

대승기신론은 총 다섯 개의 장으로 되어 있는데 첫 번째 장이 인연분因緣分입니다. 아무 이유 없이 이것을 쓴 것이 아니라, 분명한 이유가 있다는 이야기지요. '팔만대장경에 수많은 경전이 있는데 당신이 부처님을 대신해 뭘 덧붙일 것이 있어서 이 글을 썼느냐'고 누군가 마명에게 물어보니 답하기를, 이유가 한 여덟 가지가 있는데 "어떤 사람은 아주 짧고 압축된 글을 통해 쉽게 받아들이며 깊이 들어가고, 어떤 사람은 많은 글을 통해 여러 가지 상세한 설명을 좋아하는 등 사람의 기질과 근기와 깊이가 다 다른데, 그런 사람들을 위해서 쓴다"고 하면서 몇 가지 이유를 대는 것이 바로 인연분입니다.

두 번째는 입의분立義分인데, 인연분에서 이 글을 쓴 이유를 설명한 후에, 바른 뜻을 세우기 위한 것으로서 이 논의 핵심을 간략하게 설명하고 있습니다. 내용은 아주 간략하지만 핵심이 다 들어 있습니다. 그래서 이 부분만 철저하게 스스로 탐구하면 다른 것은 볼 필요가 없을 정도입니다. 대승기신론의 핵심이 다 들어있습니다.

그것을 좀 더 상세하게 해석하고 풀이해놓은 것이 세 번째 장인 해석분解釋分입니다. 해석분에는 이 논의 상세하고 포괄적인 설명이 들어 있습니다.

네 번째 장은 수행신심분修行信心分인데, 이 논을 충분히 이해했으면 실천해야 된다는 것이죠. 어떻게 실천해야 하는가에 해당하는 내용이 들어있는 것이 수행신심분입니다. 신심을 일으켰으면, 즉 믿음의 마음을 일으켰으면 이제 수행을 한다는 말입니다.

다섯 번째 마지막 장이 권수이익분勸修利益分인데, 상근기上根機의 사람은 진리가 있다는 소리만 들어도 그것을 위해 매진하지만, 중하근기中下根機라면 자기한테 어떤 이익이 있어야 수행을 한다는 것입니다. 그래서 그런 사람들에게 어떤 이익이 있는가를 알려주는 것이 권수이익분입니다. 이 권수이익분에서 말하는 상근기는 수행 자체를 즐기는 사람을 말합니다. 탐구 자체를 즐기는 사람을 말해요. 우리가 늘 말하지요. 아무 이유 없이 그저 단순한 호기심으로 '자기'를 탐구하라고 말합니다. 그런 사람이 사실은 끝까지 갈 수 있는 사람입니다. 어떤 이익 때문에 무언가를 얻기 위해서 가는 사람은 결국 지치고 그만두게 되기 쉬워요. 그런데 그 자체가 즐거운 사람은 멈추지 않습니다. 끝까지 갑니다. 그래서 그 자체가 즐겁지 않은 사람들을 위해 마명이 마음을 내서 권수이익분을 썼어요. 이것을 수행하면 어떤 이익이 있는가를 설명하는 것이 권수이익분입니다. 대승기신론은 이렇게 다섯 장으로 구조화되어 있습니다.

대승기신론의 구조

인연분因緣分	아무 이유 없이 이 논을 지은 것이 아님을 보여줌.
입의분立義分	인연이 설명된 후 이제 이 논의 바른 뜻을 세우기 위한 장으로서 이 논의 핵심이 간략히 들어 있음.
해석분解釋分	이 논의 상세하고 포괄적인 설명이 들어 있음.
수행신심분修行信心分	논을 이해했으면 실천을 해야 하므로 어떻게 실천할 것인가에 관한 내용이 들어 있음.
권수이익분勸修利益分	상근기가 아니면 수행 자체를 즐기기보다는 자신에게 어떤 이익이 돌아올까를 생각해 움직이므로 어떤 이익이 있는지 보여줌.

각覺의 단계
불각不覺─상사각相似覺─시각始覺─본각本覺

대승기신론을 보면 깨우침의 단계라는 것이 나옵니다. 맨 처음에 불각不覺이 있습니다. 불각은 깨닫지 못한 것입니다. 그리고 상사각相似覺이 있습니다. 상사각은 깨달음 비슷한데 아직은 아닙니다. 다음으로 시각始覺이 있습니다. 드디어 깨침의 맛을 본 것입니다. 마지막으로 본각本覺이 있습니다. 제대로 된 각을 이룬 것이죠.

이렇게 불각, 상사각, 시각, 본각으로 각의 단계를 나누는데 불각은 기본적으로 '나와 대상'이 마음에서 '동시에 일어남'을 알지 못하는 것을 말합니다. 이것을 무명無明이라고 하지요. 밝지 못합니다. 왜 '나'라는 것이 생겨나는지 알아채지 못하는 겁니다. '나'는 항상 대상 때문에 생겨납니다. '대상'이 없는 곳에는 '나'가 없어요. 그 말은 '나'라는 것은 의식의 장에서 일어나는 마음 속 현상의 일부분이라는 의미이기도 합니다. 그러면 대상은 왜 생기는 것일까요? 대상 또한 나로 인해 생겨나며, 이 둘은 무명無明 때문에 생겨나는 겁니다. 물이 흘러가다보면 퇴적되는 부분이 생기죠. 그와 같이 마음에 퇴적되는 부분이 일종의 대상이 되고 그 대상에 대해서 생겨나는 것이 주체감으로서의 '나'인 것입니다. 이에 대해서는 뒤에 자세히 나옵니다. 이러한 불각을 넘어서면 이제 생주이멸生住異滅 중 멸상滅相이 사라집니다.

상사각은 각과 비슷합니다. 상사각에 이른 사람은 '나와 대상'을 비롯한 모든 생각이 일어났다 사라지는 '가변적인 것임'을 일단 아는 상태입니다. 이 사람은 '주체감'을 '느끼기'[2] 시작합니다. 지금까지는 주체감과 동일시되어서 주체감을 자기로 알고 있었는데, 상사각에 이른 사람은 주체감을 대상으로서 '느끼기' 시작하는 것입니다. 주체감도 일종의 '느낌'이라는 것을 보기 시작하는 것이죠. 즉 우리의 본질인 생명의 힘이 주체감에서 떨어져 나오기 시작한다는 뜻입니다. 동일시되어 있는 사람은 절대로 떨어져 나오지 못합니다. 그러나 상사각인은 '나'라는 것이 생명의 힘이 동일시된, 에너지가 많이 뭉쳐있는 일종의 초점과 같은 것이라는 것을 느끼기 시작한 사람입니다. 또한 모든 생각이 다르지(異) 않은 생명의 표현임을 알기에 상사각에 이르면 이상異相이 사라집니다[3].

시각始覺에 이른 사람은 모든 현상이 현상임을 보고, 더불어 현상이 아닌 자리가 분명해집니다. 각이 시작된 것입니다. 현상이 아닌 것이 무엇인지 분명히 아는 것이지요. 현상을 통해서 현상 아닌 것을 제대로 맛을 본 겁니다. 그리고 '나와 대상'이 동시에 나타났다 사라진다는 것을 본 것입니다. 보고 경험하고 느낀 것입니다. 시각과 본각은 근본적인 면에서 다르지 않습니다. 수영에 비유하면 물에 뜰 줄 아는 사람과 물에서 자유롭게 헤엄치는 사람의 차이 정도라고 할 수 있습니다. 이제 막 뜨는 걸 경험한 사람은 시각이고, 자유롭게 멀리 가서 물에 빠

---

2) 느낀다는 것은 느껴지는 대상이 진정한 자신이 아님을 알아챈다는 것입니다. 주체감이 느껴진다는 것은 주체감도 마음에 일어나는 '느낌'의 일종이며, 따라서 마음의 주인이 아니라는 것입니다. '나'라고 여겨지는 주체감이 하나의 '느낌'일 뿐이라면 진정한 마음의 주인공은 누구일까요?

3) 이상異相이 사라진다는 것은, '모든 생각은 다르며 그 다른 내용에 빠져 마음의 스토리를 진실로 믿어버리는' 오류를 일으키지 않게 된다는 의미입니다. 아무리 생각의 내용이 천차만별이라 하더라도 '생각'에 불과하다는 것을 알아챈 것입니다. 생각이란 참고할 정보일 뿐 결국 마음이 만들어낸 허상임을 본 것입니다.

진 사람도 건져낼 수 있는 사람은 본각인 것이죠. 자유롭게 물에 뜨는 것입니다. 그런데 시각인 사람은 물에 떠 있다가 관성의 거대한 파도가 밀려오면, 자기가 떠있는지 정확히 잘 몰라서 다시금 가라앉기도 합니다. 그 기간이 좀 오래 되면 뜨는 것이 자리를 잡죠. 그런데 뜨는 것이 무엇인지 체험했다는 측면에서는 본각과 다르지 않습니다. 더이상 마음의 현상에 빠져 허우적 대지 않게 됩니다. 시각은 '나와 대상'의 분열로 인해 생겨난 '내가 상주常住한다', '내가 존재한다'는 환상을 넘어간 것으로 주상住相이 사라진 것을 말합니다.

본각本覺은 모든 '나'로부터 자유로워진 상황을 말합니다. '나'는 모든 것을 알아채지만, 그 알아채는 '나'도 일종의 현상이고 허상임을 분명히 보는 겁니다. 그 '나'라는 것이 '느껴'지는 것은 그 순간 또 다른 '동일시'가 있기 때문임을 동시에 알아채는 것입니다. 동일시되어 있다는 것을 동시에 알아채면서 동일시를 사용합니다. 이것이 본각입니다. 다시 말해서 시각이라는 것은 이제 시작이라는 것이죠. 각이 시작되었다는 말입니다. 시각과 본각은 본질에 있어서는 같으나 그 철저함에 있어서 차이가 있다고 볼 수 있습니다. 본각은 모든 현상의 배후에 있는 미묘한 업業, 카르마까지도 파악하고 영향 받지 않으므로 생상生相을 넘어갔다 말합니다. 즉 생주이멸生住異滅하는 모든 현상의 가장 기초가 되는 생상生相까지 넘어간 것을 말합니다.

현상의 펼쳐짐
업業−전식轉識−현식現識−지식知識−상속식相續識

대승기신론에서 논해지는 다섯 가지 식識은 중요한 내용이며, 반복

되어 나오므로 미리 살펴보겠습니다. 업業이라는 것은 관성의 기반 즉 까르마로서, 우리가 흔히 말하는 '개인의 전생'이라기보다는 유전적, 에너지적인 인류 전체의 삶이라고 보시면 됩니다. 우리 안에는 거대 생명체로서 살아왔던 삶도 있을 것이고 바이러스로서 물속에서 산 삶도 있을 것이고 육지로 나와서 양서류, 조류, 포유류로서 지내온 삶도 있을 것입니다. 그 모든 생명체와 유기체의 삶을 살아온 모든 정보를 업이라 보면 됩니다. 단세포에서 다세포에 이르기까지, 다세포에서 기관과 조직을 갖춘 지금의 인체와 에너지장에 이르기까지 그 모든 경험의 흔적들이 쌓여져 있는 것이 업이라는 것이죠. 보통은 업을 얘기할 때 개인적인 윤회전생輪廻轉生이 있는 것처럼 말하는데, 그보다는 생명체 전체의 윤회전생을 이야기한다고 보시면 됩니다.

이제 업에서 조금 움직이기(動) 시작합니다. 무명無明의 힘으로 인해서 불각不覺이 움직이면 업식業識에서 점차 전식轉識으로 옮겨가기 시작합니다. 여기서는 구를 전轉 자를 썼습니다. 움직였다는 것이지요. 무엇이 움직일까요? 움직이는 그 '무언가'가 바로 업이며, 업의 '움직임'이 전식입니다. 이때 움직임에 의해 '능히 보는 마음(能見相)'이 생겨납니다. '주체와 대상'의 분열이 일어나 이제 뭔가를 감각하는 상태가 된 것입니다. 그러나 '의식'하지는 못해요. 아기가 갓 태어나면 감각은 할 수 있지만 의식은 하지 못하죠. 무언가를 의식하려면 마음 안에 경험의 흔적이 자리 잡아야 합니다. 그렇지 않으면 마음이 비교할 대상이 없기 때문에 의식하지 못합니다.

다음은 현식現識으로, 대상들 간의 경계가 '드러나는' 단계입니다[4]. 이때부터 구별하고 나누는 작업이 시작됩니다. 그리고 드디어 현상계가 나타납니다. **깨어있기™[5]의 용어로 말하면** 감지感知입니다. 일체 만물의 경계가 나타나기 시작하죠. 이것과 저것을 나누고 분별하면서 그 이후부터 지성과 지혜와 그 모든 것들이 일어나기 시작합니다. 분별이 없으면 결코 지혜, 지성이라는 것도 없습니다. 분별을 나쁘게 볼 것이 아니에요. 지성과 지혜와 통찰의 기반이 분별입니다. 거기에 빠지지 않으면 됩니다.

그 다음은 지식知識입니다. 알 지知 자로 썼지만 지혜 지智 자로 바꿔야 할 것 같아요. 지혜(智)의 의미로 쓰고 있습니다. 이 지식에 오면 단순히 경계 짓는 것에서 조금 더 분별이 심화되어 올바르고 올바르지 않음, 오염되고 오염되지 않음이 나뉘지기 시작합니다. 그래서 염법染法과 정법淨法을 분별하는 지혜와 지식이 생겨나고 여기서부터 호불호好不好가 생겨납니다.

이렇게 호불호가 분명해지면 그 다음부터는 좋은 것을 즐기고 좋지 않은 것을 괴로워하는 고락苦樂이 생겨납니다. 이 고락에 연결되어 집착하는 마음 때문에 끊임없이 이어지는 상속식相續識이 됩니다. 그 이후에는 집착을 통해 만물 만사가 이어지지요. 만상萬相은 이렇게 서로가 서로에게 연결되어 있습니다. 생각과 느낌의 네트워크라고 하죠.

---

4) 처음에 주체인 '나'와 객체인 '대상'이 마음에 분열되어 나타나고, 그후에 수많은 '대상'들이 나타나기 시작합니다. 즉, 처음에는 '나'와 '나 아닌 것'만 분별했는데, 이 분별이 자리잡자 이제 '나 아닌 것'들을 모두 개별적으로 분별하기 시작하는 것입니다. 이때부터 '현상계'가 의식에 '나타나기' 시작합니다. 그래서 현식現識이라 합니다.

5) 미내사에서 행하는 '깨어있기' 워크숍으로, 《깨어있기-의식의 대해부》라는 책을 교재로 실제 체험을 위한 워크숍이다.

그래서 고락의 망념이 끊이지 않는 것, 이것을 상속식이라 합니다.

생각의 세계를 살펴볼까요? 생각은 이름들 간의 네트워크라고 보면 됩니다. 즉, 하나의 이름은 결코 그 이름 자체만으로 존재할 수가 없다는 의미입니다. 하나의 단어는 결코 그 단어 하나만으로 존재할 수 없습니다. 예를 들어 '핸드폰'이란 단어는 '수화기'와 '송화기', '문자판'이라는 단어 등으로 나눠지지요 그리고 '케이스'와 '회로' 등 수많은 것들로 이루어져 있습니다. 그것들을 또다시 모두 분해해봅시다. '회로'를 한번 분해해볼까요? '기판'과 '납땜', '금속선이 지나가는 길' 등으로 구성되어 있습니다. 그렇게 우리의 '앎'이라 하는 것은 이름들로 이루어졌는데, 지금처럼 그중 한 단어 속으로 깊이 들어가 보면 사실 '안다'라고 할 만한 것이 없게 됩니다. 모든 것이 경계가 모호한 정의의 단어들로 되어있습니다. 즉 미지未知로 미지未知를 정의하고 있는 것이 우리의 '앎'입니다. 그래서 앎이 아니라 '믿음'이라 말하는 것입니다. 앎이라는 건 사실 없습니다. 오직 믿음이 있을 뿐이지요. 그 믿음이 깨우침의 믿음이냐 무지한 믿음이냐 합리적인 믿음이냐 이런 것입니다. 그래서 대승기'신'大乘起'信'입니다. 대승大乘이라는 본질에 관한 '믿음'을 일으킨다는 것입니다. 깨우친 믿음이라는 것이죠[6]. 그렇게 깨우친 믿음을 일으키기 위한 책이 대승기신론이에요. 논문의 이름에 Enlightenment, 깨우침, 이런 것이 아니라 믿을 신信 자를 쓴 이유를 잘 살펴보아야 합니다. 믿음이란 의미심장한 용어입니다. 마명이나 원효는 우리의 모든 앎이라는 것이 단지 믿음에 불과하다는 것, 즉 나타났다 사라지는 마음의 한 '현상'에 불과하다는 것을 안 것이지요. 그것

---

6) 이렇게 무언가 깨우친 것마저 일종의 '믿음'임을 알아챈다면 거기 어떤 깨우침도 없음을 알아채게 될 것입니다.

을 분명히 본 겁니다. 그러니까 '내'가 '깨우쳤다'고 느낀다면, 혹은 누군가 '내가 뭘 안다'고 느낀다면 그 사람은 신信 속에 갇혀있다고 보면 됩니다. 표면적으로는 "깨우칠 '나'란 없어, 깨우침이란 없어." 이렇게 말하지만 마음속 깊숙히 스스로에게 물었을 때 '난 알고 있어. 난 경험했어. 난 깨우쳤어.'라는 생각이나 믿음이나 느낌이 있다면 신信 속에 갇혀있다고 보면 틀림없습니다. 그래서 깨우치는 것이 중요한 것이 아니라 마음의 이 모든 '과정'을 알아채는 것이 중요합니다.

이 모든 식識을 일으키는 최초의 움직임이 바로 무명無明의 바람입니다. 그러니까 '나라는 것이 어떻게 생겨났는가?'라는 물음에 답할 때 그 가장 근본적인 원인은 아무 이유 없는 무명의 바람입니다. 모든 이유는 '의식'이라는 마음의 구조 속 얼개일 뿐입니다. 그러므로 굳이 말로하자면 밝지 않음, 어두움, 혼돈의 업이 움직여 이 모든 '분별의 세계'를 일으킨 것입니다. 업의 움직임은 '드러난' 생명력의 불균형에서 옵니다. 그 업에서 감각感覺[7]이 생겨나면, 감각의 작용으로 인해 감지感知[8]가 이루어지고, 감지가 분별하면서 거기에 이름과 생각이 붙고, 그것들이 끊임없이 서로 연결된 네트워크를 통해 생명의 힘이 차고 흐르는 것, 이것이 생명의 네트워크, 상속식相續識입니다. 앞으로 대승기

---

7) 감각感覺 : 깨어있기 용어. 있는 그대로를 느낌.
　우리가 태어나 처음 감각기관을 사용하기 시작할 때 느껴지는 것으로, 자아의식과 존재감에 대한 아무런 지식과 통찰이 없는 상태이기 때문에 암흑에서 시작하는 아이와 같습니다. 여기서 말하는 '감각'은 수동적인 받아들임입니다.

8) 감지感知 : 깨어있기 용어. '익숙하다', '안다'는 느낌.
　감각된 것이 흔적을 남겨 내면에 쌓이기 시작하면, 우리는 이제 그것들을 통해 외부의 사물을 보게 됩니다. 그 내적인 기준으로 인해 느껴지는 '익숙한' 느낌이 감지이며 이것은 일종의 미세한 기억입니다. 이때부터 사물은 있는 그대로 '보여지는' 수동적인 것이 아니라, 그렇게 내면에 쌓인 것을 통해 '보는' 능동적 대상이 됩니다. 즉, '보이는 것'이 아니라 내면에 '쌓인 것을 통해' 보는 것'입니다.

신론에서 업業, 전식轉識, 현식現識, 지식知識, 상속식相續識이라는 용어가 니오먼 이렇게 해서하면 뒤겠습니다

1. 종체宗體를 나타냄

충만한 비어있음

夫大乘之爲體也. 蕭焉空寂. 湛爾沖玄. 玄之又玄之,
부 대 승 지 위 체 야   소 언 공 적   담 이 충 현   현 지 우 현 지

豈出萬像之表. 寂之又寂之, 猶在百家之談.
기 출 만 상 지 표   적 지 우 적 지   유 재 백 가 지 담

무릇 대승의 본체라는 것은 고요하고 텅 비고 적막하며, 깊고 충일하다. 그것은 깊고 또 깊지만, 아무리 깊고 깊다고 하더라도 만상이 드러나는 표면을 어떻게 벗어나겠는가. 적막하고 또 적막하지만, 오히려 백가의 가르침 속에 있다.

[소疏]

대승大乘이라는 본체의 텅 비어있음은, 꽉 찼다는 것의 반대로서의 비어있음이 아니라, 충만한 비어있음입니다. 그래서 담이충현湛爾沖玄이라는 표현을 썼습니다. 비어있고(沖) 심도 깊다(玄)는 것이죠. 성경에서 '흑암이 천지를 운행할 때'라고 표현했듯이 그런 깊음을 뜻합니다. 그런데 이렇게 깊다고 하더라도 어찌 만상이 드러나는 표면인 현상을 벗어나서 본질이 있겠냐고 말합니다. 이것이 바로 '번뇌즉보리'라는 뜻입니다. 번뇌가 없다면 과연 어떻게 '평안한 마음'이라는 것을 '알 수' 있겠습니까? '평안한 마음'이란 '괴롭고 불편한 마음'에 대비되는 마음입니다. 불편한 마음을 경험해본 적이 없다면 평안한 마음이 무엇인지 알 수도 없겠지요. 이것이 바로 마음에서 느껴지는 것들의 의타성依他性입니다. 그와같이 번뇌煩惱를 경험하지 못했다면 그곳에

는 보리菩提도 없습니다. 그러므로 번뇌를 없애려 하지 말고, 번뇌 속에 있으면서도 흔들리지 않는 마음을 찾으라는 것입니다. 번뇌에 반응하는 자기의 마음속에서 그 반응을 '느끼'는 '본질'을 파악해야 하는 것입니다. 번뇌에 반응하는 현상이 없다면 본질도 파악할 수 없습니다. 느낌이 없으면 느낌이 일어나는 바탕도 파악되지 않습니다. 왜 그렇습니까? 바탕은 느껴지지 않기 때문입니다. 모든 '느낌'은 일종의 벡터vector[9]입니다. '방향을 가진 힘'이라는 것이지요. 무언가 마음에 '일어난' 것입니다. 그러기에 느껴지는 것입니다.

사과가 하나 있는데, 이 사과를 아스팔트에 떨어뜨렸더니 동서남북 여러 조각의 파편으로 깨졌습니다. 이때 깨어져 나간 조각들은 여러 방향으로 어떤 힘을 가지고 움직여 나갑니다. 예를 들어 동쪽으로 +4, 서쪽으로 −4, 북쪽으로 +6, 남쪽으로 −6의 힘으로 퍼져나갔다고 해봅시다. 이때 모든 조각들을 벡터라 합니다. 그런데 이 모든 조각들의 힘과 방향을 다시 취합하면 사과가 깨지기 이전, 아무런 힘도 생겨나기 이전인 0으로 돌아옵니다. 즉 사과에서 떨어져나가는 어떤 '힘'도 없는 상태, 무無의 상태가 되는 것입니다. 그런데 이런 무의 상태는 깨지기 전의 사과나, 깨진 후 모든 방향으로 퍼져가는 조각의 힘을 합한 사과나 마찬가지로 있습니다. 사과는 깨진 후에도 이미 전체적으로는 무無라는 말입니다. 그런데 소승은 자꾸 깨지기 전으로 돌아가려

---

9) 벡터vector : 물리학 용어로, 어떤 방향으로 특정한 힘의 크기로 움직여가는 것. 이에 대비하여 방향은 없고 힘만 있는 것을 스칼라scalar라고 한다. 스칼라는 드러나지 않는다. 현상계에 드러난다면 그것은 벡터이다.

합니다. 대승은 깨진 사과도 이미 무無임을 알아채라고 말하는 것과 같습니다. 현상이 아무리 깨어져도 우리의 본질은 하치도 깨어지지 않고 있다는 것입니다.

　그런데 현상적으로 깨지기 전에는 결코 '어떤 방향의 힘'을 가진 한 조각의 상을 '알' 수 없습니다. '안다'는 것은 부분으로 깨어져 나간 현상 속에서의 일이기 때문에 그렇습니다. 그러나 깨지고 나면 조각을 '알' 수 있으며, 따라서 조각이 없는 상태도 '알아챌' 수 있습니다. 즉 흰색 도화지 위에 아무리 많은 그림을 흰색으로 그린다 해도 보이지 않지만, 흰색과 대비되는 다른 색으로 그리면 볼 수 있는 것과 같은 이치입니다. 본질을 직접적으로 알려고 한다는 것은, 흰색 도화지 위에 흰색으로 무언가를 그리려 하는 것과 같습니다. '앎'이라는 것은 대비되는 무엇입니다. 그렇기에 결국은 알 수 없고, 파악할 수 없고, 잡을 수 없는 것이 본질입니다. 그러나 현상을 통해서 드디어 본질이 파악될 수 있습니다. 이것이 바로 본질은 결코 '현상을 벗어날 수 없다(豈出萬像之表)'는 말입니다.

　백가百家는 수많은 논리가와 연설가들을 말합니다. 유교儒敎도 사실 이런 가家 중에 하나였는데, 공자가 큰 세력을 키우고 많은 사람이 따르게 되어 유교가 된 것입니다. 묵자, 맹자, 노자, 장자 등 자子가 붙은 동양 고대의 사상가와 현인이 많이 있는데, 그들의 제자가 많고 세력이 커졌다면 그들의 가르침도 교敎가 되었을 것입니다. 그런데 유교가 현실 정치에 가장 잘 맞아 사람들을 다스리는 데 큰 힘을 발휘했기 때문에 그 세력이 커지게 되었고, 교敎에까지 이르게 된 것입니다. 기독교도 마찬가지예요. 서기 325년 니케아 종교회의 때 정치적 목적으로 종교의 교리를 취사선택하여 결정된 것이죠. 불교佛敎도 기원전 270년 경 아소카 왕이 현실정치의 이점을 위해 불교를 국교로 받아들였기 때문에 흥성하게 된 것입니다. 정치와 현상적인 삶에 도움이 되도록 이 종교들이 쓰였기 때문에 현실세계에 정착하게 된 것입니다. 그런 것처럼 본질이라는 것도 결국은 드러난 현상인 백가百家의 담談 속에 있을 수밖에 없다고 말합니다.

대승, 우주만상에 흐르는 생명의 힘

引之於有, 一如用之而空. 獲之於無, 萬物乘之而生.
인 지 어 유 일 여 용 지 이 공 획 지 어 무 만 물 승 지 이 생

不知何以言之, 强號之謂大乘.
부 지 하 이 언 지 강 호 지 위 대 승

그것을 유有에 포함시키려 하면 진여도 이를 써서 공하고, 무無에 두려고 하면 만물이 이를 타고 생성되니, 무엇이라 말해야 할지 몰라서 억지로 대승이라 이름하였다.

〈소疏〉

유有에 포함시키려 한다는 것은 '있음'과 '없음' 중, 있음에 속한다고 말하려 한다는 것입니다. "대승의 본질이라는 것은 존재한다. 현상이 든 무엇이든 어쨌든 존재하는 것이다."라고 말하려고 해보니, 일여용지이공一如用之而空한다 했습니다. 일여一如는 진리를 뜻하는 것으로 진여眞如라고도 합니다. 용지用之란 '쓴다'는 뜻이죠. 진여, 즉 본질은 쓰여지지만 나타나지는 않는다는 것입니다. 나타난 모든 것은 본질이 아니라 현상現像이지요. 본질은 이렇게 다만 현상에 쓰일 뿐이기에 용지用之라고 표현했습니다. '쓰이는 모습'(현상)은 있지만 본질 그 자체 가 드러나지는 않기 때문에 공空이라는 것입니다. 다시 말해 "대승이

라는 것은 '있다'고 해야 하는 것이 아닌가?"라고 물으니, 그러나 "그것이 쓰이긴 하지만 항상 텅 비어있어서 잡을 수 없으니, '있다'고 할 수는 없다."는 말입니다. 그렇다면 이번에는 이것을 '없는 것이 아니냐?'고 말하려니까, 세상의 모든 만물이 보이지 않는 이 생명의 근원을 타고 드러난다는 것입니다. 그러니까 그냥 간단하게 '없다'고도 할 수 없는 것이죠.

'있다'고 하려니 늘 텅 비어있고, '없다'고 하려니 만물이 여기서 생겨나므로 없다고 할 수도 없습니다. 그러므로 대승大乘이라는 말은 단순히 큰 수레라는 의미가 아니라, 뭐라 이름 붙일 수 없어서 그냥 억지로 갖다 붙인 '근원'의 이름이라는 것입니다. 진리는 이름 붙일 수 없기 때문에 그나마 그 '기능'으로 봐서 사람들에게 전하기 좋다는 의미에서, 만물을 진리와 고통 없는 곳으로 실어 나르는 큰 수레인 '대승'이라고 이름 붙인 것뿐입니다.

대승의 진정한 의미는 우주 만상에 흐르는 생명의 힘이고, 의식의 근본이며, 보살도의 본체입니다. 승조법사僧肇法師는 '모든 움직임 속에서 고요함을 구해야 한다(必求靜於諸動).'고 말했습니다. 움직임이 없는 고요는 반쪽의 고요입니다. 그러나 움직임 속의 고요는 불이不二, 즉 전체를 담고 있을 가능성이 있습니다. 거기에서는 고요와 움직임이 둘이 아닙니다. 나와 대상도 둘이 아닙니다. 둘 다 의식의 본 바탕에서 피어나는, 마음이라는 바탕 속에서 현상으로 드러나는 것일 뿐, 그 둘 사이에 본질적인 차이는 아무것도 없습니다. 움직임과 고요, 보리와 번뇌, 나와 대상, 이 모두가 '하나의 마음'에서 일어나는 분열현상이며, 그로 인해 보이는 구별된 모습일 뿐, 여전히 '한마음'인 것입니다. 그러니까 여러분에게 보이는 모든 대상은 사실 마음속에서 분별되는 감지感知[10]일 뿐입니다. 그러므로 감지연습을 철저하게 하면 "내가 지금 마음속 매트릭스 안에 들어와 있구나."하는 것을 실감하게 될 것입니다.

---

10) 감지感知 : 깨어있기 용어. '익숙하다', '안다'는 느낌. (깨어있기 용어정의 참조)
   감각된 것이 흔적을 남겨 내면에 쌓이기 시작하면, 우리는 이제 그것들을 통해 외부의 사물을 보게 됩니다. 그 내적인 기준으로 인해 느껴지는 '익숙한' 느낌이 감지이며 이것은 일종의 미세한 기억입니다. 이때부터 사물은 있는 그대로 '보여지는' 수동적인 것이 아니라, 그렇게 내면에 쌓인 것을 통해 '보는' 능동적 대상이 됩니다. 즉, '보이는 것'이 아니라 내면에 '쌓인 것을 통해' '보는 것'입니다.

Ⅱ. 정종분正宗分 : 인연분因緣分

이제 드디어 대승기신론의 첫 번째 장인 인연분因緣分으로 들어갑니다. 첫 번째 장인 인연분에서는 마명馬鳴(Ashvaghosa)이 이 글을 지은 분명한 이유가 있음을 이야기합니다. 원문을 보겠습니다.

問曰, 有何因緣而造此論.
문 왈 유 하 인 연 이 조 차 론

答曰, 是因緣有八種.
답 왈 시 인 연 유 팔 종

云何爲八.
운 하 위 팔

一者, 因緣總相. 所謂爲令衆生離一切苦, 得究竟樂,
일 자 인 연 총 상 소 위 위 령 중 생 리 일 체 고 득 구 경 락

非求世間名利恭敬故.
비 구 세 간 명 리 공 경 고

묻기를, 어떤 인연으로 논을 지었는가?
답하기를, 그 인연에는 여덟 가지가 있다.
여덟 가지란 무엇인가?
첫째는 인연총상因緣總相으로, 중생으로 하여금 일체의 고통을 벗어나 궁극의 즐거움을 얻게 하기 위함이지, 세상의 명리와 공경을 얻기 위함이 아니요.

〈논論〉

이 글을 지은 인연에는 여덟 가지가 있는데 첫번째가 인연총상입니다. 총상總相이라는 것은 통합된 하나의 상相을 말합니다. 중생衆生[11]으로 하여금 일체의 고통으로부터 벗어나 궁극의 즐거움을 얻게 하기 위함이 이 글을 지은 근본적인 이유입니다. 뒤에 나오는 나머지 이유는 이 첫 번째 이유를 위한 보조 설명입니다. 세상의 명예를 취하거나 우러름을 받기 위함이 아니라, 수많은 중생들이 고통을 벗어나 궁극의 즐거움을 얻게 하기 위함이 바로 이 글을 쓰게 된 인연총상입니다.

---

11) 중생이라고 하면 인류를 비롯한 모든 생명체를 말함.

중생들의 고통을 원효의 《대승기신론소》에서는 두 가지로 나누어 설명합니다. 물론 마명이 말한 것을 해석한 것인데, 불교에서 말하는 고통의 근본적인 이유죠. 바로 분단생사分段生死와 변역생사變易生死입니다. 분단은 나눌 분分에 구분 단段이고, 변역은 변할 변變에 바꿀 역易입니다.

'살아가는 자'는 없고 '삶'만 있다

분단分段이란 분별한다는 의미로, 분한分限과 형단形段을 뜻합니다. 항상 나눔이라는 것을 통해서 한계가 생겨나는데, 분단이란 어떤 형태의 한계를 지녔다는 말입니다. 이는 가상의 형태를 말하는 것으로, 이 분단은 한계와 형태를 지닌 분열分裂을 뜻합니다. 마음의 분단의 최초 모습이 바로 '나와 대상'이라는 내적인 분열입니다. 이 세상 만물은 사실 아무런 분열과 분단이 없는데, 우리 마음이 그 세상을 알고 경험하고 느끼기 위하여 나와 대상으로 나누어 '마음의 장'에서 분열을 일으키는 것입니다. **이 세상 만물이 개별적으로 보이는 이유는, 바로 우리 마음에 경험되는 분단을 기반으로 그 나누어진 것들이 투사投射되어 다양하게 펼쳐지기 때문입니다.** 이 분열을 기반으로 '안다'는 현상, '느낀다'는 현상, 기타 희노애락喜怒哀樂이 모두 일어납니다. 기쁨을 생각해보세요. 기쁨도 분열 속에서 일어납니다. 이를테면 '나는 한 달에 오백만원을 벌어야 해'라는 기준을 가지고 있는데 천만 원을 벌게 되면 기쁘겠죠? 그런데 백만 원밖에 못 벌면 슬플 것 아닙니까? 내 안에 자리 잡은 '나와 동일시된 마음의 형태'와 '그것에 반하거나 일치하여 일어나는 외적으로 해석된 상황'이 부딪힘으로써 모든 감정들이 일어나게 됩니다. '안다'는 것도 마찬가지입니다. '내'가 '무엇'을 '안다'죠? '나'라는 것이 없는 곳에서는 '안다'는 현상도 일어나지 않습니다. '내'가 없는데 '누가' 알겠어요? 그래서 '나'가 형성되지 않은 어린아이는 '아는 것'이 없기에 안다고 주장하거나 부딪힘이 없습니다. 물론 감각적인 앎인 '경험'은 있습니다. 사실 이것도 '감각적인 기준'이 무의식적인 '나'로 작용하여 생기는 경험입니다. 감각적인 기준마저 없다면 지렁이가 꿈틀 하는 것과 같이 자극에 대한 '반응'도 없을 것입니다.

그와같이 의식적으로 느낀다는 것도 마찬가지입니다. 내가 없는 곳, 즉 '나'라고 여겨지는 주체감이 없는 곳에 '대상'이라는 '느낌'은 일어나지 않습니다. 다시 말하자면, 일체의 고통은 바로 이 분단을 통해서 일어나고 있다는 것입니다. 그래서 분단생사分段生死, 즉 분단으로 인하여 생사生死라는 구별이 있는 것처럼 여겨지고, 그로 인해 일체의 번뇌가 생겼다는 말입니다.

변역생사變易生死의 고통이라고 할 때 변역變易이란, 변하고 바뀌는 것을 말합니다. 변화는 우리를 괴롭게 합니다. 그래서 경영학의 아버지라는 피터 드러커Peter Drucker도 변화를 굉장히 중요하게 여기지 않았습니까? 변화야말로 새로운 혁신을 일으켜 도약의 시스템을 만들어 기업은 새롭게 유지된다고 말이죠. 그렇지 못한 기업은 도태되고 말지요. 그같이 많은 고통들이 변화에 적응하지 못했기에 일어납니다. 또는 변화를 인정하지 않기 때문에 일어나죠. 그렇다면 왜 우리는 변화를 받아들이거나 인정하지 못할까요? 그것은 바로 우리 안에 쌓인 경험의 흔적을 '나'와 동일시하게 되었고, 그 동일시된 흔적이 스스로를 유지하고자 하기 때문입니다. 모든 존재하는 것은 스스로를 유지하려는 힘을 갖고 태어납니다. 아리조나 대학의 두 과학자 게리 슈왈츠와

린다 러섹은, 우주의 만물이 살아있으며 그것은 아원자에서 광대무변한 우주까지, 세포와 심지어 '생각에서 역적인 기억'에 이르기까지 모든 역동적인 시스템은 '살아있으며 진화해간다'는 생명계 이론을 과학적으로 밝히고 있습니다.

　그러므로 우리 안에 쌓인 과거 '경험의 흔적들' 역시 생겨난 이후부터 스스로를 유지하려는 힘을 갖고 진화해 나가게 됩니다. 이 힘은 존재의 기본 법칙이며 필수적인 것입니다. 변하지 않는 것이 '존재' 아닙니까? 어떤 존재가 매 순간, 매 찰나 변한다면 우리는 그것을 '존재한다'고 여기지 않을 것입니다. 여러분 앞에 있는 탁자가 매 순간 여러 형태로 변한다면 여러분은 그것을 탁자라고 하지 않을 거예요. 이렇게 '스스로를 유지'하고자 하는 것은 변화하지 않으려고 합니다. 그래서 변화는 변화하지 않으려는 우리를 괴롭게 하는 겁니다. '나'를 괴롭히죠. 우리는 '경험된 흔적'을 고정된 '나'라고 여기며 스스로를 유지하려고 하는데, 따라서 그 유지하려는 힘은 끊임없이 변화하는 우주에서 계속 도전을 받습니다. 그래서 변하고 바뀌는 것은 '나'를 괴롭힙니다. 그렇지만 한편, 변하지 않으면 괴로움을 당하다가 사라질 운명에 처하기에 우리는 또 변화에 적응하려고 애씁니다. 삶이란 어찌 보면 무한히 파도치는 변화의 흐름 속에서 자기 자신을 균형 잡기 위해 애쓰는 움직임일지도 모릅니다. 그것이 살아있음의 기본적인 형태이기도 하죠. 살아있음과 괴로움은 그래서 떼려야 뗄 수 없는 것입니다. "삶이란 고통이다", "살아간다는 것은 고해苦海다"라고 말하는 이유가 바로 여기에 있습니다. 살아있다는 것 자체가 고통을 수반하고 있어요. 필연적으로 고통의 씨앗을 안고 있는 것이죠.

　그런데 '누가' 살아가고 있습니까? 살아가는 '누군가'가 있을 때 그는 고통의 씨앗을 안고 있는 것입니다. 그런데 석가모니가 본 것은 바로 그 '누가' 없다는 것이죠. 살아가는 누군가가 있을 때, 그리고 그것을 고집할 때 고통이 생겨납니다. 그 사람에게 삶은 고통이에요. 그렇지만 '나'라는 것을 '현재' 속에서 균형을 잡기 위해 잠시 나타났다 사라지는, '임시적인 기능'을 하는 일시적 현상으로 파악하고 거기에 머물지 않게 되면, 그리고 필요에 따라 그 기능을 사용할 줄 알게 되면, 삶은 더 이상 고통이 아니라 축복입니다. '살아가는 자'는 없고 '삶'만 있는 것, 그것이 바로 '나'가 허상虛像임을 본 사람의 삶이며, 더 이상 고통이 아닌 삶입니다. 이것이 바로 금강경의 '머묾 없이 마음을 내어 쓰는 것(應無所住 而生其心)'입니다. 어딘가에 머물며 그것을 자기라고 여기는 마음이, 변화의 흐름을 괴롭게 여기게 하고, 삶을 고해로 만듭니다. 마명이 대승기신론을 지은 가장 중요한 이유는 중생이 일체고一切苦를 떠나게 하기 위함인데, 그 일체 고통의 원인이 바로 분단생사分段生死와 변역생사變易生死이고, 이것의 가장 기본은 '나'와 '대상'을 나누어 '나'를 고정된 무엇으로 여기며 거기에 머무는 마음입니다.

아무런 이유 없는 궁극의 즐거움

그 다음, 궁극의 즐거움을 얻게 하기 위함이라고 했는데 궁극의 즐거움은 무엇일까요? 그냥 즐거움이 아니라 구경락究竟樂이라고 했습니다. 구경究竟은 궁극의, 최고의, 최후의, 맨 마지막의 즐거움이라는 뜻입니다.

그렇다면 일반적인 즐거움은 어떤 것일까요? 모든 즐거움에는 기준이 있습니다. 어떤 기준 이상이면 기분이 좋고, 어떤 기준 이하면 기분이 나쁩니다. 이렇게 '기분이 좋다, 나쁘다' 하는 것은 모두 어떤 조건 하의 즐거움입니다. 기준이 되는 조건이 없다면 기분 좋은 느낌도 일어나지 않습니다. 우선 육체적인 조건을 한번 살펴보겠습니다. 우리 몸의 세포는 포도당이라는 에너지원을 필요로 하므로 몸에 포도당이 들어오면 기분이 좋습니다. 단것을 먹으면 기분이 좋아지지요. 배고플 때 먹을 것이 들어오면 기분이 좋습니다. 배고픔이라는 조건이 충족된 것이죠. 이미 배가 충분히 불러 만족하고 있는데 또 먹게 되면 별로 기분이 좋지 않아요. 중생들, 즉 보통 사람들은 모두들 자기 기준을 충족할 즐거움을 위해서 살아가고 있는데, 일반적인 즐거움은 그 이면에 항상 고통을 수반하고 있습니다. 두 가지 종류의 고통이 있어요. 첫째, 즐거운 것을 얻지 못하고 충족시키지 못해 느끼는 고통이 있습니다. 둘째, 마침내 즐거움을 느끼게 된 후에는 "다시는 이 즐거움을 느끼지 못하면 어쩌나"하는 두려움으로 인해 생겨나는 고통입니다.

대승기신론에서 말하는 궁극의 즐거움이란 그런 조건적인 즐거움이 아니라, 모든 즐거움 이전에 있는 절대적인 즐거움을 뜻합니다. 아무런 이유 없이 즐거운 것이죠. 일반적인 즐거움에는 대부분 이유가 있습니다. 그것이 바로 특정한 조건입니다. 그러나 그 이유 때문에 또한 괴로움도 생겨납니다. 그래서 아무 이유 없이도 즐거울 수 있는 사람이 궁극의 즐거움을 아는 사람입니다. 이러한 '이유 없는 즐거움'은 일반적으로 느껴지는 즐거움과는 질적인 차이가 있습니다. 아무 이유 없이 늘 존재 그 상태가 즐거운 것, 그것이 지복至福입니다. 지복은, 우리가 흔히 말하는 즐거움의 느낌은 결코 아닙니다. 그런 요소가 없는 것은 아니지만 그런 즐거움과 똑같이 다뤄서는 안 될 절대적인 즐거움이죠. 마명은 조건에 휘둘리지 않는 그런 궁극의 즐거움을 맛보게 하기 위해서 이 대승기신론을 지었다고 했습니다. 조건적인 고통을 떠나 궁극적인 즐거움을 얻게 하기 위해서. 이것이 인연총상因緣總相, 즉 대승기신론을 지은 인因(내적인 원인)과 연緣(외적인 원인)의 가장 기본적인 사항입니다.

二者, 爲欲解釋如來根本之義, 令諸衆生正解不謬故.
이 자 위 욕 해 석 여 래 근 본 지 의 령 제 중 생 정 해 불 류 고

둘째는 여래의 근본 뜻을 해석하여 중생으로 하여금
불명료한 것을 올바르게 해석하도록 하기 위함이요.
〈論論〉

여래의 근본 뜻을 해석하기 위해서, 해석분에서는 현시정의顯示正義(올바른 뜻을 나타내고 보여주기 위함)와 대치사집對治邪執(삿된 집착을 다스리기 위함)으로 나누어 설명하는데 간단하게 미리 살펴보겠습니다.

현시정의顯示正義에서 가장 중요한, 여래의 근본 뜻을 나타내는 것은 일심이문一心二門입니다. 일심이문一心二門이란 "두 개의 문이 모두 하나의 마음을 나타낸 것"이라는 뜻으로, 심진여문心眞如門(마음이 곧 진여다)과 심생멸문心生滅門(마음은 생멸하는 것이다)이 모두 일심一心이라는 말입니다. 심진여문은 '마음이 곧 참나', '우리의 마음 즉, 평상심平常心이 곧 도道'라는 뜻입니다. 심생멸문은 마음의 근본이 곧 생멸하는 마음과 다르지 않다는 뜻입니다. 생멸하는 마음은 생각에 휘둘리고, 감정에 끄달리고, 느낌에 좌우되는 그런 마음을 말합니다. 그런 생멸하는 마음이 변함없는 근본의 마음과 다르지 않다고 말했습니다. 소승小乘은 생멸하는 마음을 떠나 변하지 않는 진여의 마음을 얻으려고 하지요. 그런데 대승은 '중생심이 곧 진여의 마음이다'라고 말합니다. 사실 심진여문을 '추구'하는 소승이, 진정한 목표에 가까이 다가가면 갈수록 점차 '진여와 생멸이 다르지 않은' 대승에 이르게 되어있습니다.

그렇게 진여와 생멸을 '나누는' 마음이, 도리어 '현재와 미래'로 나누어 놓고 '추구'하고 있는 '분리 속에' 마음을 머물게 하며, 그 분리에 머무는 한은 결코 진여에 이르지 못할 것이기 때문입니다. 반면 중생심衆生心은 심진여문과 심생멸문 두 가지를 다 포함하고 있어요. 그것은 무엇을 의미할까요? 그에 대한 근본 뜻을 해석분에서 자세히 설명합니다.

'텅 빈 마음'이라는 상도 붙잡지 말라

대치사집對治邪執은 삿되고 잘못된 집착을 다스리기 위함입니다. 이것을 잘 볼 필요가 있어요. 흔히들 '무아無我'라 말하고, '마음은 텅 빈 공空과 같다'라고 하는데, 대치사집에서는 이런 견해 역시 잘못된 집착이라고 말합니다. 이러한 잘못된 집착에는 두 가지가 있는데, 인아견人我見과 법아견法我見이 그것입니다. 인아견은 사람에게 주체로서의 '나'가 있다는 견해이고, 법아견은 법이라는 실체, 법의 '나'가 있다는 견해인데, 이 두 가지는 모두 삿된 집착입니다.

인아견人我見은 범부들이 믿고 있는 것인데, 그를 넘어서기 위해 경전에서는 '여래의 본성이 텅 빈 허공과 같다'고 말합니다. 그러나 이는 설명하기 위한 방편일 뿐 실제는 그렇지 않다는 것입니다. 재미있지 않습니까? 흔히 불교에서 그렇게 설명하지만 그것은 방편일 뿐이라는 거예요. 왜 그럴까요? '마음은 텅 빈 허공과 같다'라고 말하면 우리 마음은 '텅 빈 마음'이라는 상相을 붙잡습니다. 우리 마음은 순수의식이라는 상相도 잡아요. 순수의식, 텅 빈 허공, 빈 마음, 무無, 이런 말들은 생멸하는 끝없는 현상들을 깨트리기 위해서, 현상이 자신의 본질이 아니라는 것을 보여주기 위해서 방편으로 쓰는 말일 뿐 실제로는 그렇지 않습니다. 오히려 공空이라는 것도 '생각할 수 있는' 상相이 있기 때문에 마음에 '생멸을 일으킵니다'. 그래서 대승기신론 해석분에서는 '허공상虛空相도 망법妄法이다'라고 말합니다. '허공의 상이라는 것도 마음에 생멸을 일으킨다'는 것에 주목할 필요가 있습니다. 모든 생멸하는 마음은 분열을 기반으로 하는데, 그 분열은 밖에 있는 것이 아니라 우리 마음속에 있어요. 허공상은 허공이 아닌 상과 짝을 지어 마음을 분열시킵니다. 이렇게 분열은 마음에 있지 자연에 있지 않으므로 색色과 공空이라는 것도 자연과는 상관이 없습니다. 자연에는 색도 없고 공도 없어요. 모든 생멸하는 것은 우리의 마음이 그렇게 볼 뿐입니다. 이런 내용을 여기에서 모두 설명하면 해석분을 할 필요가 없기 때문에 이 정도로 하고 넘어가겠습니다.

참마음은 그 어떤 '자리'도 아니다

다음으로 법아견法我見 즉, '법에 내가 있다'는 견해도 일종의 잘못된 집착이라고 말하고, 그것을 다스리게 하기 위해서 대승기신론을 지었다고 합니다. 인무아人無我(사람에게는 '나'가 없다)를 통해 무아無我를 설명하였지 궁극의 것을 설하지는 않았습니다. 궁극은 말로 설명할 수 없기 때문에 그렇습니다. 그래서 네띠 네띠neti neti(이것도 아니고 저것도 아니다)[12]라고 할 수 밖에 없는 것입니다. 그렇게 하다 보면 '나타난' '현상'을 모두 제거할 수 있게 됩니다. 현상을 다 제거하면 이제 궁극의 자리

---

12) 네티 네티neti neti : 인도의 우파니샤드에 나오는 말로 지혜의 요가와 불이론에서 범아일여로 가기 위한 명상 수행의 방법으로 사용하는 문구이다. 그 뜻은 '이것도 아니요, 저것도 아니다' 로 마음에 나타나는 모든 것을 부정하며 본질을 찾아가는 방법이다.

에 있게 되는데, 그렇다 해서 그것이 어떤 '자리'는 아니며 '알 수 있는 자리'도 아니기에 궁극은 말로 표현할 수가 없습니다. 보여줄 수도 없고, 맛보게 할 수도 없고 경험시켜 줄 수도 없어요. 그러니까 인무아人 無我만을 가지고 궁극의 것이 설명되지 않기 때문에 궁극을 위해서 다시 열반을 추구하게 되는데, 실상은 열반이라는 것은 따로 없습니다. 열반은 일종의 말일 뿐이지 추구해야 할 대상이 아니에요. 우리는 이미 열반 상태에 있다는 겁니다. 열반은 생멸이 없는 상태를 말하는데, 그 생멸자체가 허구이기 때문에 열반도 허구일 수밖에 없음을 법아견法我見에서 말합니다. 생멸이 허구라는 것과, 그렇게 생멸이 실제하지 않으므로 열반 또한 없다는 것을 '발견'해야 할 뿐, 열반을 '추구'해서는 안된다는 것을 대치사집에서 얘기하고 있습니다. 이것이 바로 대치사집의 두 가지, 그릇된 '집착을 버리게' 하는 논설입니다. 인연분의 말만 설명하면 전혀 와 닿지 않을 수 있기에 전반적인 개요만 이렇게 설명드리고 나중에 해석분에서 상세히 설명하겠습니다.

三者, 爲令善根成熟衆生, 於摩訶衍法堪任不退信故.
삼 자 위 령 선 근 성 숙 중 생 어 마 하 연 법 감 임 불 퇴 신 고

셋째는 선근善根이 성숙한 중생으로 하여금 대승법大乘法을
감당함에 있어 불퇴전不退轉의 신심을 얻게 하기 위함이요.

〈논論〉

대승기신론을 지은 세 번째 이유는, 아직 깨닫지 못했지만 불퇴전의 믿음을 가진 선근의 중생이 도에 발심하여 나아갈 수 있도록 하기 위함이라고 말하며, 그런 선근의 중생이 취하는 마음 세 가지를 설명합니다.

선근, 본질로 직접 들어가는 마음

선근의 중생이란 아주 깊은 지성과 그에 대한 믿음을 가진 사람을 가리키는 말로, 해석분을 보고 즉각적으로 발심해서 불퇴전의 신심信心을 일으킨 사람을 말합니다. 흔히 상근기上根機라고 표현하죠. 그 뿌리가 깊고 고도로 발달된 지성을 갖춘 사람은 대승법大乘法을 받아들고 그것을 감당할 수 있어서 즉각 발취도상發就途上합니다. 대승의 법을 듣고서 마음을 일으켜 도를 향하여 추구해나가는 힘이 결코 물러서지 않는 사람, 그리고 지성이 예리해서 자기 이익이 아니라, 결정적인 본질을 향해 발심하게 되는 그런 사람을 선근의 중생이라 합니다. 그런 사람이 취하는 형태의 마음에는 신성취발심信成就發心, 해행발심解行發心, 증발심證發心이 있습니다. 신성취발심은 믿음(信)이 성취成就되어 발심하는 모습을 말하는 것으로, 그 중에는 진여법을 바로 보는 직심直心이 있습니다. 이상한 초능력이나 신기함, 자기가 무언가 대단한 사람이 되기를 추구하지 않고, 본질로 직접 들어가는 마음이에요. 그 다음, 일체의 선행을 좋아하는 심심深心, 모든 이의 고통을 덜어주고자 하는 대비심大悲心, 이런 것들이 신성취발심이고, 그 외에 행동하는 발심(解行發心)과 증득하는 발심(證發心)이 더 있는데 이에 대해서는 해석분에 들어가서 자세하게 얘기하도록 하겠습니다.

四者爲令善根微少衆生修習信心故.
사 자 위 령 선 근 미 소 중 생 수 습 신 심 고

넷째는 선근이 미약한 중생으로 하여금 신심을 수행하고 익히게 하기 위함이다.

〈논論〉

네 번째는 선근미소중생善根微少衆生(선근이 상근기보다 좀 약한 중생)이

신심信心을 수행하고 익히게 하기 위함으로, 신심을 수행하기 위한 네 가지를 이야기해줍니다. 네 가지 신심으로 첫째는 근본을 믿는 것입니다. 즉, 근본(의식의 근본, 생명의 근본, 삶의 근본)을 믿고 그 근본을 추구하는 마음을 즐겨하는 것입니다. 진여법을 즐겨 생각하는 것이죠. 두 번째는 부처, 즉 근본을 파악하고 그 삶을 살아가는 사람을 항상 가까이 하는 선근의 마음을 일으켜, 일체의 지혜를 구하도록 계속해서 독려하는 마음입니다. 세 번째는 여섯 가지 바라밀(보시布施, 인욕忍辱, 지계持戒, 정진精進, 선정禪定, 지혜智慧)의 행동지침을 수행토록 하는 것입니다. 네 번째는 자리이타自利利他, 나도 이롭게 하고 다른 사람도 이롭게 하기 위해 보살을 가까이 하는 것입니다. 이 네 가지 신심에 따른 네 가지 수행이 있는데, 이에 대해 자세히 설명하는 것이 수행신심분修行信心分입니다.

五者爲示方便消惡業障, 善護其心, 遠離癡慢, 出邪綱故.
오 자 위 시 방 편 소 악 업 장 선 호 기 심 원 리 치 만 출 사 강 고

다섯째는 방편을 보여 악업장惡業障을 소멸하고, 그 마음을 잘 보호하며, 어리석음과 교만에서 멀리 떠나고, 사악한 그물에서 벗어나게 하기 위함이요.

[논論]

다섯 번째는 방편을 보여서 악업장惡業障을 없애는 것입니다. 수행을 열심히 했는데도 안 되는 사람이 있다면, 자기도 모르는 관성(이전 세대 즉 아버지 세대나 그 이전 조상으로부터 내려오는 어떤 에너지 장, 악업의 장, 습관적인 경향성)을 다루게 하는 것을 말합니다. 이전 세대부터 계속해서 내려오는 관성, 다시 말해 숙명을 다루는 것이죠. 모르게 스며들어 내 몸과 마음에 짐 지워져 내려오는 것들입니다. '나'라는 것이 그런 것들로 구성되어 있습니다. 그런데 그 '나'라는 것이 허구임을 파악하게 되면 이

악업장도 문제가 되지 않지만, 그것을 파악하지 못하므로 그와 동일시되어 이 악업장이 큰 문제가 되는 것입니다. 그래서 어리석음과 교만을 멀리해야 합니다. 흔히 말하는 운명運命과 숙명宿命 중에서 운명은 바꿀 수 있는 것, 개척할 수 있는 것을 말하며, 숙명은 바꾸기 힘든 것을 말합니다. 그래서 잠자는(宿) 운명(命) 즉, 숙명이라 표현한 것입니다. 이전 세대로부터 물려받은 것들 중에 악업의 장애가 있다면 그것을 떨쳐버릴 수 있는 방편을 보여줍니다.

六者爲示修習止觀, 對治凡夫二乘心過故.
육 자 위 시 수 습 지 관　대 치 범 부 이 승 심 과 고

여섯째는 지관止觀을 수행하고 익혀 범부凡夫와
이승(聲聞僧과 緣覺僧)의 마음의 허물을 대치하기 위함이다.

[논論]

악업장을 없애는 방편 중의 하나가 지관문止觀門입니다. 지止는 경계 짓는 마음(境界相)을 그치는 것으로서, 범어로 사마타Samatha라고 합니다. 관觀은, 생겼다가 사라지는 인연생멸상因緣生滅相을 계속해서 바라보는 것으로 위빠사나Vipassana을 말합니다. 위빠사나의 핵심은, 생멸하는 마음의 상相을 끊임없이 바라보고 관찰함으로써 그것들이 임시적인 것임을 파악하여 거기에 머물러 집착하지 않고 그것을 넘어가는 것입니다. 다시 말해 관觀은 '나와 대상'이라는 내적 분열을 파악하여 '나'는 '대상'에 의존하고, '대상'은 '나'에 의존하여 생성됨을 직시함으로써 독립적이라고 믿고 있던 '나'와 '대상', 그리고 그것의 생멸이 헛된 것임을 파악하는 것입니다.

지止, 움직임 속에서 고요를 구하라

지止는, 깨어있기™ 식으로 말하자면, 분별을 그치고 감각感覺[13]으로 들어가는 것입니다. 감각으로 들어가면 나와 대상의 분열이 없어집니다. 그래서 사물을 보다가 감각 상태로 들어가면 사물이 더 이상 사물이 아니게 되죠. 더 깊숙이 들어가면 삼매三昧로 들어갑니다. 사마타는 집중연습부터 합니다. 어떤 사물 하나를 바라보고 집중하여 그 외의 다른 것을 잊어버립니다. 그리고 마침내 그 마지막 하나마저도 잊어버리는 것이 사마타 수행방법입니다. 그런데 흥미롭게도 이때 벌써 마명은, 사마타만 추구하면 마음이 가라앉고 게을러져 여러 선한 행동을 멀리하게 된다고 경고했습니다. 고요와 평화로만 들어가려는 사람들은 마음이 가라앉아 세상일에 관심이 없어지고 선한 행동을 하지 않게 됩니다. 그 선악 역시 일종의 분별이기 때문입니다. 그래서 '고요를 추구하려고 하지 말고, 움직임 속의 고요를 추구하라(必救靜於諸動).'고 승조법사가 얘기했던 것이죠. 고요 속에서 고요를 구하지 말고, 반드시 움직임 속에서 고요를 구하라고 했어요. 많은 움직임 속에서도 움직이지 않는 절대적인 고요를 발견해야 합니다. 그렇지 않으면 사마타나 감각수행은 그냥 마음이 고요해지고 게을러져서 움직이지 않으려 하며 무기력해집니다. 결국엔 무기공에 빠지고 말지요. 즉 본질로 들어가서는 현상으로 다시 나와야 한다는 것입니다. 끊임없는 분별적 현상이 곧 분별없는 본질이기 때문입니다.

---

13) 의식적 분별은 없지만 자극으로서의 알아챔만 있는 의식의 특정 상태. 깨어있기 용어정의 참조.

관觀, '나'란 가변적임을 보라

이런 이유로 마명은 지행止行과 관행觀行을 동시에 닦아야 한다고 했습니다. 사마타를 할 때 마음이 게을러지는 이유는 모든 분별을 떠나서 하나에 집중하기 때문인데, 일상생활을 하면서는 이런 사마타 수행을 할 수가 없습니다. 살아가야 하는데, 먹고 마시고 잠자고 끊임없이 활동을 해야 하는데 그와 동시에 사마타 수행을 할 수가 없죠. 그런데 위빠사나는 일상생활 속에서도 가능합니다. 끊임없이 움직이면서도 자기 마음을 볼 수가 있어요. 특히나 '나와 대상'의 분열은 어떤 경계境界(마음의 분별)에 부딪혔을 때 더 많이 일어납니다. 누군가와 대립하여 생각의 충돌이 일어나고 강렬하게 화가 일어날 때 '나'와 '대상'이 명확하게 느껴지죠. 누군가 내 생각에 반하는 말을 하며 '너는 틀렸어'라고 얘기하면 나와 대상이 강하게 일어났다가 차츰 사라집니다. 만약 나와 대상이 원래 그렇게 강렬하다면 매순간 느껴져야 하는데, 혼자 가만히 있을 때는 나와 대상이 그렇게 크게 느껴지지 않습니다. 그런데 누군가가 나와 대립하는 행동을 하거나, 내가 믿고 있는 것을 틀렸다고 말하면 강렬하게 '나'라는 느낌이 올라오지요. 바로 그때를 놓치지 말고, '나'라는 느낌은 '가변적'임을 빨리 파악해야 합니다. 그런 것이 바로 위빠사나이고, 일상에서 할 수 있는 좋은 연습입니다. 그렇지만 그것만 가지고는 마음이 혼란스러울 수 있으니 사마타, 즉 지止도 병행하라고 합니다. 그런데, 이 두 가지 수행법을 나눠놨지만 실제로 수행을 해보면 이 둘은 둘이 아닙니다. 정말 자기가 어떤 의문에 깊이 들어가 있을 때는 저절로 사마타가 됩니다. 어떤 관찰과 의문 속에 깊숙이 몰입해 있을 때는 저절로 집중이 되는 것과 마찬가지입니다. 그래서 사마타와

위빠사나는 둘이 아닌데 설명하자니 둘이고, 그래서 지止와 관觀이라고 나누어서 설명했기만 둘이 아닌 지관문止觀門이라고도 표현합니다. 둘 같지 않은 둘로 설명한 거예요.

七者爲示專念方便, 生於佛前, 必定不退信心故.
칠 자 위 시 전 념 방 편   생 어 불 전   필 정 불 퇴 신 심 고

**일곱째는 방편에 전념함을 보여 부처님 앞에 태어나
불퇴의 신심을 반드시 이루기 위함이다.**

[논論]

지성이 약해서 지관止觀이 잘 안 되는 사람은 염불을 수행하라고 합니다. 티베트에서 하듯이 만트라Mantra을 외우는 것이지요. 끊임없이 어떤 문구를 외우다 보면 마음이 거기에 집중될 수밖에 없습니다. 권수이익분勸修利益分에도 나오지만 '그렇게 하는 것이 너에게 어떤 이익이다'라고 말해주면 '나'는 그 이익을 취하기 위해 염불을 합니다. 마음을 집중시키는 방편이 염불이고 만트라입니다. 그런데 이렇게 이야기하면 사람들이 '방편밖에 안 돼?'하고 소홀히 여길 것이기 때문에 만트라에 신비감을 불어넣고 중요성을 집어넣는 겁니다. 물론 그런 측면도 있습니다. 그에게만 특히 해당되는 문구나 소리는 그의 마음과 몸에 공명하여 더 잘 집중이 되고 깊은 삼매三昧 속으로 들어가게 하니까요.

수행신심분의 끝에서는 염불에 전일하는 방편을 얘기합니다. 신심을 배워서 바른 믿음(본질을 추구하는 마음을 절대로 멈추지 않고 끊임없이 나가는 불퇴전의 믿음)을 구하고자 하나 선근미세중생은 그 마음이 겁약怯弱하여 이루지 못할까봐 두려워하고 '신심은 성취하기 어렵다'고 여겨 물러서므로(退轉), 이를 다시 나아가도록 하기 위해서 극락정토極樂淨土에 태어나게 된다는 원願을 세우고 염불을 하게 하는 겁니다. 이것이 바로 일곱 번째 이유입니다.

八者爲是利益勸修行故.
팔 자 위 시 이 익 권 수 행 고

여덟째는 이익을 보여 수행을 권고하기 위함이다.

　대승기신론을 지은 마지막 이유는 이익을 보여 수행을 권하기 위함
인데 이를 설명한 것이 마지막 장인 권수이익분입니다. 권수이익분에
서는 어떤 이익을 얘기하느냐 하면, 삼천대천세계三千大天世界의 수많
은 중생으로 하여금 많은 선행을 하게 한다 하더라도 그것은 이 기신
론의 법法을 한번 생각하는 것만 못하다고 말합니다. 그 법을 한번 생
각하는 것이 수많은 사람이 선행을 하게 하는 것보다 낫다고 말해요.
이것이 진짜 법을 향한 길이라는 의미입니다. 또 이 법을 하루 수행한
공덕은 한이 없음을 말함으로써 그 어떤 선행보다 훨씬 더 낫다고 말
합니다. 어떤 이익이 있는지 권수이익분에서 더 상세하게 설명하겠습
니다.

有如是等因緣, 所以造論.
유 여 시 등 인 연　소 이 조 론

이러한 인연이 있기에 논을 지은 것이다.

Ⅲ. 정종분正宗分: 입의분立義分

입의분立義分은 단순하게 구성되어 있지만 그 안에 대승기신론의 핵심이 모두 들어 있습니다. 다음에 이어지는 해석분解釋分에서 이 내용을 상세히 분석하지만, 실상 해석분은 입의분을 해석한 것에 불과합니다. 해석분이 논리적으로 잘 이해되므로 현대인에게 제일 잘 맞는 장이지만, 입의분은 그 핵심이 들어있는 장이라 보면 됩니다.

입의분의 핵심은 심진여문心眞如門과 심생멸문心生滅門에 대한 설명과, 그 둘이 다름 아닌 하나의 마음(一心)이라는 것입니다. 일심一心이 곧 의식의 본질이며, 생명과 만상의 본질이니 마음 아닌 것이 없다는 말이죠. 그 일심에는 두 가지 양태(相)가 있는데 심진여상心眞如相과 심생멸상心生滅相이 그것입니다. 중요한 점은 진여도 하나의 상相이고, 생멸도 하나의 상相으로, 일심一心을 기반으로 일어난 상相이라는 점입니다. 이것이 중생의 마음, 평상심平常心이라는 말입니다. 인간의 마음에 상대적인 마음과 절대적인 마음이 모두 있다는 것인데, 이 점이 대승기신론을 혁명적이라고 평가하는 이유입니다. 즉, 진여 또한 상相이라고 하면 혼돈스러울 수 있는데, 그 점에 대해 철저하게 설명해내고 있는 것입니다. 입의분 원문을 해석하며 살펴보겠습니다.

已說因緣分. 次說立義分.
이 설 인 연 분 차 설 입 의 분

摩訶衍者總說有二種, 云何爲二.
마 하 연 자 총 설 유 이 종 운 하 위 이

一者法, 二者義. 所言法者 謂衆生心.
일 자 법 이 자 의 소 언 법 자 위 중 생 심

이미 인연분을 말하였으니 다음에는 입의분을 말하겠다.
대승이란 총괄하여 설명하면 두 가지가 있으니 무엇이 두 가지인가?
첫째는 법法이고 둘째는 의義다. 소위 법이라고 말하는 것은 중생심을 말한 것이다.

[논論]

마하연摩訶衍은 대승의 의미입니다. 법法이라고 하면 보통은 달마 Dharma를 말하는데, 여기서 말하는 법法은 일어나는 모든 현상을 뜻합니다. '중생심'은 모든 것을 다 포함합니다. 중생衆生은 깨닫지 못한 부처고, 부처는 깨달은 중생이라고 했어요. 즉 중생의 마음에 진여와 생멸의 문, 이 두 가지가 모두 들어있다는 말입니다. 그래서 일심一心을 해석할 때, 마음의 진여(본체)와 생멸하는 마음 두 가지가 다 중생심에 포함된다고 말합니다.

是心則攝一切世間法出世間法.
시 심 즉 섭 일 체 세 간 법 출 세 간 법

이 마음은 곧 일체의 세간법과 출세간법을 포함한다.

[論論]

세간법世間은 일반 세상, 즉 중생심이 뛰노는 세상을 뜻하고, 출세간법出世間은 상대 세계를 넘은 절대 세계를 말합니다. 법法이란 그 세계에서 작용하는 모든 법칙, 지혜, 진리 등을 뜻하는데, 출세간법과 세간법 모두 다 중생심이 포괄하고 있다는 말입니다.

依於此心顯示摩訶衍義. 何以故?
의 어 차 심 현 시 마 하 연 의 하 이 고

是心眞如相, 卽示摩訶衍體故. 是心生滅因緣相,
시 심 진 여 상 즉 시 마 하 연 체 고 시 심 생 멸 인 연 상

能示摩訶衍自體相用故.
능 시 마 하 연 자 체 상 용 고

이 마음에 의거하여 대승의 뜻을 나타내고 있다. 어째서인가?
이 마음의 진여상이 대승의 체를 보이기 때문이고, 이 마음의
생멸인연상이 대승 자체의 상相과 용用을 잘 보이기 때문이다.

[論論]

마하연의摩訶衍義가 뜻하는 것은 중생심 안에 진여의 상相이 있다는

것입니다. 말로 표현할 수 있는 것은 결국 진여 자체가 아니라 진여의 상相입니다. "깨달았다, 진리를 발견했다, 경험했다" 하는 모든 표현과 말은 결국 상相일 수밖에 없습니다. 그래서 이 글을 쓴 마명은, 부처님은 깨달은 믿음(信)을 가지고 있고, 중생은 깨닫지 못한 믿음(信)을 가지고 있다고 한 것입니다. 모두 믿음일 뿐이라는 것이죠. 진리를 어떻게 말로 표현할 수 있고, 전할 수 있겠어요? 그럴 수 없습니다. 우리는 그저 상相을 가지고 얘기할 뿐입니다. 그래서 진여의 상相이라는 것은 마하연체摩訶衍體(대승의 본체)를 보여주지만, 체험시키거나 직접 마음에 던져주는 게 아니라 그냥 상相으로써 보여줄 수밖에 없다는 것입니다. 이렇게 일심一心의 진여상眞如相은 대승의 체體을 보여주고, 일심의 생멸인연상生滅因緣相, 즉 나고 죽고 인연에 의해서 움직이는 상相은 대승 자체의 상相과 용用을 보여줄 수 있다고 했습니다. 용用은 쓰임새를 말하는 것으로 앞에 나온 체體에 대비되는 말입니다. 본체와 작용이죠. 진여상은 본체를 보여주는 것이고, 생멸인연상은 대승의 모습(相)과 작용을 보여준다는 것입니다.

일상의 마음속에 절대심과 상대심이 다 있다

법法을 중생심衆生心이라고 말한 것은 굉장히 중요합니다. 중생은 짐승으로부터 나온 말로서 살아있는 모든 것, 또는 생명 없는 것, 존재하는 모든 것을 가리키는 말입니다. 그런데 이 중생이 가지고 있는 마음이 대승大乘에서 말하는 법法이라는 것입니다. 그리고 이 마음이 일체의 일반적인 마음과 그 일반을 초월하는 마음 둘 다를 포함하고 있습니다.

세간법世間法이 상대적인 마음 즉 비교를 통해서 아는 마음이라면, 출세간법出世間法은 초월적인 마음, 상대적인 것과 상관없이 있는 마음, 진여의 마음, 본체입니다. 그래서 이 마음의 진여상이 대승의 본체이고, 이 마음의 생멸인연상이 대승의 작용과 모습입니다. 여기서 중요한 것은 이 마음(중생심) 안에 진여상과 생멸인연상이 다 있나는 거예요. 우리 일상의 마음속에 절대적인 마음과 상대적인 마음이 동시에 있다는 것입니다.

상대적인 마음은 비교를 통해서 아는 마음입니다. 오늘 비가 많이 오고, 바람이 불고, 폭풍이 오고, 하늘은 컴컴합니다. 구름 때문에 비가 내리고, 바람이 부니까 나무가 흔들려 이파리가 다 떨어지고, 가지가 부러지기도 하는 이런 것이 생멸인연상입니다. 지금 이 모든 일들이 어디에서 일어납니까? 구름 아래에서 일어납니다. 그렇다면 구름 위는 어떨까요? 구름 위에는 아무런 날씨도 없습니다. '맑은 날씨'가 아니라 '날씨가 없어요'. 구름 위에 날씨가 없는 이유는, 날씨를 만들어내는 것은 구름이기 때문입니다. 우리 마음도 이와 마찬가지에요. 과거의 경험에 의해서 만들어진 흔적들, 내가 믿고 있는 믿음의 흔적들, 또는 신념들이 마음의 날씨를 만들어내는 구름 역할을 합니다. 이런 것들로 인해서 희노애락애오욕喜怒哀樂愛惡慾이 생겨나는데, 그것이 구름에 의해서 생겨나는 상대적相對的인 날씨인 것입니다. 그리고 이 상대적인 마음인 날씨 저 위에는 날씨없음이 항상 함께 하고 있지요.

그러나 자세히 보면 저 위에만 날씨가 없는 것이 아니라 이 아래에도 날씨는 여전히 없습니다. 공간이라는 측면에서 구름 위와 구름 아래가 다르지 않는 것과 같습니다. 다만 비가 오는 공간과 비가 없는 공간이라는 현상적인 차이가 있을 뿐이지요. 이와 같이 마음이 일어나 감정으로 휘몰아치는 내적인 공간은 그것이 일어나기 전의 마음과 전혀 다르지 않습니다. 그래서 선사들이 '폭우가 쏟아지는 저 대지는 한 치도 젖지 않았다'라는 식의 말을 하는 것이지요.

상대적이라는 것은 어떤 의미인가요? 내가 있고 대상이 있고, 나와 대상이 부딪혀서 생겨나는 소리가 있는 것입니다. 실제로 마음은 결코 분리되어 있지 않은데, 마음의 흔적들에 에너지가 쏟아져 나눠지면서 분리가 일어납니다. 마음속 분리에 의해서 수많은 일들이 생하고 멸하게 됩니다. 마음을 떠난 곳에는 탄생과 죽음이 없습니다. '내'가 탄생과 죽음을 보는 것이기에, 내가 없으면 세상에는 탄생과 죽음이라는 것이 없어요. 탄생과 죽음이라는 것은 어떤 '현상'에 붙여진 '이름'일 뿐입니다. '새싹이 올라오는 것은 탄생이야'라고 이름을 붙이면, '탄생은 씨앗 때문에 생겨난 거야'라는 인연상因緣相을 보입니다. 만물은 십이인연十二因緣으로 인한 것인데, 이 십이인연은 무엇 때문에 나타날까요? 바로 마음의 '분별작용'에 의해서 생겨납니다.

양자물리학을 깊이 있게 살펴보면, 어떤 사건의 진정한 원인을 한가지로 말할 수 없게 됩니다. 굳이 말하자면 우주 전체가 한 사물의 탄생 원인이라는 것입니다. 그렇다면 거기에 어떤 인연이 있겠습니까? 인연이라는 게 정말 있을까요? 우리 마음이 어떤 현상을 '이것'과 '저것'이라고 정해놓고 분별시켜서, 이것은 저것 때문에 일어나고, 저것은 이것 때문에 일어난다고 개념화하고 있을 뿐입니다. 이것과 저것이라는 '분별'이 없다면 거기엔 아무런 인연도 없습니다. 이렇게 개념 속에서 살아가는 사람에게는 십이인연설이 의미 있지만, 개념을 떠난 사람에게 인연설은 아무런 문제가 되지 않습니다. 모든 것이 마음이 만들어 내는 상相일 뿐이지요. 이것이 바로 생멸인연상입니다.

마음 작용이 본체의 강력한 증거

그런데 놀라운 것은 생멸인연상으로 가득한 이 세계에, 구름 위 '날씨 없는 세상'도 동시에 존재한다는 것입니다. 즉 우리의 중생심이라는 것은 구름 위와 구름 아래를 모두 포함하고 있으며, 이것이 바로 중생심이 세간법과 출세간법을 동시에 포함한다는 뜻입니다. 생명력의 본체는 구름 위의 세상世上이고, 그 생명력이 천변만화하면서 만들어내는 생멸인연의 상은 구름 아래의 세계世界, 대승(생명력)이 '작용하는 세계'입니다. 그것을 동시에 보여주는 것이 바로 중생심입니다. 참나의 마음 즉 진실한 마음이 따로 있고, 그것이 오염되어 만들어진 마음이 중생심이라고 소승小乘이 말했다면, 대승大乘은 그 둘 다인 이 한마음이 절대의 마음이며 동시에 상대적인 마음이라고 말합니다. 그러니까 상대적인 작용을 멈추면 그 자리가 바로 절대의 자리가 됩니다. 모든 작용에는 그것을 일으키는 본체가 존재하는 것이므로, 어떤 작용이 있다는 것은 바로 본체가 있다는 강력한 증거입니다. 본체 없이 어떻게 작용이 일어나겠습니까? 이것이 바로 '현상이 있다는 것은 그 현상을 일으키는 근본이 있다는 것'과 같은 말입니다. 그래서 모든 것이 현상이라면 그 모든 현상을 통해서 근본을 파악할 수 있다고 말하는 것입니다.

바람이 세차게 불던 날, 집 앞의 은행나무, 감나무들이 아주 거세게 흔들렸어요. 그런데 그 옆에 있는 소나무 숲은 잘 안 흔들립니다. 그냥 은근한 정도로만 흔들려요. 움직이는지 아닌지 모를 정도로 아주 여유 있게. 그만큼 뿌리가 튼튼하다는 거죠. 세상에서 여러 어려움을 겪어낸 사람들도 이와 같습니다. 그들은 크게 흔들리지 않고, 문제가 생겨도 해결하고 겪어내면서 넘어갑니다. 그러나 작은 나무들은 계속 출렁이고 바람에 못 이겨 죽을 듯이 아우성치며 곧 쓰러질 듯 끊임없이 흔들립니다. 그러나 크게 흔들리든 적게 흔들리든 이 둘은 크게 다르지 않습니다. 왜냐하면 둘 다 구름 아래에 뿌리를 박고 일어나고 있는 일이기 때문입니다. 반면에 구름 위를 경험하고 내려온 사람도 바람 불면 당연히 흔들립니다. 그러나 이전과 다른 것이 있다면, 흔들려도 아무 상관없음을 안다는 점입니다. 구름 아래만을 경험하고 있는 사람은 내 마음에서 흔들리고 있는 밤나무, 소나무에 동일시되어 그것을 '나'라고 여깁니다. 그것을 '나'라고 여기면 그 강렬한 바람에 흔들리는 것이 '나의 흔들림'이라고 느껴지겠죠. 하지만 그것을 '나'라고 여기지 않으면, 방안에 서서 유리창을 통해 흔들리는 나무를 보듯이 아주 고요합니다. 왜냐하면 세차게 흔들리는 저 나무는 내가 아니기 때문이지요. 흔들리되 흔들리지 않습니다. "흔들리지 않고 피는 꽃이 어디 있으랴?" 이런 유명한 시가 있는데, 흔들리지 않는 꽃이 있습니다. 다만 조금 바꾸자면 "흔들려도 흔들리지 않는 꽃이 있다"라고 바꿔야 되겠지요. 그것이 바로 지금 이 순간, 절대적인 마음과 상대적인 마음이 동시에 있다는 것을 뜻합니다. '나'는 생멸인연하지만 동시에 생멸인연에 전혀 동요하지 않는다는 것, 이것이 입의분立義分의 가장 중요한 핵심입니다.

절대심을 알기 위해 상대심을 떠날 필요는 없다

중생의 마음에는 절대심과 상대심이 동시에 있으므로 이 마음을 떠날 필요 없이 이 마음만 잘 들여다보면, 그래서 마음속에 일어나는 모든 것들을 '아, 이것은 상대적인 마음이구나. 아, 이것은 현상이네, 나타났다 사라지는 마음이야'라고 파악하게 되면, 그것을 통해 절대를 저절로 알게 됩니다. 절대적인 마음을 따로 찾아갈 필요가 없어요. 아무리 떠난다 해도 절대적인 마음을 찾을 수는 없습니다. 절대적인 마음을 찾아서 어디로 가겠어요? 바로 지금 이 마음속에 있는데. 만약 여러분의 마음이 뭔가를 찾아서 떠나려 한다면, 그 '떠나려는 마음 자체'가 일종의 상대적인 마음이라는 것을 알아야 합니다. 우리는 그 '떠나려는 마음'을 통해서 '떠남이 없는 마음'을 즉각적으로 봐야 돼요. 무언가를 추구하는 그 마음이 바로 상대심이고 생멸심입니다. 즉 뭔가를 추구하려는 마음이 바로 '생겨난 마음'입니다. 그렇다면 이 생겨난 마음을 죽여야만 절대심이 드러날까요? 그렇지 않습니다. 죽인다고 해도 아무것도 드러나지 않아요. 어떤 지혜도 통찰도 없는, 그저 주체와 대상의 분열이 없는 삼매三昧로 갈 뿐입니다. 알아챌 수 있는 지혜심마저 사라집니다. 그것은 흑암의 삼매에요. 그렇다면 절대심은 어떻게 드러날까요? 생멸하는 마음이 곧, 절대의 마음인 진여의 증거라는 것을 파악할 때, 진여상眞如相은 저절로 드러납니다. 그러니까 생멸하는 마음의 작용을, 철저하게 '작용'으로 볼 수 있을 때 절대의 본체가 저절로 드러난다는 것입니다.

"법法이라는 것은 중생심을 말함이니 이 마음이 곧 일체의 세간법과 출세간법을 포괄하며 (즉, 일체의 절대적인 세계와 상대적인 세계를 다 포괄하며), 이 마음의 진여상이 대승의 본체를 보여주고 있고, 이 마음의 생멸인연상이 대승 자체의 상相과 용用을 잘 보이기 때문이다(所言法者 謂衆生心. 是心則攝一切世間法出世間法. 是心眞如相, 卽示摩訶衍體故. 是心生滅因緣相, 能示摩訶衍自體相用故)." 이 문구가 입의분의 핵심이라고 보면 됩니다. 그 뒤에 나오는 내용은 모습 즉, 상대를 설명하고 있습니다.

所言義者, 則有三種. 云何爲三.
소 언 의 자 즉 유 삼 종 운 하 위 삼

一者體大, 謂一切法眞如平等不增減故.
일 자 체 대 위 일 체 법 진 여 평 등 불 증 감 고

의義라는 것은 세 가지 종류가 있으니 무엇이 세 가지인가?
첫째는 체대體大로 그 본체가 크니, 일체의 법은 진여로서 평등하여 증감
하지 않는다.

[논論]

체대體大는 우리 몸으로 보자면 몸 자체를 말하는 것입니다. 가장 핵
심이 되는 것이 체體입니다. 몸으로 치자면 몸짓이 아닌 몸 자체, 물로
치자면 증감이 없는 물 자체예요. 이것이 바로 '그 본체가 크다'는 말
의 의미입니다. '일체의 현상은 진여로서 평등하고 증감이 없다'는 것
은, 일체의 현상은 본질과 다르지 않다는 말입니다. 바닷물은 한 치도
늘거나 줄지 않습니다. 구름이 되고 비가 되어 내리며 땅으로 스며들
어 다시 바다로 돌아오지만, 그 전체는 평등하며 결코 증감이 없어요.
일체의 법法이라는 것은 마음이 경험하고 의식하는 모든 것들을 말하
는데, 그 모든 것들이 진여로서 평등합니다. 그러니까 화내고 슬퍼하
고 우울하고 괴로워하는 마음 이것들도 진여와 다름없이 평등하다는
거예요. 진실한 절대적인 마음이라는 것이죠. 왜냐하면 그 마음을 통
해서 절대적인 마음을 드러내고 있기에 그렇습니다. 이렇게 밖에 말
할 수 없어요. 참 신기하지 않습니까? 상대적인 마음이 없으면 절대
적인 마음은 결코 드러날 수 없습니다. 나타난다는 것은 '누군가'에게
나타나는 것입니다. '누군가'가 있다는 것은 뭘 의미하나요? '나'가 있
고 '너'가 있는 '이분법적인 세계'를 의미합니다. 나와 대상이 없는 세계
에 누가 무엇으로 나타나겠어요? 절대絶對는 상대相對가 없으면 결코

'나타날 수' 없습니다. 또한 상대는 절대를 표현하기 위해 필요불가결한 마음입니다. 상대적인 마음은 회로 속을 운행하며 어떤 작용을 하는 전기電氣이고, 절대적인 마음은 그 회로를 벗어난 전기 자체라고 보면 됩니다. 전기가 회로 속을 운행하면서 컴퓨터 자판의 글자를 쓰고, 그림을 그리고, 소리를 내고, 동영상을 움직이게 하죠. 이렇게 생성되는 많은 것이 상대적인 세계, 안이비설신眼耳鼻舌身의 세계입니다. 이처럼 상대적인 마음은 회로를 통과하는 전기이고, 절대적인 마음은 전기 자체입니다. 그런데 회로가 없는 곳에서 전기는 표현될 방법이 없습니다. 드러날 방법이 없어요. 그리고 회로 속 전기도 분명히 전기 자체이지요. 그렇기 때문에 회로 속 전기와 같은 상대적인 마음이 진정한 본성인 진여眞如가 아니라고 결코 말할 수 없는 것입니다. 마음에서 회로回路라는 것은 나와 대상으로 나누어지는 마음의 이원론적인 구조를 말합니다. 내 마음에 여러분의 상相이 들어와 있지 않다면, 나는 여러분을 의식하거나 알거나 느낄 수 없을 겁니다. 두 살 이하 아이들의 마음이 그렇죠. 그 애들에게도 마음이 있지만, 눈앞에 있는 사람이 누군지 알지 못합니다. 아직 마음에 어떤 흔적인 상相이 없기 때문입니다.

그래서 '일체의 법은 진여로서 평등하여 증감하지 않는다'고 말했습니다. 그게 바로 대승大乘(생명력)의 본체가 크다는 의미에요. 너무도 거대해서 일체의 법이 진여로서 평등하지 않음이 없다, 모든 것이 평등하다, 본질적인 측면은 더 이상 늘지도 줄지도 않는다는 것입니다.

二者相大, 謂如來藏具足無量性功德故.
이 자 상 대 위 여 래 장 구 족 무 량 성 공 덕 고

둘째는 상대相大이니 상이 크다는 것은 여래장의 한량없는 성공덕이 갖추어져 있다.

[論論]

체體와 상相과 용用이 있죠. 체體는 본체, 본질을 말합니다. 상相은 본질이 표현된 모습, 용用은 본질이 움직이는 작용을 말합니다. 대승의 의義에는 크게 세 가지가 있는데 본질이 크고, 본질이 드러나는 모습이 크고, 본질의 작용이 크다, 입니다. 상相이 크다는 것은 여래장에 이루 헤아릴 수 없는 본성의 공덕이 갖추어져 있다는 의미입니다. 여래장如來藏은 모든 행동과 모든 생각, 모든 작용들 하나하나가 저장된 것입니다. 서양에서 말하는 아카식 레코드라든가, 우리의 본성의 표현 모두를 다 갖추고 있는 본질의 장, 그런 것이 여래장입니다. 여래의 마음속에 모든 것들을 저장한 여래장이 있는데 거기에는 헤아릴 수 없는 성공덕性功德이 갖추어져 있다고 했습니다. 성공덕性功德이란 본성과 공덕功德(공을 이루는 덕)을 말하는 것으로, 여래장에 수많은 습성들과 공교함, 그리고 그로 인해 일어나는 후덕한 결과와 효과들이 다양하게 한량없이 갖추어져 있다는 뜻입니다. 간단히 말하면 우리 의식의 장에는 모든 것들이 다 저장되어 있다, 그 상相은 너무나 커서 표현하지 못할 게 없고, 드러나지 못할 게 없고, 상相을 이루지 못할 게 없다, 라는 겁니다. 그래서 심지어는 진여도 상相으로 나타낼 수 있고, 생멸인연도 상相으로 나타날 수 있는 것이죠. 한도 끝도 없는 의식의 장, 이것이 바로 여래장입니다.

三者用大, 能生一切世間出世間善因果故.
삼 자 용 대   능 생 일 체 세 간 출 세 간 선 인 과 고

세 번째는 용대用大로 작용이 크니, 일체의 세간과 출세간의 선인과를 능히 생겨나게 한다.

[논論]

대승大乘(생명력)은 그 본체가 크고 그 드러낸 모습이 크고 그 작용이 크다, 그래서 일체의 상대적 세계(世間)와 절대적 세계(出世間)의 착한

인과를 만들어낸다는 말입니다. 그러나 엄밀하게 말하면 착함(善)이란 없는 거죠. 선善과 악惡은 상대적인 개념일 뿐이니까요. 굳이 얘기하자면 선善은 부분보다는 전체, 작은 수보다는 많은 수, 개인보다는 전체를 위한 행동이나 움직임을 말한다고 할 수 있습니다. 비록 개념을 통해서 분리된 세계이기는 하지만, 그 안에서 개인이나 작은 십난보다는 그것들이 구성하는 전체를 위한 인과가 바로 선善입니다. 이러한 바람직한 원인과 결과를 만들어 냄이 바로 대승의 작용입니다. 용대用大라는 것은 몸으로 보자면 몸짓이라고 할 수 있습니다. 우리 몸의 움직임이 몸짓인데, 아무리 다양한 몸짓을 해봐도 몸 자체는 변화가 없죠? 마찬가지로 여러분이 많은 생각과 감정을 통해 끊임없이 변화하면서 어떤 작용을 일으킨다고 하더라도, 여러분의 본질은 한순간도 변한 적이 없다는 겁니다.

날씨와 상관없는 구름 위의 세계

一切諸佛本所乘故, 一切菩薩皆乘此法到如來藏故.
일 체 제 불 본 소 승 고 일 체 보 살 개 승 차 법 도 여 래 장 고

일체의 여러 부처가 본래 거기에 의거하기에 일체의 보살이 모두 이 법에
의거하여 여래의 경지에 이르게 된다.

[논論]

일체의 부처(본질을 본 사람)가 본래 대승(생명력)에 의거하여 그것을 봅니다. 일체의 부처가 회로回路를 통해서, 보다 정확히 표현하자면, 회로 자체에 의거하는 것이 아니라 회로에 흐르는 전기를 발견함으로써 여래의 경지에 이른다는 겁니다. 컴퓨터 메인보드의 다양한 회로를 보고서 전기를 발견하는 것이 아니라 회로가 있다는 것 자체가 전기의 흐름과 전기 자체를 증거한다고 말할 수 있습니다.

본체를 탐구하는 사람들이 대부분 회로를 가라앉히거나, 천천히 흐르게 하거나, 회로 안을 무無로 만들어서 본질을 발견하려 합니다. 그런데 그렇게 회로를 가라앉혀 작동시키지 않으면 전기도 멈추게 되죠. 그와 같이 내 마음을 작용시키지 않고 회로를 멈춰서 본체인 생명력을 발견하려고 한다면, 마음의 작용이 멈추는 것과 더불어 생명력도 멈춰 버리기 때문에 생명력을 발견하기가 더 힘들어집니다. 그래서 삼매 상태로 들어가면 마음의 본질을 발견하기가 힘든 것입니다. 자기 마음은 편하고 고요할 수 있어요. 회로는 고요할 수 있어요. 그러나 본질을 발견하기는 힘들다는 겁니다. 마음을 가라앉히는 데 초점을 맞추지 말고, 이 마음이 무엇을 근거로 해서 움직이는가를 봐야 해요. 그러기 위해 우리가 자꾸 마음의 구조를 보려고 하는 겁니다. 마음의 구조를 보면 그 구조 속에 깊이 빠져들지 않아요. 회로를 보게 되면 회로 속에 빠지지 않아요. 회로 속을 흐르는 것이 무엇인지 그때 나타나게 되죠. 우리가 보려고 하는 생명력은 고요한 마음도 아니고, 평화로운 마음도 아니며, 황홀경에 빠진 마음도 아닙니다. 생명력 자체에는 고요도 시끄러움도 황홀도 괴로움도 없습니다. 그냥 생명력일 뿐입니다. 그 생명의 힘이 어떤 회로를 거치느냐에 따라서 고요한 회로가 되기도 하고, 때로는 황홀한 느낌을 주는 회로가 되기도 하는 거죠. 그 드러난 모든 것들은 회로를 통한 생명력의 작용일 뿐입니다. 그래서 일체의 부처는 이 생명력에 의거하여 본질을 발견하지, 결코 상대적인 고요를 통해서 본질을 탐구하지 않습니다. 고요한 마음, 평화스런 마음을 찾아가지 마세요. 그것은 상대적인 마음의 한 표현일 뿐입니다. 상대적인 마음은 절대를 발견하는 도구로 삼아야 할 뿐, 상대적인 마음 중에서 '가장 멋져 보이는 마음'을 찾아가서는 안 됩니다.

구름 아래 날씨 중에서 가장 맑은 날씨를 찾지 말고 구름을 넘어가 라는 뜻이지요. 날씨와 상관없는 구름 위의 세계를 발견하라는 것입니 다. 그런데 사실 구름 위의 세계는 지금 이 순간, 이 구름 아래에도 있 어요. 잘 보세요. 구름만 없으면 즉각 구름 위의 세계와 똑같습니다. 하늘은 어디서부터 하늘입니까? 땅 0.00000001mm 위부터 하늘이에 요. 즉 날씨의 한 가운데에 절대적인 하늘이 있습니다. 절대 세계는 어 디 있습니까? 바로 상대적인 마음 그 한가운데에 있습니다. 날씨로 가 득한 이 구름 아래 바로 절대적인 하늘이 동시에 있는 것과 같습니다. 그런데 우리는 구름이 사라지고 비가 멈춰야 "아, 고요해졌어. 고요한 날씨야."라고 여기지요. 고요한 날씨가 아니라 비바람 가득한 날씨에 서와 같이 절대적인 하늘일 뿐이에요. 땅 0.00000001mm 위에는 날 씨와 상관없는 즉각적인 절대 하늘이 있는 것입니다. 그 절대적인 하 늘을 기반으로 날씨가 형성되고 있는 것이지요. 고요한 날씨에 의거하 지 말고, 날씨와 상관없는 하늘에 의거해서 있는 것이 부처이고, 일체 의 보살들은 모두 이 하늘의 법에 의거하여 여래의 경지에 이른다고 입의분은 이야기합니다.

이문일심二門一心

이문二門은 심진여문心眞如門과 심생멸문心生滅門을 말하는 것으로 이 두 개의 문은 하나의 마음(一心)이고, 하나의 마음(一心)은 곧 두 개의 문 (二門)입니다. 이 둘이 다른 것 같지만 결코 다르지 않다는 것을 말하는 것이죠. 또한 근본과 현상, 보리菩提와 번뇌煩惱가 다르지 않다고 말하 는 것과 같습니다. 우리는 자꾸 번뇌로부터 벗어나려고 합니다. 번뇌에 너무 파묻혀서 죽을 것 같다면 잠시 떠날 필요가 있겠죠. 번뇌를 약화시키고 고요하게 할 필요가 있습니다. 그러나 마음이 견딜 만하다면 번뇌가 곧 보리임을 발견하는 것이 더 중요합니다. 내 마음속의 폭풍이 휘몰아치는 날씨가 곧 텅 빈 하늘에서 일어나고 있는 일이라는 것을 발견하는 것입니다. 하늘은 저 멀리 있는 것이 아니라 땅 위로 1mm만 올라가도 그곳이 바로 하늘이라는 것을 발견해야 합니다. 저 높이 구름 위만 절대적 하늘인 것은 아닙니다. 지금 내가 서 있는 자리가 바로 그 하늘이에요. 그런데도 이 하늘을 자꾸 찾아다닙니다. 날씨, 즉 번뇌에 주의가 가있어서 하늘을 발견하지 못하기 때문입니다. 번뇌란 여러분이 지금 보고 있는 책과 글씨 같은 것들이에요. 여러분이 이 책을 읽고 무엇을 느낀다면 그것이 무엇이건 모두 마음의 '날씨'에 해당합니다. 그리고 그 날씨가 있다고 해서 그것들이 일어나는 본바탕이 없는 것이 아닙니다. 텅 빈 하늘을 바탕으로 날씨가 생겨나듯 바로 본질을 바탕으로 번뇌가 작용하고 있습니다. 그러니까 괴로움이 심하면 그만큼 생명력도 아주 강하게 작용하고 있다고 보면 됩니다. 생명력이 없는 사람은 괴로움도 크게 느끼지 않죠. 다 죽어가는 사람을 보면 알 수 있습니다. 번뇌가 곧 보리라는 것은, 번뇌 없이는 결코 진리(본질)가 발견될 수 없다는 의미입니다. 그것은 여러분이 수련을 해보면 알게 됩니다. 명상으로 깊이 들어가 보세요. 삼매三昧 상태로 들어가 보면 마음은 편할지 몰라도 거기에서 얻어지는 것은 아무것도 없습니다. 그래서 옛날부터 선정禪定에만 힘쓰면 바보가 된다고 그랬습니다. 선정과 지혜를 같이 닦으라고 했어요. 그것이 정혜쌍수定慧雙修이지요.

믿음-수행-깨침의 프로세스

믿음과 수행을 통해 깨침이 일어나는 '체계'를 한 번 살펴보겠습니다. 수행을 해나가는 사람은 먼저 일원론一元論, 다음으로 이원론二元論, 마지막에 불이론不二論의 영역을 거치게 됩니다.

수행을 통해 '부처를 이룰 수 있다'는 믿음을 일단 받아들이고 수용하는 측면이 전체 체계의 첫 번째입니다. 그때 믿는 사람(信者)은 '중생이 곧 부처다, 중생이 곧 부처와 다르지 않다'고 하는 일원론一元論의 영역 속에 있게 됩니다. 내가 곧 부처다라는 것을 믿는 것입니다. 둘로 나타난 지금의 모습이 결코 둘이 아니라는 것이죠. 사실 대승기신론에서 말하는 중생심衆生心은 곧 부처의 마음입니다. 대승의 본체가 곧 중생심이라는 의미에요. 중생심 안에 본질인 심진여문心眞如門과 생멸하는 현상인 심생멸문心生滅門이 다 같이 들어있는 것을 보면 알 수 있지요. 그러니까 이때는 중생과 부처가 '다르지 않다'고 믿으므로 그 모두가 하나라는 '일원론'이라고 합니다.

두 번째, 이제 그 내용을 믿음으로 받아들인 사람은 수행에 들어갑니다. 수행하는 동안에는 이원론二元論의 단계이고 개념의 세계에 있게 됩니다. 왜냐하면 수행에 들어가면 육바라밀六波羅密이라는 보시布施, 지계持戒, 인욕忍辱, 정진精進, 선정禪定, 지혜知慧를 실천하는 과정을 거치게 되는데, 그 과정 속에서는 '도달해야 할 곳'과 아직 '도달하지 못한 자신'이 나뉘어 있기 때문입니다. 아직 하나와 둘로 나뉘어 있는 것이죠. 나와 남이 나뉘어져있고, 중생과 부처가 나뉘어져 있습니다. 그래서 아직 중생의 단계이므로 부처가 되기 위해서 열심히 노력하는 '나'가 있기 때문에 이원론의 개념 세계 속에 있게 됩니다.

그러다가 이제 깨침이 일어나면 '아, 중생이 곧 부처라는 것이 이거였구나!'가 되지요. 깨침이라는 것은 깨진다는 것입니다. '나는 중생이야. 나는 깨치지 못했어!'라는 자기가 깨져나가는 것입니다. 나는 중생이라고 믿고 있는 그 마음이 부처가 되는 것이 아니에요. 그 마음은 죽어버리는 겁니다. 그 마음은 하나의 감지[14]로써 떨어져 나가버립니다. 그래서 이때가 되면 생멸심이 곧 진여심이 됩니다. 본질本質이 곧 생하고 멸하는 마음(生滅心)과 다르지 않다는 것을 알게 됩니다. 이때가 되면 중생과 부처가 하나 되는 일원론으로 돌아가는 게 아니라 불이론不二論으로 들어갑니다. 불이不二는 둘이 아니라는 뜻입니다. 둘이 아니지만 하나도 아닙니다. 불이不二라는 말은 하나라는 말과 통할 수도 있어요. 그런데 하나라고 하지 않고 굳이 둘이 아니라고 하는 이유는, 하나라는 것마저도 개념이기 때문에 그렇습니다. 중생이 곧 부처라는 것을 믿고 수행을 시작하여, 부처가 되려고 애쓰다가, 깨치고 나면 '중생이 부처가 됐구나'가 아니라, '중생과 부처라는 것이 애초부터 없구나!'가 되는 것입니다. 그것이 바로 불이론不二論입니다. 그렇게 체화하기 위해서 애쓰고 노력하다가 애씀을 벗어나면 중생도 부처도 하나의 개념임을 체험하는 거예요.

이것이 바로 믿음과 수행과 깨침의 체계입니다. 중생이 노력해서 부처가 된다고 생각할 수 있는데 그것이 아니라 중생과 부처라는 개념이 사라지는 거예요. 우리가 개념의 세계, 분별의 세계에 머물렀기 때문에 이렇게 저렇게 나누었던 것뿐입니다. 나와 너를 나누고, 못나고 잘난 사람을 나누고, 이 세계와 저 세계를 나누어 다르게 느끼는 세계 속

---

14) 감지感知 : 깨어있기™ 용어. '익숙하다', '안다'는 느낌. 용어정의 참고. 《깨어있기-의식의 대해부》(히어나우시스템 刊) 참고.

에서 살아온 것입니다. 우리는 지금껏 그 수많은 나눔의 세계, 분별의 세계 속에 미물러 있었습니다. 분별심, 이것이 가장 근본적인 어둠(무명無明)의 속성입니다. 우리가 의식할 수 있는 모든 것, 다시 말해 우리가 알고 느끼고 경험하는 모든 작용이 분별 속에서 일어납니다. 가장 기본적인 분별은 뭡니까? '나'와 '나 아닌 것'을 나누는 것입니다. 주체와 대상을 나누는 거예요. 이것을 두세 살부터 점차 익혀서 완전히 몸과 마음속에 습習이 되어 버렸고, 그 속에서 살아가고 있는 겁니다. 나와 나 아닌 것의 개념 속에서 '내'가 아닌 '부처'가 되려고 애쓰다 보니 함정에 빠지게 되는데, 그 은산철벽의 막다른 벽 앞에 서는 과정에서 '나'와 '부처'라는 것이 둘 다 허구였음을 발견하게 되는 것이지요. 그 '나'가 사라지고 '세계'가 사라지게 되면 개념에서 떠나게 됩니다. 이것이 가장 기본적인 구조입니다. 그러니까 여러분이 믿음과 수행의 단계까지는 다들 하고 있지만, 수행을 지나서 깨침으로 가기 위해서는 '중생인 내가 부처가 된다.'는 생각을 해서는 안 됩니다. 여러분은 아무것도 될 수 없습니다. 여러분이 자신이라고 믿는 그 자아 자체가 허구라는 것을 발견하는 것뿐입니다.

이제 해석분解釋分으로 들어가기에 앞서, 지금까지 했던 대승기신론 입의분立義分을 간단하게 정리하겠습니다.

물은 물감이 아니다

대승大乘은 일종의 생명력, 근본, 본질 등을 일컫는다고 했습니다. 그 본질적인 측면의 보살이 되어서 차안此岸에서 피안彼岸으로, 강 이쪽(개념의 세계)에서 강 저쪽(개념을 떠난 본질적인 세계)으로 많은 사람을 실어 보낸다는 의미에서 대승입니다. 클 대大자, 탈 승乘자. 많이 태워서 건너가게 하는 것인데, 바로 그 과정을 통해서 본질을 발견한다는 것입니다.

대승은 법法과 의義로 나눕니다. 법法은 현상과 본질을 다 포함하는 움직임을 말합니다. 법은 중생심을 가장 기본으로 하고 있는데, 중생심은 단순히 어리석은 중생의 마음이 아니라, 본질을 다 포함합니다. 이것이 대승과 소승의 가장 큰 차이점입니다. 대승이 말하는 중생심은 진여심과 생멸심을 다 포함해요. 중생심이 곧 부처의 마음이에요. 그래서 중생심은 세간법世間法, 즉 생멸하는 마음을 가지고 살아가는 세간의 현상들과, 생멸을 떠난 출세간出世間의 현상들, 즉 본질을 다 포함합니다. 중생심의 진여상(본질적인 측면의 상)이 대승의 체體라고 했습니다. 이 체體은 본체를 말합니다. 중생심은 두 가지죠. 하나는 진여상眞如相, 나머지 하나는 생멸인연상生滅因緣相. 진여상이라는 것은 본질적인 측면을 보여주는 '모습'입니다. 그래서 상相이라고 했어요. 진여는 우리가 알 수도 없고 느낄 수도 없는데, 마음이 잡아낼 수 있도록 뭔가 보여줘야 될 거 아니에요? 그래서 상相이에요. 그것이 대승의 체體입니다. 중생심의 생멸인연상(생멸인연적인 모습)이 대승의 상相(꼴)과 용用(작용)이에요. 그러니까 우리 마음을 물로 비유하자면, 본질은 물 자체고, 생각, 감정, 느낌 등 모든 마음의 현상들은 상相이나 용用에 해당합니다.

대승의 의義, 올바른 뜻을 보면 체대體大, 상대相大, 용대用大라고 했어요. 체대體大는 본체가 크다, 그 의미는 일체의 법은 크다, 일체의 현상은 다 진여라는 말입니다. 일체의 현상은 본질과 다르지 않다, 일체의 현상은 진여로서 평등하고 증감이 없다, 바닷물은 한 치도 늘거나 줄지 않습니다. 구름이 돼서 비가 되어 내리고 땅으로 스며들어 다시 바다로 돌아오지만 그 전체는 평등하며 결코 증감이 없어요. 그래서 체대라 하는 것은 우리 몸으로 봤을 때 몸 자체를 말합니다. 가장 핵심이 되는 것이 체입니다. 몸으로 따지면 몸, 물로 따지면 증감이 없는 물 자체에요.

상이라는 것은 모습, 꼴이에요. 상이 크다(상대相大)고 하는 것은 여래장이라고 하는데, 여래장은 생각, 감정, 느낌 등의 우리 모든 현상 속에 여래가 저장되어 있다는 뜻에서 여래장이라고 합니다. 여래는 본질적인 측면이죠. 생각과 감정과 느낌, 여기에 다 본질이 포함되어 있다는 겁니다. 그 본질이 나타난 모습(相)이 생각과 느낌과 감정이라는 거죠. 물의 모양 즉 다양한 파도의 모양, 그 다양한 파도의 모양은 한량없고 무한하고 무량한 그런 모습을 띠고 있어요. 용대用大라는 것은 작용이 아주 커서 일체의 모든 세간과 출세간의 인과因果를 만든다는 겁니다. 그것을 몸으로 보자면 몸짓입니다. 우리 몸이 움직이면서 몸짓을 하죠. 몸짓을 아무리 해도 몸에는 변화가 없지 않아요? 몸짓을 아무리 해도 내 몸과 체體에는 변화가 없죠.

그와 같이 물이 아무리 많은 작용을 해도 본질에는 변화가 없습니다. 마찬가지로 여러분이 아무리 많은 생각과 감정을 통해 끊임없이 변화하면서 작용을 일으킨다고 하더라도, 본질은 한순간도 변한 적이 없다는 겁니다. 그러니까 여러분이 일상에서 화난 상태, 기쁜 상태, 슬프고 외로운 상태 속에 있다 하더라도 본질은 전혀 변함이 없다는 것을 발견해야 상대相對 속에 절대絶對가 있다는 것을 발견하는 겁니다. 그것이 안 되면 이 일상을 살아가면서 결코 절대 속에 있을 수가 없습니다. 절대라는 것을 발견하기 위해서 바로 물의 커다란 작용이 있다

하더라도, 물이 아무리 큰 파도를 치고 있다 하더라도 물 자체라는 것은 전혀 변함이 없다는 것을 발견해야 합니다. 그런데 우리는 지금까지 물의 모습이나 물의 작용에 너무 습관적으로 마음이 빼앗겼습니다. 그래서 물의 모습이나 작용이 어떠냐에 따라 그것에 자기를 동일시해서 살아왔기 때문에 물의 모습을 자기라고 알고 있지 물 자체를 자기라고 하지 않아요. 슬프면 그것은 슬픈 '마음'이죠. 그러나 마음 자체는 변함이 없는 거예요. 기쁘면 기쁜 '마음'이죠. 지루할 때는 지루한 '마음'이에요. 그러나 마음은 변함이 없어요. 그런데도 우리는 마음을 다스리려고 해요. 마음은 다스리는 것이 아니고 그 본체를 '발견'하는 것입니다. 지루한 '마음' 아니에요? 슬픈 '마음'이죠. 파도라는 것은 물이 '이렇게 생긴' 모양이고, 또 슬픈 파도는 물이 '저렇게 생긴' 모양이라는 겁니다. 수많은 모양에도 불구하고 물이라는 것에는 아무런 변함이 없습니다. 이렇게 물 자체를 발견해야지, 물의 모양에 자꾸 휘둘리지 말고 물의 모양에 끌려가지 말라는 겁니다. 그것이 바로 물의 모양은 끊임없이 변하고 천변만화하기 때문에 용대用大, 작용이 크다고 말하는 거예요. 우리 몸으로 따지면 몸짓이 아무리 한껏 변해도 몸 자체에는 변화가 없는 것과 같아요. 물의 작용, 파도침, 이런 것이 다 용用에 해당됩니다. 그리고 파도는 수많은 작용을 일으키죠. 그것이 바로 용대用大를 뜻하는 겁니다.

이것이 지난 입의분에서 말한 핵심입니다. 여기서 진여상과 생멸인연상이 다르지 않다는 것을 발견해야지, 진여상만을 발견해야 한다거나, 본질을 발견해야 한다고 생각해선 안 됩니다. 태어나고 죽는 마음, 변화가 일어나는 마음이 본질에 아무런 영향을 미치지 않는다는 것을 발견해야 합니다.

　잘 보세요. 물은 아주 좋은 비유인데요, 물은 끊임없이 파도치고 그 모양이 변합니다. 그렇게 그 모양과 작용에는 커다란 변화가 있지만 물 자체는 아무런 변화가 없다는 것을 우리는 이해하잖아요. 우리의 마음도 마찬가지입니다. 우리의 마음에도 슬픈 파도가 일어나요. 분노의 파도가 일죠. 그런데 분노의 파도가 일면, 이것을 느낌이라고 알면 되는데, 그것을 자기라고 믿는 것이 문제가 됩니다. 왜 자기라고 믿는가 하면 믿음의 에너지가 들러붙기 때문이죠. 지금까지 우리가 계절수업[15]에서 해왔던 작업이 이 믿음에 대한 것이었지요. 파도는 수많은 작용을 하는 겁니다. 그 작용 속에 빠져들지 않고, 모양 속에 빠져들지 않으려면 어떻게 해야 할까요? ‘물 자체는 뭐지?’라고 물어봐야 합니다. 고요할 때나 파도칠 때나 변함없는 무엇을 발견하려고 해야 해요. 그러니까 여러분이 커다란 감정 속에 있을 때나 아주 고요한 평화의 마음속에 있을 때도 아무런 변화도 차이도 없는 것 즉, 분노를 가라앉혀서 평화로 가려 하지 말고, 분노의 마음이나 평화의 마음속에 변함없는 것이 무엇인지를 스스로에게 물어봐야 해요. 그것이 물이거든요. 분노나 평화는 그냥 파도의 모습이에요. 이런 파도, 저런 파도인거죠. 마음의 이런 저런 모습이에요. 그럼 마음 자체는 무엇인가? 그렇게 물어야 해요. 간단히 말하면 물은 빨간 물감에 물들고, 파란 물감에 물들고, 노란 물감에 물들죠. 물을 잘 보세요. 물이 빨간 물감에 물들었다 해도 그 물이 어디 간 건 아니지요. 빨간색을 자기라고 알지 않

---

15) 계절수업 : 깨어있기™ 과정을 마친 사람들이 3개월에 한번씩 모여 후속 작업을 해온 것을 말함

으면 되는 겁니다. 우리가 연습하는 '모두 느낌이다. 모든 것은 현상일 뿐이야. 내 마음과 몸에 느껴지는 모든 느낌은 일종의 왔다가는 일시적인 현상이다'를 알아채게 되면 그런 것들이 모두 '모습'이라는 것이 분명해지지요. 물들지 않으려고 모든 물감을 제거하려고 할 필요가 없어요. 그것은 한도 끝도 없습니다. 살아간다는 것 자체가 모두 물드는 거예요. 그러니까 물감 속에 있으면서도 물은 물감이 아니다 라는 것을 발견하는 것입니다. 이건 비유인데, 이렇게 말하면 또 '그러면 본질이라는 게 따로 있나보다'라고 생각하기 쉬운데, 따로 있는 게 아니라는 것을 여기서 얘기하는 겁니다. 다음은 해석분에 대해 이야기하겠습니다.

Ⅳ. 정종분正宗分 : 해석분解釋分

已說立義分. 次說解釋分. 解釋分有三種. 云何爲三.
이 설 입 의 분   차 설 해 석 분   해 석 분 유 삼 종   운 하 위 삼

一者顯示正義. 二者對治邪執. 三者分別發趣道相.
일 자 현 시 정 의   이 자 대 치 사 집   삼 자 분 별 발 취 도 상

이미 입의분을 설명하였으니 다음으로 해석분을 설명하겠다. 해석분에
세 가지가 있으니 무엇인가? 첫째는 현시정의요, 둘째는 대치사집이며,
셋째는 분별발취도상이다.

[논論]

이 부분은 앞에서 간단히 설명했고 뒤에서 상세히 나오므로 넘어가
겠습니다.

1. 현시정의顯示正義 : 법장문法章門을 해석함

해석분 제일 처음에 나오는 현시정의顯示正義라는 것은 부처의 올바
른 뜻을 밝힘이라는 뜻이며, 그 내용의 가장 기본적인 것은 일심법一心
法입니다. 법장문法章門 제일 처음 보겠습니다.

顯示正義者, 依一心法有二種門. 云何爲二.
현 시 정 의 자   의 일 심 법 유 이 종 문   운 하 위 이

一者心眞如門. 二者心生滅門.
일 자 심 진 여 문   이 자 심 생 멸 문

현시정의라는 것은 일심법에 의거하면 두 가지 종류의 문이 있으니 무엇
을 일러 둘이라고 하는가? 첫째는 심진여문이고, 둘째는 심생멸문이다.

[논論]

일심一心에 두 가지 문이 있는데 첫째는 마음의 진실한 본질, 여여
한 진실 그대로를 가리키는 심진여문心眞如門이고, 두 번째는 나타났다
사라지는 마음을 가리키는 심생멸문心生滅門입니다. 마음에는 일심一心
밖에 없어요. 그런데 그 일심一心에 두 개의 문이 있습니다. 일심一心으

로 들어가는 두 개의 문이죠. 하나는 마음의 본질적인 문이고, 다른 하나는 마음의 나타났다 사라지는 문이죠. 그러니까 마음에는 두 가지 속성이 있다는 것으로, 본질적인 측면을 나타낼 수도 있고, 나타났다 사라지는 측면을 볼 수도 있다는 것입니다.

是二種門皆各總攝一切法. 此義云何.
시 이 종 문 개 각 총 섭 일 체 법   차 의 운 하

以是二門不相離故.
이 시 이 문 불 상 리 고

이 두 가지 문은 각각 일체의 법(모든 것)을 총괄한다. 이 말은 무엇을 이르는가? 심진여문과 심생멸문이 서로 떠나지 않기 때문이다.

[논論]

심진여문과 심생멸문이 각각 일체의 법을 총괄하고 있으며 서로 떠나지 않는다는 말은, 이 두 개가 결국 둘이 아니란 말입니다. 나타났다 사라지는 심생멸문의 마음과 본질의 마음이 서로 다르지 않다고 말하는 거예요. 이것이 법장문 해석에 들어가서 처음 나오는 내용입니다.

그러면 일심법一心法에서 원효스님이 어떻게 주석을 달았는지 한번 살펴보겠습니다.

謂染淨諸法其性無二, 眞妄二門不得有異. 故名爲一.
위 염 정 제 법 기 성 무 이   진 망 이 문 부 득 유 이   고 명 위 일

此無二處諸法中實, 不同虛空, 性自神解, 故名爲心.
차 무 이 처 제 법 중 실   부 동 허 공   성 자 신 해   고 명 위 심

염정染淨의 모든 법은 그 본성에 둘이 없어, 진망眞妄(진심과 망심)의 이문二門에 다름이 있을 수가 없으니, 일一이라고 했다. 이 둘이 없는 것이 모든 법들의 실체인지라, 허공과 같지 아니하여 본성이 스스로 신해神解하기 때문에 심心 자를 썼다. 그래서 일심一心이다.

[소疏]

앞에서 심진여문은 물들지 않은 깨끗한 마음이고 심생멸문은 나타

났다 사라지는 것에 물든 마음이라고 했습니다. 그러나 이 깨끗한 마음과 물든 마음이 결국 둘이 아니기 때문에 일一이라고 했고, 텅 빈 허공이 아닌 실체이기 때문에 명료한 이해가 가능하여 심心이라고 붙였습니다. 그래서 우리의 본질은 일심一心이라고 말합니다.

진리는 '있다'와 '없다'를 떠나 있다

然旣無有二, 何得有一. 一無所有, 就誰曰心.
연 기 무 유 이   하 득 유 일   일 무 소 유   취 수 왈 심

如是道理, 離言絶慮. 不知何以目之, 强號爲一心也.
여 시 도 리   리 언 절 려   부 지 하 이 목 지   강 호 위 일 심 야

言是二種門皆各總攝一切法者.
언 시 이 종 문 개 각 총 섭 일 체 법 자

이미 둘이 없는데 어떻게 일一이라고 하겠는가? 일一이 없는데 무엇을
심心이라고 하겠는가? 이러한 도리는 말을 떠나고 생각을 끊는 것이니
무엇이라 지목할지 몰라서 억지로 이름 붙여 일심一心이라고 하였다.

[소疏]

일심一心이라고 말은 붙였지만 이미 둘이 없는, 다시 말해 이것과 저것을 나누지 않은 불이不二이므로 일一이라는 것도 있을 수 없습니다. 그러니까 일심一心이라는 것도 우리가 생각하는 하나의 마음이 아니라는 말이에요. 오해하지 말라는 겁니다. 일심一心이라 이름 붙였다 해서 오직 한마음이 있다는 의미가 아니라는 거예요. 진실은 '있다', '없다'를 떠나있습니다. 그렇지만 어쨌든 그것을 발견한 사람들이 생겨났다는 것은 신기한 일이죠. 그것을 발견한 사람들이 이 세상에 나타나서 어떻게든 말로 표현하고자 했으므로 어쩔 수 없이 일심一心이라고 이름 붙였다는 겁니다. 이 일심一心이 입의분에서 말한 것처럼 심진여문과 심생멸문으로 나눠지는데, 애당초 개념화할 수 없는 것을 개념화했

으니 오해의 소지는 항상 있지만, 그래도 이해할 수 있도록 설명을 해놓고 있는 것입니다.

그러니까 이 대승기신론은 사실상 말로 표현할 수 없는 것을 말로 설명하는 책입니다. 본질과 현상 이렇게 나누어 말하는 것 자체가 어불성설이에요. 본질은 개념 이상인데 어떻게 말로 설명할 수 있겠습니까? 그렇지만 어쩔 수 없이 나타내보일 필요가 있으니까 심진여문, 또는 본질 등의 이름을 붙인 거지요. 우리가 사용하는 말 자체가 파도입니다. 파도는 결코 물 자체를 표현해 낼 수 없어요. 그렇지만 다른 한 편으로 보면 어떤 파도이든지 모두 물이잖아요. "야! 이 나쁜 놈들아" 이렇게 말해도 모두 본질인 것이고, "정말 고맙습니다" 하고 감사하는 마음을 아무리 표해도 본질의 표현일 뿐이에요. 본질이 그냥 표현되는 거죠. 그런데 굳이 그 파도를 심진여 파도와 심생멸 파도로 지금 나누고 있습니다. 심진여문과 심생멸문은 따로 있는 것이 아니라 다만 표현하기 위해서 구분한 것입니다.

표현할 수 없는 본질을 일심一心이라 했을 때, 심진여문은 그것의 본체입니다. 그러나 이것은 굳이 말로써 본체와 본체 아닌 것을 나누어 보자는 의미입니다. 일심一心의 체體인 심진여문을 다른 말로 본각本覺이라고도 합니다. 근본적인 깨침이라는 뜻이죠. 또한 염정染淨이라고 말할 때의 정淨에 해당합니다. 그리고 이것은 불교에서 말하는 이판사판理判事判의 이理와 같습니다. 이理는 본질을 말해요. 즉 경험적인 인식을 초월한 불변의 진리를 뜻합니다. 경험적인 인식, 즉 우리가 알 수 있는 것을 초월해 있는 것을 어떻게 알 수 있겠어요?

왜 알 수 없을까요? '안다'는 것은 항상 분열 속에서만 일어나기 때문입니다. '내'가 '무엇'을 아는 것입니다. 그러기 위해서는 '나'와 '무엇'으로 나누어져 있어야 해요. 그러나 본질의 세계는 '나'와 '무엇'이 나누어지지 않은 세상입니다. '나'라는 파도와 '대상'이라는 파도가 서로 부딪혀서 생겨나는 새로운 파도, 이것이 앎이나 느낌이에요. 그런데 우리가 지금 알려고 하는 것은 물 자체입니다. 물 자체는 어떻습니까? '나' 속에도 있었고, '대상' 속에도 있었고, 이 둘이 부딪혀 생겨나는 느낌 속에도 있어요. 그 자체가 모두 물이잖아요. 즉 모든 것이 본질적인 마음의 표현입니다. 감지感知(깨어있기™ 용어) 연습을 해 보면, 내가 보고 있는 사물이 외부의 사물 자체가 아닌 그 사물의 느낌이고, 그 느낌은 내 마음 속에 있으며, 마음속의 '내'가 마음속의 '대상'을 '안다, 느낀다.' 하고 있음을 파악할 수 있습니다. 그렇지 않다면 어떻게 저 밖의 사물을 느낄 수 있겠어요? 내 마음속에 둘 다 들어있지 않으면 '느낀다'는 것은 있을 수 없습니다. 왜냐하면 '느낀다'는 것은 느끼는 주체와 느껴지는 대상이 서로 맞닿을 때 일어나는 현상이기 때문입니다. 그렇다면 내 마음의 주체가 어떻게 밖으로 나와서 저것을 건드리겠어요? 어떤 흔적들이 내 마음에 쌓였고, 그렇게 쌓여있던 것들이 마음속에서 '나와 대상'으로 분리되어 그 둘이 만나 서로 부딪혔을 때 '알고 느끼는' 일이 생겨난다는 것입니다.

이 몸을 마음이라고 비유해보겠습니다. (손을 가리키며) 이 몸에 '나'라는 것과 (가슴을 가리키며) '대상'이라는 것이 생겼어요, (손을 가슴에 가져다 대며) 그리고 그 둘이 부딪힙니다. 그리고 손과 가슴이 닿는 느낌인 '안다'는 것이 떠오릅니다. 그런데 이 모든 것들이 다 몸에서 일어나는 일이죠? 몸의 짓입니다. 몸짓, 용用이죠. 즉, 마음의 작용이에요(몸을 마음이라 비유했으므로). 내 몸 중의 하나가 '나' 역할을 하고 내 몸 중의 하나가 '대상'의 역할을 해서 둘이 맞부딪혀서 소리를 내요. 이 소리가 바로 '안다'는 것입니다. 그리고 '느낀다'는 것이지요. 이 모두가 내 몸의 작용인 것처럼 '느낀다'는 것은 마음의 작용이라는 것입니다. 그런데 우리는 그 마음 작용을 떠나서 마음의 본체를 알려고 합니다. 다시 말해 몸의 작용을 떠나서 몸 자체를 알려고 합니다. '안다'는 것은 몸이 손과 가슴처럼 '둘로 나누어져야' 가능한데, 둘로 나누어지지 않은 몸 자체를 무엇으로, 어떻게 알겠어요? 굳이 알려고 한다면 이런 것이겠죠. '내'가 나를 나누어 놓고 이렇게 건드려서 "이게 내 몸이군", "이게 나구나". 이러고 있는 것이 바로 마음으로 또는 생각으로 나를 알려고 하는 우스운 짓입니다. 그냥 아무 '짓'도 하지 않고 있으면 그것이 몸 자체인 거예요. 거기에는 아무런 '인식'이 없죠. 그래서 이理라는 것은 '경험적 인식'을 초월한 것입니다. 모든 감각적 부딪힘은 경험입니다. 손으로 만져봐서 "아, 이건 핸드폰 배터리야. 핸드폰 배터리는 이렇게 생겼고, 이렇게 느껴지는구나. 소리는 잘 안 들리고..." 이런 경험을 통해서 알 수 있는 것을 경험적 인식이라 합니다. 눈을 통해 아는 것을 안식眼識이라 하고, 귀를 통해 아는 것을 이식耳識이라 합니다. 안이비설신眼耳鼻舌身이 모두 마찬가지입니다. 그리고 의意도 감각이니까 안이비설신眼耳鼻舌身이 만들어내는 내 마음의 흔적들을 가지고 경험하는 것을 의식意識이라 하지요. '마음으로 건드려서 아는 것'이 의意식識입니다. 그런데 이理라는 것은 의식을 포함한 이 모든 경험적인 인식을 초월한 거예요.

심진여문은 일심一心의 본체라 하였는데, 그렇다면 심생멸문은 무엇일까요? 심생멸문은 무명無明에 따라서 움직인다고 했습니다. 무명無明은 밝지 않음이에요. 밝지 않은 마음 때문에 생겨난 느낌이 바로 심생멸문입니다. 심생멸문心生滅門은 무언가 나타났다가 사라진다고 '여기는' 것입니다. 자기 마음을 들여다보면 늘 마음속에 뭔가 나타났다 사라집니다. 화도 나타났다 사라지고, 생각도 나타났다 사라지고, 느낌도 나타났다 사라집니다. 외로움도 슬픔도 지겨움도 허무함도 심지어는 권태로움도 나타났다 사라집니다. 이 모든 것은 마음의 작용이에요. 그런데 이렇게 나타났다 사라지는 것들에 어떤 '고정된 실체', '변치않는 실체'가 있는가 하면 그렇지 않습니다. 모두 다른 것들에 의존해서 생겨났다가 그 조건이 사라지면 없어지고 말지요. 이유와 조건이 있어야 나타난다는 말입니다.

그럼 이렇게 나타났다 사라지는 이유는 무엇일까요? 바로 무명無明의 바람에 따라 움직이고 생겨나는데, 꼭 어떤 이유를 대라고 한다면 전 우주가 관여를 한다고 말할 수 있습니다. 아무리 작은 움직임 하나라도 전 우주에서 일어나고 있는 일이기 때문입니다. 우리 몸에 비유해서 한번 살펴보겠습니다. 간에서 특정 세포들이 해독작용을 하느라 분주히 움직입니다. 그것은 무엇 때문입니까? 독성물질이 간 외부에서 들어오기 때문이겠지요. 그래서 예를 들어 싸이토크롬이 독성물질을 해독시키고, 그 과정에서 생겨나는 항산화물질은 글루타치온이 중화하고, 그 과정에서 글루타치온 이황화물이 생겨나고, 이런 일련의 일들이 벌어집니다. 즉 A는 B의 원인이 되고, B는 C의 원인이 되는 이 많은 과정은 또 다른 장기들과 연관되고, 결국은 온몸과 관련됩니다.

이렇게 특정 사실의 발생은 어떤 하나의 이유를 찾으려고 해도 결국엔 아무 이유 없음이 되고 말아요. 진실은 그 어떤 것도 '일어나는 것'

이 아니라 그냥 전체가 '하나'라는 것입니다. 그것을 밝게 보지 못하는 마음 때문에 이런 일이 '생겨났다 사라진다'고 여기는 것이죠. 그러니까 생멸이라는 것은 사실상 없는데, 우리의 어두운 마음이 '이것은 생겨난 거야(生), 이것은 사라진 거야(滅)'라고 이름 붙였다는 말입니다. 그래서 생멸하는 마음에 물들었다 해서 염染이라 하고, 사事라고도 합니다. 사事는 일체의 차별되는 모양을 가진 현상계를 뜻합니다. 그에 반해 이理라는 것은 그 현상을 벗어난, 다시 말해 인식과 경험의 세계를 벗어난 세계를 말하지요. 잘 보세요. 인식과 경험이 일어나려면 분별과 차별이 있어야 합니다. 우선 경험이라는 것이 일어나기 위해서는 '나와 대상'으로 나누어져야 합니다. 그래야 '내'가 '무엇'을 '경험'할 것 아니에요? 두 개가 나뉘어져야 서로 부딪히겠죠. 모든 경험은 이처럼 나눠진 두 개 이상의 것들 사이의 '관계'입니다. 그래서 '존재'한다는 것은 '관계'이며 이러한 임시적인 관계들로 이루어져 나타난 것이 현상계입니다.

경험 아닌 경험

그런데 본질, 이理는 나누어져 있는 세계를 떠나있기에 분리된 마음으로는 결코 알 수 없습니다. 여러 번 반복했듯 '안다'는 것 자체가 마음이 분리되어 있어야 가능하고, 분리된 것은 결코 본질을 '알 수 없습니다'. 여기에 딜레마가 있습니다. 여러분이 뭔가 알려고 하고, 체험하려고 하는 것 자체가 딜레마예요. '분리' 속에 있으면서 '분리 없음'을 '경험'하려는 것이죠. 결코 알 수 없는 것을 알아내려고 애쓰고 노력하고 있습니다. 그렇다면 본질을 안다고 하는 사람들은 도대체 무엇을 안다는 것일까요? 그는 알려고 하는 이 '분리된 마음'을 그냥 툭 벗어 버린 것입니다. 그렇게 '분리된 마음'이 툭 떨어져나간 상태가 되면 뭔가를 안다는 현상이 없고, 경험도 없고, 경험할 누군가도 없습니다. 다시 분리된 마음으로 돌아왔을 때 '아, 내가 경험했어.'라고 말하기는 하지만 그 지난 후의 경험은 그가 했던 진짜 경험은 아닌 것이죠. 그것은 '경험이 아닌 경험'이에요. 이것은 경험을 하려고 의도해서 경험될 수 있는 것이 아닙니다. 그러면 어떻게 해야 하느냐? 경험하고자 하는 내 마음의 구조를 보게 되면 그 구조 속에 빠져들지 않게 됨으로써 오는 놀라운 신비일 뿐입니다. '아, 뭔가를 경험하려면 나와 대상이 나뉘어져야 하고, 나와 대상이 분리된 마음 상태에서만 경험이라는 것이 일어나는구나. 그럼 분리된 마음이 아닌 것은 뭐지?'라고 깊이 있는 질문을 하면, 어느 순간 분리된 마음의 구조 전체를 볼 수 있게 되면서 분리된 마음속으로 빠져들지 않게 됩니다. 전체 구조를 보게 되면, 분리는 있되 그 구조 속으로 빠져들지 않게 되는 이상한 현상이 벌어집니다. 그래서 분리 속에 있으면서도 분리 없음이 발견된다고 말하는 것입니다. 실제로 분리 없음이 발견되는 것은 아니에요. 만약 발견된다면 눈으로 보겠습니까, 마음으로 보겠습니까? 마음으로 본다 해도 보는 자와 보이는 대상으로 나누어져 있어야 되는데 분리되지 않음을 어떻게 마음으로 보고 경험할 수 있겠어요? 마음의 과정을 명확하게 봄으로써 그 과정에 빠지지 않게 되면, 모든 마음의 현상에 에너지가 머물지 않게 되며 곧 응무소주應無所住하게 됩니다. 그리고는 모든 것이 현상이며, 이제 '내'가 올라설 자리가 '없다'는 것을 깨닫게 됩니다. 다시 말해 이렇게 나누어져 있다 하더라도 이것이 내가 아니라는 것을 아는 겁니다. 누가 아느냐 하면 분리된 '내'가 알아요. 신기하죠? 부분

일 뿐인 '자아'는 전체가 아니고 존재의 주인이 아니라는 것을 부분인 그 '자아'가 '알게되는' 먼싱이 일어나는 것입니다 그것을 통해 전체 또는 심진여가 발견되는 거예요. 이건 참 놀라운 일이에요. 자기가 자기를 버림으로써 또는 자기가 자기를 부분으로 앎으로써 전체가 되는 겁니다. 어디에도 머물지 않게 되는 거예요. 그것을 응무소수應無所住라고 합니다.

수행을 할 때 육바라밀六波羅密로 수행을 한다고 앞서 말했습니다. 육바라밀에 보시布施, 지계持戒, 인욕忍辱, 정진精進, 선정禪定, 지혜知慧가 있는데 그중에서 보시를 할 때 무주상보시無住相布施를 해야 한다고 했습니다. 남에게 뭔가를 베풀고 시혜를 주면서 '내가 베풀었다'는 마음이 있다면 그것은 함정에 빠져있는 겁니다. 수행을 하려거든 무주상無住相, 다시 말해 어디에도 마음이 머물지 않는 보시를 해야 합니다. 그런데 마음 깊숙한 곳에서 미묘하게 '내가 했다'가 있다면 그것은 수행이 안 됩니다. 따라서 어떤 행동이나 재물로 누군가에게 베풀었는데 그때 시혜를 받은 이가 고마워하면 이때 조심해야 합니다. 그가 너무 고마워하며 '당신은 훌륭해'라고 말을 하면 그 말을 듣는 이는 미묘하게 자아가 강화됩니다. 일반적으로는 베풂을 받으면 고마워해야겠죠. 그러나 공부하는 사람으로서는 그 고맙다는 말이 도리어 해가 된다는 의미입니다. 물론 받는 사람은 고마워해야죠, 반면 주는 사람이 '내가 주었다'는 생각을 갖는다면 그 사람은 함정에 빠진다는 것입니다. 무주상보시無住相布施, '내가 했다'라는 것에 머물지 않는 마음으로 보시를 해야 합니다. 그것이 하나의 수련이 되는 것이며, 바로 지금 '구별이 없는 이理의 세계로 가기 위한 하나의 플랜'인 거예요.

모든 의도 자체가 '움직이는 마음'

다시 심생멸문을 살펴보겠습니다. 심생멸문은 무명無明에 따라 움직이고 오염되며, 그 분별의 오염에 의해서 사事라는 것이 일어납니다. 사事는 세상의 모든 일들입니다. 일어나는 모든 일은 분별되어 있지요. 즉 나누어져있고 구별되는 현상계입니다. 그런데 대승에서는 심생멸문 안에 마음의 체體(마음 자체)와 마음의 상相(모양), 마음의 용用(작용)이 있다고 합니다. 다만 심진여문에서 말하는 체體와 심생멸문에서 말하는 체體는 조금 다릅니다. 심생멸문에서 말하는 체體는 생멸하는 현상을 따라다니는 체體를 말합니다. 본체는 본체인데 현상에 빠져있는 본체인 것이죠. 우리 마음의 일반적인 상태, 즉 본질을 보지 못하는 마음의 상태와 똑같아요. 나타났다 사라지는 마음속에도 마음의 체體가 있는데 이것이 현상 속에 빠져버린 본체, 현상에 휩싸인 본체입니다. 그래서 이때의 체體는 작용을 따르는 체體인 것입니다. 체體가 마음의 작용을 따라다녀요, 주객이 전도됐습니다.

이때는 마음으로 파악할 수 있는 모든 상相과 용用을 버리는 훈련을 하면 됩니다. 마음의 모든 상相, 즉 생각과 감정과 느낌, 그리고 작용들, 즉 생각이 일어나고 느낌이 일어나고 감정이 일어나서 난리를 치는 작용들, 이 모든 것들을 버리는 것입니다. 심생멸문에서는 수련하면서 그 상相을 다 버립니다. 그런데 이때는 아직 버리고 있는 '자기'가 있잖아요. 그래서 심생멸문에서는 상相을 버리는 그 마음은 부정하지 않습니다. 왜냐하면 상相을 버리는 데 쓰이고 있어 필요하기 때문입니다. 물론 마지막에는 상相을 버리고 있는 '그놈'마저 알아차려야 합니다. 이것저것을 '버리고 있는' 내 마음 자체도 하나의 마음 작용이라는 것을 '알아차려야' 합니다. 버리는 내 마음을 '버리려' 하지 말고요. 왜냐하면 버리는 내 마음을 버리려고 하면 버리려는 '나'가 또다시 생겨나기 때문입니다. 모든 의도 자체가 일종의 '움직이는 마음'인 '나'예요. 일종의 주체입니다. 무언가를 '하려 하니' 그것을 하는 '누군가'가 생겨나는 것이죠. 그래서 일단 그 마음은 부정하시 말고 '바라보는 데' 사용합니다. 이것도 알아채버려지고, 저것도 알아채 버려지고, 그렇게 모두 다 버려지고 나서, 모든 것을 버리려 하던 내 마음에 오면, 이제 그것을 버리지는 않으면서 이 마음도 버려진 다른 마음과 같은 일종임을 '알아채는' 것입니다. 왜냐하면 알아채기 위해서는 그 마음을 써야 되거든요. 모든 알아차림은 분별, 분리 속에서 일어납니다. 그런데 알아차림이 '아는 것'과 다른 것은, '안다'는 것은 '쌓이지만', 알아차림은 번쩍하고 '작용만 하고 사라진다'는 데에 있습니다. 통찰을 남기고 사라지는 것을 알아차림이라고 하죠. 그것이 바로 '강을 건넜으면 배는 두고 떠나라'는 의미입니다. 어떤 경험이 일어나면 그 경험이 남긴 통찰을 통해 진리에 다가가고, 그 경험과 경험한 자는 두고 떠나라는 것입니다.

현상은 분별을 기본으로 한다

심진여문과 심생멸문은 이사理事를 포괄하고 있습니다. 이理는 경험적 인식을 초월한 것이고, 사事는 모든 경험적인 현상계를 말합니다. 그러면 심진여문(본질)에서 말하는 현상과 본질은 무엇인지 살펴봅시다. 현상現像은 분별을 기본으로 합니다. 그런데 분별이라는 것은 망념(망령된 생각)에 의해서 생겨나는 것이므로 분별이라는 것 자체가 뿌리가 없는 허망한 것입니다. 현상은 분별을 기본으로 하는데, 그 분별이라는 것 자체가 뿌리 없는 것이니, 그 현상 역시 진여라고 할 수 있다는 것이 심진여문에서 보는 현상입니다. 즉, 본질적으로 모든 현상도 진여문에 속한다는 말입니다.

비유를 들어보면, 손가락이 손에 나타난 일종의 현상이라고 해봅시다. 이 현상(손가락)들에 엄지, 검지, 중지, 약지, 소지라고 이름 붙여 놨어요. 그런데 이것들은 모두 손이잖아요? 손가락이 손을 떠날 수 있나요? 손가락을 손이 아니라고 말할 수도 없지요. 엄지, 검지라고 하는 것은 그냥 이름일 뿐, 이 모두는 그저 손입니다. 물론 손도 이름이지만 말이죠. 즉, 모든 현상은 이름과 분별일 뿐 사실은 심진여에 속한다는 것입니다. 이름 붙인 것은 망념妄念 때문이지 본질적으로 나누어진 게 아니란 말입니다. 손가락은 이름 붙였기 때문에 다섯 개로 나누어진 것처럼 보이지만 사실은 독립적으로 존재할 수 없는 '손 자체'입니다. 모든 현상은 이름과 모습만 떼버리면 본질 자체라는 말입니다. 분별하는 의식만 없다면 손가락은 손이죠. 그런데 문제는 무엇입니까? 우리가 모든 것에서 '모습'을 본다는 데에 있습니다. 여러분은 컴퓨터를 보면 컴퓨터의 어떤 모습이 보이지요? 집을 보면 집의 어떤 분별된 모습이 보이고, 산을 보면 산의 분별된 어떤 모습이 보입니다. 그런데 이름과 모습을 떼면 본질이라 합니다. 그 이름과 모습을 뗄 수 있습니까? 그것을 위해 우리는 이름을 떼는 감지感知(깨어있기™ 용어) 연습과 모습을 떼는 감각感覺(깨어있기™ 용어) 연습을 해왔던 것입니다.

심진여문에서는 모든 현상을 다 본질이라고 봅니다. 개념만 떨어져 나가면 이미 본질인 것이죠. 여러분이 지금 앉아있는 서울 사무실 안에는 난로, 형광등, 벽, 책꽂이, 책상, 다른 사람 등등이 있죠? 그 이름 붙여 나누는 마음만 사라지면, 즉 지금 이 순간에도 본질의 그림자인 삼삭感覺™ 싱태로민 들이기면 그것들이 전혀 구분이 안 됩니다, 책상이 어디 있고 탁자가 어디 있어요? 온 우주 전체가 한 덩어리로 아니 한 덩어리도 아닌 불이不二의 세계인 것이죠.

이렇게 분별이라는 것은 뿌리가 없는 임시적인 것입니다. 현상계에서 이것은 이것대로 있고, 저것은 저것대로 독립적으로 존재하는 것이 아니라 두 개가 서로 의지하는 현상이기에 그 뿌리의 허망함이 또 나타나는 겁니다. 모두 인연因緣으로 인해서 일어나는 것이죠. 인因은 내적인 원인이고 연緣은 외적인 원인이라 했었죠. 모든 현상의 인因은 심진여입니다. 본질 때문에 현상이 생겨나기에 그렇습니다. 인因은 본질이고, 외부의 무언가라고 여겨지는 것은 연緣인데 그 인因과 연緣이 합쳐져 현상이 일어나게 됩니다. 그런 인연으로 일어나는 모든 '현상'은 결국 없는 것과 같기에 '분별' 또한 없는 것과 같으며, 따라서 지금 이 순간, '현상이 본질과 다르지 않다'고 보는 것이 심진여에서 보는 관점입니다.

그럼 진여문에서 보는 본질은 뭘까요? 이理죠. 경험적 인식을 초월한 이理는, 말은 있으나 실체는 잡을 수 없다고 말합니다. 즉 '진여'라고 이름은 붙여놨어요. 그러나 사실은 '있다, 없다'는 것 자체가 개념의 세계에서나 통하는 것이기 때문에 심진여라는 말은 있지만 그 실체는 결코 잡을 수 없다는 겁니다. 그것이 진여문에서 보는 본질입니다. 그런데 어떤 사람들은 자꾸 뭘 경험했다고 그럽니다. 경험한 자는 누구고, 본질은 또 뭔가요? 그것이 다 착각 속에서 일어나고 있음을 심진여문에서 얘기합니다.

분별성과 의타성

지금까지 심진여문(현상으로 나타나지 않는 진리의 세계)에서 보는 이사理事를 살펴봤는데, 이제 심생멸문(현상으로 나타난 세계)에서 보는 이사理事는 무엇인지 살펴보겠습니다. 심생멸문(현상계) 안에도 본질과 현상이 있다고 그랬습니다. 생멸문 자체가 현상인데, 그 생멸문 안에도 본질이 있습니다.

먼저, 생멸문에서 보는 현상은 만물과 마음의 모든 것이 인연에 의한다는 것입니다. 생멸문의 현상은 인연(이것이 있기 때문에 저것이 있다), 즉 '의타성依他性(다른 것에 의존함)'에 의해서 생겨납니다. 그에 비해 심진여문에 있어서 현상의 핵심은 '분별성'입니다. 그런데 분별성과 의타성을 자세히 살펴보면 그 둘은 서로 다르지 않습니다. 왜냐하면 의타依他의 타他가 분별로부터 왔기 때문이죠. 자타自他를 나누는 것은 바로 분별입니다. 자타의 '분별'이 이루어진 후에 '나'는 '남'에게 '의존' 하는 것이 의타성이에요. 그러니까 의타성의 기본은 '분별'입니다. 내가 남에게 고마워하려면, 그 이전에 나와 남이 구분되고 달라야 합니다. 내가 저 사람에게 화가 나려면 나와 저 사람이 나눠져야죠. '저런 나쁜 자식' 하고 욕하려면 나와 저 자식이 나뉘어져야 합니다. 그것을 우리는 '마음의 분열'이라고 이름 붙였습니다. 마음의 내적인 '분열'이 먼저 일어나지 않으면 어떤 '현상'도 일어나지 않습니다. 분열이 일어난 다음에 의타依他도 생겨나는 것이죠. 그러니까 생멸문의 모든 현상은 '분열에 기반한' 의타성 즉, 인연으로 인해 일어납니다. 이것 때문에 저것이 생겨나고, 저것 때문에 이것이 생겨나죠. 우리에게 감정이 일어날 때 어때요? 마음에 내가 붙들고 있는 생각이 있고, 그 생각에 민음의 에너지가 붙어 그 생각과 다른 뭔가와 부딪혀서 나는 소리가 바로 감정이죠. 즉 감정은 두 개이 다리(내가 붙들고 있는 생각 + 그 생각에 반하는 생각이나 상황)에 의존하고 있고, 중심축은 믿음에 의존하고 있으며, 믿음은 생명력에 의존하고 있죠. 그러니까 모든 것이 생명력의 발현이라 할 수 있습니다. 생명력이 이런 모습으로 변하면 화가 되는 거고, 저런 모습으로 변하면 생각이 되는 거죠.

생멸문에서 보는 본질은 뭘까요? '생멸상을 떠났으나, 항존恒存함이 없이 연을 따라 유전流轉한다'를 통해서 본질을 봅니다. 이것은 무슨 말일까요? 생멸심에서 보는 본질이란 생멸심을 떠나는 것인데, 생멸심을 떠나면 존재한다는 것 자체가 없습니다. 생멸이라는 것은 무엇입니까? 태어나서 자라고 병들고 죽는 현상이죠. 일정기간 무엇인가가 유지되는 것을 '존재한다'고 말하는데, 존재하는 것은 유지되는 시간이 길 뿐이지 이 역시 나타났다가 사라지는 것입니다. 양자量子,Quantum는 순식간에 생겨났다가 사라집니다. 소립자는 찰나 찰나마다 생겨났다 사라지죠. 그러니까 우리는 소립자의 존재 여부를 알 수 없습니다. 찰나의 것을 관찰할 수 있는 전자현미경 같은 것으로 보지 않으면 있는지 없는지도 모르죠. 우리 감각에는 소립자가 존재하지 않아요. 빨리 나타났다 사라지니까. 이렇게 우리 감각기에 잡히지 않는 것에 '존재하지 않음'이라는 이름을 붙여놨고, 천천히 나타났다 오래 지속되다 천천히 사라지는 것에 우리는 '존재함'이라 이름 붙여놓은 것입니다. 둘 다 나타났다 사라진다는 점에서는 똑같은 '현상'인데 말이죠. 만약 우리의 1,000년을 1초로 느끼는 존재가 있다고 한다면, 그 존재에게 우리 인간은 소립자만큼이나 빨리 나타났다 사라질 거예요. 그러면 그 존재에게는 우리가 존재하지 않는 것이 되겠죠. 이와 같이 '존재한다'

는 것은 결국 현상을 감각할 수 있는 '감각기와 현상과의 관계'입니다. 그래서 물리학자 존 휠러는 '존재는 관계다'라는 말을 남겼지요.

생멸문에서 보는 본질은 '생멸상을 떠난 것'이라 할 수 있습니다. 생멸상을 떠나서는 개별적인 존재 자체가 없습니다. 개별적인 존재는 인연을 따라 유전하지요 즉, 생겼다 사라집니다. 그렇기 때문에 생멸 자체가 본질입니다. 왜냐하면 본질이 없으면 생멸 자체가 일어날 수 없을 테니까요.

경험되는 어떤 현상에도 동일시되지 않으면

이렇게 생멸문 안에도 현상과 본질을 모두 갖추고 있고, 진여문 안에도 현상과 본질을 다 갖추고 있습니다. 다만 보는 관점이 조금 다르죠. 그러나 생멸문과 진여문 안에 현상과 본질이 다 포함되어 있다는 점은 같습니다. 이런 내용이 일심법一心法이고, 현시정의顯示正義는 이런 얘기를 다루고 있습니다.

주로 생멸문 안에 있는 사람은 중생이고, 진여문에 있는 사람은 부처입니다. 그런데 진여문 안에도 현상과 본질이 있고, 생멸문 안에도 현상과 본질이 있으니까 생멸문 안에서 살고 있는 중생도 결국 본질을 다 갖추고 있어요. 부처와 다르지 않다는 말입니다. 현상을 현상으로 보기만 하면, 내 마음 속에서 일어나는 모든 것을 '하나의 느낌일 뿐이야' 할 수 있게 되면 자신은 본질로 있는 것입니다. 왜냐하면 경험되는 어떤 현상에도 동일시되지 않기 때문입니다. 그는 이미 본질에 자리에 가 있는 것입니다. '그'라고 할 것도 없지요. 마치 바다에 녹아버린 소금인형처럼 말입니다. 거기에 '나'라는 것이 서 있을 '자리'는 없습니다. '나'라는 것은 잠시 동안 어떤 역할이 필요할 때, '나라는 역할의 배' 위에 서 있다가 쓱 빠져버리고 마는 것입니다. 비유를 들자면 바다의 부표浮漂와 같습니다. 옛날에는 '내'가 항상 A부표 위에 서서 B부표, C 부표를 봤어요. 그리고는 그것들과 동일시되었습니다. A는 '나라는 느낌'입니다. B는 '화가 난 느낌'이고, C는 '우월한 느낌'이고, D는 '비굴한 느낌'이고, E는 '자긍심을 가진 느낌'이에요. 화가 나면 화와 동일시되고, 비굴함이 느껴지면 비굴함과 동일시되었지요. 그러다가 관찰을 시작하면 이제 서서히 화의 '느낌'이고, 비굴함의 '느낌'임을 알아채기 시작해요. 전에는 '내'가 자긍심을 보면서 '아~ 나는 자랑스러워.' 이렇게 느꼈어요. 그런데 이제는 '나'와 '자긍심'은 다르다는 것을 알게 됩니다. 나는 나대로 있고 자긍심은 자긍심대로 있는 거예요. 나는 나대로 있고 화는 화대로 있는 거예요. 이쯤 오면 이제 동일시는 많이 떨어져 나간 상태입니다.

'나'라는 느낌, 마지막 관문

이제 마지막 관문이 남았어요. 즉, 조금 더 자세히 살펴보니 '나'라는 것도 일종의 부표더라는 것이에요. 마음에 나타난 일종의 '느낌'이라는 말입니다. '내'가 바라보았던 다른 '부표'와 다르지 않은 것이지요. 이렇게 '나'라는 것도 느낌이라는 것을 알 때, 다른 느낌들과 다르지 않다는 점을 파악하게 되면서 이 부표가 더 이상 '중심'이 되질 않습니다. '나'가 마음의 중심이 되지 않으면 더 이상 그 어떤 것도 마음의 중심이 되지 않습니다. 마음에는 중심이 없어집니다. 그냥 역할로서의 중심만 남게 되지요. 즉 '나'는 때에 맞추어 주체로서의 '역할'을 하는 마음의 기능일 뿐이라는 것이 드러납니다. 그러므로 그것에 더 이상 묶여있거나 그것이 주인이 되도록 두지 않게 됩니다. 마음에서 일어나는 그 어떤 느낌에 대해서도 자유롭게 되는 것입니다. 그래서 우리가 '나'라는 것을 밝혀보려고 그렇게 천착穿鑿하는 것입니다. 나의 본질, 나의 구조를 밝히려고 하죠. '나'가 어떻게 나타났다 사라지는지 보려고 애쓰는 것입니다. '나'라는 것도 마음의 다른 구조 중 일부, 마음의 움직임들과 다르지 않음을, 조금 특이한 모양을 가지고 있지만 여타의 '느낌'과 다르지 않음을 발견하는 것입니다. 그렇게 여타 마음의 움직임과, '내'가 생겨났다 사라지는 마음의 움직임이 크게 다르지 않다는 걸 보게 되면, 이제 더 이상 '나'라는 것에 묶이지 않고 '나'에 머물지 않게 되며, '나라는 부표' 위에서 뛰어내리게 됩니다. 누가? 생명력이. 더 이상 생명의 본질이 어느 특정한 부표 위에 서서 일정한 모습을 띤 채 '내가 주인이야' 하지 않게 됩니다. 지금 이 순간 여러분이 '나'라고 느끼는 것, 어떤 생각이 일어날 때 '내가 이 생각을 하고 있어'라고 여겨지는 것이 바로 하나의 부표 위에서 마음의 한 부분이 스스로를 주인이라고 주장하고 있는 것임을 명확하게 보면, 생명의 힘은 더 이상 그 어떤 부표에도 머물지 않게 됩니다. 필요할 때 그냥 어느 부표 위에 서서 작용을 하고 다시 사라질 뿐, 거기에 머물지 않아요. 이것이 바로 응무소주應無所住입니다. 응무소주 이생기심應無所住 而生其心, 어디에도 머물지 않으면서 필요에 따라 마음을 내어 쓰는 것이죠. 거기에 주인이란 없습니다. 여러분 마음에 사실 주인은 없어요. 임시적으로 주인 노릇을 하는 가짜를 '자기'라고 알고 있는 것뿐입니다. 그래서 가짜가 슬프면 죽을 것 같고, 가짜가 기쁘면 황홀한, 그런 놀이를 하는 거죠. 이것이 예로부터 '삶은 마야Maya(환영)'라고 해왔던 이유입니다. 결국 마음의 삶입니다. 이상이 현시정의가 말하는 내용입니다.

2. 진여문眞如門

대승기신론에서 말하는 진여眞如에는 두 가지가 있습니다. 본질의
세계에서 논해지는 절대 진여와, 절대를 드러내는 어떤 현상으로서의
진여를 가리키는 생멸문의 진여입니다. 여기서는 그 중 절대적인 진여
(심진여心眞如) 즉, 진여의 체體에 대해서만 논합니다.

> 心眞如者, 卽是一法界大總相法門體.
> 심 진 여 자   즉 시 일 법 계 대 총 상 법 문 체

> **심진여란 일법계 중의 대총상 법문인 체體이다.**
>
> [논論]

심진여心眞如란, 마음에 있어서 진여의 측면인 본질을 가리킵니다.
일법계一法界란 진여문과 생멸문 모두를 포함한 전체를 뜻합니다. 하나
의 법계, 일심一心의 세계죠. 그 일심一心의 세계에서 대총상大總相은 전
체로서의 상相을 말합니다. 법문체法門體에서 법문은 그러한 법에 들어
가는 문이란 뜻이고, 그것이 바로 본체라는 뜻입니다.

> 所謂心性不生不滅. 一切諸法唯依妄念而有差別.
> 소 위 심 성 불 생 불 멸   일 체 제 법 유 의 망 념 이 유 차 별

> **소위 마음의 본성은 불생불멸하니 일체의 모든 법이**
> **오직 망념에 의거하여 차별이 있을 뿐이다.**
>
> [논論]

마음의 본성, 곧 본질이 나지도 죽지도 않는다, 즉 심성이 불생불
멸不生不滅하다는 것은 그것이 과거, 현재, 미래를 떠나있기 때문입니
다. 무엇인가 태어난다는 것은 태어나기 이전이 있다는 뜻이고 그것은

과거를 말합니다. 그리고 우리는 죽음 이후를 알지 못하니까 그것은 일종의 미래라고 할 수 있는데, 이렇게 마음에 나타난 상相으로서의 과거와 미래가 존재한다고 믿을 때에만 죽음이란 것이 있습니다. 우리는 오직 죽기 전까지만 의식할 뿐입니다. 그래서 과거, 현재, 미래가 있을 때만 생멸이 존재하는 것인데, 이 과거, 현재, 미래라는 것은 무엇입니까? 그것은 우리 마음이 만들어낸 일종의 감지感知™요, 하나의 마음 현상일 뿐입니다. 과거, 현재, 미래라는 것은 시간 감각을 통해서 마음에 나타나는 일종의 현상이라는 것이지요. 지금 이 순간 마음의 본성은 과거, 현재, 미래라는 감지를 다 떠나 있기 때문에 결국 생하지도 멸하지도 않는다고 말하는 것입니다.

이렇게 마음의 본성은 모든 감지를 떠나 있고 상을 떠나 있기 때문에 불생불멸不生不滅하고, 일체의 법法 즉, 일체의 현상이 오직 망념妄念에 의하여 차별이 있다고 했습니다.

법法은 세 가지 뜻이 있다고 했지요. 첫째는 부처님의 설법說法, 둘째로 진리로서의 법, 세 번째로 현상으로서의 법입니다. 모든 법이라는 것은 현상을 통해 나타나므로 그런 의미에서 법은 현상을 뜻하기도 합니다. 현상의 법, 진리의 법, 부처님의 설법은 모두 연관이 되어 있습니다. 그 중 여기서 말하는 법은 바로 현상의 법입니다.

현상의 원인은 분별하는 마음

일체의 현상이 오직 망념에 의거하여 차별이 있다고 했는데, 망령된 마음의 최초 모습이 뭐죠? 바로 전식轉識입니다. 전식은 한번 마음이 굴렀다, 즉 '움직였다'는 의미입니다. 마음이 최초로 움직이면 '나와 너', 주체와 대상으로 분리되는 현상이 일어납니다.[16] 그 주객의 마음에 의해 드디어 대상들에 차별이 생겨나지요. 모든 차별은 사물 자체에 있다기보다는 그 사물을 바라보는 마음의 그림자에 있습니다. 예를 들어 매끄러운 찻잔을 만지면 우리는 '그것'이 매끄럽다고 말합니다. 과연 '매끄러운 그것'이 있는 것일까요? 만일 바이러스가 찻잔 위를 지나간다면 매끄러운 것이 아니라 거칠고 거대한 태백산맥을 넘는 듯 느껴질 것입니다. 즉, 매끄러운 찻잔이란 우리 '손의 감각'에만 존재하는 '모습'입니다. 그러므로 우리가 경험하는 모든 대상은 우리의 감각기관과의 상대적인 '관계'에 의해서 나타나는 모습일 뿐입니다. 따라서 이것은 매끄러운 것, 저것은 거친 것으로 분별하는 감각과, 그 경험을 기억하여 사용하는 마음에게만, 이 대상과 저 대상이 존재하는 것입니다. 이렇게 모든 현상이란 마음이 만들어내는 분별에 의해서 차별이 생기기 때문에 망념에 의한 차별일 뿐이라고 하는 것입니다. 그래서 망념만 떠나면 일체의 경계상이 사라지고 일체는 나눠지지 않는 불이不二의 세계가 됩니다.

진여의 체에는 세 가지 성性이 있는데 첫 번째는 변계소집성遍計所執性입니다. 변계소집성에 의해 나타나는 변계소집상相은, 두루두루 계산하고 따져서 거기에 집착하는 상相이라는 뜻입니다. 그런데 사실 이런 상相이 없다는 것을 통해 '분별하여 집착하는 상相이 허구'라는 것을 알려주는 것이 진여의 체體의 한 특성입니다. 비유를 들자면 상相이라는 것은 그림자와 같아서 새끼줄을 뱀으로 보게 하는 착각을 일으킵니

---

16) 깨어있기™ 설명 참조. 의식이 발생하는 과정에서 내면에 쌓인 경험의 흔적이 '나'가 되고 새롭게 감각되는 것이 '너'가 되어 주체와 대상이 생겨나는 과정

다. 새끼줄을 뱀으로 보는 이것이 착각된 상相이라는 것입니다.

두 번째는 존재, 태어남은 의타성依他性이라고 앞에서 얘기했습니다. 컵이 존재하기 위해서는 손잡이, 몸통, 물이 들어갈 빈 공간, 도자기, 불로 굽고 그림을 그리는 과정, 도자기 만드는 사람의 힘과 노력들이 필요하죠. 이렇게 나누어진 것들도 모두 상相인데, 컵은 이런 것들로 인해서 일시적으로 나타난 모습이라는 것입니다. 즉, 인연법에 의한 모습일 뿐 본질적으로 존재하는 것은 아닌데, 그것이 '독립적으로 존재한다'고 여기는 것이 바로 허구라는 것입니다. '무엇이 존재한다'는 것은 다른 것에 의존하는 것이구나를 명확하게 봄으로써, 독립된 어떤 존재의 태어남이란 없다는 것을 알 수 있게 합니다. 그것이 바로 '의타성에 의해 생멸이 없다'는 말의 의미입니다. 대승기신론소에서는 이런 비유를 듭니다. 삼을 새끼줄처럼 꼬아서 노끈을 만드는데, 이때 노끈이라는 것은 '삼이 사람의 힘에 의해 꼬아진' '모습'으로, 삼과 사람의 힘이 없다면 노끈이 만들어지지 않겠죠. 그래서 이 노끈이라는 것이 특별히 따로 존재한다기보다는 삼과 사람의 힘의 결합체라는 의미에서 의타적이라는 것입니다. 어떤 것의 탄생이 다른 것에 의존한다면 그것은 독립적으로 탄생한 것이 아닙니다. 무슨 말인가 하면, 노끈이라는 것이 따로 있는 것이 아니라 삼과 사람의 힘이 합쳐져서 나타난 일시적인 모습이라는 뜻입니다.

세 번째는 원성圓性 즉, 원만한 진실성입니다. 진여眞如는 원만상주圓滿常主해서 절대적이므로 아무런 모양도 없다고 말합니다. 비유하자면 삼 자체에는 '노끈'이라는 것과 뱀이라는 것이 없다는 말입니다. 삼과 노끈과 뱀의 비유로써 원성, 의타성, 변계소집성을 모두 설명할 수 있습니다.

若離心念, 則無一切境界之相.
약 리 심 념   즉 무 일 체 경 계 지 상

만약 망념을 떠나면 일체의 경계상이 없다.

[논論]

일체의 법法이 망념에 의거해서 차별을 이루었으니, 만약 망념을 떠나면 일체의 경계상이 없다고 했습니다. 경계는 이것과 저것을 분리시키는 것이고, 그로 인해 나타나는 것이 경계상境界相입니다. 경계가 없다면 모든 사물은 결코 나뉠 수 없습니다. 나눠지는 것은 경계 때문인데 그 경계는, 분별하여 집착하는 변계소집성, 이것과 저것이 서로에 의존하는 의타성에 의해서 나타납니다. 전식轉識(마음의 최초 움직임)에 의해서 주체와 대상이 분별되고, 현식現識(현상을 드러내는 마음)에 의해서 대상이 하나하나 구분되어 다양한 사물이 생겨나고, 마음이 두루두루 분별해서 어떤 것에 집착하는 상相이 나타나는 것이 변계소집상입니다. 일체의 모든 현상이 오직 망념妄念(주체와 대상을 나누는 마음, 대상을 분별하는 마음)에 의해 차별이 있으니 이 망념을 여의면 일체의 경계상이 없게 됩니다.

예를 들어 감지感知™(용어정의 참조) 연습을 해보면, 컵을 볼 때의 느낌은 핸드폰을 볼 때의 느낌과 다릅니다. 즉, 마음에서 서로 다르게 구별되기 때문에 컵이라는 외부의 사물이 있다고 의식이 분별합니다. 단순히 이름 때문이 아닌 것입니다. 그 모든 현상은 마음이 느낌으로 분별해냈기 때문에 생기는 거죠. 어린애는 마음속에 어떠한 분별된 흔적이 없기 때문에 눈이 있어도 이것과 저것을 분별하지 못합니다. 그렇지 않다면 어른과 똑같은 시각능력이 있는데도 왜 어린애는 어른처럼 분별하지 못하겠습니까? 또 한가지 예를 들면, 영어를 배우지 않은 사람은 영어를 들었을 때 그것이 무슨 말인지 알지 못합니다. 영어 알파

벳이나 각각의 영어단어 의미에 대해 감각적 분별은 있으나 마음의 흔적이 없기 때문에 들어도 구별해내지 못하고 알지 못합니다. 그저 이런 저런 소리가 있을 뿐입니다. 그러므로 영어를 '의미'있는 내용으로 구별하려면 마음속에 영어의 세계가 형성되어 있어야 합니다. 그와 똑같이 여러분이 저 밖에서 세계를 보고, 이해하고, 의미로 와 닿는 모든 것은 마음속에 그런 '세계'가 형성되어 있음을 뜻합니다. 밖에서 보이고 들리는 것은 의미 없는 날것의 '소리'일 뿐입니다.

뭔가를 분별해내고 나면 이제 그것의 의미에 따라 좋고 나쁨이 생겨나는데, 그 마음의 흔적이 없을 때는 분별이 이루어지지 못하기 때문에 좋고 나쁨도 생겨나지 않습니다. 이렇게 모든 좋고 나쁨 또는 이것과 저것을 분별함은 마음속에 경계를 짓는 기준이나 조건이 있기 때문에 가능한 것입니다. 눈에 보이는 것도 그와 똑같습니다. 컴퓨터와 탁자와 의자를 구별해내는 것은 마음의 상相이 없으면 가능하지 않습니다. 이것이 바로 변계소집상입니다. 두루 두루 계산해서(遍計) 무언가에 집착하는 바(所執)의 상相, "이것이 무엇이다"라고 집착하는 상相이라는 뜻입니다. 그런 변계소집상이 없으면 일체의 법法(현상)은 없습니다. 마음이 구별해내는 것이 없으면 일체는 존재하지 않아요. 오직 불이不二의 세상으로서 있을 뿐입니다. 그래서 망념을 떠나면, 즉 분별하는 마음을 떠나면 일체의 경계상이 없다고 말하는 것입니다.

의타성에 기반한 신경심리학의 퀄리아

是故一切法從本已來. 離言說相, 離名字相, 離心緣相,
시 고 일 체 법 종 본 이 래   리 언 설 상   리 명 자 상   리 심 연 상

畢竟平等. 無有變異. 不可破壞.
필 경 평 등   무 유 변 이   불 가 파 괴

이러한 이유로 일체의 법은 본래부터 언설상言說相을 떠나고, 명자상名字相을 떠나고, 심연상心緣相을 떠나서 결국 평등하게 되고, 변이變異가 없으며 파괴할 수도 없다.

[논論]

일체의 법法은 본래 말과 생각의 상相을 떠나고, 이름과 글자의 상相을 떠나고, 마음의 인연상因緣相을 떠나 있습니다. 언설상은 말과 생각의 세계입니다. 이름 붙은 것들이 네트워크를 이루어 꼬리에 꼬리를 물고 이어지는 세계가 바로 말과 생각의 세계입니다. 그 언설상의 기본이 되는 것은 마음의 흔적에 이름을 붙여 놓은 세계, 즉 명자상名字相입니다. 심연상心緣相은 마음의 인연에 의해서 생겨진 상으로, 바로 우리가 감지感知라고 이름 붙인 것입니다. 우리 식대로 표현하자면 언설상은 생각의 세계, 명자상은 이름의 세계, 심연상은 감지의 세계라고 이해하면 됩니다. 언설상, 명자상, 심연상은 모두 의타성에 의해서 생겨납니다. 우리 마음속의 어떤 느낌을 살펴보면, 예를 들어 컵의 둥그런 느낌은 둥그렇지 않은 느낌에 의존합니다. 즉, 네모 또는 직선의 느낌을 내적으로 기준 삼았을 때만 그처럼 둥그렇게 '느껴'집니다. 신경심리학에 퀄리아Qualia라는 용어가 의미하는 바이지요. 이렇게 의타성에 기반한 것이 심연상입니다. 마음의 인연에 의해서 상相이 나타나는 것이고 그것이 바로 우리가 말하는 감지感知™(이름과 개념이 붙지 않은, 그러나 대상들 간에 구별되는 최초의 느낌)죠. 그러므로 감지도 일종의 상대적인 느낌이에요.

그런 심연상마저도 떠나면, 즉 감지마저도 떠나 감각感覺™(삼매三昧와 같이 일시적으로 빈 마음)으로 가면 어떻게 됩니까? 필경평등 무유변이 불가파괴畢竟平等 無有變異 不可破壞, 즉 평등하여 변이가 없고 파괴할 수 없다라고 했습니다. 그런데 무엇을 파괴할 수 없다는 말인가요? 컵이라는 것이죠. 왜냐하면 '컵'이라는 것은 애초에 없었으므로 그 컵을 파괴할 수도 없다는 말입니다. 감각 상태로 들어가면 컵이라는 것은 없습니다. 따라서 감각感覺™(용어정의 참조) 상태에서는 컵을 파괴할 수도 없습니다. 존재하지 않는 걸 어떻게 파괴하겠어요? 즉, 상相을 노끈이라고 보고 노끈을 뱀이라고 착각하는 그런 상태에서 우리는 뱀을 없앨 수 없습니다. 왜냐하면 뱀이라는 건 애초에 없었으니까요. 그 다음 우리가 노끈을 파괴할 수 있습니까? 없습니다. 노끈이라는 것 또한 원래 없으니까요. 그것은 그냥 삼일 뿐입니다. 노끈은 상相과 용도로서 일시적으로 존재하는 것이지, 본질에 있어서 독립적으로 존재하는 것이 아닙니다. 삼을 엮어서 만든 것이 노끈이니까 노끈을 없앨 수가 없어요. 노끈을 자르고 잘라도 거기에 노끈은 원래 없고 삼만 있었을 뿐이니까요. 필경평등畢竟平等은 본질적으로 증감이나 차이가 없다는 말입니다.

일체는 망념에 의한 차별

다시 한 번 정리하겠습니다. 일체는 망념에 의한 차별일 뿐이며 주체와 대상을 나누는 전식轉識, 대상을 여러 가지로 분별하는 현식現識, 분별된 대상에 좋고 나쁨이 붙는 지식智識 등과 같은 마음의 상태(妄念)에 의해서 구별되는 것일 뿐, 그런 망념이라는 것이 없으면 본래는 일체의 구별되는 현상이라는 것이 없습니다. 즉, 분리하고 나누는 마음의 작용이 없으면 일체 현상이 없으며, '없다'는 것마저도 떠나게 됩니다. 이것을 변계소집상의 무상無常함이라 합니다. 그럼 변계소집은 왜 무상할까요? 왜 항상恒常하지 않을까요? 예를 들어 설명해 보겠습니다. 저 탁자의 '둥그런 느낌'인 감지感知는 원래부터 있던 것이 아니라, '둥글지 않은 느낌'이 이미 내 마음의 배경으로 있는 상태에서 둥근 것이 나타났을 때, 그것과 비교하여 둥글다고 '느끼게' 됩니다. 즉, 마음의 배경인 '각진 느낌'이 사라진다면 이 탁자도 더 이상 둥글게 느껴지지 않습니다. 그때는 그냥 원초적인 감각적 기준에 의해 구별될 뿐입니다. 그것이 바로 변계소집의 무상함입니다. 즉 둥근 탁자가 둥글게 느껴지는 것은 네모난 것들 때문이고, 네모난 것들이 네모나게 느껴지는 것 또한 둥근 것에 대비하여 그렇게 느껴지는 것이니, 감지라는 것은 결국 다른 것들과 대비되어 느껴지는 '현상'일 뿐입니다. 다른 것들과의 '관계가 없다'면 어떤 '느낌'이라는 것이 있을 수가 없어요. 이것이 바로 변계소집상의 무상성입니다.

주관적인 객관

원효의 설명에 의하면 변계遍計는 능변能遍과 소변所遍으로 나뉩니다. 주관적인 측면인 능변과 객관적인 측면인 소변은 분별하는 마음과 분별되는 대상이라 할 수 있습니다. 저 밖의 사물이라는 '객관' 역시 주관인 능변에 의해서 '오염된 객관'입니다. 왜 그럴까요? 우리 모두는 자기식대로 바라보기 때문입니다. 컵이든 탁자든 내가 볼 때나 다른 사람이 볼 때나 어느 정도 비슷하게는 보지만 엄밀하게는 다 자기식대로 봅니다. 동일한 자동차를 보고 누구는 멋지다고 하고 어떤 사람은 별로라고 합니다. 객관적인 대상이 그것을 보는 주관적인 능변에 의해서 오염된 상相이지요. 그러므로 객관적인 대상은 특별히 따로 있는 것이 아니라 보는 사람의 주관에 의해서 이미 오염된 것이기 때문에 순수한 객관이라기보다는 주관적인 객관이라 할 수 있을 것입니다. 간단히 말하면 모든 객관 자체가 사실은 주관이며, 세상에는 객관이란 없습니다. 이것이 바로 유식학唯識學의 핵심입니다. 유식학에서는 세상을 '일체유심조一切唯心造'라고 하지요? 분별되는 세계는 마음이 만들어낸 것이며 인식작용일 뿐이라는 것입니다. 우리의 육감六感에 의한 육식六識은 사물을 있는 그대로 볼 수 없습니다. 칸트가 말한 '물物 자체는 우리가 경험할 수 없다.'라는 것이 불교의 유식학에서 말하는 능변, 소변과 통하는 얘기입니다. 우리의 육감에 의한 육식六識(안식眼識, 이식耳識, 비식鼻識, 설식舌識, 신식身識, 의식意識)은 사물을 있는 그대로 볼 수 없으며, 마음의 흔적에 의해서 비틀린 채로 보게 된다는 말입니다.

현대 양자물리학에서는 이 부분을 더 깊이 이야기하고 있는데, 비틀린 채로 보는 것이 아니라 사물의 본성 자체라는 것이 없다고 말합니다. 관찰자에 의해서 사물은 달라보이게 된다는 관찰자 효과를 주장하죠. 빛이 파동이라고 가정해서 장치를 구상해 실험해보면 빛은 파동으로 보이고, 빛이 입자라고 가정해서 장치를 만들어 실험해보면 빛은 입자로 보입니다. 그래서 빛은 입자이기도 하고 파동이기도 하다고 합니다. 그런데 엄밀히 말하면 빛은 '입자다' 또는 '파동이다'라는 것도 우리의 능변能遍에 의해서 오염된 소변所遍일 뿐입니다. 즉, 빛은 입자도 아니고 파동도 아니라는 거예요. 우리에게 그렇게 나타난 것뿐이죠. 우리가 세상을 지각하는 커다란 두 가지 방식이 파동과 입자일 뿐입니다. 빛은 결코 파동도 입자도 아닌데, 우리가 그 안에서 입자나 파동적인 면만 뽑아서 보고 있는 것이라 말할 수 있습니다. 다리만 만져보고 '코끼리는 기둥이야'라고 말하는 것과 똑같죠. 엄밀히 말해서는 '코끼리는 없다'라고 말하는 것입니다. 코끼리는 마음이 만들어낸 상相일 뿐이라는 거죠. 사물도 마찬가지입니다. 관계라고 말하는 것도 그런 이유에서죠. 판세라는 깃은 분별된 두 개 사이에서 일어나고 있는 어떤 현상이에요. 그런데 그 분별 자체를 마음이 만들었어요.

물 자체物自體는 건드릴 수 없다

소립자, 양성자와 중성자 이렇게 나누어 놓은 것은 뭔가요? 가정입니다. 물리학의 역사를 살펴보면 항상 가정假定으로부터 시작합니다. 결코 있는 그대로를 보는 게 아니에요. 전자電子는 이런 것이 아닐까? 원자는 이런 것이 아닐까? 소립자는 이런 것이 아닐까? 그 가정에 맞추어 실험을 해보니 딱 맞아 떨어져요. '아, 그러면 이 가정에 오류가 없으니까 이것이라고 하자.'고 정하는 것이 물리학의 역사입니다. 결코 있는 그대로 관찰하는 것이 아니에요. 우리가 지금까지 알고 있는 모든 지식은 가정에 의해서 만들어진, 가정에 맞아 떨어진 지식일 뿐입니다. 구르지예프의 수제자라 할 만한 우스펜스키는 '우리의 앎이라는 것은 미지未知가 미지未知를 정의하는 것이다.'라고 얘기했습니다. 깊이 파고들면 사실 우리는 아는 것이 아무것도 없어요. 수학도 물리학도 모두 가정에서 시작합니다. 다만 시작한 그 가정에 사물들의 비율과 배분과 리듬이 맞아떨어졌을 뿐이죠. 실제로 10cm가 있습니까? 10cm는 어떻게 만들어졌죠? 예를 들어 손가락의 이 만큼의 길이를 1cm로 하자고 정한 후에 이 길이의 10배니까 10cm가 된 것입니다. 우리는 그 1cm를 다른 모든 것에 적용해요. 이것을 길이의 기준으로 삼아 '1cm'라고 이름 붙여놓은 것입니다. 그러나 세상에 1cm는 없어요. 당연히 1mm도 없지요. 그런 가정 하에 모든 수학이 시작되고 있으니까 수학의 밑바닥은 사실 근거가 없는 것입니다. 다만 맞아떨어지는 것은 무엇입니까? 서로간의 '관계와 비율'이 맞아떨어지는 거지요. A의 길이를 1cm라고 하면 B의 길이는 10cm인데, 거기에 대비해서 C의 길이를 비교해보니까 5cm라 하는 것입니다. 그러니 'B는 10cm고 C는 5cm다' 라는 것은 무엇을 의미합니까? B가 C보다 두 배 길다는 뜻이지요. 10cm, 5cm 자체는 없는 것입니다. 모든 수학은 관계입니다. 마찬가지로 모든 지식도 관계죠. 그래서 양자역학에서는 '사물의 본성이란 없다'라고 말하고 헨리 스텝은 '존재한다는 것은 관계한다는 것이다.'라고 말했습니다. 물리학자들이 이제 아주 깊숙이 들어가고 있어요.

이것을 불교 유식학에서는 2,000년 전부터 설해왔는데, 칸트는 서양철학에서 아주 치밀하게 얘기한 것뿐입니다. 칸트의 순수이성비판에 나오는 이야기들은 벌써 오래전부터 유식학에서 나왔던 내용들입니다. 그것을 깨어있기™ 식으로 얘기하면 '존재한다는 것은 감각기간과 사물 사이의 관계'라고 할 수 있습니다. 우리의 감각기관에 들어오는 것만이 우리에게 존재합니다. 지금 현재 사용할 수 있는 모든 측정도구를 사용해서 측정해내지 못한다면 그것은 존재하지 않는 거예요. 전자현미경이나 어떤 추론에 의해서 소립자를 측정해내죠. 그렇게 법칙을 추론하는 의식 또는 전자현미경과의 관계에 의해 소립자는 존재합니다. 그런데 사람들은 이렇게 얘기하기도 합니다. "옛날에 전자파측정기기가 없었을 때는 전자파가 존재하지 않았다는 것인가? 그 때에도 측정하지 못했을 뿐, 전자파는 존재했을 것이다." 그러나 잘 들여다보면 그것을 측정하는 도구가 없고 그것에 영향 받는 자가 없다면 존재한다고 말할 수 없습니다. 왜냐하면 전자파 자체도 코끼리의 다리와 같이 어떤 현상의 '일부'를 표현하는 것일 수 있기 때문입니다. 결코 선사싸가 독립직으로 '존깨한다'고 한 수 없습니다. 그것은 어떤 현상의 일부분의 측면인 것입니다. 마치 전자기파電磁氣波와 같이 말이지요. 전기와 자기는 이제 하나의 현상으로 알려져 있습니다. 왜냐하면 전기가 흐르는 곳에 늘 자기장이 형성되고, 자기가 있는 곳에 늘 전기장이 형성된다는 것을 알았기 때문입니다. 그래서 이제는 전기장과 자기장을 전자기장電磁氣場이라는 하나의 용어로 만들어 쓰고 있어요. 그런데 이전에는 전기가 따로 있고 자기가 따로 있다고 나누어 보았지요. 그와 같이 사실은 온 우주가 하나의 몸처럼 되어 있는 중에 한 순간의 '몸짓'만 따로 떼어내어 '주먹'이라고 이름 붙인다고 해서 '주먹'이 따로 존재하는 것은 아니라는 것입니다. 그것은 일시적인 '몸짓'일 뿐입니다. 손가락과 손바닥이 어떤 형태로 관계맺은 모습이라는 것이지요.

'존재는 관계'라고 말했는데, 우리의 의식도 존재하기 위해서 나와 대상이라는 '관계'가 있어야 합니다. '내'가 '무엇을' 느끼고, '내'가 '무엇을' 아는 거죠. 의식이라는 것 자체가 나와 대상의 관계입니다. '나' 따로 생기고 '대상' 따로 생겨나지 않아요. 나와 대상이 동시에 생겨난다는 것은 우리의 깨어있기™ 감각연습을 해보면 알게 됩니다. 감각상태에 들어가면 대상이 점차 희미해지고 그에 따라 '나'라는 것도 사라져버리고 말아요. '나'라는 것은 대상과의 관계 속에서 존재하기 때문이지요. 그렇게 '의식하는 자'마저 사라진 상태를 순수의식이라고 합니다. 그러나 그 순수의식 상태를 '경험'하는 것은 또한 하나의 미세한 의식이 존재하기 때문이고, 우리는 그 관계에 태극이라는 이름을 붙였습니다.

이렇게 '존재'라는 것은 감각기관과 대상 사이의 '관계'인 것이고, 사물에 대한 우리의 느낌인 감지는 그 사물에 대한 마음의 흔적일 뿐, 사물이 진짜로 그런 느낌과 모습으로 존재하는지는 알 수 없습니다. 그래서 칸트가 '우리는 물物 자체를 알 수 없다'고 얘기했어요. 우리가 알 수 있는 것은 물物 자체가 남겨놓은 마음의 흔적뿐이라는 거죠. 그런데 그 흔적은 사람마다 다릅니다. 빛을 파동이라고 생각하면 파동으로 보이고, 입자라고 생각하면 입자처럼 보입니다. 빛 자체를 우리는 알 수 없어요. 우리가 알 수 있는 것은 빛이 파동의 방식으로 드러나는 부분, 빛이 입자의 방식으로 드러나는 모습일 뿐이죠. 빛은 파동도 아니고 입자도 아닌 새로운 무엇일지도 모릅니다. 나중에 가면 또 다른 무엇이라고 할지도 모르죠. 또는 개별적으로는 아무것도 아니라고 할지도 모르지요.

의식은 기본적으로 자꾸 나눕니다. 우리는 파동현상에 대해 '파동'이라고 이름 붙여 놨어요. 또 다른 것에 대해 '입자'라고 이름 붙여놓고 '이 둘은 달라.'라고 구분 짓는 것이 우리 의식이 늘 하는 일입니다. 의식은 끊임없이 나누고 분별해야만 '앎'이라는 현상을 만들어낼 수 있기 때문에 그렇습니다. 진정으로 사물이 존재하는 방식은 그런 것이 아니죠. 따로따로 존재하는 것이 아니고, 오직 하나의 세상 또는 하나도 아닌 세상입니다. 그래서 불이不二의 세상이라고 합니다. 전 무기물과 유기체가 하나처럼 돌아가죠. 나무 속의 물과 나무가 나누어지지 않고, 인체 내의 물과 인체가 나누어질 수 없는 것처럼. 우리는 물 따로 인체 따로 이름을 붙여놨지만 결코 그 둘은 서로가 서로에게 없어서는 안 될 존재입니다. 서로의 존재를 유지시키는 것은 서로가 있기 때문입니다. 물이 없으면 인체가 존재하지 못하고, 물을 매개로 살아가는 존재가 사라지면 그 물도 의미가 없어지는 거죠. 그런 모든 변계소집상이 우리가 존재한다고 말하는 것들입니다.

이렇게 변계소집상은 마음이 나눈 분별일 뿐이에요. 세상에는 식물과 동물이 없는데 우리 마음이 식물과 동물로 나누고 있습니다. 마치 땅에다가 선을 그어놓고 중국과 한국이라고 나누어 이름 붙여놓은 것처럼 말이죠. 그러나 땅이 정말 둘로 나뉜 것입니까? 땅은 나눌 수 없는 한덩어리일 뿐입니다. 변계소집상은 분리된 '존재'를 위한 가장 기본적인 사항인데 그 자체가 뿌리 없는 망념에 의한 차별일 뿐이므로 무상無常하다고 하는 것입니다. 따라서 본질적으로 차별이 없음을 말하고 있습니다. 우리가 존재한다고 여기는 모든 것들은 마음속에 나누어진 상相들의 분별과 그들 간의 관계에 의해서 그렇게 보이는 것뿐입니다. 그래서 마음이 없는 곳에 개별적인 존재란 없는 것입니다.

이름이 붙음으로써 일시적인 경계가 영구적인 것이 되고, 생각과 말이 됩니다. 본질을 보기 위해서는 생각과 말을 떠날 필요가 있습니다(離言說相). 그리고 이름을 떠나죠(離名字相). 그 다음 느낌인 감지를 떠납니다(離心緣相). 깨어있기™ 연습방법으로 봐도 맨 처음 생각을 떼 내고, 그 다음 이름을 떼고, 감지를 떼어 냅니다. 심연상은 '마음에 줄로 맨 모양'의 의미로 마음속 내적 느낌들의 관계를 말하며, 따라서 심연상을 떠나있다는 것은 마음속의 미묘한 느낌마저 떠나있다는 뜻입니다. 그것이 바로 일심一心이라는 것이죠. 생각을 떠나고 이름을 떠나고 감지를 떠나는 깨어있기의 과정이 이 언설상, 명자상, 심연상을 여의는 과정과 닮아있습니다. 언설—명자—심연의 순서를 보면 이 글을 쓴 마명 역시 그런 단계로 경험했다고 할 수 있겠죠. 단순히 생각으로 추론한 이론이 아닙니다. 그렇게 말과 생각과 이름과 감지를 떠나면 드디어 평등平等, 불변不變, 불괴不壞가 온다고 했습니다. 평등은 만물에 차이가 없다는 말이고, 불변은 변하는 것이 없고, 불괴는 파괴되지 않는다는 뜻입니다. 이것이 바로 진여입니다.

> 唯是一心. 故名眞如. 以一切言說, 假名無實, 但隨妄念,
> 유 시 일 심　고 명 진 여　이 일 체 언 설　가 명 무 실　단 수 망 념
>
> 不可得故.
> 불 가 득 고

이 일심으로 인해서 진여라 이름하니 일체의 말과 생각은 거짓된 이름일 뿐 실제는 없다. 단지 망념을 따른 것이므로 얻을 수 있는 것은 아니다.

[논論]

언설과 명자와 심연상을 떠나면 일심一心으로 돌아갑니다. 파도의 모양을 떠나면 물로 돌아가는 것과 같습니다. 이런 파도 저런 파도는 이름이고, '이런 파도가 저런 파도를 만나서 싸워서 이겼다.' 이런 것은 생각입니다. 생각을 떠나고 이름을 떠나면 어떤 '이름 없는 느낌'만 남는데 그 느낌마저도 구별된다는 측면에서 하나의 상相인 것입니다. 그런 구별되는 느낌의 상相마저 떠나면 지금 이 순간 우리는 일심一心 속에 있게 됩니다. 그 일심一心은 평등하면서 변하지 않고, 파괴되지 않습니다. 이것을 진여眞如라 하고, 일체의 말과 생각은 임시적인 이름일 뿐 실체가 없고 망심妄心일 뿐입니다.

우리는 세상의 모든 것을 한꺼번에 지각하지 못하므로 어쩔 수 없이 시간적, 공간적으로 세상을 나누어 마음속에 부분지어 분별해서 봅니다. 지구라는 땅덩어리를 미국과 한국, 또는 일본과 중국 이렇게 나눠놓고 구별하듯이 말입니다. 그런데 실제의 땅은 어떻습니까? 땅은 절

대로 나뉘어 있지 않습니다. 그와 똑같습니다. 전 우주상은 결코 나눠서 있거나 분별되어 있기 않은데, 우리가 그것을 지각하기 위해서 일시적으로 선을 긋고 나누어 마음에 받아들인 것뿐이에요. 실제의 세상은 선 그어지지 않았는데, 마음에 비친 세상에 선을 그어서 세상을 지도화하고 있습니다. 그러므로 우리가 세상을 본다고 할 때, 실세로는 마음의 지도를 보고 있는 것입니다.

이것과 저것을 나누어 비교해서 보는 것 때문에 인연법이라는 것이 있습니다. 인연법이란 '이것이 있기 때문에 저것이 있다'라고 말하는 것이지요. 그런데 만약 분별이 없다면 이것과 저것을 나누어 구분할 수 없을 것이고, 이것과 저것을 나눌 수 없다면 '이것이 있기 때문에 저것이 있다'는 말 자체가 성립할 수 없겠죠? 이렇게 불교의 십이연기설 자체가 분별을 기반으로 하고 있는데, 그 분별 자체가 실상은 허구입니다. 그래서 결국 나중에는 '이것도 없고 저것도 없다', '있는 것도 아니요, 없는 것도 아니다'라고 말하는 것입니다. 우리의 마음 자체가 분별을 기반으로 해서 세상을 지각하기 때문에 그 작용을 설명하기 위해 인연법은 '이것이 있기 때문에 저것이 있다'고 말을 한 것뿐입니다. 최소한 '이것이 있고, 저것이 생겼다'라고 말하지는 않기 위해서, '이것은 저것의 원인이 되고 저것은 이것의 원인이 된다. 서로가 서로한테 원인이 된다.'라고 어쩔 수 없이 설명하고 있는 것뿐입니다. 그러나 결코 세상은 분열되어 있지 않음을, 깨어있기™의 감지感知에서 감각感却으로 가면, 우리는 즉각적으로 알게 되죠. 분별되어진 대로 보는 것은 우리 마음일 뿐입니다. 이상이 진여의 체體에서 심진여心眞如에 대한 설명입니다.

일심一心의 이름에 대한 원효의 소疏를 다시 보겠습니다.

謂染淨諸法其性無二, 眞妄二門不得有異. 故名爲一.
위 염 정 제 법 기 성 무 이 진 망 이 문 부 득 유 이 고 명 위 일

此無二處諸法中實, 不同虛空, 性自神解, 故名爲心.
차 무 이 처 제 법 중 실 부 동 허 공 성 자 신 해 고 명 위 심

더럽고 깨끗한 모든 법은 그 본성이 둘이 아니어서, 생멸심과 진여심의
이문二門의 본성이 다를 수가 없기 때문에 하나—라고 했고, 둘이 없는 것
이 모든 것의 실체이다. 허공과 같지 아니하여 본성이 스스로 영묘하게
이해함으로써 마음(心)이라 이름 붙였다.

然旣無有二, 何得有一. 一無所有, 就誰曰心.
연 기 무 유 이 하 득 유 일 일 무 소 유 취 수 왈 심

如是道理, 離言絕慮. 不知何以目之, 强號爲一心也.
여 시 도 리 이 언 절 려 부 지 하 이 목 지 강 호 위 일 심 야

그러나 이미 둘(二)이 없는데 어떻게 하나(一)가 될 수 있겠는가? 하나(一)
도 없는데 무엇을 마음(心)이라 할 수 있겠는가? 이렇게 말을 여의고 생
각을 끊는 것이니 무엇이라 지목할지 몰라 억지로 이름 붙인 것이 일심—
心이라 하였다.

[소疏]

그러므로 '내'가 무엇을 경험했고, 무엇을 안다고 여겨진다면 '나는
꿈속에 있구나!' 하고 생각하면 됩니다. 그것이 아무리 황홀한 우주적
체험이라 할지라도 말입니다. 일심은 나눔이 없는 세계이고 체험할 수
없는 세계인데, '나는 체험했어' 혹은 '나는 깨달았어'라고 말한다면 그
것은 꿈속에 들어앉아 있는 것입니다. 일상에서 경험하는 꿈보다는 조
금 투명한 꿈이겠지만 꿈은 꿈입니다.

일체의 언설은 임시적인 이름이라고 했습니다. 실체가 없다는 뜻입
니다. 진여, 생멸, 진여심, 본질, 현상... 이것들은 모두 이해시키기 위
한 임시적인 이름일 뿐입니다. 매트릭스라는 영화에서 네오의 스승인

모피어스가 매트릭스에 들어가 보니 모두 다 매트릭스 속에서의 상이 삲아요. 그와 똑같은 것입니다. 네오와 모피어스라고 이름 붙여놓았지만 둘 다 일시적인 이름일 뿐이고 상相일 뿐이에요. 그렇다면 진여라는 이름은 도대체 뭐냐는 거죠. 그래서 진여라는 이름을 다시 한 번 설명합니다.

言眞如者亦無有相, 謂言說之極, 因言遣言.
언 진 여 자 역 무 유 상　　위 언 설 지 극　　인 언 견 언

진여라고 말하는 것은 상相이 없으니 언설의 궁극은 말로 인해서 말을 버리는 것이다.

[논論]

만약 진여라는 이름이 없다면 우리는 진여를 알 수 있을까요? 마음 속에 상相이 없으면 우리는 아무것도 알 수 없습니다. '안다'는 것 자체가 마음의 현상이에요. 마음에 상이 있다는 것은, 정靜적인 상이든 동動적인 상이든, 어떤 느낌과 생각이 있거나 그것들이 서로 관계가 있거나 하는 것이죠. 진여는 어떤 상相도 없습니다. 언설의 궁극은 말로 인해서 말을 버리는 것이라 했는데 이것이 바로 비트겐슈타인이 한 말과 일맥상통합니다. 말로 할 수 있는 최고의 것은 "말로 할 수 없는 것은 말하지 말라"입니다. 말은 상相을 기반으로 하므로, 우리 마음에 떠오를 수 없는 것은 말로 표현할 수 없어요. 그런데 진여는 본래 상相이 없기 때문에 진여 자체를 우리 머리로는 '이해'할 수 없습니다. 그래서 할 수 없이 선사들이 몽둥이로 때리거나 "할喝" 하고 큰 소리를 쳤습니다. 몽둥이질로 유명한 사람이 덕산 선사이고, 큰 소리로 깜짝 놀라게 한 사람은 임제입니다. 임제의 할喝과 덕산의 방棒은 아주 유명합니다. 말로 할 수 없는 것을 그렇게라도 깨뜨려서 전하려고 했던 것입니다. 이렇게 말로 표현할 수 없고, 우리의 머리로는 이해할 수 없는 것이 진

여라는 이름이 의미하는 바입니다. 진여라는 말 자체는 아무런 실체도 없는 '이름'일 뿐입니다.

그리고 여기서 말하는 상相이란 미묘한 '느낌'까지도 포함합니다. 감정, 생각, 이름, 그리고 그것들이 일으키는 느낌, 이 모든 것을 포괄하는 것이 상相입니다. 정확하고 구체적인 이름이 아닌 미묘한 느낌도 마음속에서 '느껴지고 와 닿기' 때문에 느낌도 일종의 상이라고 할 수 있습니다.

원효의 대승기신론소에 보면 "말로 말을 버리는 것은 소리로 소리를 그치게 하는 것과 같다(所謂因言遣言, 猶如以聲止聲也)."라고 했습니다. 소리로 소리를 그치게 한다는 것은 무슨 뜻일까요? 누가 시끄럽게 떠들고 있다면 이를 멈추게 하려고 "조용히 해"라고 말함으로써 개념을 전달시키고 이해시켜서 조용히 하게 할 수 있습니다. 또는 "야!"라고 크게 소리쳐서 깜짝 놀라게 하여 잠시 멈추게 할 수도 있겠죠. 두 번째가 선사들이 제자들에게 한 일입니다. 첫 번째 "조용히 해"라고 말하는 방식은 생각이 잠시 멈추었다가 다시 일어나 끊임이 없습니다. 그래서 선사들이 쓴 방법이 방棒(몽둥이)이나 할喝(고함)이었다는 거예요. "조용히 해"라는 말에는 생각들이 묻어있습니다. 그래서 거기에 '시끄러움'이라는 생각을 연결하게 하고 꼬리에 꼬리를 물고 다른 생각들을 끌어냅니다. '조용히'라는 말은 '이해'가 되는 말이잖아요. 그 이해 가능한 개념이 다른 것들을 다시 불러옵니다. 그래서 이해시키기보다는 우리 머리와 마음의 혼란스러움을 일거에 잠재우는 두 번째 방법을 썼던 것입니다.

현상을 멀리한다고 진리가 드러나는 것이 아니다

此眞如體無有可遣, 以一切法悉皆眞故.
차 진 여 체 무 유 가 견   이 일 체 법 실 개 진 고

이 진여의 체는 버릴 만한 게 없으니 일체의 법이 모두 참이기 때문이다.

[논論]

버릴 만한 게 없다는 것은 '진여의 체(본질)라 하여 속법(세속의 일, 현상)을 버리는 것이 아니다.'라고 원효는 말했습니다. 명상하고 진리를 추구한다 하여 세속을 버리라는 것이 아니라는 의미죠. 원효대사는 아주 깊숙이 세속으로 들어갔습니다. 요석공주와 살기도 하고, 나병 환자촌에 들어가 생활하면서 그들을 돕기도 하고, 아무 이름 없이 어느 절에서 행자로 욕먹어가면서 지내기도 했습니다. 그것이 바로 '진여의 체는 버릴 만한 것이 없으니'의 뜻입니다. 진여의 체는 현상 속에도 있기 때문에 현상을 버릴 필요가 없다는 말입니다. 현상을 버린다고 해서 체體가 드러나는 것이 아니기 때문입니다. 도리어 현상을 떠나서는 체體가 없기 때문이에요. 현상을 떠나서는 진여에 대해 알 수가 없어요. 상相이 있어야만 진여의 체體를 발견할 수 있습니다.

'일체가 모두 참'이라는 것은, '의타성에 의한 현상'이라 할지라도 모두 말과 생각을 떠난 것이라는 의미입니다. 의타성이란 기본적으로 분별을 근간으로 한다고 했습니다. 그런데 그 분별은 무엇을 근간으로 합니까? 분별은 본질을 근간으로 합니다. 본질인 불이不二의 세상에다 일시적인 선을 그어놓은 것이 분별이죠? 마음의 세계에 그냥 선 그어놓은 것입니다. 사실 바깥세상엔 선이 그어지지 않았는데 저 세상을 우리 마음으로 받아들여서 마음에 이리저리 선을 그어놓고 '이것은 이 세계야'라고 말하고 있는 거죠.

예전에 감지 설명할 때 이런 얘기를 했어요. 평소 자주 다니는 거리를 걸어가다가 어느 순간 "여기가 어디지? 잘 모르겠는데" 이런 생각이 들 때가 있습니다. 그때가 바로 마음에 선을 그어놓은 세계에서 잠시 빠져나온 때입니다. 완전히 빠져나온 것은 아니지만, 많이 빠져놓은 상태이기 때문에 '모른다'는 느낌이 드는 거죠. 그런데 잘 알던 것 하나만 보고 기억해내면 그것을 기반으로 '내가 아는 전체 세계'가 거미줄처럼 쫙 펼쳐집니다. 그리고는 "아, 여기구나!" 하면서 마음의 선 그어놓은 세계로 다시 즉각 들어가게 됩니다. 그런데 그 마음속의 세계는 저 밖의 분별없는 세상에 의존하고 있습니다. 그러니까 모든 분별은 그냥 선 그어놓은 것일 뿐 본질에는 아무 변화가 없어요. 이런 것을 의타성이라고 하지요. 이런 모든 언설의 세계, 생각의 세계는 의타적입니다. 결코 그 자체가 독립적으로 존재할 수 없어요. 우리가 자주 얘기하죠. 컵이라는 것은 도자기, 그 안에 담는 물, 손잡이, 마시는 도구 이런 수많은 개념으로 구성됩니다. 그중에 하나인 손잡이를 볼까요? '손잡이' 하면 손이 생각나죠? '손' 하면 손으로 두드리는 것이 생각날 수 있습니다. 수많은 것들이 이런 식으로 연결되어 있습니다. 그런 많은 연결된 것들을 빼고 컵 자체만 본다면 어떻겠어요? 그것이 바로 의미 없이 감지感知로 느끼는 겁니다. 생각을 떠나서 느낌의 세계에서 보는 거죠. 물론 느낌도 미세한 분별의 세계입니다만, 그래도 생각의 세계에 비해서는 최소한 지금 이 순간에 있는 겁니다.

　언설言說의 세계는 모두 의타적으로 서로가 서로에게 의지하고 있으며, 모든 언설의 세계가 가리키는 본질의 세상에는 말과 생각을 떠나 있는 진여의 세상, 버릴만한 것이 없는 본체입니다. 즉 중국과 한국이라는 나누어진 분별이, 땅 자체에는 아무런 의미가 없다는 말입니다.

그 이름이 붙든 안 붙든 땅은 땅일 뿐입니다. 그 이름은 우리 의식 속에서 그림을 그려 이것과 저것을 구별하기 위해 필요할 뿐입니다. 그와 마찬가지로 모든 의타적인 언설의 세계는 그것이 지칭하는 본질을 표현하고 있을 뿐이며, 진여의 체라는 것은 모든 분별을 떠나 있습니다. 이름을 붙여도 상관없고, 또 굳이 이름을 떠날 필요도 없습니다. 원래부터 떠나있기에 그렇습니다. 굳이 이름을 떼어버릴 필요가 없듯 여러분이 가지고 있는 마음의 세계, 분별의 세계를 떠날 필요가 없어요. 분별의 세계를 떠나도 또는 떠나지 않아도 그 본체는 변함이 없습니다. 이것이 바로 상대 속에 절대가 동시에 있다는 말의 의미입니다. 굳이 무심無心으로, 절대의 세계와 유사한 상태로 들어갈 필요가 없습니다. 분별의 세계가 담고 있는 자체가 곧 본질의 세계라는 말입니다. 그것이 바로 '현상은 현상일 뿐'이라 말하며 마음에 일어나는 모든 것에서 떠날 수 있을 때, 우리는 어느새 현상을 떠나게 된다는 말의 의미입니다.

차별을 무너뜨릴 필요 없이 즉시 평등하다

원문의 '일체법一切法'은 모든 현상을 의미합니다. 모든 현상에는 규칙, 메커니즘이 있습니다. 분열된 마음이 이름 붙여 놓은 개별적인 것들의 관계 속에는 어떤 규칙이나 법칙이 있어요. 그래서 법法이라고 하는 것이고, 모든 현상에 이러한 법이 있으므로 일체법이라고 표현했습니다. 법法의 한자는 물이 위에서 아래로 규칙에 따라 흘러가는 모습이죠? 물 수水에 갈 거去를 합한 것이 법法입니다. 그런 일체법, 즉 일체의 현상은 그 자체가 모두 참이라고 했습니다. 왜일까요? 현상이라는 것은 이름 붙여 놓은 것일 뿐, 그렇게 의타적으로 존재하는 현상일지라도 근본적으로는 말과 생각을 떠나 있는 참이기 때문입니다.

그것을 원효는 "불괴차별즉시평등不壞差別卽時平等"이라 했습니다. 차별을 무너뜨릴 필요 없이 즉시 평등하다고 했어요. 그러니까 차별 없음의 세계로 갈 필요 없이, 차별이 있더라도 그것은 그냥 이름의 세계일 뿐 본질적으로는 차별이 없다는 말이죠. 상대의 세계를 없애지 않더라도 즉시 이 순간에 절대가 있다는 얘기를 하는 겁니다.

亦無可立, 以一切法皆同如故. 當知一切法不可說不可念.
역 무 가 립　이 일 체 법 개 동 여 고　당 지 일 체 법 불 가 설 불 가 념

故名爲眞如.
고 명 위 진 여

또한 주장하는 것이 없으니 모든 일체의 법이 똑같기 때문이다. 마땅히
일체의 법이라는 것은 말로 할 수 없고, 생각할 수 없으니 그래서 진여라
고 이름 붙였다.

[논論]

진여라는 것은 사실 있는 것도 아니고 없는 것도 아니고, 그냥 이름 붙여 놓은 것뿐이에요. 그래서 진여라는 것은 우리가 알 수 없는 세계라는 겁니다. 앎의 세계는 현상계입니다. 우리가 알 수 있는 것은 현상밖에 없어요. 그럼 어떻게 진여라는 것을 건드릴 수 있는가? 모든 현상을 현상으로 보면 끝나는 것일 뿐, 진여 자체를 건드릴 수는 없습니다. 모든 현상을 현상으로 보면 그 자리가 이미 진여가 된 자리입니다.

승조법사[17]의 《조론肇論》을 보면 "혹지惑智에서 성지聖智로 나아가라"는 내용이 있습니다. 성지聖智는 본래 앎이 없는 무지이며, 이것이 곧 성스러운 지혜이고 진정한 지혜입니다. 혹지惑智는 미혹에서 무지를 아는 것으로, 뭔가 함정에 빠진 지혜라는 말입니다. "나는 드디어 무지에서 벗어났어, 나는 앎이라는 게 없다는 걸 알았어." 이런 소리를 하는 거죠. '미혹에서 벗어났다는 앎'이 여전히 있는 겁니다. "나는 내가 없다는 것을 알았어.", "나는 내가 없다는 걸 경험했어." 이런 것들도 모두 혹지입니다. 뭔가 되긴 됐는데 마지막 함정에 빠져있는 거예요. 미혹에서 벗어났다는 어떤 '앎'이 남아있어요. '앎'이 있다는 것은 여전히 분열되어 있다는 의미입니다. 자기 마음을 깊이 들여다봐서 한 터럭만큼이라도 '내가 알았다'는 생각이나 느낌이 있다면 그 사람은 다시 앎 속으로 빠진 겁니다. 진정한 지혜는 본래 앎이라는 것 자체가 없는 것이고, 미혹된 지혜는 관조, 관찰, 수행을 통해서 미혹을 타파하여 앎이라는 것이 없음을 아는 것입니다. 모든 똑똑한 지혜는 미혹을 없앰으로써 얻어진 어떤 '앎'인데, 그런 앎마저도 '없는' 곳으로 돌아가는 것이 진정한 수행입니다. 다시 말해서 성스러운 지혜는 텅 비고 고요하여 '무지'를 '알 만한 것'도 없으므로 진짜 무지이지만, 미혹된 지혜는 관조, 지관止觀, 또는 정혜쌍수定慧雙修의 작용으로 미묘한 '앎'이 있어서 '허망한 미혹이 본래 없다'는 것을 '안다'는 말입니다. '자아의 본성

---

17) 승조법사僧肇法師 : 구마라즙의 수제자였던 승조법사는 20대 때 반야지혜에 통달했는데, 서른 초반 그 명성을 안 황제가 벼슬을 주며 나라일을 봐달라고 하자 명을 거절하며 죽게 되었다. 죽음 앞에서 승조는 이런 시를 읊었다.
　　육신은 원래 주인이 없고(四大元無主)
　　오감은 텅 비어있는 것(五蘊本來空)
　　칼날이 목에 닿으니(以首臨白刃)
　　봄바람을 베는 것과 같도다(猶如斬春風)

이라는 것은 원래 없어.'라고 말하면서 자기는 '알았다'고 여기는 것이 혹지입니다. 안 것 같긴 한데 뭔가 미진함이 있고 오염된 앎입니다. 그러므로 미혹된 앎에서 진정한 앎으로 나아가야 합니다.

진리는 말로 설명되나 결코 붙잡을 수 없다

이어서 중생수순衆生隨順에 대해 이야기하겠습니다. 원문을 보겠습니다.

> 問曰. 若如是義者, 諸衆生等, 云何隨順而能得入.
> 문왈 약여시의자 제중생등 운하수순이능득입
>
> 答曰. 若知一切法雖說無有能說可說. 雖念亦無能念可念,
> 답왈 약지일체법수설무유능설가설 수념역무능념가념
>
> 是名隨順. 若離於念, 名爲得入.
> 시명수순 약리어념 명위득입

> 묻기를, 만약 이와 같은 뜻이라면, 모든 중생은 어떤 방법을 따라 가야만 능히 올바른 법에 들어갈 수 있겠습니까?
> 답하기를, 만약 일체의 법이 비록 설명되기는 하지만 설명할 수도 설명할 만한 것도 없으며, 비록 생각되어지기는 하지만 역시 생각할 수도 생각할 만한 것도 없음을 알면, 이것을 이름하여 수순(순서대로 따르는 방편)이라고 한다. 만약 생각을 떠난다면 정관正觀에 들어갔다고 말할 수 있다.
> [논論]

질문은, '어떤 방법으로 어떤 순서에 따르면 정관正觀에 들 수 있는가?'입니다. 대답을 보겠습니다. 설명되어지기는 하지만(雖說), 설명할 수도(能說) 설명할 만한 것도(可說) 없다고 했어요. '설명되어지기는 한다.'는 것은 말로 할 수는 있다는 뜻입니다. 보세요. 근본에 대해서 이런 저런 말을 할 수는 있습니다. 즉, "근본이라는 것은 없다"고 말할 수도 없다는 거예요. 말로 할 수 있다는 것은 뭔가 붙잡을 수 있고, 도달

할 수 있고, 발견하는 것이 가능하니까 말을 하는 것 아니겠어요? 근본이라는 것이 생각으로 붙잡을 수도 없고, 말로 설명할 수도 없는 것이라면 이런 저런 말을 해봐야 아무 소용없는 것 아니겠습니까? 그런데도 근본에 도달하는 길에 대해서 이런 저런 말은 하지요? 그렇게 말해놓고는 정작 그것을 찾아가려 하면 "그것은 말로 할 수 없다. 생각으로 붙잡을 수 없다."고 얘기합니다. 또 "그것을 안다고 말하면 벌써 틀린 것이다."라고 얘기합니다. 서로 모순된 얘기를 하고 있습니다. 말로 하기는 하면서 말로 설명할 수 없고, 생각으로 붙잡을 수 없고, 거기에 도달한다는 건 불가능하고, 알 수도 없고, 만질 수도 없다고 그래요. 그러면서도 또 발견하는 것은 가능하다는 소리를 하지 않습니까? 지금 이 문답이 꼭 그 말입니다. 비록 말로 하기는 하나(雖說) 능히 말로 할 수 없고 가히 말로 붙잡을 수 없다(無有能說可說).

　말을 하기는 합니다. 그럼 무슨 말을 하는가 하면 '생각과 마음으로 붙잡을 수 없다'는 말을 해요. 그럼 도대체 어떻게 하란 말인가요? 오직 가능한 것은 어떤 사물을 생각하고 어떤 느낌을 느낄 때, 그때 이미 '근본이 사용되고 있음'을 간접적으로 눈치 채는 것입니다. 이것이 바로 중도관中道觀이에요. 방편을 쓴다는 것입니다.

　첫 번째 수설雖說을 설명하겠습니다. 처음부터 붙잡을 수 없고, 말로 할 수 없다고 잘라 말해버리면 배우는 사람은 텅 빈 공空에 집착하게 됩니다. 공空은 아무것도 아니란 말이죠. "그래. 내가 원래 완전한 상태고 이미 근본에 있다면 굳이 애써서 근본을 발견할 필요가 있나? 가나, 안 가나 똑같지. 내가 곧 부처라며? 내가 이미 완벽한 부처인데 굳이 뭘 할 게 있겠어." 이것이 바로 공空에 집착하는 것입니다. 아무것도 아니라는 거죠. 그러나 아무것도 아닌 건 아닙니다. 팔만대장경이 그것에 대해서 말하고 있듯이 말로 하기는 하지만, 핵심은 결코 팔만대장경 안에 들어있지 않습니다. 그 안에 들어있는 것은 본질에 관해서는 아무것도 없어요. 하지만 어쨌든 말로 하기는 합니다. 말로써 설명하는 것은 공空에 집착하지 못하도록 하기 위함입니다(離執着於空).

일체의 법이 설명되기는 하는데 어떻게 설명될 수 있나요? 모든 설명의 기반인 말은 분별을 통해서만 이루어집니다. 우리 마음은 분별할 수 없는 것에 경계를 지어놓고 이름을 붙이죠. 땅에 선을 긋고 이름을 붙이듯이. 그런데 그 땅에 붙여진 이름이 땅을 설명해주나요? 그 어떤 것도 땅을 설명할 수는 없습니다. 단지 이름을 붙인 것뿐이지요. 이처럼 뿌리 없는 이름, 즉 '이것'과 '저것'이라는 분별을 근거로 해서 '이것은 저것에 의존한다.'라는 의타성이 이루어지고, 수많은 생각이 일어나게 됩니다. 그러한 생각들을 통해서 땅을 설명하려고 하지만 근본적으로 땅은 설명되지 않습니다. 우리가 하고 있는 일이 그런 것입니다. 그렇지만 땅이라는 것이 없다고는 할 수 없습니다. 그 설명의 대상은 분명히 '없지 않다'고 밝히는 것이 공空에 집착함을 떠나게 한다고 말하는 겁니다. 즉 방법이 없는 것은 아니라는 말입니다. 그래서 우리는 근본에 대해 끊임없이 얘기합니다.

두 번째 무유능설無有能說. 그렇지만 말로 설명할 수 있는 것은 아니라고 했습니다. 왜 설명할 수 없을까요? 땅이라는 근본을 설명하고자 하면서, 선 그어 나누고 이름 붙인 것에 불과한 것을 가지고 땅을 설명하려고 합니다. 그것은 궁극적으로 땅을 설명하는 것이 아닙니다. 나누어 붙여놓은 그 이름에 대한 상相으로 설명하는 것인데 그 상相, 즉

'느낌'으로는 땅을 알 수 없습니다. 그것은 우리 마음의 상相일 뿐이에요. 내어나시 줄곧 손으로 만져바야만 뭔가를 아는 사람이 있다고 생각해보세요. 그런데 그 사람이 땅을 손으로 만질 수 없는 상태라 가정하면, 그 사람에게 "땅이란 이런 거야, 네가 밟고 있는 게 땅이야."라고 아무리 말해줘도 그 사람은 땅을 모를 것입니다. 그 사람은 손으로 '만지거나 잡아서 뭔가를 아는 방식'이 아니고서는 '안다고 여기지 않기 때문에' 태어날 때부터 땅 위에 서서 살아왔으면서도 땅이 무엇인지 모른다고 여기는 거예요. 손으로 잡을 수 없기 때문에 "나는 땅을 몰라" 이러고 있는 것입니다. 여러분도 똑같습니다. 여러분은 늘 근본으로 살아왔어요. 하지만 지금까지는 늘 마음으로 '붙잡아서 뭔가를 알고 느끼고 경험하는 방식'으로 살아왔고, 그 마음으로 잡히지 않기에 "나는 모른다."고 하고 있습니다. 그러나 그와는 다른 방식으로 근본을 알아채야 하는 것입니다. 이미 여러분은 땅위에 서있다는 것을 말입니다.

마음속 그림자의 세계를 통한 앎

지금껏 여러분이 뭔가를 알고 느끼는 것은 모두 마음의 상相을 통해서였습니다. 여러분들은 세상에 대한 그림자, 즉 상相을 가지고 있고 그것을 통해서 세상을 봅니다. 예를 들면 이렇습니다. 지렁이는 밟으면 꿈틀하고 반응합니다. 그 지렁이의 마음속에는 상相이 없습니다. 지렁이는 단지 반응할 뿐이에요. 우리도 쾌快와 불쾌不快의 반응을 합니다. 누가 때리면 아프고 싫어하고 불쾌합니다. 누가 먹을 것을 주면 기분이 좋고 유쾌해요. 그런 반응을 합니다. 그런데 우리에게는 자극에 대한 본능적 반응을 넘어 하나가 더 있습니다. 쾌와 불쾌를 '안다'는 것이 그것입니다. 어떻게 아는가 하면 마음속 그림자의 세계를 통해 압니다. '안다'는 것은 실제 '지금 이 순간의 경험'과 분리되어 있음을 의미합니다. 지금 경험하는 것을 예전에 경험해본 마음의 그림자와 비교해서 "아, 그래. 이게 바로 기분 좋음이야." 하고 아는 겁니다. 그리고 그림자의 세계가 있기 때문에 우리는 세상을 지각하고 자기 방식대로 경험합니다. 그런데 이 그림자의 세계가 본질에는 적용되지를 않습니다. 왜냐하면 그림자의 세계가 가능하도록 하는 것 자체가 본질이기 때문입니다. 그림자로는 본질, 우리 의식의 근원을 잡을 수 없어요. 그림자가 의식의 근원 위에 떠도는 하나의 현상이기 때문에 그렇습니다. 현상을 일으키는 본질을, 현상을 통해 발견하거나 잡을 수는 없다는 말입니다. 본질은 결코 그림자, 상相이 아니기에 마음의 상相으로 잡을 수 없고, 설명할 수 없다는 것이 무유능설無有能說의 뜻입니다.

　세 번째, 가히 설명할 만한 것도 없다(無有可說)고 한 것은 설명할 수 있는 대상이 아니기 때문에 그렇습니다. 우리가 하는 모든 설명은 '대상'을 설명하는 것이죠. "이것은 안경집이야"라고 설명하는 것은 이러한 대상이 있기 때문이에요. '내'가 이 '대상'을 설명하는 구조입니다. 그런데 우리 의식의 근본은 마음의 '대상이 될 수 없기 때문에' 설명할 만한 것이 따로 없다는 겁니다. 모든 마음의 대상이라는 것은 '분리되어 떨어져 나온 것'입니다. 대상이 있다는 것은 나와 대상의 근본적인 분열을 기반으로 합니다. 분열은 기본적으로 분별分別입니다. 나눌 수 없는 것에 선을 그어놓고 여기는 '나', 저기는 '대상'이라고 하는 거예요. 망념에 의한 분별이고 근본적인 분열이라고 했습니다. 이 '분열을 통해서' 우리는 뭔가를 '알고 느끼고 경험'합니다. 세상에 대한 지 각知覺은 기본적으로, 망념에 익한 분별에 기초한 의타성을 통해, 생각 의 네트워크가 지어낸 것입니다. 따라서 모든 마음의 대상은 근본적으 로 '허공의 꽃'과 같다고 원효는 말했습니다. 진짜 존재하는 것이 아니 라 눈병난 사람에게만 보이는 허공의 꽃과 같습니다. 내 눈이 잘못되 어 보이는 것이기 때문에 설명할 만한 어떤 실체가 있는 것은 아니라 는 말이죠. 모든 설명할 만한 '무엇'은 다 대상인데 근원은 결코 대상이 될 수 없기 때문에 어떤 '것'이 될 수 없습니다. 그래서 설명할 만한 것 도 없다(無有可說)고 말했습니다.

   그 다음 문구도 같은 방식으로 해석됩니다. '생각되기는 하나(雖 念)'라는 것은, 전혀 생각할 수조차 없는 아무것도 아닌 것은 아니니, 공空에 집착하지 말라는 뜻입니다(離執着於空). 리집착어유離執着於有는 '뭔가가 있다고 집착하는 것'을 떠나는 겁니다. "아무것도 아니다"라는 공空에서도 떠나고, "무엇이다"라고 하는 유有에도 집착하지 않고 떠나 는 거지요. 그러니 어떻게 설명할 수 있겠어요? 그래서 "나는 이미 그 것이다(I am That)."라고 얘기하죠. "본질을 찾으러 떠날 필요 없이 이미 당신은 그것이다, 이미 완전하다."라고 말합니다. 그러나 그런 얘 기를 듣고 많은 사람들이 "그래? 그렇다면 노력할 필요가 없구나. 우 리가 이미 그것인데 무엇을 더 할 게 있겠어?"라며 탐구를 회피합니 다. 이런 것이 바로 공空에 떨어지는 것입니다. 무심無心을 체험한 사람 들이 그 이후에 무기력해지거나 할 일이 없다고 말하는 것 역시 공空에 떨어진 것입니다. 이런 것을 무기공無記空이라고 합니다. 이것은 다시 말하면 공空, 텅 빔에 집착하는 것입니다.

맨 처음 수행의 체계에 대해서 얘기할 때 일원론—元論, 이원론二元論, 불이론不二論의 순서를 설명했습니다. 첫째, "부처와 중생이 다르지 않다, 그러므로 나는 이미 부처다, 다만 알아채지 못한 부처일 뿐이다, 중생은 아직 자신이 부처인지 모르는 부처일 뿐이다."라는 것이 바로 중생과 부처가 다르지 않다는 일원론입니다. 둘째, 이것을 받아들여서 믿고 "나도 부처가 될 수 있어."라고 수행을 시작합니다. 수행을 하며 애쓰죠. 애쓴다는 것은 '나는 아직 부처가 아니다'는 믿음에 기초하고 있으므로 애쓰는 겁니다. 부처와 부처가 안 된 사람이 있고, 따라서 부처가 되기 위해 애써 노력하는 것이 이원론입니다. 셋째, 그렇게 수행을 하다가 내가 곧 부처임을 발견하게 되면 "중생과 부처는 둘이 아니고 하나도 아니구나. 중생과 부처는 원래 없었어." 하고 알게 되는 불이론不二論으로 가게 됩니다. 그 말은 중생과 부처라는 것을 나누는 자체가 개념이었음을 발견하게 된다는 것입니다. 내가 중생이었다가 깨달은 부처가 된 것이 아니라, 중생과 부처의 나눔 자체가 마음속의 일이었고 개념일 뿐이었음을 알게 되는 거죠. 개념을 떠날 때만이 드디어 본질을 발견하는 겁니다. 개념을 떠난다는 것은 마음이 본질 위에 선을 그어놓고 이름 붙여 놓은 그림자의 세계를 떠나는 것이고, 이것이 바로 본질을 발견하는 것입니다.

없는 것도 아니고 있는 것도 아니다

'생각할 수도 없고(無能念)'는 실제로는 생각할 수 있는 것이 아니란 뜻으로 "근원이란 무엇이다"라고 말하는 유有에 집착하지 말라는 뜻입니다(離執着於有). 뭔가 있다고 여기지 말라는 거예요. 없는 것이 아니니 공空, 즉 무無에 집착하지 말라고 했다가 실제로는 생각할 수 있는 것이 아니니 유有에도 집착하지 말라고 하니 참 애매하죠? 우리의 의식은 있거나 없거나 이 두 가지밖에 모릅니다. "없지 않으면 있는 거 아니야?" 또는 "있는 게 아니라면 없는 거 아니야?" 이렇게 말하지요. 유有 아니면 무無, 무無 아니면 유有. 그럼 어쩌란 말일까요? 유有에 집착하지 말라는 것은, 무엇인가 이루거나 도달해야 할 대상이 있는 것이 아니니 그것을 욕구의 대상, 추구의 대상으로 삼지 말라는 말입니다. 맨 처음에 "중생은 부처와 다르지 않다. 그러므로 애써 노력하면 부처가 될 수 있어" 이렇게 말할 때는 움직여서 뭔가 시도하라는 말이지요. 그렇지만 그 말을 믿고 수행의 길에 올라서고 나면 "도달해야 할 그것은 욕구의 대상이 아니다, 이미 너는 그것이니 발견만 하라"고 말합니다. 욕구의 대상이 아니라는 것은 탐심貪心으로, 욕심慾心으로 추구해야 할 '대상'이 될 수 없다는 말입니다. 그것은 '얻을 수 있는 것'이 아니기 때문이지요. 왜 그럴까요? 내가 이미 그것이기 때문에 그렇습니다. 얻을 수 있는 무엇이라면 그것은 이미 내가 아니라는 뜻이잖아요. 수많은 성인들은 "당신은 이미 그것이다"라고 말했습니다. 그말은 내가 얻을 수 있는 것이 아니란 뜻입니다. 그런데도 자신은 아직 부처가 아닌 것 같죠? 그래도 "나는 아직 아니야. 뭔가 답답해." 그 답답해하는 마음 밑에 뭐가 있는지 보세요. 나와 대상으로 나눠놓고 "나는 아직 저것이 아니야"하는 그 마음 작용이 있습니다. 그 마음을 보세요. 나와 대상으로 나누는 마음의 작용이 진행되고 있습니다. 자기 마음의 작용으로부터 벗어나는 것, 이것이 바로 본질을 발견하는 것입니다. 마음의 과정 속에 빠져있기 때문에 못 보는 거예요. 나와 나 아닌 것으로 나눠놓고, 내가 뭔가 되려 하고, 내가 뭔가를 이루려고 하고,

내가 뭔가를 얻으려고 하는 그 마음의 과정 속에 생명 에너지가 푹 빠져있습니다.

그렇다면 어떻게 하면 그 마음의 과정에서 빠져나올 수 있을까요? 마음의 과정을 명확히 보기만 하면 됩니다. 그래서 우리는 지금까지 끊임없이 이야기 해 왔습니다. '나와 대상의 분열'이 가장 기본적인 작용이고, 마음이 그렇게 '나와 대상'으로 분열되었기 때문에 '지각하고, 알고, 느낀다는 모든 현상'이 일어나게 되는데, 그 모든 '마음의 현상이 현상일 뿐임을 알 때' 자연스럽게 현상에서 벗어난다고 말입니다.[18] 현상을 떠나있거나 경험하는 누군가가 따로 있어서 그것을 보는 것이 아닙니다. 현상이 현상일 뿐임을 본다는 것은, 마음의 현상 속에 에너지가 빠져 들어가서 무의식적으로 자동적인 에너지의 움직임이 끊임없이 일어나고 있는 그 일에서 빠져나온다는 것입니다. 누가 나올까요? 특별히 빠져나오는 사람은 없어요. 그냥 그 머무르려는 에너지의 자동패턴이 끊어지는 것입니다. 어떻게 끊어질까요? 현상으로서의 '나'가 '나 자신도 하나의 마음작용'임을 볼 때, 저절로 마음의 중심이 어디에도 머물지 않게 되는 일이 벌어지는 것입니다.

이렇게 마음의 구조를 보기만 하면 되는데 자꾸 무엇을 얻으려고 합니다. 컴퓨터 속의 회로구성을 보라고 말해주는데 여러분은 자꾸 마우스를 움직여서 회로를 그렸다 지우고 반복하며 무언가를 얻으려고 해요. 회로가 어떻게 움직이는지 보라고 하는데, 모니터에 회로를 그리고 있는 식이에요. 그것이 바로 얻을 수 없는 것을 얻으려고 하는 것이죠. 얻겠다는 마음이 있다는 것 자체가 그 밑바탕에 "나는 아직 저게

---

18) 그럼 어떻게 현상을 현상으로 볼 것인가? 생각과 말 이전에 있는 '느낌'을 발견하면, 이 느낌들을 통해 모든 마음의 현상들이 진행되는 프로세스를 알아챌 수 있다.

아니야"라는 분열이 있고 그 속에 빠져있는 거예요. '얻고 잃는다'가 우리를 그 속에 들어가 헤매게 하는 가장 기본적인 개념입니다. 이것이 유有에 집착하지 말라는 것, 생각할 수 있는 것이 아니다(無能念)라는 뜻입니다. 얻을 수 있는 것이 아니라는 것은 나와 너로 나누는 이원론二元論에 빠지지 말라는 것입니다.

'가히 생각할 만한 것도 없음(無可念)'은 나와 대상이라는 분열된 개념을 떠나있다는 말입니다. "나는 아직 몰라, 나는 아직 안 됐어"란 말을 하기 위해서는 그 밑바닥에 '나와 나 아닌 것'으로 나누어져 있어야 해요. 그러한 마음의 과정을 봐야 합니다. 그것이 불이론不二論으로 가는 거죠. 불이론不二論은 둘이 아닌 것입니다. "둘이 아니라는 것은 그럼 하나란 뜻인가?" 이렇게 물을 수 있겠죠. 그러나 하나도 아닙니다. 하나라는 것은 이미 둘을 전제로 하기 때문에 하나도 아니라고 말합니다. 이것과 저것이 합해져서 하나가 되었다는 말이잖아요. 불이론은 이미 나와 대상의 분열된 개념을 떠나있습니다. 생각할 만한 것도 없다고 말함으로써 그런 집착을 끊으려고 하는 거죠.

모든 집착은 '나'의 의도에서 시작된다

모든 집착은 '나'가 하는 것입니다. 얻으려 하는 것도 '나'고, 떠나려는 것도 '나'고, 생각을 내려놓으려는 것도 '나'입니다. 그 모든 의도를 가진 것이 '나'죠. 그 '나'는 왜 일어납니까? '대상'이 있기 때문에 일어난다고 했습니다. 감각感覺™(분별없는 감각만 있는 상태)으로 들어가면 어떤가요? 감지感知™(맨 느낌)까지는 '나와 대상'이 있어 내가 어떤 느낌을 느끼지만, 감각으로 들어가면 점차 '나'란 것이 잘 안 느껴지고 결국은 사라지죠. 감각으로 들어갔다 나오면 내가 뭘 했는지 전혀 모릅니다. 나와 대상으로 나눠지지 않은 순간에 한 행동은 나중에 기억이 잘 나질 않습니다. 좀 전에 무언가를 하긴 했는데 뭘 했는지 기억이 안 나는 경험이 있을 거예요. 나와 대상으로 분열되지 않은 상태였던 거죠. 모든 기억은 분열을 기반으로 우리 마음에 자리 잡습니다. 모든 집착은 바로 '나'가 하고 있고, 그 '나'는 대상과 함께 일어나는 임시적인 현상이기 때문에 그러한 현상의 마음과정을 보게 되면 여러분은 중도관에 들어선 겁니다. 공空에서도 떠나고 유有에서도 떠난 거죠. 근본의 세계는 있는 것도 아니고, 없는 것도 아니다. 있고 없음마저 떠나있다. 즉 개념을 떠나 있다고 늘 얘기해 왔습니다. 우리의 생각이라는 것은 개념 없이는 가능하지 않습니다. 개념을 떠나고 마음의 상相을 떠나면 어떻게 생각이란 것을 할 수 있겠어요? 생각이라는 성城은 개념이라는 블록으로 이루어져 있습니다. 개념이라는 블록 없이 어떻게 생각의 성을 쌓을 수 있겠어요? 개념을 떠나면 '나'도 없고, '너'도 없고, 얻어야 할 대상도 없고, 얻을 '나'도 없고, 자유로워져야 할 '나'도 없고, 구속된 '나'도 없는데 누가 자유로워지고 누가 구속되어 있겠어요? 그런 건 모두 개념 속의 일입니다. 그것이 바로 생각할 만한 것이 없다는 말의 의미입니다.

처음 질문이 뭐였죠? '어떤 방법으로, 어떤 순서에 따라야 정관正觀에 드느냐?'였습니다. 어떤 방법이었죠? 세 가지 길을 따라갑니다. 첫째, 생각되기는 한다(공空이 아니다). 둘째, 그렇다고 생각할 수는 없다(무언가 붙잡을 수 있는 유有가 아니다). 셋째, 생각할 만한 것도 아니다(개념을 떠나있다). 이런 순서로 수행이 이루어집니다.

그것이 바로 우리가 처음 대승기신론 기초에서 말한 일원론—元論, 이원론二元論, 불이론不二論의 체계와 같은 것인데, 중요하므로 다시 한 번 정리해보겠습니다. 처음 중생이 곧 부처라는 말을 믿고 수용해서 이 길을 가는 것이 일원론입니다. 수행할 때는 "내가 아직 이루어지지 않았다."라는 생각 속에 있는데 이것이 이원론에 빠진 상태로, 둘이 둘이 아님을 체화하기 위한 애씀이 있습니다. 그것이 무언가 되려고 애쓰는 마음인 이원론의 오류입니다. 되려고 할 것이 아니라 마음의 과정을 알아채야 해요. 되려고 하는 사람은 이원론에 빠져 부처와 중생이 있다고 믿고, 부처가 되면 달라진다고 믿는 겁니다. 달라질 것은 아무것도 없습니다. 단지 중생과 부처가 있다는 그 마음의 분별성을 떠나게 되고, 개념을 떠나게 되는 것뿐입니다. 여기서 떠난다는 것은 '떠나려 하는' 의도가 없이 마음이 움직이는 작용과정을 '알아챔'을 통해서 가능합니다. 결코 어떤 '의도'에 기반한 마음의 움직임으로는 불가능하지요. 모든 의도는 일종의 '회로' 속에 빠져든 마음이며, 그것은 마음의 내용이기 때문입니다. '마음의 작용'에 관심을 두어야지 '마음의 내용'에 초점을 맞추어서는 안됩니다.

세 번째, 깨침으로 가면 '생멸심이 곧 진여심이다'라고 말하게 됩니다. 나타났다 사라지는 모든 분열, 분별의 세계가 생멸심인데 그것이 진여심, 곧 근본이라는 것입니다. 번뇌가 곧 보리이고, 보리가 곧 번뇌라는 말이죠. 번뇌하고 있다는 것 자체가 보리의 증거라는 것입니다. 이렇게 불이론으로 들어가죠. 즉 애씀을 벗어나 중생도 부처도 모두 개념임을 체험하는 것입니다. 드디어 땅을 체험하는 거예요. 내가 늘 밟고 서 있으면서도 모르고 있었던 땅을 발견하는 것입니다. 처음엔 손으로 잡으려고 했습니다. 지금껏 모든 것을 손으로 잡아서 얻고, 경험하고, 느끼고, 알았듯이 같은 방식으로 땅도 손으로 잡으려고 해 왔어요. 그런데 거대한 땅은 손에 잡히지 않습니다. 도리어 손이 땅 위에 놓여있지요. 아무리 해도 손에 잡히지 않는 땅을 어떻게 발견해야 합니까? 통통 뛰어보는 거죠. "아 내가 땅 위에 있구나. 이게 땅 위에 있는 거야"라고 알아채야 합니다. 여러분의 마음에 기쁨과 아픔이 일어나고, 생각과 느낌이 일어나서 마음이 이렇게 현상으로 가득 찰 수 있다는 것 자체가 근본이 있기 때문이라는 것을 발견하는 겁니다. 그런 다양한 느낌(感知)과 생각, 감정이 생겨나는 것은 땅에 경계선을 긋듯이 마음에 경계를 그림으로써 나타나는 것입니다. 그럼 그것을 어떻게 발견해야 한다고 했죠? 마음에서 '일어나는' 현상은 여러분 자신이 아니라는 것을 알 때 그것이 가능합니다. 내가 슬픔으로 가득 차면 내가 슬픈 줄 알죠? 내가 기쁨으로 가득차면 내가 기쁜 줄 알고, 내가 자만심으로 가득차면 내가 자만심인줄 알아요. 자만심을 느낀다고 나쁠 것 없습니다. 다만 그것이 '느낌'임을 알아채면 됩니다. 그러면 언제든 놓을 수 있으니까요.

자아는 유용한 도구

자아自我라는 것은 굉장히 중요합니다. 자아를 살리고 북돋아주는 것은 의미 있는 일이에요. 거기에 끌려 다니지만 않으면 됩니다. 왜 의미 있는 일일까요? 자아라는 것은 우리의 경험을 하나의 맥脈으로 연결시켜주는 역할을 하기 때문에 자아가 분명하지 않으면 혼돈 속에 있게 됩니다.

그저 동물적 감각으로 사는 것이 아니라 인간적으로, 의식적으로 살기 위해서는 지아가 꼭 필요합니다. 자면서 꿈꿀 때를 생각해보세요. 꿈속에서는 많은 경험의 흔적들이 하나의 맥으로 형성되지 않고 단절되어 나타납니다. 그래서 하늘을 날다가 갑자기 땅속으로 들어가서 두더지가 되기도 하고, 또는 물속에 들어가서 헤엄을 치다가 갑자기 날기도 하고 그렇습니다. 뭔가 일관적이지 않지요? 자아라는 명확한 중심핵이 제대로 작동하지 않기 때문에 그렇습니다. 꿈속에서는 경험의 흔적들이 사용되기는 하지만 일관적이지 않습니다. 자아라는 핵심, 무게중심이 없기 때문입니다. 모든 것을 지구 중심으로 끌어들이는 힘인 만유인력이 있어서 우리가 서 있을 수 있고, 지구의 모든 생물들이 지구의 핵을 중심으로 살아가기 때문에 질서 잡히고 조화롭게 살아갈 수 있는 것처럼, 우리 내면의 경험도 자아라는 핵심이 있어 그것을 중심으로 모든 것이 연결되기 때문에 일맥이 형성됩니다. 끊임없이 나를 유지하려고 하고, 내가 상처받지 않으려고 하고, 내가 잘나 보이려고 하는 온갖 마음이, 자아라는 일맥을 형성하게 만들어주는 도구입니다. 그러므로 내가 잘났다고 느끼는 것은 쓸모 있는 일입니다. 내가 기쁨을 느끼고, 외롭게 느끼는 것 또한 쓸모 있는 일입니다. 자아라는 일맥을 형성해서 나라는 의식을 사용할 수 있게 해주거든요. 지구의 핵을 형성하는 것입니다. 그것이 없으면 꿈속에서처럼 완전한 혼돈입니다. 그런 혼돈된 의식을 가지고 일상을 살아가느니 차라리 의식 없는 동물처럼 자동화된 본능으로 살아가는 것이 훨씬 낫습니다. 인간에게는 의식이 있어서 마음의 그림자 세계를 만들고 자신의 경험을 잘 조율해서 사용합니다. 그런 그림자 세계가 하나의 질서 잡힌 세계로 작용하기 위해서 자아라는 것이 필요합니다. 그리고 내가 잘났고, 내가 상처받고, 또는 내가 기쁘고, 내가 슬프고 하는 그런 모든 경험을 '내가 한다.'고 믿음으로써 자아가 형성되어 연속적으로 이어지게 됩니다.

이처럼 자아 자체는 의미 있는 것인데, 문제는 이 자아에 우리의 생명의 힘이 끌려 다닌다는 데에서 발생합니다. 내가 뭔가를 하고 내가 뭘 이루는 줄 알아요. 정말 내가 이룹니까? 내 과거 경험에 의해서 장착된 자동화된 작용들이 이루는 것입니다. 심장을 내가 움직이나요? 내가 걷습니까? 내가 걸으려면 아기 시절 걷기도 전에 내가 생겨있었어야 합니다. 어릴 적 걸음마를 내가 배웠습니까? 걸음마를 하고나서 나라는 것이 생겼습니다. 그런 것을 잘 살펴보면 내가 한 것이 아무것도 없음을 알 수 있어요. '나'라는 느낌의 자아는 그저 경험의 맥을 잇기 위해 만들어진 마음의 기능일 뿐입니다. 과거 경험 모두를 일직선상으로 질서잡기 위한 기능일 뿐인데, 그것을 우리는 진정한 자기라고 믿고 있는 겁니다. 그 믿음에서 벗어나 이런 마음의 과정을 훤히 들여다보면 이제 드디어 마음의 과정에 빠지지 않게 되고 깨침이 일어납니다. 애씀을 벗어나서 중생도 부처도 개념임을, 마음의 내용을 질서잡기 위한 개념임을 발견하는 것이 바로 깨침의 증거가 됩니다. 이상이 믿음(一元論)-수행(二元論)-깨침(不二論)의 3단계 체계입니다.

다시 중생수순衆生隨順으로 돌아와서, 첫 번째 '생각되기는 하나(雖念)'라는 말을 통해 무언가 있긴 하니 아무것도 없다는 공空에 집착하지 말라고 일원론에 빠지는 것을 경계했습니다. 두 번째 '생각할 수도 없다(無能念)'는 말은 유有에 집착하지 말라는 것인데, 이렇게 말함으로써 이원론에 빠짐을 경계하였습니다. 유有에 집착하는 생각으로는 그것을 알 수가 없으니 생각의 무력함을 깨치라는 거죠. 생각으로 근본을 알려고 애쓰다가 "이것은 생각으로 할 수 있는 것이 아니다."를 아는 것이 생각의 무력함을 이는 겁니다. 세 번째 '생각할 만한 것도 없다(無可念)'는 그것은 생각의 대상을 넘어있으니 생각을 내려놓으라는 말입니다. 나와 대상을 떠나있기 때문에 마음의 개념을 떠나 불이론에 들어가는 것이죠. 마지막 원문을 보면 '만약 생각에서 떠난다면 정관正觀에 들어갔다(若離於念, 名爲得入)'라고 말합니다. 여러분 마음을 잘 살펴보세요. 모든 생각이 나타나기 전에 이미 '나와 나 아닌 것'이 나눠집니다. 나와 대상, 주체와 객체가 나눠집니다. 그런 다음에 모든 생각과 얻고 잃음이 일어나고, 욕구와 욕구의 대상이 생겨납니다. 그러한 생각과 개념을 넘어서 있는 것이 근본임을 여기서 말하고 있습니다. 이것이 깨침의 순서입니다. 믿음-수행-깨침의 순서처럼 이런 순서를 통해서 가는 것이며, 이것을 수순隨順이라고 합니다.

진여의 체體와 진여의 이름에 대한 내용 이후에 공空과 불공不空에 대한 내용이 이어지는데 먼저 공空에 대해 얘기하겠습니다.

> 復次此眞如者, 依言說分別, 有二種義. 云何爲二.
> 부 차 차 진 여 자   의 언 설 분 별   유 이 종 의   운 하 위 이
>
> 一者如實空, 以能究竟顯實故.
> 일 자 여 실 공   이 능 구 경 현 실 고
>
> 二者如實不空, 以有自體具足無漏性功德故.
> 이 자 여 실 불 공   이 유 자 체 구 족 무 루 성 공 덕 고

다시 이 진여란 언설에 의존하여 분별함에 있어서 두 가지 뜻이 있으니 무엇을 일러 두 가지라고 하는가?
첫째는 여실공如實空이니 결국에는 실체를 나타낼 수 있기 때문이고
둘째는 여실불공如實不空이니 그 자체에 번뇌 없는 본성의 공성을 모두 갖추고 있기 때문이다.

[논論]

공空과 불공不空에 대해서 그 자체가 여실如實하다는 것을 얘기하고 있는데 이후에 자세하게 나오기 때문에 일단 지나가겠습니다.

신념을 주장 말고 실현시켜라

所言空者, 從本以來一切染法不相應故.
소 언 공 자 종 본 이 래 일 체 염 법 불 상 응 고

謂離一切法差別之相. 以無虛妄心念故.
위 리 일 체 법 차 별 지 상 이 무 허 망 심 념 고

공空이라고 말하는 것은 본래부터 일체의 염법과는 상응하지 않기 때문이니 이는 일체법의 차별되는 모양을 떠나 있음을 말한 것이다. 이는 허망한 마음과 생각이 없기 때문이다.

[논論]

염법染法은 이것저것에 물든 것을 말합니다. 능변能遍(능히 분별하는 마음/주관/나)과 소변所遍(분별되는 바/객관/대상)에 대해 앞에서 말했는데, 우리 마음의 기본적인 물듦은 '나'와 '대상'이라는 형태입니다. 이것을 경험적으로 파악하면 마음의 근본적인 함정에서 빠져나올 가능성이 커집니다. 감정이 일어날 때를 잘 살펴보면 그 밑에 두 개의 다리가 있습니다. '나'와 동일시된 어떤 '신념'이 하나의 다리이고, 그것에 반하는 어떤 상황이나 생각 또는 사람이 또 하나의 다리인 '대상'입니다. 감정은 이 두 개의 다리 위에 버티고 서있는 것입니다. 신념에 부딪히는 상황이나 사람은 잠시 옆으로 제쳐두고, '나'와 동일시된 신념을 살펴보겠습니다. 신념信念은 신信(믿음이라는 에너지)과 염念(방향타 역할을 하는 생각)으로 나누어 볼 수 있습니다. 그 중 에너지인 신信은 단순하지만 매우 중요합니다. 그것은 나중에 상세히 다루기로 하고 먼저 염念의 밑바닥으로 내려가 살펴보면, 염念은 바로 '나'와 '대상'으로 나뉩니다. 이 '나'와 '대상'이 가장 밑바닥에서 생겨나는 오염된 마음, 또는 물든 마

음입니다.

순사석으로도 다시 설명해보면, 일체의 염법(法) 중에서 가장 기본이 되는 '나'와 '대상'이라는 것에 에너지(信)가 붙어 '내'가 '옳다'는 동일시된 신념이 생겨나고, 그 신념에 부딪히는 상황이 발생하면 감정이 일어납니다. '감정'까지 일어났을 때는 이미 아주 진하게 물든 현상이 된 것이지요. 그 바로 전에는 '내가 옳다'고 여기는 신념으로 물들어 있는 것이고, 그 바로 전에는 '나와 대상'에 물들어 있습니다. 신념이라는 것은 항상 이렇게 '나와 대상'이라는 재료로 만들어집니다. 예를 들어 볼까요? "사회에서 모든 것이 공평하게 진행되는 것이 옳다."라고 여기는 생각이 있다고 합시다. 이것을 살펴보면 사회라는 대상으로서의 '세계' 속에서 '내'가 이것이 옳고, 저것이 그르다고 말하는 거죠. 어떤 신념의 밑바닥에 있는 가장 기본적인 생각이 나와 대상이라는 겁니다. 모든 염법, 즉 물든 마음의 밑바닥에는 나와 대상이 있고, 그것에 점차 에너지가 붙어 신념이 되고, 부딪히는 상황을 통해 더 진한 물든 마음으로 바뀌어 갑니다. 이 신념이 강하면 강할수록 그에 부딪히면 분노라는 '감정'은 더 강하게 올라오며 그것을 '주장'하고 투쟁하려 합니다. 물론 이 신념이 나쁘다는 것은 아닙니다. 다만 이 신념을 '실현'시키면 될 것을 자신도 모르게 거기에 묶여있으면 그것을 '주장'하려는 마음에 빠져있게 된다는 것입니다. 이 신념을 '사용하여' 사회에 실현시키면 됩니다. 그것이 에너지의 '사용'이고, 누군가 그것에 반하면 '분노'가 일어 강력한 아드레날린을 쏟아내기만 하는 것은 에너지 패턴에 '빠져있는' 것이지요.

무의식적 무능에서 의식적 유능, 무의식적 유능으로

진여는 일체의 염법, 즉 일체의 물든 현상에 '상응하지 않는다.'고 한 것은 '나와 대상'에 의한 분별에 상응하지 않는다는 뜻입니다. 진여는 물든 마음과 상관이 없어요. 물들었든 물들지 않았든 상관이 없습니다. 우리는 처음에 자신이 물들었음을 모릅니다. 내가 옳고, 부딪히고, 화가 나고, 싸우고 이럴 때에 자기가 물들었음을 모르다가 자기를 들여다보기 시작하면 그때 비로소 알게 됩니다. 이 과정을 알고 떨어져 나오는 심리학의 네 가지 과정이 있습니다.

맨 처음 감정에 동일시되어 폭발하는 것은 '무의식적 무능無能'입니다. 그런 감정을 다룰 능력이 의식, 무의식에 전혀 없어 자동적으로 반응한다는 뜻입니다. 마치 화내는 기계와도 같이 어떤 말만 들으면 화가 나고, 어떤 행동을 보거나 상황, 사람을 보면 자동적으로 감정이 올라오는 상태입니다.

그러다가 자신을 들여다보기 시작하면 다음 단계로 이행합니다. 즉, 감정이 일어나는 원리를 의식적으로 알게 되고 자신이 물들었음을 알지만 아직 그것을 다룰 능력이 없는 상태가 '의식적 무능'입니다. 이때는 자신에게 강한 에너지 폭풍이 일어나 그것에 묶여있다는 것이 자각됩니다. 그러나 거기에서 의지적으로 빠져나오지 못합니다. '의식'하지만 아직 그 자동패턴을 멈추지 못합니다. 예를 들어 어릴 때부터 부모로부터 '멍청아'라는 소리를 들으며 자랐습니다. 그 소리가 너무 듣기 싫었고 자신을 무시하는 듯한 말투에 화가 났습니다. 그것이 자동화가 되어 그 단어만 들으면 자동으로 화가 올라오게 되었습니다. 그래서 나이 들어 이제 더 이상 나를 '멍청이'라 부를 사람도 없고, 무시하는 사람도 없지만 여전히 그 말이 나를 사로잡습니다. 어느날 우연히 친구들이 어울리는 모임에서 한 친구가 어깨를 감싸 안으며 친근하게 '냉청이'라네 징닌님이 부르는 말에 갑자기 마음에서 화가 올라옵니다. 이 친구의 의도가 전혀 나를 무시하려하는 것이 아님을 '의식적으로 알면서도' 화가 올라오는 것을 멈출 수 없습니다. 이것이 바로 '의식하지만' 멈출 수 없는 상태를 말합니다.

관찰을 더 깊이 하면 이제 다음으로, '의식적으로 애써서' 그것을 다룰 수 있게 되는 '의식적 유능有能'상태로 옮겨갑니다. 이때는 '느낌'은 일어나지만 그 느낌이 마음에 일어난 부분적인 '느낌'임을 압니다. 느낌과 함께 '있을 수 있게' 된 것입니다. 그는 자신에게 화가 올라오지만 그 느낌을 면밀히 지켜보며 그것과 함께 가만히 있을 수 있게 되었습니다. 그러다 '지켜봄'을 놓치면 다시 화는 올라오고 맙니다.

마지막 단계, 이제 더 깊이 들어가서 관성적으로 올라오던 그 느낌이 그저 지나가는 하나의 파도임을 느끼면 무의식적으로도 저절로 그런 일이 일어나지 않는 '무의식적 유능' 상태가 됩니다.

그런데 '진여는 일체의 염법과 상응하지 않는다.'는 말은 진여라는 것은 그런 모든 물든 마음 및 의식적 상태와 본질은 전혀 상관없다는 뜻입니다. 물든 마음이 있어도, 없어도 그에 상관없이 있을 수 있다는 말입니다. 이것이 바로 통찰의 힘입니다. 주관적인 측면과 객관적인 측면 두 가지로 얘기할 수 있는데 일체의 차별되는 모양을 떠났다는 것은 객관을 떠나 있다는 말입니다. 즉 대상이라는 것이 없다는 것인데, 이는 허망한 신념이 없기 때문이라고 했습니다.

네티 네티neti neti

當知眞如自性, 非有相, 非無相, 非非有相, 非非無相,
당지진여자성　비유상　비무상　비비유상　비비무상

非有無俱相.
비 유 무 구 상

非一相, 非異相, 非非一相, 非非異相, 非一異俱相.
비 일 상 비 이 상 비 비 일 상 비 비 이 상 비 일 이 구 상

진여의 자성自性은 모양이 있는 것도 아니요 모양이 없는 것도 아니며,
모양이 있지 않은 것도 아니요, 모양이 없지 않은 것도 아니며, 있고 없음
을 함께 갖춘 모양도 아닌 것을 알아야 한다.
또한 같은 모양도 아니요, 다른 모양도 아니며, 같은 모양이 아닌 것도 아
니요, 다른 모양이 아닌 것도 아니고, 같고 다른 모양을 함께 갖춘 모양도
아닌 것을 알아야 한다.

[논論]

비유상非有相, 비무상非無相, 비일상非一相, 비이상非異相… 등 여러
가지 표현을 하는데, 기본적으로 유무有無와 일이一異에 대한 내용입
니다. 유무有無는 '있다, 없다'에 대한 것이고, 일이一異는 '같다(하나이
다), 다르다'에 대한 것입니다.

마음의 본질 즉, 진여의 자성自性은 모양이 있는 것도 아니요, 모양
이 없는 것도 아니라고 했는데 이는 있고 없음을 떠나있다는 뜻입니
다. 그리고 이어서 모양이 있지 않은 것도 아니요, 모양이 없지 않은
것도 아니라고 말하며 부정의 부정을 거듭하고 있습니다. 인도에서 말
하는 네티 네티neti neti(이것도 아니요, 저것도 아니다)처럼 부정을 통해서
만 갈 수 있기 때문이에요. 그래서 존재하는 상도 아니고(非有相), 존재
하지 않는 상도 아니며(非無相), 있는 상이 아니라는 것도 아니고(非非有
相), 없는 상이 아니라는 것도 아니며(非非無相), 있고 없음을 함께 갖춘
것도 아니라고 했습니다(非有無俱相). 이상이 있고 없음(有無)에 대해 부
정할 수 있는 것은 모두 부정한 것입니다.

그 다음으로, 하나의 상도 아니고(非一相), 다른 상도 아니며(非異相),
하나의 상이 아니라는 것도 아니고(非非一相), 다른 상이 아니라는 것도

아니며(非非異相), 같고 다름을 다 갖춘 상도 아니다(非一異俱相)라고 했습니다. 아주 복잡해 보이는데 사실은 단순합니다. 유무有無(있고 없음)와 일이一異(같고 다름)로써 대승기신론에서 단순하게 언급한 것을 원효대사는 좀 더 상세하게 설명하였습니다.

당시 인도에 여섯 개의 철학 유파가 있었는데 그중에 수론외도數論外道(상키야 학파), 승론외도勝論外道(바이세시카 학파), 무참외도無慚外道(니건타 학파) 등이 하나(一)와 하나가 아닌 다름(異), 그리고 그 둘을 다 허용하는 쌍허雙許에 대해 논합니다.

일一이라는 것은 같다(同)는 의미입니다. 상키야 학파는 일一을 주장하는 학파로서, 일체의 현상이 원인因과 결과果인데 이 인과因果가 불과 뜨거움처럼 서로가 서로에게 없어서는 안 될 관계이기 때문에 원인과 결과는 둘이 아닌 하나라고 말합니다. 원인 속에 이미 결과가 내재되어 있기 때문에 원인과 결과는 둘이 아닌 하나라고 말하는데 이것이 바로 인중유과론因中有果論(원인 속에 결과가 있다)입니다. 이런 식으로 따져보면 결국 모든 현상과 본성들이 오직 하나의 본체인 생명의 힘, 즉 푸루샤Purusha로 변함없이 존재한다는 것이 상키야 학파의 핵심입니다. 그 오직 하나인 항존恒存하는 푸루샤는 모든 원인과 그로 인한 결과들 이전에 있는 가장 최초의 원인과 같은 역할을 합니다. 고대 인도에서는 이처럼 참자아, 진아眞我, 변함없이 죽지 않는 나인 아트만Atman이 있다고 했습니다. 불교에서는 무엇인가가 계속해서 영원히 존재한다는 이 같은 견해를 항존상恒存相, 즉 상견常見이라 하며 이것을 부정합니다. 불교가 부정하는 또 한 가지는 단멸상斷滅相, 즉 단견斷

턴인데 모든 것은 멸하여 사라지고 결국엔 아무것도 없다는 공空을 부정합니다.

원효, 청색의 비유를 비판하다

상키야 학파의 주장을 원효는 색깔을 가지고 반박합니다. 상키야 학파의 인중유과론의 논리로 보자면, '청색'이라는 결과는 그 원인인 '청색의 본성'에 내재된 것이고, 청색의 본성(色性)은 그것을 드러나게 하는 근본인 '청색의 본체'에 내재되어 있습니다. 다시 말해 '청색'은 '청색의 본성'과 같고, 청색의 본성은 '청색의 본체' 즉, 푸루샤와 같아서 이 세 가지가 모두 같고 오직 마지막 하나인 '푸루샤'는 항상 존재한다는 항존성을 의미하게 됩니다. 원효는 이러한 청색의 비유를 비판하며, 상키야 학파의 주장대로라면 모든 '다른 색'의 본성도 그 본체와 같아서 결과적으로 '모든 색의 본체'가 '하나'가 되어야 한다며 그렇다면 청색과 붉은 색이 하나인가 라며 이를 반박하였습니다.

우리는 이것을 현대 과학적인 측면에서 살펴보도록 하겠습니다. 빛과 소리는 모두 주파수인데 원효가 예를 든 '청색'은 '600~700THz(테라헤르츠)'의 주파수에 해당하며, '청색의 본성'이라는 것은 '색깔 전체의 스펙트럼'이라고 말할 수 있습니다. 색깔 전체의 스펙트럼 즉, 가시광선의 스펙트럼은 빨간색 405THz부터 보라색 790THz까지입니다. 이 영역이 색깔의 영역이고, 색깔의 본성이라 함은 이 영역을 말합니다. 본성이라는 것을 이렇게 스펙트럼으로 한계지어서 설명하는 이유는, 색깔의 영역에 들어가야 우리가 그것을 색깔로 인식하고, 소리의 영역에 들어가야 소리로 인식하기 때문입니다. 소리의 영역이 소리의 본성 아니겠어요? 전체 주파수 영역, 예를 들어 1Hz~1,000THz까지의 영역이 있다면 이 거대한 영역 중에서 일부가 빛(색깔)의 영역이고 일부가 소리의 영역인데, 소리의 본성은 소리의 영역이라고 할 수밖에 없고, 색깔의 본성은 색깔의 영역이라고 할 수밖에 없습니다. 이렇게 보면 청색은 색의 본성 중에서 일부만을 차지하고 있지요. 옛날 원효 시대에는 주파수라는 개념을 몰랐을 텐데 이것을 대입해서 설명해 보면 잘 들어맞습니다. 청색 즉 600~700THz의 색은 청색의 본성인 색깔 전체의 영역 405~790THz 안에 있어야 한다는 것이 상키야 학파의 논리인데 이는 부분적으로는 맞지만, 전체 논리적으로 따져보면 맞는다고 할 수 없습니다. 600~700THz는 청색의 본성인 405~790THz에 포함되지만, 그 자체는 아니지 않습니까? 청색은 색깔의 본성인 스펙트럼의 일부일 뿐이지요.

청색의 본성과 본체에 대해서도 마찬가지로 생각해 볼 수 있습니다. 상키야 학파의 논리대로라면 청색의 본성은 청색의 본체와 같아야 합니다. 청색의 본체는 주파수 자체를 말한다고 할 수 있습니다. 이렇게 진동수인 Hz라는 것 자체가 청색의 본체인데 이 주파수 자체의 영역에는 색깔뿐 아니라 소리도 포함됩니다. 즉 소리의 본체도 주파수인 것입니다. 소리의 가청 주파수는 20~20,000Hz이고, 빛의 주파수는 405~790THz입니다. 시각영역의 주파수는 소리에 비해 대단히 높고 빠른 고주파입니다(1THz는 1조 Hz). 그래서 번개가 칠 때 번개의 빛이 먼저 눈에 도달한 다음에 천둥소리가 들리죠. 하늘에서는 빛과 소리가 동시에 발생했지만, 소리 주파수의 속도가 늦기 때문에 지상의 우리에게는 나중에 들립니다. 주파수는 이러한 빛과 소리뿐만이 아닌 냄새, 맛, 촉감 등의 감각적 영역을 모두 포함합니다. 그래서

405~790THz인 색의 본성은, 색의 본체인 전체 주파수의 일부에 해당하지만, 주파수 자체와 같다고 할 수는 없습니다. 청색은 청색의 본성과 다르고, 청색의 본성은 또 청색의 본체 즉 주파수와도 다른 것입니다. 그런데 상키야 학파의 논리로는 이 세 가지가 모두 같으니 이 논리가 오류임을 청색의 예를 들어 원효가 반박한 것입니다. 또한, 원효는 청색의 본성이 청색의 본체(주파수 자체, 즉 전체)와 같다면(若靑等色與色性一, 應如色性其體皆同), 그것은 소리의 본체도 마찬가지이므로(五樂等聲與聲性一, 應如聲性其體皆同) 색과 소리의 본체가 하나일 수밖에 없고, 그렇다면 귀로도 청색을 볼 수 있어야 한다고(應一一根取一切境)[19] 상키야 학파에 반론을 제기합니다. 그런데 최근의 과학적인 연구에 의하면 그런 경우도 간간이 나타나기는 하지요. 손가락으로 책을 읽는 아이가 있고, 소리를 들으면 소리와 함께 빛을 보는 사람도 있습니다. 그런 것을 공감각적인 능력이라고 하는데 그런 의미에서 보면 본성까지는 같다고 할 수도 있습니다. 즉 주파수에 있어 색의 영역과 소리의 영역이 하나의 감각기관에 같이 작용할 수도 있습니다. 그러나 그것은 감각기관과의 관계일 뿐입니다. 주파수 자체, 소리와 빛 등에 해당하는 주파수의 영역, 각각의 색과 소리의 영역 자체를 모두 뭉뚱그려서 하나라고 말할 수는 없는 것이죠. 물론 주파수라는 것만 보면 같습니다만 원효는 모든 본체가 같다면 일반인들도 귀로도 색깔을 볼 수 있어야 하지 않느냐고 반론합니다. 그런데 나타나는 현상이 그렇지는 않지요. 그러므로 '청색(600~700THz)'과 '색의 본성(405~790THz)'과 '색의 본체(주파수 자체, 즉 전체)'는 같다고 할 수 없으며 하나(一)가 아니니, 오직 하나만 남고 다 같다는 상키야 학파의 주장은 참진리가 아

---

19) 《대승기신론 소·별기》(일지사 刊, 은정희 譯註), 115쪽

니라고 반박하는 것이 원효가 일이一異에 관해 말하는 것입니다.

근경식根境識과 홀로그램

이상의 내용을 근根(감각 기관), 경境(감각 대상), 식識(그것을 아는 의식)의 측면에서 살펴보겠습니다. 감각기관으로 들어온 신호는 우리 내면에서 식識으로 가기 위해 모두 전기 신호로 변환됩니다. 이렇게 색이나 소리가 전기신호로 변환된 것을 색성色性(색의 본성) 또는 성성聲性(소리의 본성)이라고 해보죠. 전기신호로 변환된 신호들이 내부로 들어가 어떻게 작용하는지를 살펴보니, 나와 대상이라는 형태로 배열돼서 홀로그램 방식으로 뇌에 기억된다는 것이 뇌신경학자인 칼 프리브람의 인식이론입니다.

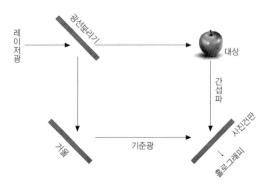

간단하게 홀로그램의 원리에 대해 설명하겠습니다. 예를 들어 홀로그램으로 사과 형상을 만든다 하면, 하나의 빛을 두 개로 나누어 하나는 사과 쪽으로 쏘아서 이 대상과 빛의 간섭현상에 의해 나타난 간섭파를 사진건판에 찍고, 나머지 하나인 원래 빛은 그대로 사진건판으로 보냅니다. 이렇게 사과라는 대상에 의해서 변형된 파와 대상을 거치지

않은 원래 빛의 기준광파가 만나서 간섭현상을 일으켜 만들어지는 것이 홀로그램 원판이에요. 그 원판에 다시 원래의 레이저 빛을 쏘면 사과라는 가상의 홀로그램 형상이 나타나게 됩니다.

그런데 홀로그램에는 신기한 점이 있어요. 이 홀로그램 원판의 일부를 쪼개어 작은 부분만 사용해서 빛을 쏘아도 이 사과 전체의 홀로그램 형상이 생긴다는 것입니다. 차이가 있다면 다만 좀 흐릿할 뿐이에요. 즉, 홀로그램 원판의 모든 조각에 전체 홀로그램 형상이 다 들어있다는 것입니다. 부분 속에 전체가 들어있다는 말입니다. 그 조각이 많으면 많을수록 형상은 선명해지고, 그 조각이 적으면 형상은 흐려집니다.

이것이 홀로그램의 특이한 측면인데 우리의 기억도 홀로그램 방식으로 뇌의 특정부위 뿐만이 아니라 뇌 전체에 기억됩니다. 그래서 뇌 일부를 잘라 없애도 뇌는 다시 기억해 낼 수 있습니다. 칼 프리브람의 스승인 라슈리는 쥐에게 적당한 먹이를 취하는 방법을 훈련시킨 후 펜필드의 뇌 지도에 따라 그 훈련의 운동과 기억에 해당하는 뇌의 부위를 잘라내 손상을 주고 다시 훈련 활동을 시켰는데, 훈련과 관련된 특정 부위가 손상되었음에도 불구하고 그 쥐는 금방 다시 그 운동능력을 기억해내었고, 반복해서 뇌의 해당 부위 일부를 잘라내도 쥐는 다시 그 기억을 상기시킬 수 있었다고 합니다. 칼 프리브람은 이러한 연구를 더 진행했고 뇌는 특정 부분에만 기억을 저장하는 것이 아니라 뇌 전체에 홀로그램 형식으로 저장한다는 것을 발견하였습니다. 뇌 전체에 홀로그램 패턴을 기록해놓고, 자극이 들어오면 그것을 소재 삼아서 생명의 힘을 가져다 원판에 들이부으면 뇌의 어느 영역이라도 그 기억을 재생시킬 수 있다는 것입니다. 초창기에는 무시당했던 이 홀로그램

식 기억이론이 최근에는 각광받고 있습니다. 외부 자극이 뇌에 전송되는 과정을, 옛날에는 대상의 모습이 망막에 비쳐서 그 아날로그적인 모습이 뇌의 전두엽이나 다른 측면으로 그대로 전송된다고 생각했지만, 지금은 그렇게 설명하지 않습니다. 외부 자극이 미세한 밀리볼트mV 수준의 전기 신호로 바뀌어서 나와 대상이라는 홀로그램 패턴으로 저장되었다가 필요할 때 그곳에 에너지가 쏘아지면서 재생되는 것이지요.

부산대학 뇌과학 연구자인 이정태 교수에 의하면 명상 상태에 들어가 나와 대상이 사라질 때 모든 뇌파가 통합되는 감마진동이 일어나는데, 이때 분리되어 있던 '나'의 일정 부분이 감마 진동으로 통합되고 공명하여 하나가 된다고 합니다. 그러니까 우리 식으로 이야기 하면, 삼매三昧나 명상 상태에서 자기를 인식하지 못하는 상태로 내려가면 '나와 대상이라는 분열'이 없어진다는 것입니다. 그 이전에는 주관과 객관이 따로 존재하고 그중 주관에 더 강한 에너지 집적이 일어나 주체의 느낌을 띄게 됩니다. 외부로부터 들어온 대상의 전기신호가 그것을 인식하는 '나'라는 느낌과 간섭현상을 일으켜 '나와 대상'과 '경험내용'이라는 홀로그램 패턴으로 저장됩니다.

식識의 측면에서 색의 본체와 소리의 본체가 같다는 것은 소리도 '나와 대상'이라는 패턴으로 저장되고, 색도 '나와 대상'이라는 패턴으로 저장된다는 말입니다. 이런 근경식根境識의 식識의 입장에서 본체는 같다고 할 수 있습니다. 그러나 현상에서는 색과 소리가 다른 것이기 때문에 소리와 빛, 또는 색깔 등이 전적으로 같다고 말하는 것은 오류라고 원효는 말하고 있는 것입니다.

굉장히 까다로운 측면이 있는데 잘 한번 생각해보세요. 그냥 간단하게 아까 말한 색깔과 소리의 영역을 가지고 따져보면 됩니다. 다시 한 번 간단히 설명하면 도레미파솔라시도의 소리 중에서 '도'의 영역과 '솔'의 영역은 현상적으로 다르죠. 그런데 소리의 본성은 도레미파솔라시도 이 전체의 영역이에요. 모두가 소리를 나타내지요. 그러므로 '도'음은 도레미파솔라시도 전체의 영역과 '같다고 할 수 없지'만, 그 일부분에 해당하므로 '완전히 다르다고 할 수도 없습니다'. 빛도 마찬가지입니다. 청색의 영역은 색깔을 의미하는 주파수 영역 전체(405~790Thz)와 똑같지는 않지만, 그 일부분이므로 완전히 다르다고 할 수도 없습니다. 그러나 상키야 학파는 청색과 청색의 본성, 청색의 본체 세 가지가 모두 같다고 하는 것입니다. 반면 원효대사는 똑같지는 않다고 하면서 만약 모두 같다면 청색의 본체인 주파수가 모두 청색을 나타내야 한다는 것이죠. 청색의 영역인 600~700THz는 색깔의 영역인 405~790THz와 같지도 않고 다르지도 않습니다. 그다음 이 모든 것들의 본질적인 측면인 주파수가 모두 색깔의 영역으로 채워진 것은 아니죠. 소리의 영역도 있으니까요. 이렇게 주파수는 색깔의 영역보다 더 많은 것을 포함합니다. 그러므로 이 세 가지가 같을 수는 없다고 반론을 제기하고 있습니다. 상키야 학파는 유성有性(존재의 특성)과 유有(존재)가 같다고 확대해석하여 주장을 하는 거예요. 그 주장처럼 일체의 개별현상인 유有와 그 일체의 공통적 특성인 유성有性이 같다면 모든 유有가 하나로 보여야 하겠죠? 그러나 그렇지 않지요. 우리가 오직 주파수라는 관점에서만 본다면 청색이나 붉은색이나 모두 주파수이기에 분별되지 않을 것입니다. 그런데 주파수를 나눠 놓은 스펙트럼의 붉은색 영역은 붉은색으로, 청색의 영역은 청색으로 서로 다르게 보인다는 것은 모든 현상이 하나로만 보이지는 않는다는 거죠. 왜냐하면 그것을 다르게 보는 차원에서 우리의 감각기관이 작용하고 있기 때문입니다. 그것을 같은 것으로 보는 것은 주파수의 차원입니다. 주파수의 색깔영역인 빨주노초파남보 각각의 영역이 현상으로는 모두 다르지만, 이 모든 현상을 하나로 보는 주파수 자체라는 차원에서 말하자면 상키야 학파의 '일체가 모두 같다'는 논리는 말이 됩니다. 그런데 이처럼 주파수 영역에 가 있다면 우리는 분별을 할 수 없을 것입니다. 마치 깨어있기의 감각 상태로 간 것과 같습니다. 삼매와 같은 감각 상태™로 가면 마음이 텅 비기 때문에 이것과 저것을 구분 못하죠. 감지나 생각 상태일 때와는 엄밀하게 달라져서 구별이 안 됩니다. 상키야 학파의 세 가지가 다 같다고 말하는 것을 잘못 들으면 속을 수가 있습니다. '주파수 영역에서는 같다'고 말할 수 있어요. 그렇지만 현상은 모두 다양하게 다르지요. 그래서 온 우주는 하나, 푸루샤, 아트만, 브라만이라고 말하는 것은 상키야 학파의 오류라는 것입니다.

존재한다는 것은 사실 감각기관과 대상 사이의 '관계'입니다. 녹색을 녹색으로 보는 것은 사람의 눈에 한합니다. 개는 그렇지 않아요. 개는 청록 색맹이어서 주로 흰색, 검은색으로만 분별해서 봅니다. 구분하는 색깔의 영역이 사람과는 다르죠. 사람이 보는 530~580THz 주파수나 개가 보는 530~580THz는 같은 주파수인데도, 사람은 이것을 녹색으로 보고 개는 녹색으로 보지 못합니다. 상키야 학파의 말대로라면 똑같은 주파수이기 때문에 개도 사람처럼 녹색으로 보아야 하는데 말입니다. 함양 수련원에 있는 개 태풍이에게 공을 던지면 공이 허공에서 움직일 때는 알아채지만, 공이 잔디밭에 떨어져 구르다가 멈추면 못 찾아냅니다. 잔디밭의 색과 공의 색을 구별하지 못해요. 허공에 있으나 바닥에 멈춰있으나 공으로부터 오는 주파수는 여전히 똑같은데 왜 개는 구별하지 못할까요? 개에게도 눈이 있어서 주파수를 감각하지만 사람과 개의 감각기관이 다르기 때문에 그렇습니다. 개의 눈은 움직이는 것에 더 민감하게 반응합니다. 초록색이 존재한다는 것은 대상인 공에게만 연관있는 것이 아니고 주체인 개와 사람의 감각기관과 깊은 관계가 있지요. 즉 존재한다는 것은 감각기관과 감각대상 사이의 '관계'인 것입니다. 이렇게 과학적인 논리로 설명하면 잘 이해되는데 당시에는 의식적인 것으로만 설명했기에 대승기신론이 까다롭게 보이는 것입니다.

진여가 공空이 아니라는 것은 텅 비어 아무것도 아닌 것은 아니라는 말입니다. 그리고 진여는 불공不空도 아니라고 했습니다. 불공不空은 공空이 아닌 무언가 있는 유有라는 것입니다. 불공不空이 아니라 했으니 '있는 것(有)도 아니고', 공空이 아니라 했으니 '없는 것(無)도 아닙니다'. 그럼 도대체 무엇일까요? 간단히 말하면 진여는 개념에 속하지 않는다는 말입니다.

공空과 불공不空 중에서 공空이 아님을 해석하기 위해서 유무有無(있고 없음)와 일이一異(같고 다름)에 대해 논리적으로 설명합니다.

상키야 학파는 일체 만법은 현상과 본성과 본체가 모두 같은 하나로 존재한다고 주장했습니다. 우주 전현상계는 하나의 본체인 생명의 힘 푸루샤Purusha로 통일된다는 것이죠. 푸르샤는 생명의 기氣인 프라나 Prana와 같습니다. 이러한 상키야 학파의 주장에 대해 원효는 청색의 비유를 들어 현상과 본체가 같다면, 모든 현상이 같기에 눈으로 소리를 들을 수 있고, 귀로 색을 볼 수 있는 등 같은 감각기관으로 감지되어야 할 텐데 그렇지 않음을 지적하며 본체와 본성과 현상이 모두 똑같지는 않나고 반박했습니다.

현상과 본질이 다르다면, 눈으로 색을 볼 수 있어야 한다

이제 비일非一, 즉 다름(異)에 대해 설명하겠습니다. 승론외도勝論外道(바이세시카 학파)는 현상과 본성은 다르다는 이異를 주장합니다. 색과 색의 본성은 같지 않고 다르며, 원인과 결과 또한 다르다는 것입니다. 앞서 말한 수론외도(상키아 학파)는 원인 속에 결과가 포함되어 있다는 인중유과론因中有果論을 주장했는데, 승론외도는 원인은 원인이고 결과는 결과로 서로 다르며, 현상과 본성 또한 다르므로 다채로운 현상이 존재한다고 얘기합니다. 이 같은 이異를 주장하는 승론외도의 주장도 원효는 반박했습니다. 만약에 현상과 본성이 다르다면 색은 색의 본성을 벗어나 있으므로 눈으로 색을 볼 수 없어야 한다고 원효는 말합니다. 색의 본성이라 함은 눈에 보이는 것인데, 각각의 색깔이 색의 본성과 다르다면 색의 본성을 벗어나게 되어 눈에 보이지 않아야 하는데 어째서 눈에 보이느냐고 반박을 한 것입니다. 어떻게 보면 그저 반박을 하기 위한 말 같기도 한데 이 시대를 고려해보면 굉장히 논리적인 반론입니다. 앞서 살펴봤듯이 색깔, 소리와 냄새 등이 모두 파동으로 주파수의 영역을 차지하고 있습니다. 이런 것이 밝혀져 있지 않은 시대에 그런 것을 예를 들어 논증했기 때문에 상당히 논리적이라고 할 수 있습니다. 어쨌든 원효는 현상과 본성, 원인과 결과가 서로 다르다는 승론외도의 주장을 논파하고 있습니다.

있음도 없음도 아니라 함은 마음이 머물지 못하게 하기 위함

다음으로 유무有無에 대해 살펴보겠습니다. 유有는 '모두 같은 것'으로 '있다'는 뜻으로 일一의 주장과 비슷하며 이를 항존상恒存相이라고 합니다. 무無는 '모두 없다'는 것을 주장하는데 이처럼 '모든 것은 텅비어 있다, 공空이다'라고 말하는 것을 단멸상斷滅相이라고 합니다. 그런데 일체 현상의 본성이 토끼의 뿔처럼 그 실체가 없다면 일체의 현상 또한 없어야 하는데, 현상은 존재하므로 '모두 없다'는 것은 틀린 주장입니다. 이것을 단멸상의 오류라고 하여 불교에서는 단멸상을 부정합니다. 힌두교에서는 모든 현상의 근저에는 아트만Atman이라고 하는 참나, 참 존재, 오직 하나의 존재가 있다고 하는데 불교는 이 항존상恒存相 또한 부정합니다. 불교가 항존상과 단멸상을 모두 부정하는 것은, '모두 없다'라는 것을 부정한다고 해서 '있다'는 것도 아니고, '있다'를 부정한다고 해서 '없다'는 것도 아니라는 뜻입니다. 다만 불교는 유有도 부정하고 무無도 부정함으로써 의미가 있습니다. 그것을 통해 우리 마음이, 아트만과 같은 참된 자아가 '있다'는 것에 머물지 못하게 하며, 아무것도 없다는 '단멸상'에 머물지도 못하게 하는 것입니다. 다시 간단하게 말하면 '있다, 없다, 같다, 다르다'는 것은 모두 개념일 뿐이며, 진여는 이런 개념에 속하지 않음을 설명하기 위해, 그리고 그 어디에도 마음이 머물거나 집착하지 않도록 하는 실질적인 쓰임을 위해 이렇게 복잡하고 어렵게 설명하고 있는 것입니다.

불교는 또한 둘 다를 허용하거나 둘 다를 부정하는 것도 인정하지 않습니다. '현상과 본질이 같기도 하고 다르기도 하다' 또는 '있기도 하고 없기도 하다'라는 것을 둘다를 허용하는 쌍허雙許라고 하며, '있는 것도 아니고 없는 것도 아니다'는 것은 둘다를 부정하는 쌍비雙非라고 합니다. 불교는 이런 쌍허雙許와 쌍비雙非 또한 부정합니다. 반야심경 에서도 "무무명 역무무명진無無明 亦無無明盡(무명도 없고, 무명의 다함 도 없다)" 이런 식으로 계속해서 부정만 해나갑니다. 인도식으로 따지 면 네티 네티neti neti죠. '이것이다' 하고 긍정하는 것이 없습니다. 왜냐 하면 우리는 '아니다'를 통해서만 갈 수 있기에 그렇습니다. '이것도 아 니고 저것도 아니다'라는 작업을 계속하면, 제일 나중에 남는 '아무것 도 아닌 것' 마저 아닌 거니까, 그때는 '내'가 할 수 있는 것이 아무것도 없겠죠? 결국은 이 작업을 통해서 마음이 어딘가에 집착하는 것을 멈 추게 만드는 것이 목적입니다.

이런 식으로 계속 부정만 해나가며 마음이 옴짝달싹 아무것도 못하 게 합니다. 여러분의 마음속에 일어나는 그 어떠한 '현상'에 대해서도 이런 식으로 접근하세요. 내 안에서 어떤 느낌이 일어나면 "이것은 느 낌이므로 진정한 내가 아니야"하는 방식입니다. 손으로 무엇을 잡아서 어떤 느낌이 느껴진다면 그것은 내 손이 아니란 의미지요? 마찬가지 로 마음에 무엇이 나타나 느껴진다면 그것은 마음의 본질이 아니란 뜻 입니다. 본질은 마음에 나타나지 않습니다. 마음 자체가 어떻게 마음 에 '나타나겠어요?' 그것이 바로 '상이 아닌 것도 아니고, 상이 없는 것 도 아니다(非非相 非無相)'의 뜻입니다. 마음에 어떤 현상이 일어나면 "이 것은 마음에 나타났으니까 내 본질이 아니야" 하고 내려놓을 수 있어 야 합니다. 그렇게 하기 위해서 '느낌'이라는 것을 파악하는 작업인 감 지感知™ 연습을 하는 겁니다. 외부 사물로 감지 연습을 하다가 내적인 감지를 찾아 들어가면, 마음 안에서 어떤 생각, 감정, 미묘한 '느낌'이 떠오르는 것을 느낄 수 있게 되고, 느껴지는 것은 '내가 아님'이 확연해지면 하나하나 떼어낼 수 있겠죠. 느껴진다는 것은 무언가 두 가지가 '만났을 때' 일어나는 현상입니다. 즉 손으로 무언가를 만질 때 그것이 '느껴집니다'. 느낌이 일어나기 위해서는 '손'과 '무엇'이 나뉘어 있어야 하고, 이때 손은 무엇이 아닌 것이 되지요. 그와 같이 내적 외적으로 느껴지는 '느낌'이 있다는 것은 '무언가'가 마음에 나타난 것이고, 그것은 마음의 어떤 '모습'이라는 것이 파악되면 애써 떼어낼 필요도 없습니다. 왜냐하면 그것이 '본질이 아님'이 명확하기 때문이지요. "아, 이건 느껴지네. 내가 아니구나." 하게 됩니다. 그렇게 감정도 생각도 진정한 내가 아니죠. 감정이 일어나기 전의 미묘한 무드, 예를 들면 아침에 일어나서 느껴지는 미묘한 짜증이나 지루함 또는 미묘한 상실감 등도 느낌이니까 내가 아닙니다. 이렇게 하나 둘 부정하다 보면 문득 '부정하는 자기'가 느껴지게 됩니다. 그때 "아, 이것도 느껴지네. 그러면 이것도 나의 본질이 아니구나!" 하고 툭 떨어뜨리게 되는 것입니다. 누가 떨어뜨리는 것이 아니에요. 떨어뜨리는 작용이 그냥 일어날 뿐입니다. 네티 네티neti neti 하는 작용이 '나'란 느낌에 대해서도 작용하는 것입니다.

그래서 진여眞如를 설명할 때 진여는 공空도 아니고 불공不空도 아니며, 이것도 아니고 저것도 아니며, 이것이 아닌 것도 아니고 저것이 아닌 것도 아니며, 이것과 저것을 둘 다 갖춘 것도 아니고 둘 다 갖추지 않은 것도 아니며… 이렇게 끊임없이 부정해나가는 과정에서 부정하는 자기 자신마저도 부정될 때, 그때 드디어 아무 데도 갈 수 없는 막다른 골목에 이르게 됩니다. 그것이 바로 백척간두에 선 마음입니다. 더 이상 갈 곳이 없음을 알고 백척간두에서 뛰어내릴 때 비로소 생명이 파악되는 것입니다. 막다른 골목에서 "그 어떤 것도 내가 아니라면 나는 무엇인가?"라는 질문이 자신의 본질을 파악하게 해줍니다. 파악한다고 해서 파악하는 누군가가 있는 것은 아닙니다. 그저 '마음의 기능'이 파악하고 사라져갈 뿐입니다. 파악되는 모든 것들, 다시 말해 마음에 잡히는 그 어떤 현상에도 머물지 않게 되는 것뿐이에요. 누가? 누구라고 할 것도 없는 생명의 힘이 말이죠.

보통 '자기'라고 말할 때는 생명의 힘이 '무언가에 머문 것'입니다. 소도 비빌 언덕이 있어야 한다는 말이 있죠? 이 생명의 힘도 비빌 언덕이 있어야 머물 것 아니에요? 여러분은 마음에 나타나는 현상에 생명의 힘이 강하게 머문 것을 '자기'라고 여기고 있습니다. 지금 마음속으로 들어가서 느껴보세요. 마음속에 어떤 '중심'이 느껴진다면 그것이 바로 생명의 힘이 머무는 곳입니다. 어떤 것에도 머물지 않는다면 마음은 그냥 평평하게 느껴집니다. 그런데 어떻습니까? 내가 무엇을 주장하거나 누군가와 갈등하고 싸울 때 내 마음속에 어떤 강력한 느낌이 느껴지게 됩니다. 그때 생명의 힘이 거기에 머물러 있는 것이고 그것을 '자기'라고 여기는 것입니다. 내 마음을 느껴봤을 때 생명의 힘이 그 어디에도 머물지 않는다면, 오목과 볼록이 없는 마음 상태라고 보면 됩니다. 마음속을 잘 느껴 보세요. 무엇인가 중심 같은 것이 느껴지거나 무게감의 차이가 생겨 내 마음속 어딘가가 더 무겁고 어딘가가 더 가볍게 느껴지나요? 이것이 '나' 같고 저것이 '나 아닌 것' 같나요? 그런 차이가 느껴지거나 불균형이 일어나 있다면 그것은 바로 가장 무거운 부분을 '자기'라고 여기며 머물고 있는 중이라고 보면 됩니다.

자아라는 무게 중심

이상이 일차적으로 살펴본 부분이고, 두 번째로 그 무게 중심인 '자아自我'의 중요한 역할을 살펴보겠습니다. 내 안에서 끊임없이 나타나고 사라지는 경험의 흔적들은 이 자아自我라는 무게중심을 기반으로 질서 있게 정렬됩니다. 그렇게 자아自我를 사용하기 때문에 우리는 정신분열 없이 한 사람인 것처럼 일상을 살아갈 수 있는 것입니다. 이 자아自我라는 무게중심이 사라지면 꿈속의 상태와 비슷해집니다. 꿈속에서는 일관된 한 사람의 자아가 없습니다. 그렇기 때문에 물속을 자유롭게 헤엄쳐 다니다가 갑자기 날개를 달고 하늘을 날기도 합니다. 과거 경험과 몸을 가진 내가 중심이 되는 것이 아니라, 어디선가 보고 들은 것이나 책에서 읽은 것들이 자기 행세를 하고 잠깐 잠깐 중심 역할을 합니다. 만약 꿈속에서도 평상시의 자아가 무게중심으로서의 역할을 한다면 현실성 없는 꿈은 꾸지 않을 것입니다. 일상적인 의식의 세계에서는 대상을 봄으로써 "나는 상처받지 않아야 해, 나를 지켜야 해" 등을 끊임없이 재인식 시키고 있습니다. 매 순간 그렇게 하기 때문에 자아가 미치거나 사라지지 않고 계속해서 중심 역할

을 할 수 있습니다. 자아라는 무게 중심이 없는 꿈속에서는 질서 없이 혼돈스럽지만, 깨어있는 낮에는 자아가 태풍의 중심, 수레바퀴의 중심과 같은 역할을 하지요. 바퀴는 가운데가 텅 비어있지만 그 중심이 주변의 바퀴살을 모두 잡아주는 역할을 합니다. 그와 같이 자아도 자세히 살펴보면 실체가 없지만, 모든 경험들이 거기에 끌려들어 가고 있

기 때문에 무엇인가 있는 것처럼 느껴지는 것입니다. 눈을 감고 내면을 살펴보면 그것이 어떤 무게중심으로 느껴지는 거죠. 이 중심을 향해서 나의 모든 살아있는 경험들이 질서 있게 배열되어 정연해집니다. 그럼으로써 우리가 '한 사람'으로 살아갈 수 있는 것입니다. 사실 우리 안에는 수많은 '나'라는 것이 있죠. 어릴 때의 '나', 운전할 때의 '나', 강의를 들을 때의 '나', 매 순간마다 다른 '나'입니다. 지금 현재의 '나'는 6개월 전의 '나', 10년 전의 '나'와 비교해 볼 때 몸의 세포, 생각의 내용 모두 달라졌지만 여전히 '나'라고 여겨집니다. 그렇게 여겨지는 이유의 핵심은 '주체감'과 '존재감'입니다.

의식의 본질은 생각할 수도, 느낄 수도 없다

공空에 대해 설명하는 원문 마지막 부분을 보겠습니다.

乃至總說, 依一切衆生以有妄心, 念念分別, 皆不相應,
내 지 총 설   의 일 체 중 생 이 유 망 심   념 념 분 별   개 불 상 응

故說爲空. 若離妄心, 實無可空故.
고 설 위 공   약 리 망 심   실 무 가 공 고

이리하여 전체적으로 말하자면 일체의 중생이 망심妄心이 있음으로 해서 생각할 때마다 분별하여 모두 진여와 상응하지 않기 때문에 공空이라고 말하지만, 만약 망심妄心을 떠나면 실로 공空이라고 할 것도 없기 때문이다.

[논論]

모든 현상인 염법染法과 본체는 상응하지 않는데, 본체에는 허망한 신념이 없기 때문이라고 했습니다. 즉 허망한 개념이 없다는 뜻입니다. 모든 존재하는 것에는 개념이 있지만 진여라는 진실한 본질에는 어떠한 개념도 없습니다.

분별을 떠나 있음을 공空이라고 했는데, 분별을 떠났다는 것은 분별을 위주로 삼는 의식을 떠나있다는 말입니다. 의식이 하는 일은 분별을 통해 구분하는 것입니다. 의식은 이것과 저것을 나누고, 나눈 것을 기반으로 다양한 생각과 감정들을 일으킵니다. 진여의 이름이 공空인 것은 그러한 분별이 없기 때문인데, 분별이 없으면 의식이 일어날 수 없기에 진여는 의식을 떠나 있습니다. 이것과 저것을 구분하지 못한다면 우리는 그것을 하나로 여깁니다. 그와 같이 내면에 있는 느낌, 생각이나 감정을 구분하지 못한다면 그것을 하나로 여겨 내면에서 분별이 일어나지 않고 의식이라는 것이 일어날 수 없습니다. 의식의 분별 작용의 가장 기본은 '나와 대상'의 분열입니다. 결국 나와 대상의 분열이 없으면 기본적으로 의식이라는 것이 있을 수 없습니다. 지금까지 공부하면서 감정적인 문제나 의식의 여러 가지 문제점이 나와 대상의 분열 때문이라고 얘기했습니다. 그렇다면 "나와 대상의 분열을 없애면 되지 않을까?"라고 생각할 수 있습니다. 없애려면 없앨 수 있겠지만 나와 대상의 분열을 없애면 의식이라는 것이 성립되지 않습니다. 우리가 무언가를 의식하고 알고 느끼고 구분하며 살아가기 위해서는 내면의 분열 곧 나와 대상의 분열이 필수입니다. 그런데 진여, 즉 의식의 본질은 그러한 분별을 떠나있는 공空이라고 했습니다. 다시 말하면 우리의 본질인 진여라는 것은 분별을 여읨으로써 의식을 떠나있기 때문에 우리는 그것에 대해 생각하거나 느낄 수 없습니다. 생각이나 느낌 등의 의식 현상을 일으키는 기본 구조가 분별이므로 분별을 떠난 곳에 있는 의식의 본질인 진여에 대해 생각한다는 것은 있을 수가 없습니다. 그렇다면 생각할 수도 없고 느낄 수도 없는 진여가 있다는 것을 도대체 어떻게 '알까요?' 알 수 없고 느낄 수 없습니다. 그렇지만 정말로 공空인 것만은 아니라고 이어서 말합니다.

진여는 어떤 상도 없으니 증득만 가능하다

所言不空者, 已顯法體空無妄故, 卽是眞心, 常恒不變,
<small>소 언 불 공 자   이 현 법 체 공 무 망 고   즉 시 진 심   상 항 불 변</small>

淨法滿足, 則名不空.
<small>정 법 만 족   즉 명 불 공</small>

亦無有相可取, 以離念境界, 唯證相應故.
<small>역 무 유 상 가 취   이 리 념 경 계   유 증 상 응 고</small>

불공不空이라 말하는 것은 이미 법체가 공空하여 허망함이 없음을 나타냈기 때문에 이는 바로 진심眞心이며, 항상하여 변하지 않으며 정법이 만족되기 때문에 불공不空이라고 이름하였다. 그러나 또한 취할만한 상이 없으니, 망념을 여읜 경계는 오직 증득함으로써만 상응하기 때문이다.

[논論]

법체法體는 모든 현상과 법칙의 본질입니다. 이 법체法體가 공空하여 허망함이 없다고 말함으로써 공空과 망령됨을 구분하고 있습니다. 공空이란 텅 빈 것이지만 망령된 것은 아닙니다. 망령됨은 주로 마음이 일으키는 오해나 착각, 환영 같은 것들을 말합니다. 그래서 마음에 그러한 것이 없음을 심무망心無妄이라 하고, 망령됨을 여읜 것을 진여라고 했습니다. 정법淨法은 물들지 않은 깨끗한 마음이고 염법染法은 물든 마음을 말합니다. 진실된 본질적인 마음은 변하지 않고 물들지 않은 마음이 만족하기 때문에 불공不空이라고 했습니다. 취할 만한 상相이라는 것은 마음이 잡는 상相입니다. 모든 상相은 마음이 잡아내어 분별하는 것이고, 깨어있기™ 식으로 말하면 감지입니다.

이것은 핸드폰의 충전기입니다(그림1). 핸드폰을 가진 사람들은 모두 이것이 충전기라는 것을 알고, 이것을 보면 마음속에 떠오르는 어

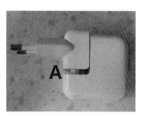

| 그림 1 | 그림 2 | 그림 3 |

떤 상相이 있을 겁니다. 이 충전기에서 하나를 뽑아내겠습니다. 조금 달라진 이것을(그림2) 봐도 이것이 아까 그 충전기라는 느낌이 있지요? 이것이 가지고 있는 느낌이나 이미지는 여러분 마음에 있기 때문입니다. 이제 이것을 이렇게 한번 돌려보겠습니다(그림3). 무슨 모양인가요? 어떤 느낌이 듭니까? 코끼리 같다거나 재봉틀 같다거나 보기 불편한 느낌이라든가 각자 어떤 느낌이 있을 것입니다. 저는 눈 튀어나온 사람의 얼굴 같은 느낌이 듭니다.

자, 이제 재봉틀, 눈 튀어나온 사람, 코끼리 같은 상을 가지고 다시 충전기를 보면 어떻습니까?(그림1). 좀 전에는 그냥 분리된 충전기일 뿐이었는데 지금은 재봉틀, 코끼리, 사람 얼굴이라는 아까 그 느낌이 좀 붙어있지 않나요? 어떻습니까? 저는 눈 튀어나온 사람 모습에서 이 부분을 빼냈기 때문에 여기(그림3의 A)가 입이라는 느낌이 아직 남아 있습니다. 맨 처음 충전기를 봤을 때(그림1)는 입이라는 느낌이 없었는데, 하나의 과정을 거쳐서 지금 다시 보면(그림1을 돌려서 본다) 입이라는 느낌이 생겨났다는 거죠. 이런 것이 마음의 상相입니다. 마음의 상相은 신기하게도 다양하게 생겨납니다. 꼭 실질적인 이 물건과 상관없는 상相이 생겨나기도 합니다. 그러니까 구분이 되는 것 아니겠어요? 이것과 좀 전의 저것과는 상相이 달라졌고 우리는 그것을 구분할 수 있습니다. 사람 얼굴이나 코끼리, 재봉틀 등의 말을 하기 전에 봤을 때와 얘기하고 나서 충전기를 다시 봤을 때 상相이 달라진 것처럼, 마음의 상相은 이렇게 즉각적으로 생겨납니다.

그런데 우리가 알고자 하는 진여에는 그 어떤 상相도 없습니다. 앞에서처럼 상相이 있어야 분별이 되고, 구분이 되고, 느껴지고, 알게 됩니다. 느낌도 일종의 상相으로, 말이 안 붙은 분별이지요. 생각과 말은 느낌 후에 생겨나는 상相입니다. 그런 것들을 모두 감지라고 했습니다. 이 모든 감지와 일종의 미묘한 상相인 감각들도 모두 상相이고, 상相의 기본적인 의미는 분별된다는 것입니다. 나눠지고 구별된다는 것이죠. 누구에 의해서? 마음에 의해서. 분별이 있어야만 우리는 알거나 느낄 수 있는데, 진여의 마음은 취할 상相이 없으므로 결코 상相을 통해서 알 수가 없습니다. 그럼 이 진여를 우리가 어떻게 깨달을 수 있을까요? 분별로 인한 망념을 떠난 경계는 오직 증거로 인해서 얻을 수 있습니다. 그것이 바로 증득證得입니다. 여기서 말하는 증거는 무엇인가요? 바로 현상입니다. 본질을 바로 알게 되는 것이 아니라 현상을 통해서 본질을 깨닫게 됩니다.

공空은 허망한 마음妄心이 없다고 했습니다. 이것도 아니고 저것도 아니고, 있고 없음도 아니고, 있고 없음이 아닌 것도 아니고.... 이런 식으로 공空에 대해 설명하며 이 모든 것이 아닌 것이 공空이라고 했습니다. 그 모든 것들은 허망한 마음이 만들어낸 생각과 경계들이고 공空은 그 경계를 떠나 있다고 했습니다.

불공不空이라 말할 때의 불공不空은 '허망함이 아니라'는 뜻입니다.

공空이라고 해서 이것도 저것도 그 어느 것도 아니니까 허망하다고 할 수 있겠지만, 허망함마저 아니기에 불공不空이라고 한 것입니다. 모든 것을 부정했으며 그 뒤에 남은 허망함마저 부정한 것이죠. 사람들은 "마음을 다 넘어가면 행복도 없고 불행도 없다는데 얼마나 삭막할 것인가" 이렇게 자기 나름대로 추측합니다. 그런데 진여라는 것은 행복도 아니고 불행도 아니며 행복과 불행 아님도 아닌 것 즉, 삭막함마저도 아닌 것입니다. 삭막함과 삭막하지 않음은 우리 마음이 만들어낸 느낌의 분별입니다. 행복과 불행도 마찬가지죠. 우리 마음이 나눌 수 없는 하나를 행복과 불행으로 나누어 놓았습니다. 소크라테스가 죽을 때 그랬지요. 독약을 먹고 죽어가고 있는 중에 다리가 저려오고 아파지니 "좀 전에 다리가 아프지 않을 때는 행복한 다리, 기분 좋은 다리였구나. 지금 다리가 아파지니까 그 기분 좋음이 사라졌네." 다리의 통증이 잠시 사라지니 "다리가 아프지 않으니 너무 편하고 좋구나."라며 마지막까지 탐구했다 합니다. 이처럼 우리는 고통이 사라지면 행복을 느끼고, 행복이 사라지면 고통을 느낍니다. 쾌감과 고통, 행복과 불행은 말로 나눠놓았을 뿐이지 같은 것의 다른 측면입니다. 우리 마음은 "이렇게 느껴지는 것은 행복이고, 저렇게 느껴지는 것은 불행이야."라고 분별해서 나누어 느낍니다. 그 나누는 마음이 망념인데 진여는 그것을 넘어있기에 공空이라고 하며, 또한 허망함이 없으므로 불공不空이라고 합니다. 이 진심眞心이라는 것은 항상 불변하며 오염되지 않은 법淨法이고 만족滿足하므로 불공不空이라고 합니다. 그래서 진여는 공空도 아니고 불공不空도 아니고 또 공空이기도 하고 불공不空이기도 하고 그렇습니다.

불공不空은 항상恒常하여 변하지 않고 만족한다고 했는데 변한다는 것은 무엇인지 살펴봅시다. 변한다는 것은 나타났다 사라짐을 말하고, 이렇게 나타났다 사라지는 모든 것을 '현상'이라고 합니다. 또한 모든 현상은 상相을 가지고 있습니다. 사람들은 현상을 경험하고 느끼는 인간이 없어도 그 현상은 존재할 것이라고 생각합니다. 정말 그럴까요? 현상이라는 것은 누구한테 있는 것인가요? 현상은 우리 마음에 나타나는 것입니다. 무엇인가가 나타나기 위해서는 상相이 있어야 하고, 감각기관이 인지할 수 있을 정도로 일정 시간 동안 유지되어야 합니다. 이 우주공간에 무엇인가가 나타나려면 첫째로 이 나타남을 보거나 듣거나 느끼거나 아는 주체가 있어야 합니다. '누군가'에게 나타나는 것이죠. 그다음 '무엇'이 나타나겠죠. '누군가'에게 '무엇'이 나타나는 것, 이것이 바로 나와 대상의 관계입니다. 측정기만 있고 측정될 대상이 없다면 측정기는 있는지 없는지 모르게 되며 그 반대도 마찬가지입니다. 측정기가 있고 측정기에 닿아 나타날 대상이 동시에 있을 때에만 측정기와 대상은 둘 다 하나의 현상으로 '나타납니다'. 측정기만 있거나 대상만 있으면 나타나지 않아요. 그래서 존재란 그 둘 사이의 '관계'라고 물리학자들은 말하는 것입니다. 양자역학에서는 측정이라는 것이 아주 골치 아픈 문제였습니다. 이렇든 관찰자의 문제라는 것은 존재를 흔드는 문제입니다. 지금의 양자역학은 관찰자가 없으면 관찰대상인 사물도 없다고 말합니다. 이와 마찬가지로 어떤 현상이 나타나기 위해서는 '누군가'가 있어야 하고, 그 누군가에 닿을 '무언가'가 있어야 합니다. 이것이 바로 '나와 대상'의 관계이며 나와 대상의 분열이고 현상입니다.

변하는 현상에는 상相이 있다고 했으므로 변하지 않는 불공不空은 상相이 없고 이는 감각기에 인지되는 것과 상관이 없다는 뜻입니다. 감각기라는 것은 안이비설신의眼耳鼻舌身意 여섯 개의 감각기를 말합니다. 의식意識도 마음으로 잡고 느끼는 일종의 감각感覺 기관입니다. 손이 물건을 잡듯이, 마음으로 무엇을 잡은 것이 생각과 감정과 느낌입니다. 손이 촉감의 감각기이듯이 의식은 생각과 감정과 느낌을 감각하는 감각기입니다. 다른 감각기와 마찬가지로, 의식적인 감각기와 의식적인 대상이 같이 있어야 '의식'이라는 현상이 일어나는데, 현상이 아닌 불공不空 즉 변함없는 불변의 세계는 감각기에 인지될 상相이 없으므로 불공不空은 의식 현상과 상관이 없습니다. 다시 말하면 '누군가'인 주체와 '무엇'에 해당하는 대상에 전혀 관련 없는 것이 진여의 한 측면이고, 현상에 관계없는 것 그것이 불변인 것입니다. 불공不空이라는 진여는 이런 것들을 떠나있다는 말입니다. 그러니까 한마디로 말하면 진여는 어떤 방법으로도 알 수 없습니다. 오직 증득證得(증거를 통해 터득함)만이 가능합니다.

경험은 '부분'에게 일어나는 현상

우리가 알 수 있고 느낄 수 있는 모든 것은 변하는 것입니다. 변하지 않는 것은 알 수도 느낄 수도 없습니다. 우리 감각기가 그렇게 작용하게 되어 있어요. 재래식 화장실에 들어가면 처음에 냄새가 많이 나지만 한 20초만 지나면 냄새가 안 느껴집니다. 냄새가 사라진 것은 아니죠. 냄새는 계속 있는데 우리에게는 더 이상 그것이 느껴지지 않습니다. 코가 인식을 못하기 때문에 그렇습니다. 왜 그럴까요? 우리의 감각기는 똑같은 것이 지속되면 느끼거나 알 수 없게 됩니다. 그것은 더 이상 가지를 시니지 않기에 주이가 가지 않습니다. 그래서 냄새가 계속해서 똑같이 난다해도 일정 시간이 지나면 코는 더 이상 그것을 분별하지 못 합니다. 이처럼 어떤 변화와 차이가 생겨야만 분별이 일어납니다. 화장실에 들어가 냄새를 맨 처음 맡았을 때는 화장실 들어오기 전과 '차이'가 나기에 냄새가 '느껴'지는 거죠. 손을 탁자에 올리면 처음에는 탁자가 느껴지지만 계속 손을 대고 있으면 탁자와 손의 온도가 같아집니다. 압력도 특별히 변화가 없다고 한다면 어디까지가 손이고 어디가 탁자인지 구분하지 못하게 됩니다. 부양탱크Floating tank라는 것이 있습니다. 인체와 온도가 같고, 체액과 같은 농도의 소금물로 채워졌으며, 빛이 없는 암흑이고, 소리도 없는 침묵의 부양탱크에 들어가면, 얼마 지나지 않아 몸을 느끼려고 해도 느낄 수가 없게 됩니다.

몸을 느끼려면 그 주변과 압력이나 온도 등에서 차이점이 있어야 합니다. 느낀다는 것 자체가 변화 속에서 일어나는 현상이기 때문에 우리는 변하지 않는 것을 알 수도 느낄 수도 없습니다. '느낌'이란 우리가 '부분'이 되었을 때만 가능한 일입니다. 결코 전체로 있을 때는 불가능한 일이지요. 그만큼 기쁨과 슬픔, 분노와 공포, 희열 등을 느끼기 위해서 우리는 '부분'이 될 필요가 있는 것입니다. '경험'은 '부분'에게 일어나는 '현상'입니다. 그리고 그것들은 변화를 통해서만 가능한 일입니다. 부분만이 변화하기 때문에 그렇습니다.

그런데 진여는 불변이라고 했습니다. 그러니 우리가 어떻게 그것을 느끼거나 알 수 있겠습니까? 그럼에도 불구하고 진여는 부족함 없이 만족으로 가득 차 있는 자리입니다. 변화와 무관한 자리, 부족이나 넘침이 없는 자리, 앎과 느낌을 떠난 자리. 그것은 지금 여기 이 순간입니다. 이처럼 불공不空은 불변이며 분별과 상관없는 자리이며, 느끼거나 알 수는 없는 자리이지만 그렇다고 해서 아예 허망한 것은 아닙니다. "이것이 뭐야" 그렇게 말할 만한 것은 아닙니다. 진여는 이렇게 저렇게 나누고 분별하는 우리의 개념과 세계를 떠나 있습니다. 세상世上과 세계世界는 다릅니다. 우주라는 '세상'은 나눌 수 없지만 이것을 경계 지어 나누어 놓은 것이 우리 마음속의 '세계'입니다. 세상은 불이不二인데, 마음은 나눌 수 없는 것은 알거나 느낄 수 없으므로 마치 지도처럼 선을 그어 경계 지었습니다. 우리는 결코 세상 자체를 알거나 느낄 수 없습니다. 세계만을 알거나 느끼는 것이죠. 그 세계는 실제의 세상은 아닌 것입니다. '세계는 마야Maya다' 이런 뜻이죠. 세계는 환상입니다. 세상은 환상도 아니고 환상이 아닌 것도 아닙니다. 세상은 나누어 분별할 수가 없는 것입니다. 여기에 미묘한 진여의 측면이 있습니다.

이렇게 불공不空이란 변하지 않고 허망하지 않은 것이지만 취할 상相은 없다고 했습니다. 말장난 같지만 공空도 불공不空도 상相이 없으므로 공空과 불공不空의 차이가 없습니다. 공空과 불공不空이 있다는 것은 분별입니다. 지금 공空과 불공不空을 말로 나누었으니 그것은 당연히 분별이고 나누어놓은 마음의 상相이 있다는 뜻입니다. 지금껏 마명은 "진여는 공空이기도 하고 불공不空이기도 하다. 공空은 이렇고 불공不空은 이렇다." 이렇게 설명했습니다. 말로만 보면 공空이 따로 있고 불공不空이 따로 있는 것 같은데 마지막에 불공不空 또한 취할 상相이 없다고 얘기합니다. 공空과 불공不空의 차이가 없다는 뜻이죠. 지금껏 공空과 불공不空으로 나누어 분별해놓고서는 마지막에 취할 상相이 없으므로 공空과 불공不空에는 차이가 없다며 분별없음 속으로 다시 쏙 들어갔습니다.

또한 마명은 무분별無分別한 지혜를 통해서만 진여를 증득證得할 수 있다고 했습니다. 우리는 무분별한 사람이 되어야 할 필요가 있습니다. 증득은 분별없는 지혜로만 얻을 수 있습니다. 우리는 안이비설신의眼耳鼻舌身意 감각기를 가지고는 절대로 진리를 파악할 수 없습니다. 파악이라는 것이 뭔가요? 손아귀로 무엇을 잡는 것이 파악입니다. 우리는 진여를 손으로 만져 촉감으로 파악할 수 없고, 눈을 통한 시각으로도 파악할 수 없고, 마음이라는 의식으로도 파악할 수 없습니다. 진여는 분별을 떠나 있으므로 진여를 발견하기 위해서는 우리도 분별을 떠나야 합니다. 그런데 참으로 안타깝게도 분별을 떠나서는 우리는 뭔가를 알거나 느낄 수 없습니다. 그래서 결국은 진여의 증거를 통해서 증득證得할 수밖에 없는 것인데, 진여의 증거는 사실 이 모든 현상계입니다. 그래서 번뇌즉보리煩惱卽菩提라고 하는 것이죠. 번뇌가 있다는 것은, 괴롭다는 것은 생명의 힘이 작용하고 있다는 뜻입니다. 단식을 해보면 금방 알게 됩니다. 한 사흘만 단식을 해보면 괴롭고 아픈 마음, 분노의 감정, 두렵고 슬프고 외로운 마음이 다 사라집니다. 모든 감정이 사라져요. 감정도 에너지가 필요하기 때문에 그렇습니다. 생명의 힘이 있어야만 이 모든 현상계가 돌아갑니다. 번뇌煩惱도 생명의 힘 때문에 존재할 수 있다는 말입니다. 그래서 번뇌가 곧 보리인 거예요. 망념을 떠난 세계는 오직 증득을 통해서만 상응할 수 있습니다. 현상을 현상으로 아는 것, 그것이 바로 현상을 넘어가는 오직 하나의 길이며 증득과 통하는 말입니다. 오늘 증득證得이라는 재미있는 말이 나왔습니다. 직접 얻는 것이 아니라 증거를 통해 얻게 된다는 것인데 사실

얻는 것도 아니죠. 얻는다는 생각이나 마음을 가진 것도 역시 현상 아닙니까? 모든 현상을 떠났다는 말은 말을 멈추고 생각을 끊게 만듭니다. 여기서 말하는 이 모든 논증들이 모두 생각을 끊게 만들기 위함입니다.

3. 생멸문生滅門 : 심생멸心生滅

이제부터는 생멸生滅하는 마음에 대해 설명하겠습니다. 본질을 통해서 드러난 마음이 생멸심生滅心입니다. 그런데 그 드러난 마음 자체도 본질의 표현입니다.

> 心生滅者, 依如來藏故有生滅心. 所謂不生不滅, 與生滅和合,
> 심 생 멸 자   의 여 래 장 고 유 생 멸 심   소 위 불 생 불 멸   여 생 멸 화 합
>
> 非一非異. 名謂阿黎耶識.
> 비 일 비 이   명 위 아 뢰 야 식

> 심생멸이란 여래장에 의존하므로 생멸심이 있는 것이다. 이른바 불생불멸이 생멸과 더불어 화합하여, 같은 것도 아니고 다른 것도 아닌 것을 이름하여 아뢰야식이라고 하는 것이다.
>
> [논論]

여래장如來藏은 여래가 감추어져 있는 것, 여래가 저장되어 있는 것입니다. 마음에 일어나는 모든 현상에는 여래의 본질이 저장되어 있습니다. 이런 의미로 현상과 여래장이 다르지 않다고 말한 적이 있습니다. 여래장은 본질이 담겨있는 모든 것을 말하므로 현상이기도 하고 본질이기도 합니다. 심생멸心生滅이란 마음이 생멸한다는 것이고, 이 생멸하는 마음이라는 것은 본질, 즉 여래장에 의한 것이므로 불생불멸不生不滅이 생멸生滅과 더불어 화합한다고 했습니다. 불생불멸不生不

滅이 생멸生滅과 더불어 화합한다는 말에 대한 원효대사의 소疏를 살펴보겠습니다.

발견되고 파악되는 모든 것은 움직이는 마음이다

不生不滅者, 是上如來藏. 不生滅心動作生滅, 不相捨離,
불 생 불 멸 자　시 상 여 래 장　불 생 멸 심 동 작 생 멸　불 상 사 리

名與和合,
명 여 화 합

如下文言, 如大海水因風波動, 水相風相不相捨離. 乃至廣說.
여 하 문 언　여 대 해 수 인 풍 파 동　수 상 풍 상 불 상 사 리　내 지 광 설

불생불멸不生不滅이란 자성청정심自性淸淨心의 여래장을 말하고, 이 생멸하지 않는 마음이 움직여서 생멸을 일으켜 서로 버리거나 여의지 않아 화합한다고 이름한 것은, 아래의 글에서 "바닷물이 바람에 의하여 물결이 일어나지만, 물의 상(水相, 젖는 성질)과 바람의 상(風相)이 서로 떠나지 않는 것과 같다."고 하고 널리 설한 것과 같다.

[소疏]

바닷물 전체가 움직이기 때문에 바닷물이 풍상風相을 떠나지 않았고, 움직이는 것마다 젖지 않음이 없기 때문에 물결이 수상水相, 즉 젖는 성질을 떠나지 않았다고 말했습니다. 마음도 이와 같이 불생불멸의 마음 전체가 바닷물처럼 움직이기에 마음이, 모양을 지닌 파도와 같은 생멸상生滅相을 떠나지 않았고, 생멸상이 신묘한 알음알이가 아닌 것이 없기에 심상心相을 떠나지 않은 것이니, 이것이 불생불멸과 생멸이 융합하는 것이라고 원효는 비유를 들어 설명했습니다. 불생불멸의 마음은 바다 자체이고, 생멸하는 마음은 바람의 모습이나 물의 모습을 말합니다. 바람이 불면 물결이 일고 바람의 상相을 따라 어떤 모습의 물결이 생겨나지만, 그 바람의 상을 띤 물결은 결코 늘어나지도 줄지도 않고 항상 변함없는 물이듯, 우리 마음의 어떠한 모습(相)이라 할지라

도 마음 자체를 떠난 것은 아니라는 뜻입니다.

비유는 그럴듯한데 이 비유를 보면 바다라는 것이 '있다'고 느껴지는 것이 문제입니다. 바다라는 것은 있다고도 없다고도 할 수 없습니다. 사람들에게 이해시키기 위해서 바다라는 것을 상정해 놓았을 뿐입니다. 이 설명을 들으면 변치 않는 물의 모습이나, 물의 성질 등과 상관없이 또는 긴밀하게 연결되어서 존재하는 바다가 우리 마음속에 상相으로 그려집니다. "아~ 그래. 바다가 있고, 그 바다는 물결이나 물에 젖는 성질과는 상관없지. 그런 게 있어."라고 마음이 바다를 그리면서 본질에 대해 말한다는 거죠. 또한, 우리 마음에 의해 잡혀서 느껴지고, 보여지고, 들려지는 어떤 상相이 있다는 것은 그 상相의 본질이 '있다'는 증거라고 이해하게 됩니다. 그러나 그런 뜻이 아닙니다. '있다'는 것 자체가 개념입니다. 무언가 마음의 본질 같은 것이 '있다'고 말한다면 그것은 이미 분별된 것이므로 본질이 아닙니다. 그래서 뭔가 '있다'고 상정하고 그것을 추구하고 찾기 시작하면 옆길로 샌 것이지요. 어느 곳에서는 "마음이 멈추고 텅 비면 그것이 느껴지죠? 그것이 본질입니다."라고 말하는 사람도 있습니다. 텅 빔이 '느껴진다면' 그것도 느껴지는 '무엇'인, 현상으로 있는 것일 뿐 본질이라고 할 수 없습니다. '있다, 없다'에 연관된 그 어떤 것도 바다와는 상관이 없습니다. 본질은 있는 것도 아니고 없는 것도 아닌, 있고 없음의 세계와 상관없는 것입니다. 그렇기 때문에 이해하기가 힘듭니다.

지금 여러분 자신의 마음을 살펴보세요. 감지를 연습하다 보면 마음속 어떤 대상의 느낌뿐 아니라 관찰하고 살펴보는 '자기'도 '있다'는 것을 알면서 살피게 됩니다. 그런 살펴보고 있는 '자기'도 마음에 의해서 '잡히는 것'을 보면 그것 역시 마음의 '움직임 중의 일부'임을 알 수 있습니다. 우리는 움직이지 않는 마음을 발견하려고 하는데 '발견하고자 하는 그 마음' 자체가 마음의 '움직임'입니다. 그런데 어떻게 움직이지 않는 마음을 '발견'할 수 있겠습니까? 지금 자신 안으로 들어가서 살펴보세요. 여러분이 발견할 수 있는 그 모든 것은 움직임입니다. 마음에 의해서 일차적으로 '잡히는 대상'은 당연히 모두 '움직이는 마음'이며, 그 나타난 현상을 관찰하고 잡으려 찾고 다니는 자기 또한 움직이는 마음입니다. 움직이지 않는 마음을 찾으려는 '의도' 자체가 움직이지 않는 마음의 '표현'이고 그것을 아는 그 '앎' 또한 '움직여진 마음'입니다. 이것이 지금 이 순간에 즉각적으로 자기 마음속에서 파악되고 발견된다면 뭔가 시원함이 올 것입니다. 즉, 발견되고 파악되는 모든 것은 움직여진 마음이며, 우리는 움직여진 마음이 움직여진 마음을 파악하려는 작업에 대해서 얘기하고 있습니다. '물의 모양'이 있음을 '아는', 또 '다른 물의 모양'을 만드는 작업인 것입니다.

　파도처럼 움직이는 여러분의 마음을 대비해서 들어보십시오. 여기 어떠한 '물의 모양'이 있습니다. 그것을 보면서 "물의 모양은 본질이 표현되어 나타난 거야." 하고 아는 '누군가'가 있어요. 그러면서 '물의 모양'과 그 '누군가' 사이에 '앎'이 생겨납니다. 대상들 사이에서 끊임없이 생겨나는 소리 같은 그런 '앎'입니다. 그 소리의 내용은 "그래. 이 앎도 역시 마음의 움직임이야."하는 것이죠. 우리가 알고 있고, 알 수 있는 모든 것이 이 소리와 같으며 소리가 소리를 아는 작업입니다. 소리가 있을 때만 모든 앎이 일어납니다. "아~ 그렇구나!"하는 그 순간 자체가 하나의 마음의 '움직임'입니다. 지금 이 순간 마음속으로 들어가 대상이 아닌 살펴보려는 '자기 자신' 역시 하나의 '대상'이라는 것을 파악하면서 살펴보면 어떻게 됩니까? 끊임없이 살피려는 마음을 되먹임하며 동시에 그것이 움직이는 마음임을 아는 물의 모양을 만들어냅니다. "아! 이거구나" 하고 고개를 끄덕이는 순간이 물의 모양임을 '아는', '또 다른 물의 모양'을 끊임없이 만들게 됩니다. 마음은 움직일 때만 현상으로 드러나기 때문에 생각되고 느껴지고 알게 되는 그 모든 것들은 움직여진 마음인데 그 움직여진 마음이 바로 생멸하는 마음입니다.

머리로는 이해할 수 있습니다. "파도와 같은 생멸하는 마음이 일어나기 위해서는 물과 같은 본질이 있어야지."라고 생각하는 것은 쉬우나 "본질이 있어야지."라고 생각하는 그 마음도, 무언가 있을 거라는 그 '있음'도 본질은 아닙니다. 왜냐하면, 본질은 있고 없음의 분별을 떠나있기 때문에 그렇습니다. 그래서 움직이지 않는 마음은 앎의 방식을 통해서가 아니라, 모든 앎이 마음의 움직임이라는 것을 증득함으로써 터득되어지는 것입니다.

의식의 최종상태, 마음의 삼분열

더 깊이 들어가 살펴보겠습니다. 지금 모두 전체주의[20]를 해봅니다 (전체주의 상태가 되었는지 기다린다). 전체주의 상태가 되면 마음은 어느 한 대상에 붙잡혀 있지 않기 때문에 자연스럽게 전체로 퍼져나가

---

20) 전체주의 : 보통 우리의 주의는 하나의 대상에 보내어진다. 그러나 전체주의는 주변의 전체에 보내어짐으로써 개별적인 대상에 주의가 가지 않는다. 이때 주체-대상의 관계에 의해 주체 역시 개별적이지 않은 상태가 된다.

는 주의만 느껴지게 됩니다. 또한 동시에 전체주의 상태에 있음을 우리는 알고 있습니다. 지금 이 상태는 전체주의가 대상이 되고, 전체주의 상태임을 아는 앎이 있고, 대상(전체주의)을 보고 있는 관찰자가 있는 상태입니다. 그 관찰자를 다시 보거나 알려고 하지 말고 그냥 전체주의 상태를 유지하세요. 다시 말해서 전체주의라는 대상을 보고 있는 관찰자 즉 주체로 그대로 존재하세요. 그 관찰자를 찾아서 보려고 하면 관찰자를 향하는 마음이 전체주의를 대상으로 보는 마음을 망가뜨리고, 관찰자가 대상이 되어 쳇바퀴를 돌게 됩니다. 그런 것은 할 필요가 없습니다. 자, 지금 마음은 전체주의 상태이고, 그것을 아는 관찰자 즉 주체가 있고, 그것을 아는 앎 이 세 가지가 있는데 그중에서 여러분이 알 수 있는 것은 전체주의와 전체주의 상태임을 아는 것 두 가지입니다. 주체인 관찰자는 지금 알지 못합니다. 그 주체로 동일시되어 존재하기 때문입니다. 동일시된 자기는 다시 그것을 대상으로 만들어 관찰하기 전에는 결코 마음에서 안다거나 느껴지지 않습니다.

지금 알고 있는 전체주의 상태와, 전체주의가 있다는 앎, 이 두 가지는 물의 모양입니다. 이 두 가지 모양이 있다는 것은, 그것을 느끼거나 아는 주체가 존재한다는 뜻이고, 그 주체 역시 하나의 모양, 움직임이라는 의미입니다. 그러나 우리는 주체와 동일시되어 있기에 그것을 의식할 수는 없습니다. 그러니까 결국 지금 현재 마음의 장에는 세 가지 모양이 나타나 있는 것이지요. 전체주의 상태와 그것을 아는 앎, 그리고 주체. 여기서 주체는 느껴지거나 알려지지 않지만 마음에 '나타나 있는' 상태입니다. 왜냐하면 그것으로 인해 앞의 두 가지가 '인식'되기 때문입니다. 이렇게 세 가지가 모두 물의 모양이고 본질이 아닙니다. 이것을 마음의 삼분열三分裂이라 합니다. 이 세 번째, 인식되지 않는

'주체' 역시 마음에 나타난 하나의 모습, 보이지 않는 마음의 현상임을 '깨우치면' 여러분은 즉각 본질의 자리로 물러나게 됩니다.

본질은 모양이 없습니다. 그렇다면 도대체 본질이 있다는 것을 어떻게 알 것인가? 다시 말하지만 있는 것이 아닙니다. 있는 것이라고 하는 순간 그것을 대상으로 삼은 것입니다. 그러므로 본질이란 있는 것도 아니고, 그렇다고 없는 것도 아닙니다. 잡을 수는 없지만 없다고도 할 수 없는 이유는, 거기에서 모든 마음의 현상이 나타나고 있기 때문입니다. 본질은 바로 그런 있고 없음이라는 분별마저 모두 떠난 것입니다.

자아自我의 씨앗

유식학唯識學에서는 아뢰야식에 이르는 마음의 과정을 아주 세밀하게 나누어 놓고 그 각각의 관점에 대해서 자세하게 설명하고 반론도합니다. 우선 전체 얼개를 살펴보면 식識에는 5식, 6식, 7식, 8식이 있습니다. 그 외에 9식까지 분류하기도 하는데 우리는 8식까지만 간단하게 살펴보겠습니다. 5식은 안이비설신眼耳鼻舌身이 만들어 내는 식識입니다. 눈이 시각적인 대상을 만나 마음에 흔적을 만들어 놓은 것이 안식眼識이고, 귀가 소리를 듣고 마음에 흔적을 만들어 놓은 것을 이식耳識이라고 합니다. 이런 식으로 안, 이, 비, 설, 신이 만들어 내는 식이 5식입니다. 6식은 안, 이, 비, 설, 신이 만든 마음의 흔적인 감지(느낌)를 대상으로 작업하며, 흔히 표면의식이라고 하는데 자아自我 또는 에고ego라는 허구적이고 임시적인 주체의 '표현'이라고 보면 됩니다.

7식을 불교에서는 마나스식이라고 하며 현대어로 말하면 표면의식과 무의식의 경계면인 전의식前意識이라 할 수 있습니다. 표면의식과 무의식 사이에 있이 평상시에는 잘 나타나지 않지만 미묘하게 드러나기도 하고 의식이 세밀해지면 파악되기도 합니다. 표면의식이 드러나기 위해서는 어떤 중심축이 필요한데 전의식이 그 역할을 하며 표면의식과 소통하므로 전의식을 표면의식의 의지저라고 합니다. 이 마나스식은 오랜 세월 동안 축적된 경험과 경향성을 '나'라고 집착하는 자아의식을 만들어내는 씨앗이 되므로 에고의 씨앗이라고도 표현하며 의식할 때 동일시된 중심 역할이기 때문에 표면에 잘 드러나지 않습니다.

자기 자신을 들여다보고, 느끼고, 감지 연습을 한동안 하다 보면 "아, '나'라는 것도 하나의 느낌이구나." 하고 파악하게 되죠. 그렇지 않으면 계속해서 그것을 자기라고 알고 있게 됩니다. 우리가 지금까지 '나'라는 것도 하나의 느낌일 뿐임을 파악하기 위해 애써 왔는데, '나'라는 것이 느낌으로 파악된다는 것은 바로 전의식이 표면화되었다는 것입니다. 이 '나'라는 느낌은 표면의식의 중심축 역할을 하지만 고정되어 있지 않고 나타났다가 사라지므로 이 또한 생멸식입니다.

8식은 무의식無意識인데 불교에서는 아뢰야식이라고 합니다. 유식학에서는 아뢰야식을 이숙식異熟識이라고 하는데, 결과는 원인과 상관없이 다르게(異) 성숙된다는(熟) 뜻입니다. 즉 선악善惡의 원인으로부터 선도 악도 아닌 결과가 나타날 수도 있다고 하여 이숙식異熟識이라는 이름이 붙었습니다. 원인에 따른 결과, 또는 원인과 상관없는 이숙식異熟識, 이런 것들을 모두 포함해서 아뢰야식이라 하며 유가학파나 유식학에서는 이 아뢰야식 역시 생멸한다고 보았습니다.

그런데 대승기신론에서는 이 아뢰야식을 생멸하기도 하고 생멸하지 않기도 한다고 말했습니다. "불생멸심不生滅心과 생멸심生滅心이 다 있다, 각覺과 불각不覺이 다 있다."라고 말하며 여래장如來藏이라는 용어를 사용합니다. 본질을 일컬어 여래如來라고 하는데 모든 현상 속에는 그 현상을 일으키는 본질의 씨앗이 내재되어 있으므로, 여래如來가 저장藏되어 있다는 의미에서 모든 현상과 법法을 여래장如來藏이라 합니다. 특히나 깊은 무의식 안에 본질의 씨앗이 담긴 다양한 현상들이 숨겨져 있다고 하여 아뢰야식을 여래장如來藏이라 했습니다. 이러한 대승기신론의 관점은, 부처와 중생으로 나눈 분별심만 사라지면 부처와 중생이 따로 없기에 "중생은 깨닫지 못한 부처이고, 부처는 깨달은 중생"이라고 말하는 것과 같은 맥락입니다. 그런데 이런 용어 자체가 중요한 것이 아니고 대승기신론에서는 왜 아뢰야식, 즉 무의식을 여래장이라고 했는지를 잘 살펴봐야 합니다.

　무의식이라는 것은, 우리가 의식하지 못하는 마음의 흔적과 현상들이 저장되어 있는 상태입니다. 저장된 것도 하나의 현상이므로 본질이라 할 수 없기에 유가론에서는 이 무의식 즉 아뢰야식을 생멸심生滅心이라고 보았습니다. 지금 주변을 둘러보면 컵, 책장, 의자, 나와 다른 사람들이 있습니다. 컵을 바라보면 마음속에 컵의 형상과 느낌이 들어와 있죠? 이것이 바로 내 마음이 컵으로 탄생한 순간입니다. 이제 그 옆의 책장을 봅니다. 내 눈에 들어오는 것이 컵에서 책장으로 바뀌었고 그에 따라 마음의 그림도 달라집니다. 감지, 즉 내 마음의 느낌이 달라졌어요. '컵'이라는 마음은 사라지고(滅) '책장'이라는 마음이 생긴(生) 것, 이것이 생멸심입니다. 내가 뭔가를 보거나 만지거나 들을 때, 뭔가를 생각할 때, 어떤 냄새를 맡을 때 매 순간 마음이 생겨났다 사라집니다. 여러분들이 '자신'을 '태어났다' 여기고 '죽는다' 여기는 마음도 바로 이 마음과 진히 다르지 않습니다. 만일 그 마음에 어떤 느낌도 없고 아무런 생각도 없으며 마음의 내용이 전혀 없다면 거기 무슨 생과 사가 있겠습니까?

이렇게 아뢰야식이 생멸한다고 보는 관점은 표면의식이 수위를 둘러보는 순간 생겨났다 사라지는 마음과 같습니다. 우리는, 하나라고도 할 수 없는 불이不二의 우주 전체인 세상世上에 선을 그어 나누고 구별하고 이름 붙인 세계世界를 바라봅니다. 불이不二의 '세상'에는 생멸이 따로 없지만, 우리가 이름 붙인 '세계'에는 생멸이 끊임없습니다.

이번에는 감각感覺™(깨어있기 용어)으로 살펴봅니다. 감각 상태에서 컵을 보다가 책장을 보고, 다시 방 전체를 감각으로 바라보세요. 어떻습니까? 이때는 마음이 생겨났다 사라지지 않습니다. 그렇지만 구별은 되고 있습니다. 이것이 바로 '마음에서 모든 것이 구별되지만 구별되지 않는 것'이라는 의미입니다. 이것을 이해해야만 대승기신론의 견해가 이해될 것입니다.

경험의 수평 차원과 수직 차원

소疏에 보면 '아뢰야식은 생멸심生滅心과 불생멸심不生滅心이 동시에 있다.'고 말하는 것에 반박하는 문장들이 있습니다. 누군가 묻습니다. "마음의 본체인 심체心體(여기서는 아뢰야식을 말함)가 생멸한다면 본질이라는 것이 항상 변함없이 존재하는 것이 아니므로 본질이라는 것은 없는 것 아닌가?"라고 반론을 제기합니다. 또 "마음의 본체가 고요하다가 무명의 바람이라는 인연을 따라 생멸한다면 본체도 생사가 있다는 것인데 그것을 어떻게 본체라 할 수 있겠는가? 본마음은 생사가 없어야 한다."라고 말하며 본체의 생멸과 불생멸을 동시에 논하는 것은 틀렸다고 얘기합니다.

그러나 원효는 본질적인 마음의 '모습'은 무명의 바람을 따라 변하지만 본질 스스로는 변함이 없다고 말합니다. 이것은 수평적인 경험만 해온 사람은 이해하지 못할 말입니다. 疏소에서 반박하는 사람은 "본질이 있다면 본질과 본질 아닌 것은 달라야 할 것이 아닌가. 본질도 본질 아닌 것과 마찬가지로 태어났다 사라진다면 그것을 어떻게 본질이라 할 수 있는가?"라고 수평적인 차원에서 말하고 있습니다. 즉, 깊은 경험이 없는 사람은 "바다가 본질이라면 바다와 파도는 다르므로 바다는 태어났다 죽었다 하면 안 되지 않느냐"라고 말하는 것입니다. 그러나 경험의 깊이가 있는 사람은 이렇게 봅니다. 표면의 파도(표면의식)가 있고, 그 밑에 잔잔하게 흔들리는 전의식前意識이 있고, 저 깊은 곳에 흔들리지 않는 무의식無意識이 있는데, 우리의 마음은 지금 이 순간, 표면에서 심층까지 전 영역에 걸쳐 동시에 있으며, 물이라는 측면에서 표면과 심층이 다르지 않습니다. 즉, 표면의 마음이기도 하고, 전의식이기도 하고, 심층의식(무의식)이기도 합니다. 그리고 그 어느 것도 아니기도 합니다. 그래서 지금 이 순간 표면은 흔들리고 태어나고 죽지만, 저 깊숙한 곳은 꿈쩍도 하지 않으며, 표면이 흔들려도 물이라는 것 자체에 있어서는 흔들리지 않기에, 흔들리는 마음과 변하지 않고 그대로인 마음이 동시에 있다고 말할 수 있습니다. 이것이 파도는 생멸하고 바다는 생멸하지 않지만 파도와 바다가 둘이 아니라는 말이며, 아뢰야식은 생멸하는 마음이기도 하고 생멸하지 않는 마음이기도 하다는 것의 의미입니다.

뇌졸중을 일으킨 후에 벽에 손을 댔더니 내 손과 벽이 다르지 않고, 벽에도 의식이 있고, 내 의식과 벽의 의식이 다르지 않다는 것 등을 경험하고 돌아와서 "만상萬象이 하나다."라고 말한 질 테일러Jill Bolte Taylor라는 뇌과학자가 있습니다. 우리의 마음이 표면부터 심층까지 동시에 있다는 것은 이러한 경험과 같은 것입니다. 그 경험을 할 때의 상태에서 벽에 손을 짚으면, 내 손도 원자로 가득 차 있고, 벽도 원자로 가득 차 있으니 원자가 원자를 만나는 꼴이어서 분별과 차별이 없다고 말할 수 있습니다. 그 차원에서는 만상이 둘이 아닌 하나인 것이고, 또한 하나라고도 할 수 없는 불이不二의 세계인 것입니다. 그런데 의식이 깨어나 다시 돌아와 보면 손은 손이고 벽은 벽입니다. 즉 분별의 세계로 오면 이것과 저것의 구별과 차별이 있고 생멸이 있습니다. 따라서 분별없는 '세상世上'과 분별의 '세계世界'[21]가 지금 이 순간 동시에 있다는 것입니다. 내가 보는 눈이 무엇인가에 따라서 세상은 불이不二의 세상이기도 하고, 끊임없는 생멸이 일어나고 분별과 경계로 가득 찬 세계世界이기도 합니다.

마음이 일으킨 파도, 그 분별의 생사生死

깊은 선정이나 삼매三昧 등의 '너'와 '나'가 없는 깊은 마음으로 들어갔다 나온 사람이, 이것과 저것을 구별하지 않고 동일한 것으로 보는 통찰 상태가 바로 바다로 보거나 원자로 보는 방식입니다. 그에 반해 파도로 보는 것은 분별로 보는 방식입니다. 불생불멸의 여래장의 바다

---

21) '세상'과 '세계' : 이 책에서 세상은 나눌 수 없는 불이不二의 것을, 세계世界는 세상에 경계界를 그어 만들어진 가상의 분별 세계를 상징한다.

에서 파도로 나타나는 것이 7식, 6식, 5식입니다. 분별하는 속성을 타고난 감각기관을 통한 5식, 6식, 7식은 모두 분별하는 것이고, 8식으로 들어가면 무의식이 되어 구별하지 못하게 됩니다. 그러나 의식의 선線이라는 것이 칼로 자르듯이 딱 정해져 고정된 것이 아니므로, 여러분 자신을 살피고 느끼다 보면 의식의 선이 점점 내려가게 되어 나중에는 깊은 무의식의 흔적까지도 분별이 가능하게 됩니다.

'분별로 보는' 모든 것에는 생사生死가 있습니다. 외부를 보는 것이 실제로는 마음의 느낌이라고 우리가 얘기해왔던 것처럼, 컵을 보는 순간 내 마음속에 컵이 탄생하고, 고개를 돌려 벽을 보는 순간 컵은 죽고 벽이 탄생합니다. 이렇게 분별로 인해 끊임없는 생사生死가 일어나는 것이 마음이 일으킨 파도의 세계입니다. 그런데 감각으로 보면 어떻습니까? 감각 상태에서는 컵을 보든 벽을 보든 아무런 분별이 없습니다. 그러나 분별이 없다고 말하면서도 미묘한 분별이 있음을 알 수 있습니다. 분별없음과 분별 있음이 동시에 있는 그때, 분별없음에 초점을 맞추면 마음은 탄생하지도 않고 죽지도 않습니다. 이렇게 분별로 보는 동시에 분별없음이 같이 있는 것을, 대승기신론에서는 아뢰야식이 생멸하기도 하고 불생불멸하기도 한다는 모순된 말로써 표현한 것입니다. 그러나 그것은 표면에서만 모순될 뿐입니다.

세상 전부를 분별할 수 없다면 세상은 있는 것인가?

지금부터는 세상世上과 세계世界라는 용어를 구분해서 사용하겠습니다. 세상世上은 인간(世)을 넘어서(上) 있는 것으로 분별 되지 않은 우주 전체 또는 불이不二의 세상을 말하며, 세계世界는 내 마음속에 경계(界)

지어져 세상이 나뉘어진 것을 말합니다. 구분되지 않는 세상이 안이비설신眼耳鼻舌身이라는 한정된 감각기관을 거친 후 마음에 남은 흔적들로 만들어진 것이 세계世界이며, 세계는 세상의 그림자라고 말할 수 있습니다. 세상과 세계가 얼핏 비슷해 보이지만 아주 커다란 차이가 있는데, 그것은 경계의 유무有無입니다. 세상은 나뉘지지 않았고 분별 되지 않았지만, 세계는 나누어져 있습니다. 그런데 우리의 안이비설신의로는 오직 세계만을 볼 뿐입니다. 세상은 분별없이 '보일 뿐', 분별된 의식으로 '볼 수'는 없습니다.

나뉘지 않아 분별이 없는 불이不二의 세상을 본다는 것은 어떤 것일까요? 예를 들어 우리가 연필과 컵을 구별하지 못한다면 그것들을 별개인 두 개로 볼 수 있을까요? 연필과 컵 두 개만 생각해봤는데 이제 이 세상 전부를 구별하지 못한다고 하면 세상이 나뉘져 있는 것으로 의식되겠습니까? 상상해 보세요. 그러면 세상이 있을까요? 있다, 없다고 말할 수도 없겠죠. 상상도 잘 안 될 겁니다. 그런데 우리가 지금처럼 세상을 구분하여 볼 수 있는 이유는, 감각기관의 한계와 특성으로 인해 마음의 흔적들에 '느낌의 차이'가 생기고 구별되는 것에 선을 긋고 이름 붙였기 때문입니다. 이렇게 인간이 세상을 경계 지은 것을 앞으로 우리는 세계世界라고 부르겠습니다.

경계지어진 세계를 통해서 세상을 바라보기 때문에 세상이 원래 나누어져 있는 것처럼 보입니다. 소나무와 대나무, 하늘과 땅이 전부 다르고 차이가 있게 보이지만, 감각 상태™나 깊은 삼매三昧로 들어가면 그것들이 눈에 다 보이지만 구별되지는 않습니다. 이처럼 모든 것을 동일하게 인식하게 되는 것을 아뢰야식, 여래장이라고 합니다. 그런데 잘 보면 "동일하게 인식한다"라는 말에는 약간의 모순이 있습니다. 인식한다는 것은 구별한다는 것인데 지금 컵과 마우스를 구별하지 못하고 동일하게 본다면 인식할 수 있을까요? 인식되지 않습니다. 그런데 감각(감각적 자극만 있고 알거나 느낀다는 생각이나 감지가 없는 상태)으로 보면 마음이 멈춰 마우스와 컵을 구별할 수 없고, 하나라는 마음도 없습니다. 이러한 마음은 여전히 구별(자극으로서의 구별)이 있으면서도 구별(느끼거나 아는 구별)이 없는 마음입니다. 깊은 선정에 들어갔다 통찰을 일으키고 나온 사람만이 그렇게 볼 수 있습니다. 그러니까 아뢰야식에는 분별 있는 세계도 있고, 분별이 없는 불이不二의 세상도 있는 거예요. 대승기신론 이전까지 아뢰야식은 생멸하는 마음, 현상일 뿐이었습니다. 그런데 기신론에서는 의식되지 않는 수많은 현상들이 저장되어 있는 곳(무의식, 아뢰야식)에 현상들을 동일하게 인식하는 분별없는 마음의 본질인 여래의 씨앗이 숨겨져 있다 해서 아뢰야식을 여래장이라고 처음 말했습니다. 마찬가지로 모든 것을 동일하게 인식하는 그 여래의 씨앗(눈)이 아뢰야식뿐만이 아닌 모든 현상 속에도 내장되어 있기 때문에 모든 현상 역시 여래장이며 생멸하는 것이 곧 불생불멸의 마음이라고 하는 것입니다. 이 말은 중생이 곧 부처고 부처는 깨달은 중생일 뿐이라는 말과 같습니다. 이전에는 중생은 중생이고, 부처는 부처이기에 중생은 끊임없이 노력해서 부처가 되어야 한다고 했지만, 대승불교에 들어서면서부터는 중생을 곧 부처라고 본 것입니다. 중생은 생멸하는 마음을 가지고 있고, 부처는 생멸하지 않는 마음을 얻은 사람인데 중생이 곧 부처라 하였으니 생멸하는 마음이 곧 불생불멸의 마음이라고 말할 수밖에 없습니다.

감각과 감지, 불생불멸과 생멸

생멸하는 마음이 왜 불생불멸의 마음인지를 파도와 바다의 비유로 다시 한 번 살펴보겠습니다. 바다에 잠시 바람이 불어 생겨난 현상일 뿐인 파도를 '자기'라고 '믿고 있는 것'이 중생의 마음이라면, 파도는 현상일 뿐임을 파악하고 있는 것이 부처의 마음입니다. 눈에 들어오는 사물의 느낌, 사물을 만질 때의 느낌 등의 생겨났다 사라지는 다양한 느낌 속에 머물며, 떠오르는 생각이나 감정을 자기라고 믿는 것이 생멸하는 마음속에 있는 것이고 그것이 바로 중생의 마음입니다. 마음속에 떠오르는 순간순간의 느낌에 머물지 않으며, 그것들이 나타났다 사라지는 현상에 불과함을 알 때, 나는 태어나지도 죽지도 않는 불생불멸의 변하지 않는 마음입니다. 감각과 감지로 보자면, 감각 상태에서 마음에 어떠한 느낌도 없고 흔들리지 않는 것이 바로 변하지 않는 마음이며, 이는 선정에 들어갔다 나온 사람이 온 우주가 아무런 차별 없이 동일하게 인식된다고 말하는 것과 유사합니다. 감지 상태에서 마음에 다양한 느낌이 생겨나고 거기에 머무는 것이 생멸하는 마음입니다. 그러므로 생각과 감지의 차원에만 머무는 사람은, 당연히 바다와 파도를 구분하여 "바다는 파도가 아니야"라고 말하듯이 마음에 드러난 현상은 마음 자체와는 다르다고 할 수밖에 없습니다. 마음의 본체가, 끊임없이 변하는 마음의 표면의식과 어떻게 같을 수 있느냐고 반박하는 것이지요. 이런 반문은 경험 여부의 차이로 인한 것이니 논리적으로 설명할 수 없습니다. 그런데 감각으로 본 사람은 구별되면서도 구별되지 않음이 동시에 있다는 것이 무엇인지 알게 됩니다. 그래서 선사들은 "저 드넓은 대지에 폭우가 쏟아져도 대지는 조금도 젖지 않았다."라고 말했습니다. 실제로 젖지 않았겠어요? 폭우가 쏟아졌으니 다 젖었겠지요. 그렇지만 젖지 않았다고 말하는 것이, 바로 생멸하는 마음과 생멸하지 않는 마음이 동시에 있다고 말하는 것입니다. 선사들의 선문답을 보면 이와 같이 언어도단言語道斷의 것이 많습니다. 불생멸심과 생멸심이 다르지 않다는 것은, 바로 이렇게 차이를 알지만 차이 없음이 동시에 있다는 것을 알 때 가능하다고 원효는 말했습니다.

파도는 결코 바다를 떠난 적이 없다

안이비설신眼耳鼻舌身이 만들어내는 5식에는 구별이 있고, 6식과 7식에는 미세한 구별이 있으나, 감각 상태를 통해서 분별과 분별없음이 동시에 있다는 것을 추론해낼 수가 있습니다. 8식이라 말하는 아뢰야식 즉 무의식에도 우리가 느끼지 못하는 미묘한 경향성이 남아서, 의식되지 않는 미묘한 느낌으로 끊임없이 표면의식에 영향을 미칩니다. 그렇다 하더라도 그 8식 역시 분별과 분별없음이 동시에 있다는 것을 감지와 감각을 통해서 우리는 추론해낼 수 있습니다. 그래서 마지막으로 이렇게 표현합니다. "아뢰야식은 여래장이다. 무명 경계의 바람이 장식藏識의 바다에 7식의 파도를 일으킨다." 즉 경계를 일으키는 무명이, 바다처럼 생멸하지 않는 여래장에, 생멸하는 7식의 분별을 일으킨다는 말입니다. 여래장은 생멸 없는 바다이기도 하고 생멸하는 7식의 파도이기도 합니다. 그러나 여래장은 변화가 없기에 생멸이 없다고 했고, 7식의 파도는 끊임없이 변화하기에 생멸이 있지만, 7식의 파도는 결코 바다를 떠난 적이 없기에 생멸없는 여래장과 다르지 않다고 하는 것입니다. 이 말은 논리로 이해할 수 있는 것이 아닙니다. 여러분이

'자기'라는 것이 일종의 파도임을 철저히 파악할 때 그 의미는 저절로 느러닐 셋입니다. 다만 이 비유, 즉 파도는 끊임없이 변화하지만 한번도 바다를 떠난 적이 없다는 것을 염두에 두고, 자신의 마음에서 일어나는 수많은 파도들을 '느낌'으로 관찰해나가다 보면 어느날 그 변화하는 느낌들이 있다는 것이 이미 느낌을 일으키고 있는 본질 때문이며, 이 본질은 변함없이 항상했다는 것을 깨우쳐 알 것입니다.

지금 아뢰야식에 생멸하기도 하고 생멸하지 않기도 하는 두 가지 측면이 동시에 있다고 설명했는데, 이 아뢰야식에 대한 정의를 잘 파악하고 있어야 앞으로 나올 각覺과 불각不覺의 내용이 이해됩니다. 원효는 대승기신론소疏에서 아뢰야식에 대한 설명을 길고 상세하게 하고 있는데 이것을 간략하게 살펴보았습니다. 아뢰야식을 무의식이라고 했지만, 아뢰야식이 여래장이라는 의미는 실상은 현대 심리학의 무의식보다 더 깊은 것이어서 단순한 무의식과는 차이가 있습니다.

> 此識有二種義. 能攝一切法, 生一切法.
> 차 식 유 이 종 의   능 섭 일 체 법   생 일 체 법

이 식識에 두 가지 종류의 뜻이 있어서 일체법을 포괄하며, 일체법을 낼 수 있다.

[논論]

이것은 생멸과 불생멸의 두 가지 뜻을 말하니 이에 대해서는 앞에서 자세히 말했거니와 뒤에서 그 의미를 각과 불각으로 상세히 설명하고 있습니다.

> 云何爲二. 一者覺義. 二者不覺義.
> 운 하 위 이   일 자 각 의   이 자 불 각 의

무엇이 두 가지인가? 첫째는 각覺의 뜻이고, 둘째는 불각不覺의 뜻이다.

[논論]

각覺, 불각不覺이라고 하지 않고, 각의 뜻(覺義)과 불각의 뜻(不覺義)이 있다고 했습니다. 이 모든 설명이 말 속에서 일어나고 있는 일임을 은연중에 비치고 있는 것입니다.

4. 각의覺義

그림으로서의 진리

所言覺義者. 謂心體離念. 離念相者, 等虛空界, 無所不遍,
소 언 각 의 자　위 심 체 리 념　이 념 상 자　등 허 공 계　무 소 불 편

法界一相, 卽是如來平等法身.
법 계 일 상　즉 시 여 래 평 등 법 신

依此法身說名本覺.
의 차 법 신 설 명 본 각

각의覺義라고 하는 것은 마음의 본체가 생각을 떠난 것을 말함이니, 생각을 떠난 상相이란 허공계와 같아서 두루 하지 않은 바가 없어, 법계가 모두 하나의 상相이며, 바로 여래의 평등한 법신이다.
이 법신에 의지하여 본각本覺이라고 이름한 것을 말한다.

각의覺義, 즉 '깨달음의 뜻'은 마음의 본체가 생각을 떠나있음을 이른다고 했습니다. "각覺이라는 것은~"이라고 하지 않고 "각의覺義라는 것은~"이라고 하여 말이 엄밀하게 사용되고 있음을 보여줍니다. 마찬가지로 이념離念 또는 이념자離念者라고 하지 않고 이념상자離念相者라고 했습니다. "생각을 떠났다는 것은~"이라고 말하지 않고 "생각을 떠난 상相이라는 것은~"이라고 표현함으로써 생각을 떠난다는 것도 하나의 상相임을 말하고 있습니다. 이 부분을 잘 살펴보아야 합니다. 이 글의 저자는 자신이 말하고 있는 모든 것이 상相 속에서 일어나는 일임

을 끊임없이 주지시킵니다. 즉 일종의 드라마, 스토리 속에서 구성하는 '그림으로서의 진리'라는 것입니다. 그러나 말에 속지 말고 말이 의미하는 바를 즉각 알아들어 깨우치라는 의미입니다.

여러분들이 뭔가를 경험하고, 생각을 떠나 자유로워져서 더 이상 생각에 휘둘리지 않게 되어 "나는 생각을 떠났다."라고 여긴다면, 그것이 바로 "이념상자離念相者"입니다. 생각을 떠날 줄 아는 것은 굉장히 중요하지만, 그것도 하나의 상相이라는 것을 은연중에 얘기하고 있습니다. 왜냐하면 생각이라는 것은 허구이기에 생각을 떠났다는 것도 없고, 따라서 생각을 떠난 자도 없기 때문입니다.

어쨌든 이렇게 생각을 떠난 상(離念相者)은 허공계와 같아서 두루두루 편만하고 온 우주 전체가 하나입니다. 여기서의 법계法界는 진리의 세계뿐 아니라 모든 현상의 세계 또한 포함하여 일컫는 말입니다. 왜냐하면, 현상을 통해서 진리가 발견되므로 현상이 곧 법法이기 때문입니다. 법계일상法界一相은 우주 전체가 하나의 허공계와 같은 불이不二의 세상임을 말하는 것인데, 이것 또한 하나의 상相입니다. 본각本覺이란 전 우주, 전 존재계, 모든 현상계가 결코 나눌 수 없는 유기적인 하나라는 의미의 법계일상法界一相, 다른 말로 법신法身에 의존해서 붙여진 이름입니다. 그러니까 전 우주가 분리되지 않은 불이不二의 세상으로 체험되고 보여질 때 드디어 본각本覺이라 말할 수 있습니다.

何以故.
하 이 고

本覺義者, 對始覺義說. 以始覺者, 卽同本覺. 始覺義者,
본 각 의 자 대 시 각 의 설 이 시 각 자 즉 동 본 각 시 각 의 자

依本覺故而有不覺, 依不覺故說有始覺.
의 본 각 고 이 유 불 각 의 불 각 고 설 유 시 각

어째서인가?

본각本覺의 뜻이란 시각始覺의 뜻에 대하여 말한 것이니 시각이란 바로 본각과 같기 때문이며, 시각의 뜻은 본각에 의존하기 때문에 무언가 불각不覺이 있으며, 불각不覺에 의하므로 시각이 있다고 말하는 것이다.

[논論]

본각의本覺義도 일종의 상相입니다. 본각本覺은 시각始覺에 의존하고, 시각始覺은 불각不覺에 의존하고, 불각은 본각에 의존하고…. 이렇게 돌고 도는 이유는 모두 개념이기 때문에 그렇습니다. 나중에는 본각도 시각도 불각도 없다고 합니다. 본각은 근본적인 깨침이고, 시각은 깨침이 조금 시작된 것입니다. 물속에서 헤매다가 드디어 물에 뜰 줄 알게 된 것이 시각이고, 물로부터 자유로워져서 마음대로 떠다니는 것이 본각이라고 앞서 비유를 들어 설명했었죠.

원문에서 '본각의 뜻은 시각의 뜻에 대응하여 말한 것'이라는 의미는, 본각을 정의할 때 '시각과는 조금 다른 이러한 것이 본각이다.'라고 시각에 의존해서 말한다는 것입니다. 그러니까 시각이 없으면 본각도 없는 것이죠. 이렇게 시각과 본각이라는 것은 모두 우리가 나눠놓은 것입니다. '시각과 본각이 같다(始覺者, 即同本覺)'는 것은 본질에 있어서는 같다는 의미로, 시각에는 본각과 같은 측면이 있기에 역시 각覺이라고 이름 붙인 것입니다.

그러나 본각이 완벽한 각覺이라면, 이에 비해 시각은 뭔가 부족한 불각不覺의 의미가 포함되어 있습니다. 그렇게 차이가 나기에 본각과 시각으로 나눠놓은 것이지요. 즉 시각에는 '깨닫지 못한 부분'이 있어 불각不覺의 의미와, 말에 의존하므로 구분하기 위해 시각이라 말한다고 했습니다. 시각始覺과 본각本覺을 견성見性과 완전한 대각大覺으로 볼 수도 있습니다. 견성은 이제 겨우 본성을 알아챈 것이고, 대각은 완전하게 깨친 것입니다. 견성 안에는 대각과 질적으로 같은 부분이 있지만, 완전히 같지 않은 덜 깨달아진 부분도 있으므로, '견성' 안에는 불각이 들어있습니다. 그러나 대각과 견성이 같다고 할 수도 있는데, 그것은 대각이 본성자체가 된 것이라면, 견성은 본성을 본 것이므로, 성性이라는 측면에서는 같다고 할 수도 있는 것입니다.

깨달음과 깨닫지 못함은 서로에게 의존한다

다시 한 번 정리해서 살펴보겠습니다. 깨침이 시작된 시각始覺, 깨침의 본질적인 부분이 드러난 본각本覺, 깨치지 못한 불각不覺이 있습니다. 시각은 본각에 비하면 불각의 측면이 있으므로 이 둘의 구분은 불각에 의존하는 것입니다. 의존한다는 것은 불각이란 말과 깊이 연관되어 있다는 뜻이고, 그런 의미에서 시각은 본각이 아닙니다. 그러나 본질적인 측면本性의 맛을 봤다는 의미에서 시각은 본각과 같습니다. 그래서 시각은 본각이기도 하고 본각이 아니기도 합니다. 또 시각은 본각에 비하면 불각이지만, 각覺이 있기는 하기에 완벽한 불각은 아니므로 불각이 아니기도 합니다.

이제 불각에 대해 살펴보면, 불각이 있는 것은 본각이 있기 때문입니다. 본각과 불각을 나눈 것이므로 불각은 본각에 의존합니다. 즉 둘이 서로가 서로에게 불가결한 한 부분이라는 것입니다. 하지만 불각이 본각은 아니지요. 따라서 불각은 본각이 아니지만, 본각이 아닌 것도 아닙니다. 왜냐하면 이 둘은 서로에게 의존하기 때문입니다. 이렇게 본각과 불각도 서로 의존합니다. 따라서 불각不覺, 시각始覺, 본각本覺은 모두 본질적인 자성自性이 없다고 말할 수 있습니다.

물리학으로 예를 들어보겠습니다. 예전에는 원자, 전자, 양성자가 있다고 여겼는데, 더 깊숙이 들어가 보니 그것들은 모두 에너지 끈 string이라는 것을 발견했습니다. 즉, 원자, 전자, 양성자가 에너지라는 측면에서 질적으로 다르게 각자 존재하는 것이 아니므로 그것들에는 자성自性이 없습니다. 관계에 의해 경계지어진 에너지들일 뿐입니다. 자성自性이라는 것은 더 이상 나눌 수 없는 독립적인 스스로의 성질을 말합니다. 마찬가지로 시각, 본각, 불각도 자성自性이 없습니다. 시각은 본각 때문에 있는 것이고, 본각이 있기에 불각이 있고, 불각이 있기 때문에 본각이 있습니다. 서로간의 관계에 의해 구별될 뿐입니다. 그러니까 깨달은 사람이 있기에 깨닫지 못한 사람이 있는 것이고, 깨닫지 못한 사람이 없으면 깨달은 사람도 없다는 말입니다. 불교에서는 "우리는 모두 깨달아 있다."고 말합니다. 그것은 깨닫지 못한 사람이 없다는 뜻이에요. 그럼에도 불구하고 한편으로는 깨닫지 못함이 있습니다. 깨달음과 깨닫지 못함에 어떤 차이가 있는 것입니다.

개념에서 빠져나오라

이 말들을 철저히 파고 들어가면 우리가 개념 속에 빠져 있음을 발견하게 되고, 개념으로부터 떨어져 나가게 됩니다. 개념에서 떨어져 나가는 것이 바로 자유로워지는 것입니다. 그러나 개념에서 빠져나온다는 것은 근본적으로 '분별'에서 벗어난다는 것이고, 분별이란 표면적으로는 생각과 이름이지만 그 아래는 '느낌'의 분별이 있고, 그것보다 더 아래에는 이렇게 저렇게 나뉘어 쌓인 경험의 흔적들의 차이가 있습니다. 즉, 개념에서 떨어져 나온다는 것은, 근본적으로 '분별'이라는 굴레에서 자유로워질 때만 가능하기에 분별없음, 위없이 평등한(無上平

等) 바른 깨침(正覺)에 이를 때만 가능한 것입니다.

깨달음, 깨닫지 못함, 견성, 본각, 이런 것들이 있다고 여기는 마음은 개념의 세계에 빠져 있는 마음입니다. 각覺도 불각不覺도 없다고 얘기할 수 있을 때, 또 각불각이 없는 것도 아니다라고 할 수 있을 때, 우리는 이미 깨달아 있습니다. 그렇지만 개념과 상관없는 세계로 갔을 때 비로소 그렇게 되는 것이지, 분별의 세계에서 개념에 빠져있을 때는 각覺과 불각不覺이 있습니다.

각의覺義라는 것은 나와 대상의 분열이 허구임을 파악하는 것입니다. 의식 작용을 한다는 것은 '나와 대상'으로 분열된 상태 속에 있음을 말하며, 모든 생각 또한 이러한 분열을 기반으로 일어납니다. 예를 들면 서울과 부산으로 나뉘어야만 서울에서 '부산'으로 '움직일' 내가 생기는 것이고, 이 움직임이 우리가 '의식현상'이라고 부르는 것이기 때문입니다. 그러나 우리가 발견하려는 것은 서울이나 부산과 같은 개념으로 나뉜 모습이 아니라 그 어떤 분별도 없는 '땅'입니다. 그런데 '땅'은 이미 서울에서도 발견할 수 있고, 부산에서도 발견할 수 있으며, 이미 있는 그 자리가 땅인 것입니다. 이렇게 아무 곳으로도 갈 필요가 없다는 것을 깨닫는 것이 바로 '깨달음'의 의미입니다. 그런 후에 비로소 서울과 부산은 개념이며, 이 개념을 '사용하는 것'이지 그 어디에도 묶일 필요가 없다는 것이 분명해지는 것입니다.

이렇게 각의覺義는 생각을 떠났기 때문에 하나도 아니고 둘도 아닌 불이不二의 법계일상法界一相이고 이것이 본각本覺의 의미입니다. 모든 일상이 이미 진리의 법계인 것입니다.

"깨달음이라는 것이 과연 있는 것인가?"라고 묻는다면 분열 속에 있을 때는 "깨달음이라는 것은 있다."고 말할 수 있습니다. 나눔의 세계

속에 내가 들어있고 초점이 맞춰져 있을 때는 당연히 이것과 저것을 구별하므로 깨달음과 깨닫지 못함이 있고 부처와 중생이 있습니다. 그러나 진정한 깨달음이라는 것은 본질적으로 이 나눔과 분별의 세계를 떠나는 것입니다. 감각상태와 비슷하다고 할 수 있습니다. 감각상태는 본질의 그림자죠. 감각상태로 들어가면 '나'도 '대상'도 없습니다. 그런 상태에서는 부처도 중생도 없는 것이죠. 마음이 나눠지지 않은 텅 빈 상태인데 거기에 누가 있겠어요? 분별의 세계를 떠나면 거기에는 깨달음도, 깨닫지 못함도, 부처도, 중생도, 나도, 너도 없습니다. 깨닫는다는 것은, 부처와 중생이 있는 분별의 세계에서 노력하여 부처가 되는 것이 아니라, 부처와 중생이라는 '나눔'이 없는 세계로 가는 것입니다. 자, 그렇다면 우리는 부처와 중생이라는 것이 있다고 해야 할까요, 없다고 해야 할까요?

마음의 내용이 아니라 마음의 작용을 보라

본각本覺은 심체心體가 불각상不覺相(깨닫지 못함이라는 상相)을 떠난 것입니다. 불각不覺을 떠난 것이 아니라 불각상不覺相을 떠난 것이라고 했어요. "나는 아직 안됐어, 나는 아직 모르겠어."라는 마음이 불각상不覺相입니다. "나는 미진해."라는 마음속에는 무엇이 있나요? 그 마음에는 '내'가 있고 '미진한 것'이 있습니다. 사실 미진함도 미진하지 않음도 없는데 그러한 상相 속에 빠져있는 거예요. 그렇다고 해서 마음속에서 자꾸 미진함이 올라오는데 "이 미진한 마음만 없으면 되는 거야? 그럼 잊어버리면 되겠네." 또는 "아! 이런 게 없는 거구나."한다면 '없다는 상相'을 또 만들어서 붙잡고 있는 것입니다. "깨달음도 깨닫지 않음도 없는 거야? 그럼 아무것도 할 필요 없네." 하고 있다면 깨달음도 깨닫지 않음도 없다는 상相을 붙잡고 있는 것입니다, 이 모든 것들이 마음의 내용이라는 것을 알겠습니까? 이것들은 상相을 떠나는 것과는 완전히 다른 것입니다. 마음의 내용이 아니라 마음의 작용을 파악하면 저절로 상相에 빠지지 않게 되는 것이지, 또 다른 상을 붙잡는 것은 아무 의미 없는 일입니다.

시각始覺에 대한 원효의 주석을 보겠습니다.

次釋始覺, 於中有二. 先顯亦對本覺不覺起義.
차 석 시 각　어 중 유 이　선 현 역 대 본 각 불 각 기 의

後對不覺釋始覺義. 此中大義, 欲明始覺待於不覺.
후 대 불 각 석 시 각 의　차 중 대 의　욕 명 시 각 대 어 불 각

不覺待於本覺. 本覺待於始覺.
불 각 대 어 본 각　본 각 대 어 시 각

旣互相待, 則無自性. 無自性者, 則非有覺. 非有覺者,
기 호 상 대　즉 무 자 성　무 자 성 자　즉 비 유 각　비 유 각 자

由互相待. 相待而成, 則非無覺. 非無覺故, 說名爲覺.
유 호 상 대　상 대 이 성　즉 비 무 각　비 무 각 고　설 명 위 각

非有自性名爲覺也. 略明二覺竟在於前.
비 유 자 성 명 위 각 야　략 명 이 각 경 재 어 전

다음은 시각을 풀이하였으니 이 중에 두 가지가 있다. 먼저는 또한 본각을 상대하여 불각이 일어나는 뜻을 나타냈고, 뒤에서는 불각에 대하여 시각의 뜻을 풀이하였다. 이 중의 대의는 시각이 불각을 기다리고, 불각이 본각을 기다리며, 본각이 시각을 기다리는 것을 밝히고자 한 것이다. 이미 서로 기다리는 것이라면 자성이 없는 것이다. 자성이 없다면 각覺이 있지 않을 것이요, 각이 있지 않은 것은 서로 상대하기 때문이다. 상대하여 이루어진다면 각이 없지 않을 것이요, 각이 없지 않기 때문에 각이라 말하는 것이지, 자성이 있어서(즉 깨달음이라는 것이 있어서) 각이라 하는 것은 아니다. 두 개의 각을 대략 밝힘을 앞에서 마친다.

[소疏]

대승기신론 원문에서 시각을 풀이하면서 처음에는 본각이 있으므로 불각이 일어남을 말했습니다. 본각이라는 개념을 만들어놓았기에 이에 대비하여 불각도 말할 수 있으므로 본각이 없으면 불각도 없습니다. 그다음에는 불각에 대하여 시각의 뜻을 풀이하였습니다(始覺義者, 依本覺故而有不覺, 依不覺故說有始覺). 시각과 본각에는 차이가 있는데 그것은 시각이란 말 안에는 본각에 비해서 부족한 부분이 있다는 것입니다. 따라서 시각은 부족한 그 불각에 의존한다, 다시 말해 시각 안에는 불각의 의미가 들어있다는 것이고, 그로 인해 시각과 본각이 다르다고 하는 것입니다. 이렇게 시각과 본각에는 차이점이 있으므로 본각 또한 시각을 통해 설명이 가능합니다. 그것을 본각은 시각에 의존한다라고 하는 것입니다.

　또한 본각은 불각에 의존합니다. 깨달음이 있기 위해서는 깨닫지 못함이 있어야 합니다. 불교에서 "우리 모두는 이미 부처이다. 그런데 부처가 아니라는 착각 속에 있을 뿐이다."라고 말합니다. 그 말이 맞다면 본각은 불각에 의존하고 있습니다. 우리가 이미 부처라면 본각 상태에 있는 것인데 어떻게 새롭게 견성을 할 수 있을까요?

　이런 것들이 불각은 본각에 의존하고, 본각은 시각에 의존하고, 시각은 불각에 의존한다는 말입니다. 그 말은 다시 말해서 그 각각은 특별히 독립적인 본성이 없다(無自性)는 것이고, 각覺이라는 것만 특별히 따로 있는 것이 아니라는 말입니다. 무자성無自性이라는 말은 비유각非有覺('깨달음이 있는 것'이 아님)이고 또한 비무각非無覺('깨달음이 없는 것'이 아님)입니다. 만약에 깨달음이 없다면 무각無覺이라 하면 되는데 비유각非有覺이라고 했습니다. 이것을 잘 봐야 합니다. 무자성無自性, 즉 깨달음의 본질이 없다는 의미는 "깨달음이 무엇이냐?"고 물어봤을 때 "깨달음은 이러이러한 것이다."라고 말할 만한 본질적인 특성이 없나는 뜻이고, 깨달음이 '있는' 것이 아니라는 말입니다(非有覺). 왜일까요? 착각만 벗어나면 되기에 그렇습니다.

갈대처럼 서로가 서로에 의존하여 이것이 있음으로 해서 저것이 있듯이 시각, 불각이나 본각이 홀로 존재할 수는 없습니다. 이렇게 서로를 기다려서 이루어졌지만(相待而成), 즉 시각과 불각과 본각이 서로 의존해서 이루어진 것이지만 또한 비무각非無覺이라고 했습니다. 이것은 어떤 의미일까요? 본각, 시각, 불각이 비록 서로 의존하지만 깨달음이란 것이 없는 것은 아니므로 각覺이라고 말하는 것이지, 특별히 어떤 자성自性이 있어서 각覺이라고 이름 붙인 것이 아니라고 했습니다. 그래서 없는 것도 아니고, 있다 해도 본성은 없으므로 본래 있는 것이라 할 수 없으니, 있는 것도 아닙니다.

비유각非有覺 즉, 깨달음이 있는 것이 아니라는 것은 "우리는 중생이기 때문에 노력해서 깨달아야 한다."는 사람에게 하는 말입니다. 그런 사람들에게 개념 속에 빠진 그들의 상태를 깨트리려고 "각覺이라는 게 특별히 있는 것이 아니야."라고 하는 것이죠. 비무각非無覺 즉 깨달음은 없는 것도 아니라는 것은 "우린 이미 다 깨달아 있으니 깨달음을 위해 특별하게 할 일이 없어."라고 말하는 사람에게 "그렇다고 깨달음이 없는 것은 아니야."라고 말하는 것입니다. 애쓰는 사람에게는 "있는 것이 아니야."라고 말하고, 애쓰지 않는 사람에게는 "없는 것은 아니다."라고 말하여 두 종류의 사람을 다 좌절시키는데, 그렇다면 우리는 어떻게 해야 할까요? 애써도 안 되고 애쓰지 않아도 안 되겠죠? 애씀과 애쓰지 않음, 있음과 없음을 모두 떠나야 합니다. 이처럼 본각이라는 것이 특별히 있는 게 아닌데 "나는 아직 깨닫지 못했어." 하는 상相을 만들어 놓고 괴로워하는 사람은 불각不覺에 매여 있는 사람이고, 생각으로부터 자유로워진 이후에 "나는 깨달았어." 하고 있다면 유각有覺에 매여 있는 사람입니다. "나는 깨달았어. 경험했어. 체험했어."라고 말하는 사람들에게는 벌써 이 시대부터 이런 주의를 줬습니다. 있는 것이 아닌데 있다고 느끼고, 경험했다라고 생각한다면, 또다시 그런 착각 속에 들어가 있는 자신을 잘 보라는 것이죠.

미혹한 무지에 빠져 있다가 깨닫게 되는 것을 시각始覺, 견성見性이라고 합니다. 본성을 보는 것이죠. 그러면 깨달음이라는 것은 시각에만 있고 본각이나 대각大覺에는 없어야 합니다. 미혹을 벗어나서 본성을 보는 상태로 넘어가는 과정이 깨달음이므로, 이 견성의 순간에만 깨달음이 있고 본각에는 없어야 한다는 말입니다. 또, 우리는 이미 깨달은 본각이라는 입장에서는 시각에 깨달음이 없어야 합니다. 왜일까요? 이미 깨달아 있는 상태이므로 깨닫지 못한 상태에서 깨달은 상태로 올라가는 시각始覺이라는 것이 있을 수가 없기에 그렇습니다.

이 말들이 말장난 같지만 절대로 그렇지 않습니다. 우리가 이런 개념 속에 빠져 있다는 것을 말해주는 것입니다. 시각도 본각도 불각도 다 개념 속의 일임을 알아야 합니다. 자기 마음을 들여다보며 뭔가 나아졌다고 여겨지는 도중에 "나는 이제 나아졌어/경험했어/체험했어." 하는 마음이 들기 시작하면 또다시 개념 속에 빠지고 있음을 알아채야 합니다.

불각의不覺義라는 것은 스토리 속에 들어가 있는 것이라고 말할 수 있습니다. "나는 경험했어."라는 생각에 에너지가 투입되며 사실감이 느껴지는 마음의 작용을 보는 것이 중요하지 각, 불각, 현상, 대각 같은 용어와 개념이 중요한 것이 아닙니다.

느낄 수 있다면 진정한 '내'가 아니다

又以覺心源故, 名究竟覺. 不覺心源故, 非究竟覺.
우 이 각 심 원 고   명 구 경 각   불 각 심 원 고   비 구 경 각

此義云何.
차 의 운 하

如凡夫人覺知前念起惡故, 能止後念令其不起. 雖復名覺,
여 범 부 인 각 지 전 념 기 악 고   능 지 후 념 령 기 불 기   수 부 명 각

卽是不覺故.
즉 시 불 각 고

如二乘觀智, 初發意菩薩等, 覺於念異, 念無異相.
여 이 승 관 지   초 발 의 보 살 등   각 어 념 이   염 무 이 상

以捨麤分別執著相故, 名相似覺.
이 사 추 분 별 집 저 상 고   명 상 사 각

또 마음의 원천을 깨달았기 때문에 구경각究竟覺이라 이름 한다. 심원을
깨닫지 못하면 구경각이 아니다. 이것은 무슨 뜻인가?
범부는 앞생각 때문에 악이 일어난 것을 알기에 뒷생각을 멈추어 일어나
지 않게 하니, 이 또한 각이라 이름 하지만 사실은 불각이다.
이승의 관지와 초발의보살 정도에 있는 사람은 생각의 이상異相을 깨달
아 생각에 이상이 없으니, 이는 추분별집착상을 버렸기 때문이며 따라서
상사각이라 한다.

[논論]

염念, 즉 생각의 다름을 살펴보고 그것의 본질을 깨달은 것이 바
로 각어념이覺於念異이고 그 핵심은 염무이상念無異相인데, 생각에 다
른 상相이 없고 각각이 하나의 느낌이라는 점에서는 같다는 말입니다.
생각은 느낌에 들러붙은 이름표이며, 이름표끼리의 네트워크입니
다. 이름을 떼어내면 모두 느낌일 뿐인 그것을 우리는 감지라고 했습
니다. 마음의 상相이죠. 이러한 모든 마음의 상相은 실질적인 차이가

있는 것이 아니라 단지 모양의 차이, 즉 경계의 차이만 있을 뿐입니다. 그래서 모양에 주의가 가면 각자 다른 것 같지만, 모양을 떠나면 서로 다르지 않게 됩니다. 마우스로 예를 들어 보자면, 컴퓨터 마우스를 눈으로 보고 만져보고 나면 마음속에 그 경험의 흔적이 쌓입니다. 그 느낌에 '마우스'라는 이름이 붙습니다. 마우스에 대한 마음의 흔적인 상相을 가진 채로 보면, 마우스와 다른 것이 비교 구별되므로 '상相에 차이가 난다.'고 여기지만, 근본적으로 이런 모든 상相들이 '느낌으로 되어있다'는 점에서는 모두 같다고 할 수 있습니다. 비유를 들자면, 진흙에 마우스를 찍어 눌러 모양을 만들고 연필을 찍어 모양을 만들면, 진흙 위에 찍힌 그 모양은 서로 달라 구별되지만, 모두 진흙으로 이루어진 모양이라는 점에는 차이가 없습니다. 그래서 하나의 감지를 느낌으로 다룰 줄 알면 감지 자체를 다룰 수 있게 되는 것이죠. 다시 말해 하나의 감지가 느낌이라는 것을 명확하게 파악하게 되면 다른 모든 감지도 느낌이라는 것을 알 수 있고, 느낄 수 있다는 것은 그것은 내가 아닌 것이므로 그것으로부터 떨어질 수 있는 것이죠.

이렇게 생각에는 이상異相이 없고 모두 느낌으로 되어있음을 발견한 사람은 거친 분별에 빠지는 집착하는 것을 버리게 됩니다. 거친 분별이란 각각의 상相의 내용, 즉 진흙에 찍힌 모양에 차이와 구별이 있음을 말합니다. 하지만 그것이 다 느낌이라는 점에서는 분별이 없음이 바로 염무이상念無異相이 뜻하는 바입니다.

如法身菩薩等, 覺於念住, 念無住相. 以離分別麤念相故,
여 법 신 보 살 등   각 어 념 주   염 주 무 상   이 리 분 별 추 념 상 고

名隨分覺.
명 수 분 각

법신보살 등의 사람은 생각의 주상住相을 깨달아 생각에 주상이 없음

을 아니, 이는 분별추념상을 떠났기 때문이며, 따라서 수분각이라 이름 힌디.

[논論]

각어념주覺於念住란 생각이 상주하는지 그렇지 않은지를 깨달은 것으로 생각(念)의 근본 뿌리를 깨달았다고 할 수 있습니다. 상사각相似覺이 '생각(念)의 상相이 다르지 않다'는 본질을 깨달은 것이라면, 수분각隨分覺은 생각(念)이 상주하지 않음을 깨달은 것으로 부분적인 증득證得입니다.

나와 대상이 동시에 생겨났다 사라지는 일종의 현상임을 발견하게 되면 더 이상 내가 주체가 되지 않습니다. 내가 무엇을 할 수 있는 존재가 아니라, '나'라는 것도 마음에 떠오른 일종의 대상임을 발견하게 되는 것이죠. 그 후에는 자기 안에서 일어나는 모든 것을 현상으로 볼 수 있게 되고, 그것이 바로 분별이 없어지는 것입니다. 집착할 대상을 만드는 그 '분별'을 떠난 것이죠. 나와 대상으로 나눠놓고 "내가 더 중요해. 나를 보호해야 해. 나를 가꾸고 나를 지켜야 돼."라면서 나에 집착했었는데, 이제 그런 나와 대상을 구분하여 더 중요하고 덜 중요한 것으로 분별하는 마음을 떠남으로써 차별적인 분별에서 멀어진 사람을 수분각隨分覺이라 하며 흔히 말하는 견성見性과 비슷한 것입니다.

마음에는 애초에 상相이라는 것이 없었다

如菩薩地盡, 滿足方便, 一念相應覺心初起, 心無初相,
여 보 살 지 진　만 족 방 편　일 념 상 응 각 심 초 기　심 무 초 상

以遠離微細念故, 得見心性, 心卽常住, 名究竟覺.
이 원 리 미 세 념 고　득 견 심 성　심 즉 상 주　명 구 경 각

보살지가 다한 정도의 사람은 방편을 만족시켜 일념이 상응하고, 마음이 최초로 일어나는 것을 보아 마음에 초상이라는 것이 없음을 아니, 이는

미세념을 떠났기 때문이다. 이는 마음의 본성을 본 것이니 마음이 늘 그러하다. 이를 이름 하여 구경각이라 한다.

[논論]

수분각 다음 단계인 보살의 경지를 다 가 본 사람은 모든 방편들을 만족시켜 하나의 생각이 상응하고, 오직 한마음만 있기 때문에 다른 마음이 생기지 않게 되고 마음이 최초로 일어나는 것을 깨닫게 됩니다. 마음이 최초로 일어난다는 것은 나와 대상의 분열을 말하는 것으로, 그 분열이 있어야만 의식적 마음이 일어나게 된다고 했습니다. 이전에 '감정의 두 다리'를 다룰 때, 우리가 가진 신념信念에서 믿음(信: 생각念에 붙은 에너지)을 발견하게 되면 힘이 빠지게 되어 감정으로부터 떨어져 나올 수 있게 된다고 했습니다. 감정으로부터 힘을 뺄 수 있는 또 한 가지는 보다 근본적인 것으로, 그 생각(念)이 무엇으로 구성되었는지를 살펴 나와 대상으로 구성되어 있음을 발견하는 것이라고 했습니다. 나와 대상의 분열로 인해 마음이 생겨나고 비로소 의식이 일어나게 됩니다. 심무초상心無初相이란, 나와 대상으로 분열되었기에 마음이 생겨나는 것이지 마음에는 애초에 상相이라는 것이 없다는 것, 즉 마음에 최초의 상(初相)이 없음을 말합니다. 이렇게 나와 대상의 분열이라는 마음의 미묘한 부분을 볼 수 있게 되면, 감지 중에서도 미묘하고 세밀한 생각, 무의식적인 미묘한 감지로부터도 멀리 떠나게 되고 마음의 본성을 볼 수 있게 됩니다. 변함없이 항상 상주하는 마음의 본질을 발견하는 것이죠. 이런 사람을 궁극의 깨달음을 얻었다는 의미로 구경각究竟覺이라고 합니다.

맨 처음 범부凡夫는 이런저런 분별을 하며 분별을 떠나지 못합니다. "이 생각이 있으니까 이런 악한 일이 생기는구나." 하고 앞의 생각을 애써서 멈추려 하는 것이 범부의 각覺입니다. 두 번째는 생각의 내용이 아닌 생각 자체를 살펴보고 어떠한 분별에 집착하는 것을 멈추는 것이 상사각相似覺입니다. 이런 생각, 저런 생각이란 모두 분별이고, 분별이 있음으로 해서 집착이 생겨남을 알아 그런 집착에서 떨어져 나간 것입니다. 세 번째 수분각隨分覺은 분별이라는 것이 없음을 발견한 것입니다. 파도가 어떤 모양이던 물인 것처럼 물의 모양을 떠나게 되는 것이죠. 마지막으로 마음의 본성 자체를 발견하는 것이 구경각究竟覺인데, 물의 모양을 떠나는 것에 그치지 않고, "아! 물의 본질은 이런 것이구나."하며 본질을 꿰뚫는 것을 말합니다. 이것은 마음의 본성을 본 것이니 이 마음이 늘 그러한 것은 마음의 모양은 상주하지 않지만 마음 자체는 상주한다는 것을 발견한 것입니다.

是故修多羅說, 若有衆生能觀無念者, 則爲向佛智故.
시 고 수 다 라 설   약 유 중 생 능 관 무 념 자   즉 위 향 불 지 고

그러므로 수다라경에 '만약 중생이 무념을 꿰뚫어 볼 수 있다면 곧 부처님의 지혜에 향하는 것이 된다.'고 하였다.

[논論]

각覺의 네 종류

다시 정리하자면 각覺에는 범부凡夫의 각, 비슷한데 다른 상사각相似覺, 각의 단계에 들어선 수분각隨分覺, 그리고 본각本覺인 구경각究竟覺 이렇게 네 종류가 있습니다.

첫 번째, 범부凡夫의 각은 이전의 생각이 악을 일으킴을 알아서 이후의 생각을 멈출 줄 아는 것으로, 시간차가 있고 진정한 각은 아닙니다. 인과의 굴레라는 시간 속에 있는 상태입니다. 반면 진정한 각이라는 건 즉각적인 깨달음입니다.

두 번째는 이승관지二乘觀智와 초발의보살初發意菩薩의 각인데, 이승관지二乘觀智란 이승 정도의 사리事理(사물의 이치)를 꿰뚫어 볼 줄 아는 사람을 말합니다. 이를 상사각相似覺이라 하는데 생각의 이상異相(생각에는 다른 상이 있다)의 본질을 깨달은 것을 말합니다. 이것은 우리 식으로 이야기 하자면, 나와 대상을 비롯한 모든 생각이 일어났다가 사라지는 가변적인 것임을 아는 상태로, 생각에 다름이 없다는 것 다시 말해 모든 것이 느낌이라는 점에서는 차이가 없음을 깨달은 것입니다. 그래서 염무이상念無異相이라고 합니다. 이 사람은 '나'라는 것도 주체'감'으로 느끼기 시작하게 됩니다. 즉, '나'도 '너'도, '세계'도 모두 의식이 파악하는 하나의 '느낌'이라는 면에서는 다르지 않다는 것입니다. 그러나 이 상사각相似覺은 깨달음 비슷하지만, 아직 아닙니다.

원효의 대승기신론소疏에 보면 이상異相을 탐貪(탐욕), 진瞋(분노), 치癡(어리석음), 만慢(오만), 의疑(미혹), 견見(삿된 견해) 여섯 가지로 나누어 말합니다. 만慢은 내가 남보다 높다고 여기는 것인데 그러려면 나와 남이 나눠져야 합니다. 그래야 내가 남보다 더 높아지는 게 가능할 것 아닙니까? 견見은 모든 잘못된 견해를 말하는 것으로 "이것이 진리야. 저것은 진리가 아니야."라고 말하거나 그것을 옳다고 여기는 견해인데 이런 것들이 모두 이상異相입니다. 이것들이 모두 다르다고 여겨지는 것은 그 상相의 다름 속에 빠져있기 때문입니다. 분별된 생각의 느낌에 빠져있기에 오만한 느낌, 어리석은 느낌, 탐욕의 느낌 등이 모두 다르게 느껴지는 것입니다. 그것을 생각의 차원과 느낌의 차원, 즉 감지의 차원과 의식적 느낌이 없는 감각적 자극의 차원으로 나눠놓고 보면 그 모두가 느낌의 차원에서 일어나는 '현상'이라는 점에서 다를 바가 없습니다. 이렇게 이상異相이 없다는 것은 이 모든 것이 느낌에 불과하다는 것을 알아챘다는 말입니다. 상사각相似覺의 사람 즉, 깨달음의 비슷한 경지에 산 사람은 이 모든 것들이 하나의 느낌에 불과하다는 걸 알아서 '나'라는 느낌도 마우스를 볼 때 느껴지는 느낌과 유사하게 '미음今에 일어난 느낌', 즉 하나의 현상에 불과하다는 것을 알게 됩니다. 따라서 이런 사람은 분별을 통해 집착하는 것을 떠날 수 있게 됩니다. 집착한다는 것은 '나'와 '마우스'가 다르고, 옳고 그름을 분별하고, 좋고 나쁜 것을 분별하여 그중의 일부에 매달려 있는 것입니다. 그런데 그 모든 것들이 다 마음의 작용에 의해 만들어지는 '느낌'이라는 것을 알았으니, 좋은 것도 좋다는 '느낌'의 일부이고 나쁜 것도 나쁘다는 '느낌'의 일부임을 알아 모든 것이 마음에서 일어나는 현상에 불과하다는 것을 아는 것이죠. 좋고 나쁨, 옳고 그름도 내 마음이 잡아챈 어떤 자극에 불과합니다. 나와 너 또한 '느낌'에 불과한 것을 발견한 사람이 상사각相似覺입니다.

세 번째, 그다음 단계인 수분각隨分覺은 법신보살法身菩薩의 각인데 부분적인 증득證得을 한 것입니다. 드디어 한 번 본질을 보아서 생각에는 상주常住(항상 머무르는)하는 상相이 없음을, 즉 아트만이라고 불리는 본질적인 내가 없음을 깨달은 것입니다. 대승기신론소疏에서는 주상住相(머무르는 상)을 네 가지로 얘기합니다. 사람들이 마음에 항상 상주한다고 여기고 있는 것들이죠. 내가 어리석다는 아치我癡, 나의 견해가 있다는 아견我見, 내가 사랑한다는 아애我愛, 내가 오만하다는 아만我慢이 그것인데 이 각각에 대해서 '나'라는 것이 존재한다고 여깁니다. 그러나 이 네 가지는 근본적으로, 나(我)와 나의 소유我所라는 것을 인정할 때 가능한 것입니다. "나는 어리석다."가 있으려면 '내'가 있고 '어리석음'이 있어야 '내가 어리석은 사람'이 되는 것입니다. "내가 사랑해."에는 나와 내가 사랑하는 무엇이 있어야 하지요. 이렇게 이 네 가지 견해는 기본적으로 나와 나의 소유를 인정할 때 가능하며 기신론 疏에서는 이것을 주상住相이라고 말합니다. 그렇다면 나와 나의 소유는 어떻게 생겨날까요? 일단 마음이 나와 대상으로 분열되고, 마음의 일부분인 내가 소유한 것이 생겨납니다. 이렇게 내가 있고 나의 소유물이 생겨나는 것들을 주상住相이라고 하는데, 실제로는 그런 분열에 의해서 생겨나 상주하는 것은 없음을 깨닫는 것이 수분각隨分覺입니다. 왜 주상住相이 없다고 하는 것일까요? 나와 대상의 분열은 생겨났다 사라지기 때문입니다. 대상을 볼 때만 내가 생겨나고, 대상이 없어지면 나도 사라지죠. 생겨났다 사라지는 것은 항상 존재하는 것이 아닌 임시적인 현상이라는 것을 발견하는 것이 수분각隨分覺입니다. 그래서 그 사람은 드디어 나를 포함한 모든 것을 현상으로 보고, 현상이 아닌 항상 머무르는(常住) 상相은 없음을 알게 되므로 염무주상念無住相이라고 했습니다. 상사각相似覺은 염무이상念無異相 즉 분별되는 다른 상이 없다고 했다면, 수분각隨分覺은 모든 분별을 떠나 오직 하나 존재하는 아트만과 같은 '본질의 나'라는 것도 없다고 말하는 것입니다.

이제 마지막 구경각究竟覺은 본각本覺이라고도 하는데 미세한 생각마저도 떠난 것입니다. 미세념微細念이란 의식화되지 않은 염念, 즉 무의식적인 감지들이라고 보면 됩니다. 이렇게 의식하기 힘든 미세한 감지까지 모두 내가 아님을 발견하는 것이죠. 자기를 자세하게 관찰하다 보면 점차 의식의 선이 내려와 예전에는 의식하지 못했던 미묘한 느낌까지 의식되고, 나중에는 무의식의 영역에 있던 것들도 의식되기 시작합니다. 나도 모르게 화가 날 때 전에는 보이지 않던 그 밑바탕이 보이기 시작하는데 그러한 것들이 미세념微細念이라고 할 수 있습니다. 이러한 의식되지 않는 미묘한 감지들도 떠나기 시작해서 모두 떠나보내면 그것이 몬삭本覺 즉 구경긱究竟覺입니다. 이 구경각究竟覺의 본질적인 측면은, '나'라는 것이 없어지는 것이 아닙니다. '나'라는 느낌, '나'라는 생각이 있지만, 그것이 대상과 함께 생겨나는 임시적인 존재라는 것을 분명히 파악하고, 그것을 파악하는 주체 역시 임시적인 나라는 것, 즉 파악하고 있는 '나' 자체도 하나의 현상임을 아는 것입니다. 그래서 '깨달은 나'라는 것은 없다고 하는 것이죠. 마지막에 우리가 빠져드는 함정은 '내가 깨달았다'는 것인데 그것도 임시적인 현상임을 아는 것이 구경각究竟覺입니다.

아는 것과 깨닫는 것의 차이

又心起者, 無有初相可知. 而言知初相者, 即謂無念.
우 심 기 자　무 유 초 상 가 지　이 언 지 초 상 자　즉 위 무 념

또 마음이 일어난다는 것은 알 만한 초상初相이 없는 것이며, 그런데도 초상을 안다고 하는 것은 곧 무념無念을 말하는 것이다.

[논論]

심기자心起者는 마음이 일어나는 것을 말합니다. 마음이 일어난 것을 어떻게 알 수 있습니까? 뭔가 마음속에 상相이 떠올랐을 때 알 수 있습니다. 마음속에 집을 떠올린다든가 또는 불편한 마음 상태가 느껴진다든가, 그것이 무엇 때문인지 살펴보면 어떤 상相이 떠오른다든가 할 때 마음이 일어났다는 것을 알게 되지요. 그런데 그렇게 마음이 일어나도 특별하게 '알 만한 상相'이 없다고 했습니다. 이 말은 '마음의 일어남 그 자체'를 알아챈다는 것으로, '안다'는 것과 '깨닫다'는 것의 차이에 관한 내용이라고 할 수 있습니다.

안다는 것은 마음의 상相을 불러내서 그것을 보는 것입니다. '내가

뭔가를 안다.'는 것은 항상 '무언가'라는 상相이 있다는 것이므로, 안다는 것은 마음속에 떠오른 상相을 보는 '과거'라고 할 수 있습니다. 이에 반해 '깨닫는다'는 것은 지금 이 순간의 즉각적인 현재를 말합니다. 마음이 일어난 것을 '깨닫는다'는 것은, 마음의 어떤 상相을 보는 것이 아니라 '마음의 작용 자체가 일어남'을 알아채는 것이고 여기에는 어떤 내용적인 상相이 중요하지 않습니다. 마음의 작용을 '알아채는 것'과 마음속에 떠오른 상相을 '아는 것'은 이렇게 다른 것입니다. 예를 들어 마음에 A라는 상相이 나타나서 움직이는 동안 이 상相 속에 들어가 있을 때는 과거 속에 있는 것입니다. 그런데 "마음의 상相이 이렇게 움직이는구나." 하고 상相이 나타났다 사라지는 그 자체를 아는 것은 '깨닫는다'라는 거죠. 안다는 것은 과거의 상相을 보는 것이요, 내가 알고 있는 지식이나 어떠했던 것들, 어떤 느낌 등의 내용 있는 그림처럼 마음에 그려질 수 있는 것을 보는 것을 말합니다. 그런데 '깨닫는다.'는 것은 즉각적인 현재를 말하는 것이고, 상相이 나타났다 사라지는 작용 자체를 보는 것입니다. 거기에는 상相이 없어요. 상相이 나타났다 사라짐을 아는 것이고 지금 이 순간을 보는 것이지, 상相의 내용을 보는 게 아닙니다.

대승기신론소疏에서 원효는 이렇게 비유해서 말합니다. 지금 실제로는 동쪽을 향해 있으면서 서쪽을 보고 있다고 알던 중에 "아~ 이게 동쪽이야."라고 순간적으로 알게 되는 것이 바로 깨달음이라고 했습니다. 내가 동쪽을 보고 있으면서도 '서쪽을 보고 있다.'고 생각하고 있다가, 순식간에 무언가를 통해서 내가 보고 있는 곳이 동쪽임을 깨달았어요. 서쪽을 보고 있다고 '생각'했을 때는 상相을 보고 있는 것이고, 그것이 동쪽임을 깨닫는 것은 다시 동쪽이라는 상相을 떠올린 게 아니라 동쪽임을 즉각적으로 아는 거예요. 간단하게 말하면 마음속 상相을 보는 것은 '앎'이고, 상相이 계속해서 나타났다 사라지는 작용 자체를 보는 것은 이 순간에만 가능한 '깨달음'입니다. 마음속 상相을 보는 것은 그것이 시각적이든 청각적이든 촉각적이든 추상적이든 어떤 그림을 보는 것이고, '아는' 것이며 과거입니다.

지금 이 순간, 즉각적인 현재

여러분은 지금 자신이 의자에 앉아 있다는 것을 알죠? 의자에 앉아 있음을 '아는 것'은 그런 상相이 있기 때문입니다. 지금 내 말을 듣고 그 상相에 주의를 줬을 때는 의자에 앉아있음을 알지만, 다른 곳에 주의를 기울이면 주의를 주기 전에 없었던 것처럼 그 상相은 곧 사라집니다. 이렇게 상相이 나타나면 '앎'이 생겨나고, 상相이 사라지면 '앎'이 없어집니다. 그런데 생겨났다 사라지는 이 마음의 '작용 자체'는 지금 이 순간 즉각적으로 마음속을 캐치할 때만 깨달을 수 있습니다. 지금 이 말을 들으면서 그것을 확인하고 있습니까? 그렇다면 그것이 깨달음이라는 것입니다. 즉각적인 현재를 아는 것이고 늘 있는 것입니다. 주의를 조금만 다른 곳으로 돌려버리면 금세 잊혀지는 그런 것이 아니고, '의자에 앉아있다.'는 것처럼 상相을 떠올려야만 아는 것과는 다릅니다.

지금 이 순간 항상 즉각적인 현재이며, 모든 것을 포괄하고 있고, 모든 것에 관심이 있고, 모든 것을 알아채고 있는 '그것'은 무념無念입니다. 지금 파악하고 있는 '그것'은 어떤 생각이 아니에요. 그래서 생각이 있지만, 또한 생각이 없는 것입니다. 즉각적인 현재를 보는 것에는 마음이 일어나는 움직임이 있지만 또 어떤 움직임도 없는 것입니다. 그래서 원효대사가 대승기신론소疏에서 즉위무념卽謂無念에 대한 설명을 "마음의 움직임(動念)이 곧 움직이지 않는 마음(靜念)이다."라고 했습니다.

是故一切衆生不名爲覺. 以從本來念念相續, 未曾離念,
시 고 일 체 중 생 불 명 위 각   이 종 본 래 념 념 상 속   미 증 리 념

故設無始無明.
고 설 무 시 무 명

그러므로 일체중생을 깨달았다고 말하지 못하는 것은 본래부터 염념이 상속하여 아직 망념을 떠나 본 적이 없기 때문이니, 이를 무시무명無始無明이라 하는 것이다.

[논論]

일체의 중생을 깨달았다고 할 수 없는 이유는, 꼬리를 무는 생각으로부터 떠나 본 적이 없어서 생각 아닌 '그것'에 가 본 적이 없기 때문입니다. 생각이 곧 무념無念이라는 것을 모르는 것이지요. "생각이 있는데 어떻게 무념이라 하는가? 말이 안 된다."라고 하겠지요. 생각이 있어도 무념無念이라고 하는 것은 그 생각에 전혀 영향을 받지 않기 때문입니다. 생각과 상관없이 있기에 깨달음입니다. 중생은 꼬리에 꼬리를 무는 생각의 상相만 봤을 뿐, 마음의 작용을 보지 못했습니다. 그래서 이를 시작도 없는 무명無始無明이라고 말합니다. 시작도 없고 끝도 없는 무한한 어리석은 어둠 속에 들어있는 것이지요.

若得無念者, 則知心相生住異滅. 以無念等故.
약 득 무 념 자   즉 지 심 상 생 주 이 멸   이 무 념 등 고

而實無有始覺之異. 以四相俱時而有. 皆無自立, 本來平等,
이 실 무 유 시 각 지 이   이 사 구 시 이 유   개 무 자 립   본 래 평 등

同一覺故.
동 일 각 고

만약 망념이 없게 되면 심상의 생주이멸을 알게 되니 무념과 같아지기 때문이며, 실로 시각始覺의 차별이 없어지게 되니, 왜냐하면 사상이 동시에 있어서 모두 자립함이 없으며, 본래 평등하여 각覺과 같기 때문이다.

[논論]

마음의 상相은 나타나고(生), 머무르고(住), 달라지고(異), 사라지지만 (滅), '그것'은 나타났다가 사라지는 것이 아니며 마음의 생멸에 상관없이 그대로 있습니다. 그렇다면 생주이멸生住異滅은 실제로 있는 것일까요? 심상心相의 생주이멸生住異滅은 나타났다가 사라지는 현상이지만 '그것'은 현상이 아니므로 무념無念과 같습니다. '그것'이 있다는 것을 알지 못하는 사람은 이해할 수 없는 말입니다. 생각이 생주이멸하는데 아무 생각 없는 무념無念과 똑같다는 것이 말이 안 된다고 할 것입니다.

실무유시각지이實無有始覺之異는 깨달음이 막 시작된 시각始覺과 불각不覺의 차이가 없다는 말입니다. 왜일까요? 심상心相이 생주이멸하는 것과 무념無念이 차이가 없기에 그렇습니다. 이해되나요? 생각은 나타났다 사라지지만, 생각과 동시에 '그것'도 분명히 있는데, '그것'이 있음을 깨닫지 못하고 생각 속에만 빠져있기 때문에 중생은 심상心相의 생주이멸 속에만 있는 것이고, 거기서 벗어나 보니 생주이멸과 상관없는 '그것'도 있지요? '그것'은 어디로 가지 않습니다. 사실 예전에도 똑같았는데 지금은 그것을 눈치 챈 것뿐입니다. 이제 생각의 생주이멸이 있는 동시에 아무 생각도 없다는 것이 말이 됩니다.

사상구시四相俱時는 생주이멸의 네 가지 상相이 동시에 함께 나타난다는 말입니다. 어떤 것이 다른 것의 원인이 되어 순서대로 생生 때문에 주住가 생기고, 주住 때문에 이異가 생기고, 이異 때문에 멸滅이 생기는 것이 아니라 생주이멸이 동시에 나타남을 뜻합니다.

개무자립皆無自立은 모든 생각은 혼자 스스로 설 수 없다는 뜻입니다. 이 순간에 생주이멸이 동시에 생겨나 모두 자립함이 없기 때문에 본래 평등하여 각覺과 불각不覺이 같다고 했습니다. 이 또한 모르는 사람에게는 말장난일 수밖에 없으나, 지금 우리는 무념無念과 생각의 생주이멸이 동시에 있음을 이해할 수 있습니다. 생각이 있다는 것 자체가 생각이 없다는 것을 증거 합니다. 다시 정리하자면, 깨닫지 못함이란 심상의 생주이멸에 빠져있는 것을 말하고, 깨달음은 생각과 상관없이 늘 있는 알아챔을 말합니다. 이 둘은 늘 동시에 있기 때문에 각覺과 불각不覺이 다르지 않습니다.

마음의 작용이 '그것' 속에서 일어난다

원문 처음으로 돌아가서 다시 자세히 설명하겠습니다. 마음이 일어남을 '깨닫는다'는 것은 마음이 일어나는 것을 '안다'는 것과 다르다고 했습니다. 마음이 일어나는 것을 아는 것은 마음에 일어난 어떤 상相을 잡는 것이고, 깨닫는다는 것은 마음의 일어남과 동시에 그에 상관없는 것이 있다는 것을 발견한 것입니다. 보다 정확히 말하면 마음의 작용이 '그것' 속에서 일어나고 있는 것이죠. 내가 알 만한 최초의 상相이라는 것이 없으며, '그것'은 모든 상相을 알지만 어떠한 상相을 갖고 있는 것이 아니므로 아는 것도 아닙니다. 상相은 그냥 나타났다 사라질 뿐이고, '그것'은 그것대로 있습니다.

이것을 한번 연습해보겠습니다. 전체주의[20] 상태로 들어가 전체주의를 유지하면서 여러 생각을 떠올려 보세요. 집을 떠올려 보고, 또는 가족들, 강아지 등을 떠올려 보십시오. 그럴 때 전체주의는 전혀 영향

받지 않죠? 집과 가족과 강아지를 떠올리는 것은 상相을 떠올리는 것이고 바로 심상心相이 생주이멸하는 것입니다. 그렇지만 전체주의는 이에 영향을 받지 않습니다. 이것이 심상心相이 있으되 무념無念이라는 것과 같습니다. 심상은 심상대로 있고, 전체주의는 생각에 영향을 받지 않는 무념이기에 생각의 있음과 없음이 동시에 있는 것이에요. 그래서 생주이멸하는 심상이 곧 무념이라는 얘기를 하는 겁니다. 전체주의로 연습한 것은 일종의 그림자를 가지고 해본 것이지만 본질과 현상에 대한 이해에 도움이 될 것입니다.

일체의 중생은 그 망념 때문에 불각不覺이라고 했습니다. 각覺이란 망념妄念이 없는 것입니다. 이런저런 헛된 생각에 빠지지 않고, 무엇이 옳고 그른지 판별하지 않는 것이 바로 각覺입니다. 아무리 올바른 생각이라 하더라도 그것을 주장하는 것은 생각 속에 빠져있는 것이고 망념입니다. 생주이멸하는 모든 생각은 시간과 장소, 사람과 상황, 조건에 따라 달라지고, 나타났다가 사라지기에 오늘 옳다고 생각했던 그 생각이 내일은 달라질 수 있습니다. 그런데도 어떤 생각이 옳다고 붙잡고 있는 것이 망념이고, 그것에 붙들려 있다면 그것이 불각입니다.

則知心相生住異滅. 以無念等故.
즉 지 심 상 생 주 이 멸   이 념 무 등 고

심상의 생주이멸을 알게 되니 무념과 같아지기 때문이며

[논論]

앞의 논論에서 마음의 상相이 생주이멸함의 실체를 안다는 것이 바로 무념無念과 같다고 했습니다. 생주이멸이 '있다'고 말하려면 이것이 영원해야 하는데, 생주이멸이라는 것 자체가 나타났다가 사라지는 현상이기에 실재하는 게 아닙니다. 마치 파도는 바람의 모양에 따라 물이 잠깐 모양을 띠는 것일 뿐, 파도가 실재하지 않는 것처럼 말이죠. 또한, 파도와 상관없이 바닷물이 늘 존재하듯이, 마음에 심상이 파도처럼 나타났다가 머무르고, 모양이 달라지고, 사라지는 것과 상관없이 '그것'은 늘 있습니다. '그것'을 맛보지 못한 사람은 계속해서 마음의 생주이멸에만 묶여 그로부터 떠나보지 못했기 때문에 망념 속에 있는 불각입니다. 그런데 이 생주이멸을 깊이 살펴보니 그것은 실재하지 않는 현상이고, 실제 있는 것은 '그냥 그것'이죠. 따라서 심상의 생주이멸을 안다는 것은 곧 무념임을 안다는 뜻입니다.

깨달음과 깨닫지 못함에 차이가 없다

實無有始覺之異.
실 무 유 시 각 지 이

실로 시작의 차별이 없어지게 되니

[논論]

시각始覺은 견성과 같은 것으로 깨달음이 시작된 것을 말하며 본각本覺은 깨달음이 완전히 자리 잡은 것을 말하는데, 시각과 본각이 그 본질에 있어서는 다르지 않다고 말했습니다. 그런데 여기서 또 다른 소리를 합니다. 시각은 불각不覺과 차별이 없다고 말하고 있어요. 불각不覺은 망념 속에 빠진 것이고 각覺은 생각과 상관없는 무념인데, 잘 살펴보면 망념妄念과 무념無念은 늘 같이 있습니다. 물과 파도가 동시에 있는 것처럼 말이죠. 따라서 망념과 무념이 다르지 않으므로, 불각과 시각에도 차별이 없음을 밝히고 있습니다. 망념이란 무념에 의해서 나타났다 사라지는 작은 현상일 뿐이니 그것을 어떻게 '새롭게 깨달았다(始覺).'고 말할 것인가 하는 의미입니다. 원래 그런 것이라는 뜻이죠.

실제로 불각과 시각의 차이는 없습니다. 망념과 무념이 늘 같이 있는데 망념 속에만 빠져 있는 것이 불각이고, 무념을 보는 것이 각일 뿐, 각과 불각이 본질적으로는 다르지 않다는 것입니다. 이것은 경험하지 않으면 이해할 수 없는 말입니다.

四相俱時而有皆無自立
사 상 구 시 이 유 개 무 자 립

왜냐하면 사상이 동시에 있어서 모두 자립함이 없어서

[논論]

불각不覺의 원흉인 사상四相, 곧 심상의 생주이멸하는 상相에 대해서 설명합니다. 태어나는 상(生相), 머무는 상(住相), 변하는 상(異相), 사라지는 상(滅相)이 따로따로 있는 게 아니라 동시에 발생해서 갈대처럼 서로가 서로에게 의존합니다. 자립할 수 없으니 생상生相만 따로 존재할 수 없다는 말입니다. 바닷물이 흐르다가 바람에 의해 파도가 생겨났는데, 생겨난 그대로 있을 수 있나요? 이 파도는 잠깐 머무르다 모양이 바뀌고 사라져갑니다. 이렇듯 생주이멸하는 상이 따로따로 존재할 수가 없어요. 그래서 자립할 수 없으니 이것은 스스로 존재하는 것이 아니라 하나의 일시적인 현상임이 분명하므로 본질적으로는 망념과 무념의 차이가 없다고 말하는 것입니다.

사상四相 : 생상, 주상, 이상, 멸상

사상四相에 대해서 좀 더 자세하게 설명하겠습니다. 생상生相은 태어나는 상으로 세 가지가 있어 생삼生三이라 하고, 주상住相은 머무는 상인데 네 가지가 있어 주사住四라고 합니다. 이상異相은 변하는 상으로 여섯 개가 있어 이륙異六이라 하고, 멸상滅相은 사라지는 상으로 일곱 가지가 있어 멸칠滅七이라고 합니다.

생상生相에는 업상業相, 전상轉相, 현상現相이 있습니다. 업상業相은 흔히 업이라고 말하는 카르마karma를 말하며, 견분見分과 상분相分으로 나눌 수 있습니다. 견분見分은 객관의 사물을 인식하기에 적합하도록 주관에 나타나는 영상을 인식하는 작용을 말합니다. 객관적인 사물을 인식하려면 우리 마음이라는 주관에 상相이 나타나야 됩니다. 객관적인 A를 보려면 A만 있어서는 안 되고, 주관인 마음에 A가 상相으로 있어야 인식이 생겨난다는 말입니다. 대승기신론에서 이렇게 명확하게 말하는데 이것은 감지를 말하는 것입니다. 눈으로 저 밖에 있는 사물을 바로 보는 것이 아니라 그 상相을 마음에 가져와서 보는 것이 인식 작용이라고 말하는 것입니다. 과학적이죠. 마음의 작용을 명확히 봤기 때문에 이런 말을 할 수 있는 것입니다. 우리가 밖에 있는 사물을 보는 게 절대 아닙니다. 만약에 사물을 눈이 보는 거라면 (무엇인지를 '안다'고 생각하면서 보는 것을 뜻함) 아이가 태어나면서부터 그것을 볼 수 있어야 합니다. 그러나 아이는 우리가 보는 것처럼 보지 못 합니다. 아이는 '컵'을 보지 못 해요. 그냥 감각할 뿐, 알지 못하고 인식하지 못합니다. 상분相分은 마음이 인식작용을 일으킬 때 그와 동시에 그림자를 떠올려서 대상 삼는 것을 말합니다. 견분이 마음의 상相을 인식하려면 마음에 상相이 있어야 하는데, 이 상相을 떠올리게 하는 것이 상분입니다. 인식하는 마음의 작용인 견見과 견의 대상이 되는 상相이 동시에 있어야지 업業이 된다는 것이 업상業相입니다. 이런 방식으로 상이 생겨난다고 해서 생상生相이라고 말합니다.

전상轉相은 생각이 굴러(轉) 움직여서 지금 이 순간도 아니고 과거의 것도 아닌 미래의 것을 끌어오는 것을 말합니다. 다시 말해 생각이 꼬리를 붙어서 미래의 깃을 유추하고 걱정하고 두려워하며 아직 오지도 않은 것을 상으로 만들어 내는 것이 전상입니다. 그것도 상이 만들어진 것이기 때문에 생상生相인 것입니다.

다음은 현상現相입니다. 지금 이 순간에 감각적으로 바라보는 것은 상相이 아니라 감각입니다. 우리가 상相이라고 말하는 것은 모두 감지를 말합니다. 이름이 붙은 상相은 생각, 이름이 제거된 상은 감지이지요. 그런데 현상現相은 현재의 상으로 지금 이 순간의 상을 말하는 것인데, 어떻게 현재가 상이 될 수 있을까요? 기신론 소疏에서는 아직 오지 않은 미래의 상, 걱정거리, 추측 등을 끌어와서 지금 이 순간으로 삼아 느끼는 것을 현상現相이라고 합니다. "지구가 멸망하면 어쩌지?" 이러면서 지금 걱정하고 있는 것이 지금의 상으로 삼아버리는 것입니다. 전상轉相과 현상現相을 구분하자면, "2015년 12월에는 어떤 일이 생길 거야."하는 생각은 미래의 일, 미래의 상이므로 전상轉相입니다. 그런데 그것을 가져와서 지금 두려워하고 있는 것이 현상現相입니다.

주상住相에는 아견我見, 아치我癡, 아애我愛, 아만我慢 이렇게 네 가지가 있는데 이것을 주사住四라고 합니다. 아견我見은 '내가 존재한다.'고 믿는 것입니다. 잘 살펴보면 나라고 할 만한 것이 없고, 나라는 것은 오온의 결합체에 이름표가 붙은 것뿐임을 알 수 있는데, 이를 알지 못하고 내가 존재한다는 생각이 머물러 있기에 주상이라고 하는 것입니다. 상은 감지이고 감지는 느낌입니다. 지금껏 여러 연습을 통해 '나라는 느낌'을 찾아보라고 했는데 이것이 바로 아견입니다.

아치我癡는 나라는 것의 진면목을 철저히 파고 들어가면 무아無我인데도, '내가 있다.'고 여기는 어리석음입니다. 지금 눈을 감고 '나라는 느낌'인 아견을 발견할 수 있는지 한번 살펴보세요. 발견되면 그 '나라는 느낌'이 정말 있는 것인지 한번 면밀히 살펴보세요. 그 느낌이 어디에 얼마만한 크기로 있는지 깊숙이 느껴보십시오. 어떻습니까? 나라는 느낌은 잠깐 머무는 상일뿐인데 계속 있다고 여겨지는 것이 아견이라면, 나라는 것이 계속 변하고 사라진다는 것을 모르는 어리석음이 아치입니다.

아애我愛는 내가 있다고 여기므로 생기는 나에 대한 애착입니다. 나의 본질을 알면, 즉 나라는 것이 나타났다 사라지는 현상임을 알면, 나에 대한 애착이 헛됨을 알게 됩니다. 그런데 그 본질을 보지 못하고 내가 늘 있다고 여기니까 나에 대한 애착이 당연한 것처럼 여겨지는 것입니다.

아만我慢은 나에 대한 애착이 생기면서 자기를 높이고 우월하다고 여기게 되는 것을 말합니다.

이제 이상異相을 살펴보겠습니다. 이異는 파도의 모양처럼 바뀌고 변하는 것을 말합니다. 귤을 보며 느껴진 첫 느낌이 시간이 지나면서 달라지죠? 상은 달라지게 되어있습니다. 이렇게 달라지는 상이 여섯 개가 있는데 탐貪, 진瞋, 치癡, 만慢, 의疑, 견見이 그것입니다.

탐貪은 가지려고 하고, 얻으려고 하고, 내 것으로 만들려고 하는 것을 말합니다.

진瞋은 내가 기준 삼고 있는 것에 대해서 누군가가 뭐라고 하면 화내는 것입니다. 화는 왜 날까요? 내가 없는데 내가 있다고 믿는 집착으로부터 화가 나옵니다. 예를 들어 사회정의를 실현시켜야 한다고 주장하는 사람이 있다고 합시다. 이런 생각 자체는 옳지만, 문제는 거기에 붙들려 있다는 것입니다. 사회정의를 실현시킬 수 있는 방법을 찾아 행동하면 그만인데 왜 주장만 하고 있을까요? 그렇게 주장하는 이유는 사회정의를 실현시켜야 한다고 믿는 마음을 자기라고 여기기 때문입니다. 그래서 누군가 "사회정의는 실현되는 게 아니야."라고 말한다면 "이런 나쁜 놈"이라고 반응하게 되는 거죠. 그 사람이 그러거나 말거나 사회정의 실현하는 데 자기 에너지를 쓰면 되는데, 그런 말을 들으면 사회정의를 실현하는 데 에너지를 쓰지 않고 그 사람에게 화내는 데 에너지를 씁니다. 이런 것이 바로 진瞋이에요.

치癡는 어리석음입니다. 이렇게 탐貪과 진瞋이 헛된 것이라는 것, '나'라는 상相이 텅 빈 공空이라는 것을 파악하지 못한 것을 어리석음이라고 합니다.

만慢은 오만함입니다. 오만은 아만我慢과는 다릅니다. 내가 우월하다고 나를 높이는 것이 아만我慢이라면, 오만은 아만과 비슷하지만 내려다보는 것입니다. 상대를 무시하고 자기가 최고라는 것인데, 아만我慢은 나에게 초점이 맞춰져 있다면 오만은 상대에 초점이 있는 것입니다.

의疑는 의심하는 것입니다. 어딘가에 빠져있는 것이 미혹迷惑인데 거기서 벗어나는 깨침의 도리를 듣고 나서 뭔가 가슴에 와 닿긴 하지만 그 길로 가지 않고 유야무야 결정을 못 내리는 것이 의심하는 마음입니다. 어떤 느낌이 오기에 직관적으로 알 수 있습니다. 그런데 관성 때문에 그 길로 가지 않고 그냥 습관적으로 지금껏 살아온 편한 길로 가는 것이죠. 직관적으로는 이건 어리석은 짓이고, 미혹에 빠져있는 것임을 압니다. 그런데도 의심 속에 있어 확신하지 못하는 것입니다.

견見은 잘못된 모든 견해를 말합니다. "이게 진리야."라고 주장하는 모든 견해라고 보시면 됩니다. 그것이 정말 진리든 아니든 간에 모든 주장하는 견해는 견見에 속합니다. 이렇게 탐貪, 진瞋, 치癡, 만慢, 의疑, 견見 여섯 가지의 심상의 다른 모습이 있는 것이 이상異相입니다.

다음은 멸상滅相입니다. 멸칠滅七은 무명無明, 즉 어리석음이 이륙異六과 결합해서 일으키는 모습을 말하는 것으로 몸이 만들어내는 세 가지 멸상(신삼身三)과 말이 만들어내는 네 가지 멸상(구사口四)이 있고, 이런 길로 들어서면 멸망해 간다는 것을 말합니다.

신삼身三은 살생, 도둑질, 간음입니다. 자기가 먹고살기 위해 죽이는 건 어쩔 수 없지만 아무 이유 없이 재미로 죽이는 것이 살생입니다. 먹고사는 것 중에도 너무 많이 먹으려고 죽이는 것도 살생에 해당합니다. 말이 만들어 내는 구사口四는 거짓말, 다른 사람을 성내게 하는 말, 두말하는 것을 말합니다. 멸상滅相은 원리적인 측면보다는 도덕적인 측면이 많이 들어있는 것 같습니다.

위에서 살펴본 네 가지 생주이멸하는 상相에 빠져있는 것이 망념이고, 이런 상相들이 있는 것과 상관없이 본질이 동시에 있다는 것이 "각覺과 불각不覺이 같이 있다."라는 말의 의미입니다.

마음이 처음 일어나는 모습

지난번에 구경각究竟覺으로의 단계를 강의하면서 범부의 각覺과, 생각에 대해서 깨친 상사각相似覺, 생각에 아트만Atman(불변하는 나)이 없음을 깨닫는 수분각隨分覺과 마음의 작용을 만들어 내는 관성적이고 미세한 관념까지 모두 떠나는 본각本覺에 대해서 얘기했습니다. 본각本覺이 궁극적인 각이고 앎아챔입니다. 이와 관련하여 지난 시간에 초상무념初相無念에 대해서 강의했는데, 이 내용은 중요하기 때문에 구경각으로의 단계에서 나왔던 각심초기심무초상覺心初起心無初相을 한 번 더 살펴보겠습니다.

구경각究竟覺은 모든 걸 다 깨끗이 지워버린 사람이 아니라 마음의 작용을 분명히 봤기에 미세한 염念마저도 그 사람에게 영향력을 발휘하지 못하는 상태로 된 것을 말합니다. 몸과 마음에 있는 모든 것을 깨끗하게 지워야 되는 것이 아닙니다. 모든 것이 깨끗이 지워졌다면 그는 갓난아이이거나 백치일 것입니다.

如菩薩地盡, 滿足方便, 一念相應覺心初起, 心無初相,
여 보 살 지 진　만 족 방 편　일 념 상 응 각 심 초 기　심 무 초 상

以遠離微細念故, 得見心性, 心卽常住, 名究竟覺.
이 원 리 미 세 념 고　득 견 심 성　심 즉 상 주　명 구 경 각

보살지가 다한 정도의 사람은 방편을 만족시켜 일념이 상응하고, 마음이 최초로 일어나는 것을 보아 마음에 초상이라는 것이 없음을 아니, 이는 미세념微細念을 떠났기 때문이다. 이는 마음의 본성을 본 것이니 마음이 늘 그러하다. 이를 이름 하여 구경각이라 한다.

[논論]

이 부분이 구경각에 대한 설명입니다. 보살지가 다한 사람(如菩薩地盡)은 통찰력이 높은 사람을 일컫는 말인데, 이런 사람은 다음 단계로 가기 위한 방편들을 다 만족하여 한 생각이 상응하게 됩니다.

각심초기覺心初起는 마음이 처음 일어남을 깨닫는 것으로 바다에 비유하자면 파도가 처음 일어나는 것과 같습니다. 바다는 파도가 생겨서 드러날 뿐 스스로가 현상화되어 나타나지 않듯이 마음의 본성 역시 드러나지 않습니다. 그렇다면 마음이 있다는 것을 어떻게 알 수 있을까

요? 마음이 일어나 파도칠 때 비로소 알 수 있습니다. 이렇게 맨 처음 마음이 일어나 파도치는 것을 깨닫는 것이 각심초기입니다.

심무초상心無初相의 초상初相은 마음의 최초의 상을 말합니다. 마음이 일어나는 최초의 작용 즉 마음이 현상화 하는 모습을 본 사람이 "나는 이제 알았어."라고 얘기한다면 이것은 상相이 있는 것입니다. 그러나 진정한 깨달음은 심무초상입니다. 마음에 처음 보이는 그런 상이 실재하지는 않음을 알기에 깨달은 자가 없다는 걸 알게 됩니다. 그냥 "마음이 이렇게 일어나는구나."하는 마음의 작용을 알아챔이 일어날 뿐, 알아채는 사람이 있다는 것은 다시 상相으로 넘어간 것이라는 말입니다. 이렇게 마음의 초상이 없기 때문에 미세한 마음, 생각, 관념까지도 멀리 떠나게 됩니다. 이는 그동안 살아오면서 마음에 쌓였던 것이 모두 사라진다는 의미가 아니라, 마음이 일어나는 그 순간에 '상이라는 것이 실재하는 것이 아니구나.'를 깨달았기 때문에 미세념을 떠났다는 말입니다. 그것이 바로 득견심성得見心性이고, 이렇게 마음의 본성을 얻은 마음은 곧 상주常住합니다.

각심초기覺心初起부터 다시 자세히 살펴보겠습니다. 마음이 맨 처음에 어떻게 일어난다고 했었죠? 의식이 일어나는 가장 기본적인 구조는 태극太極에서 음양陰陽으로, 즉 '나와 대상'으로 나누어지는 것입니다. 마음에 가장 처음 일어나는 일은 태극이지만 태극은 분열이 아직 명확하지 않기 때문에 현상화하지 않은 단계이고, 태극이 '나와 대상'으로 나뉠 때 드디어 '앎'이나 '느낌'이 일어나는 현상화가 일어납니다. 예를 들어 바다가 잔잔하여 움직임이 없다가 어떤 움직임이 생겨나 '골과 산'이 있는 모습으로 출렁이는 것이 파도인데, 이 파도에 필수적인 산과 골을 음양陰陽의 구조라고 볼 수 있듯이, 마음은 나와 대상이라는 형식의 동시적 구조로 일어납니다. 의식적인 면에서 살펴본다면 나와 대상으로 처음 분열되는 것입니다. 그러한 분열이 없으면 의식, 느낌, 그 무엇과의 동일시 등이 전혀 일어날 수 없습니다. 마음을 바다에 비유해본다면, 마음이라는 바다는 스스로 드러남이 없는데 나와 대상이 생겨서 파도치기 시작하는 것이 바로 마음이 처음 일어나는 모습입니다.

마음이 일어나는 모습을 진정으로 깨달은 사람은 '나'라는 것도 파도이며 하나의 마음 작용일 뿐임을 알게 되어 '깨달은 자'라는 것이 있을 수 없음을 압니다. 그러므로 자신이 뭔가를 얻었다거나 깨달았다고 여기는 사람은 아직 마음의 작용 속에 빠져있다고 말하는 것입니다. 다시 '나와 대상'이라는 미묘한 파도 속에 들어간 것이에요. 이것은 마음의 작용을 처음 보게 되면 일어나는 현상으로, 그동안 '나와 대상'으로 나누던 습성이 그대로 작용하는 것입니다. '아~ 내가 봤어.'라는 관성으로 남게 되는 것이지요. 그러나 바다에는 사실상 파도라는 것이 존재하지 않습니다. 파도란 바다가 움직인 모습일 뿐이지요. 마찬가지로 '나와 대상'이라는 것도 실제로 존재하는 것이 아니라 마음이 움직인 모습일 뿐입니다. 그러기에 '나와 대상'의 모습들은 수시로 변하고 생겨났다 사라지는 것입니다.

지금 '나'라고 여겨지는 이 느낌은 밤이 되면 사라지고, 몰입할 때 사라지고, 마음이 다른 데에 쏟아져 들어가면 느껴지지 않고 나타나지 않습니다. 즉 '나'라는 느낌이나 생각도 파도처럼 나타났다 사라지는 현상이라는 의미입니다. 파도가 '있는 것'처럼 보이지만 실제로는 바다의 움직임만 있듯이, 마음에도 마음의 본성만 있을 뿐 생겨난 마음이라는 것은 따로 없습니다. 누군가 "파도는 있는 것 아닌가?"라고 말할 수 있습니다. 그런데 무언가가 '있다'고 말하려면 그것이 꾸준하고, 오래 지속되고, 영원히 변함없어야 합니다. 파도는 바람에 의해서 나타났다가 곧 사라지죠. 빠르게 사라지기도 하고 때로는 해일처럼 조금 오래가기도 하지만 조만간 사라집니다. 마찬가지로 나와 대상이라는 현상도 잠시 마음에 나타난 모습일 뿐, 실제로는 마음의 본성만 있습니다. 그런데 나와 대상이라는 마음의 파도가 생겨나면, 이 '나'에 자꾸 에너지를 끌어들여 자기를 유지하려고 하는 것이 모든 파도들의 속성입니다. 그런 속성에 빠지지 않고 마음이 일어나고 사라지는 작용을 드디어 보게 된 것이 각심초기覺心初起입니다. 그 마음의 작용을 보고 "아, 그렇구나." 하고 아는 것이 초상初相인데, 이 상相을 '아는 것'과 '알아채는 것'은 다릅니다.

'아는 것'과 '알아채는 것'의 차이

"이것은 안경집이구나" 하고 '안다'면 그것은 상相이 있는 것입니다. 그에 반해 마음이 우주적인 원리나 원칙을 파악했는데, 그 파악 안에 파악하고 있는 '자기'도 포함되어 있다면 그것이 진짜 파악이고 '알아챔'입니다. 이처럼 상相이 아닌 '작용하는 모습'을 파악하고 알아챈 것이 '마음에는 상이 없다'는 심무초상心無初相입니다. 마음이 처음 생겨날 때 정해진 상相이 없다는 것이죠. 즉, 고정 불변하는 어떤 모습이 없다는 의미입니다. '나'라는 느낌 등의 임시적인 모습은 있어요. 이런 모습까지도 다 없어지는 것은 현상 자체가 사라져 무無로 돌아가는 것입니다. 그런 것이 아니라 변함없이 고정 불변하는 상相이 없음을 말함이며, 있다면 늘 가변적인 심세心勢인 모습만 있을 뿐임을 말합니다. 마치 아메바처럼 끊임없이 변하는 모습만 있습니다. 아메바는 모습이 있나요, 없나요? 어떨 때 보면 분명히 이렇게 생겼는데 또 바뀌므로 그 모습은 있다고도 할 수 없고, 없다고도 할 수 없습니다. 마음이 생겨나는 것을 처음 깨달았을 때, 깨달은 상相이 있다는 것은 깨달은 누군가가 있음을 말하는 것이고, 심무초상心無初相은 그 누군가란 것도 상의 일종임을, 마음이 지어내는 허구임을 보는 것입니다.

마음의 본성을 알아챈다는 것은 마음의 작용을 보는 것이지, 마음의 모습을 보는 것이 아닙니다. 끊임없이 움직이는 마음의 작용을 보는 것이고, 그 작용이 고정 불변하지 않음을 아는 것입니다. '내가 알아챘다.'는 것 또한 그러한 마음 작용 중의 하나인데, 이런 것을 자기 언급이라고 합니다. '마음은 끊임없이 나와 대상을 나눠 작용한다.'는 것이 명제라면 그렇게 말하고 있는 '나' 역시 그 작용 중의 일부라는 것입니다. "나는 이제 알았어." 한다면 '무언가'를 '안' 것이죠? 이렇게 '무엇'이 있고, '앎'이 있고, '아는 자'가 있다는 느낌이 든다면, 그것도 하나의 현상이라는 걸 즉각적으로 파악할 수 있어야 합니다. 그 순간에 다시 나, 대상, 앎이라는 순환 고리에 빠져들기 때문입니다. '앎'이라는 것은 항상 나와 대상 간의 관계에서 일어나고, 내가 지금 그것을 알아챘다는 것마저도 나, 대상, 앎이라는 무한 고리 속에서의 일이므로 "나는 알았어."라고 말할 수 없습니다. 미묘한 문제입니다. "나는 알았어."라고 마음이 떠드는 순간, 그것은 '무언가'를 안 것이고, 그렇게 되면 마음의 작용에 '무언가'가 있다는 것인데, 마음의 작용은 나타났다 사라진다는 법칙이 있을 뿐 변함없는 무언가가 있지 않습니다. 그 모든 작용이 일어나는 바탕은 있을지언정 말입니다. 하지만 이 말도 비유해서 한 말일 뿐입니다.

마음작용 중의 하나가 '있다, 없다'를 구분하는 것입니다. "있다"라고 말하는 순간 마음의 작용 속으로 들어가는 것이고, 마찬가지로 "없다"라고 말하는 순간도 마음의 작용 속으로 들어가는 것입니다. 마음의 작용 속에 들어가지 않고 작용 밖에서 바라보면, 그것은 있는 것도 아니고 없는 것도 아니요, 있고 없음마저도 아니고, 있고 없음마저 아닌 것도 아닌 것이 됩니다. 그 모든 것이 마음 작용 속의 일이기 때문입니다. 이것이 대승기신론이 마음의 본성에 대해 말하는 것입니다.

"내가 경험했어"라고 '믿고 느끼고 아는' 이 순간 자체가 마음의 회로 속에서의 일입니다. 마음의 본질은 회로 속을 흘러 모니터에 화면을 만들어내는 전기와 같습니다. 회로 속에 빠졌다는 것은 모니터에 '나'와 '대상', '앎'이라는 현상을 만들어내고 있는 것이고, "내가 경험했어"도 바로 그런 모니터 안의 현상 중 일부라는 것입니다. 왜? '나'도 있고, 경험도 있으니까 '무엇'도 당연히 있겠죠. 그것은 무아無我가 아니라 유아有我로 들어가는 것입니다. 이렇게 사소해 보이는 '나와 대상' 속에 한번 빠지면 점차 큰 '나와 대상' 속으로 빠져 다시 원래대로 돌아가 버리고 맙니다. 왜냐하면, 미묘한 현상 속에 빠진 것을 모르기 때문에 무의식적으로 '나와 대상'이라는 무한 반복을 다시 시작하는 것입니다. "나는 경험했어"를 허용하면 다른 모든 '나와 대상'도 마음이 허용하게 됩니다.

흔들릴 '내'가 없음을 발견하라

마음의 최초 작용을 깨달으면 잡을 마음의 상相이 없음을 발견하게 되고, 이것이 철저해지면 미세한 생각까지도 멀리 떠나게 됩니다. 즉 미세한 관념에 빠지지 않는다는 말입니다. 뭔가 파악하고 나면 미세한 것들을 하나하나 없애야 한다고 흔히들 생각하는데 그것은 미세한 관념이 있다고 여기는 마음이며, 미세한 관념이 있다고 여기는 마음은 마음의 초상初相이 있는 사람, 즉 마음이 일어날 때 "아! 내가 붙잡았어."라는 상相이 있는 사람입니다.

그래서 혜능은 점수漸修가 필요 없다고 하고 돈오頓悟를 주장하였습니다. 잡을 상相이 없는데 무엇을 없애고 닦아내느냐고 한 말입니다. 조금 더 자세히 얘기해볼까요? 혜능이 홍인스님을 만나 석 달 동안 방아만 찧고 있을 때였습니다. 홍인 스님이 제자들에게 발견한 것을 시로 지어보라고 하니, 수제자인 신수가 "우리의 몸은 보리수와 같고, 마음은 깨끗한 거울과 같으니 계속해서 먼지를 털어내고 닦아내서 청정한 지대에 이른다(身是菩提樹 心如明鏡臺 時時勤拂拭 勿使惹塵埃)."는 글귀를 밤중에 몰래 써놓았습니다. 그러자 글자도 모르는 혜능이 옆사람이 읽어주는 신수의 시를 듣고서 그 옆에 자기 시를 써달라고 부탁했습니다. "보리菩提는 본래 나무가 아니고 거울 또한 틀이 아니네. 본래 한 물건도 없는데 어느 곳에 먼지가 쌓이겠는가(菩提本無樹 明鏡亦非坮 本來無一物 何處惹塵埃)."라는 내용이었습니다. 혜능은 잡을 것이 없음을 즉각적으로 철저하게 보고 모든 것을 태워버린 사람입니다. 그렇지 못하고 관성이 남은 사람들은 자꾸 닦아내고 수련해야 한다고 얘기합니다. 이것은 철저하게 봤느냐, 그렇지 못했느냐의 차이인 것이지, 점수漸

修를 해야 돈오頓悟가 이루어지는 그런 논쟁의 문제가 아닙니다. 사람마다 다른 것이에요.

　마음에 의해서 잡히는 것은 모두 상相일 뿐 마음의 본질은 결코 잡을 수 있는 것이 아니며, 미세념微細念도 멀리 떠나는 것이 마음의 본성을 얻은 것입니다(得見心性). 그럼 본성이라는 것을 얻을 수 있나요? 여기서 말하는 얻는다(得)는 것도 사실 말이 안 되는 소리지요. 무엇을 얻겠습니까? 얻을 '누가' 있고, 얻어질 '무엇'이 있겠습니까? 지금까지 말한 바에 의하면 본성이라는 것은 말로도 표현할 수 없는데 말이죠. 이것은 사람들이 이해할 수 있도록 일반적인 말로 다시 돌아온 것입니다. 있고 없음마저도 개념일 뿐인데 본성을 얻는다니 말이 되질 않아요. 이는 마음의 작용을 보아서 더 이상 그 작용 속에 에너지가 머물지 않음을 상징적으로 표현한 것일 뿐, 어떤 본성이 따로 있는 것이 아니며 그 본성을 얻은 자도 따로 있지 않습니다. 이 모든 것들이 '작용'의 일시적인 모습일 뿐입니다.

　미세념을 떠나게 되면 마음의 본성을 발견한 것이니 마음은 늘 존재한다(心卽常住)고 했는데 이것 역시 비유입니다. 마음은 있는 것도 아니고 없는 것도 아니며, 상주하는 것도 아니고 사라지는 것도 아닙니다. 그러나 이렇게 말하면 허무함에 빠져 "깨우치나 그렇지 않으나 똑같네."라고 말할 사람들을 경계하는 차원에서 하는 얘기입니다. 마음에 초상初相이 없음을 발견한 사람은 전혀 흔들림이 없습니다. 흔들리지 않는 무언가에 뿌리박게 되면, 어떤 사람이 되는 게 아니라 '누군가'라는 개인성에서 벗어나게 됩니다. 개인성이 전혀 없거나 느껴지지 않는다고 할 수는 없지만, 그것이 그냥 임시적인 현상이 되어버린 사람의 마음을 일컬어 '그 사람의 마음은 늘 상주한다.'고 할 수 있습니다. 심무초상心無初相을 발견한 사람, 즉 흔들릴 '내'가 없음을 발견한 사람은 더 이상 흔들리지 않는다는 의미에서 상징적으로 심즉상주心卽常住라 했을 뿐, 실제로 잡히는 상주하는 마음이 있다는 것은 아닙니다. 상주하는 것은 끊임없는 변화와 작용의 일어남이고, 그것을 통해 변화와 작용이 일어나는 배경이 있음을 깨달을 뿐입니다. 이것을 바로 궁극적인 깨달음인 구경각究竟覺이라 이름 붙였습니다. 결국은 구경각究竟覺도 따로 있는 것도 아니고 없는 것도 아닙니다.

맨 처음 "나도 부처가 될 수 있어."라는 것은 나와 부처의 차이가 없다는 일원론입니다. 그러나 실제 훈련에 들어가서는 그렇지 않으니까 애써 노력하는 것이 이원론의 차원이고, "나는 아직 도달하지 못했어."를 넘어서면 다시 일원론으로 돌아옵니다. 부처와 중생이 일종의 개념임을 알게 된 것이지요. 그 개념을 떠나면 부처도 나도 없을 뿐인데, 처음에는 개념이 있는 상태에서 "부처와 나는 둘이 아니야." 하는 일원론인 것입니다. 그러다가 수련을 실천하면서 "나는 아직 부처가 아니야."라는 이원론으로 빠지고, 열심히 노력해서 개념에서 벗어나면 나와 부처가 개념이었음을 알게 되어 거기로부터 떠난 것이지 내가 부처가 된 것이 아닙니다. 그것이 불이론不二論입니다. 심무초상心無初相이 구경각究竟覺을 설명한 글의 핵심입니다. 이는 지금 막 시작하거나 열심히 가고 있는 사람보다는 뭔가 경험했다고 여기는 사람들을 위한 글입니다. 그렇게 여기는 순간 다시 나와 대상 속으로 빠져들고 있음을 파악해야 합니다.

현상적으로 드러난 깨침

復次本覺隨染分別, 生二種相, 與彼本覺不相捨離. 云何爲二.
부 차 본 각 수 염 분 별　생 이 종 상　여 피 본 각 불 상 사 리　운 하 위 이

一者智淨相, 二者不思議業相.
일 자 지 정 상　이 자 불 사 의 업 상

또한 본각이 염을 따라 분별하여 두 종류의 상을 내지만, 본각과 서로 버리거나 떠나지 않으니, 그 둘은 무엇인가?
하나는 지정상이요, 두 번째는 불사의업상이다.

[논論]

지정상智淨相과 불사의업상不思議業相은 본각本覺이 오염된 것입니다.

사람들은 부처가 깨달았다고 믿는데, 부처 자신이 그런 마음을 갖고 있다면 그것도 오염된 것입니다. 그러나 어쨌든 사람들이 믿는 것처럼 부처라는 현상은 드러나 있습니다.

부처님과 수보리의 이런 대화가 금강경에 있습니다. 구경각을 이룬 아라한에 관한 대화입니다. "수보리야, 아라한 스스로 '내가 아라한의 도를 얻었다'라고 생각하겠느냐?" 그러자 수보리가 "아닙니다. 아라한이 스스로 내가 아라한을 얻었다고 생각한다면 곧 나라는 생각, 남이라는 생각, 중생이라는 생각, 오래 산다는 생각에 집착하는 것이기 때문입니다."라고 대답했습니다. 이 대화를 살펴보면 깨달음이나 본질을 발견하는 현상은 일어날 수 없음을 알 수 있습니다. 왜냐하면, 그것 자체가 본각이 오염된 것이기 때문입니다. 그럼에도 부처라는 '현상'이 세상에 나타나는 것은, 그것이 '현상적으로 드러난 깨침'이기 때문입니다. 본각은 원래 상相이 없지만, 현상적으로 분별을 하면 지정상智淨相과 불사의업상不思議業相이라는 두 종류의 상相을 냅니다. 이렇게 '본각이 오염되어 분별된 상相'들과 '본각'은 서로 버리거나 떠나지 않는다고 하였는데, 이 말은 마치 파도와 바다의 관계와 같다고 할 수 있

습니다.

　파노를 보고시 바다라고 말하는 사람은 없겠지만, 파도를 바다가 아니라고도 할 수 없습니다. 단지 바다와 파도라는 말로 나누어 놓았을 뿐입니다. 그와 마찬가지로 본각은 상相이 아니지만, 상相이 본질이 아니라고 말할 수도 없습니다. 그것을 이해하고 논論을 살펴보겠습니다.

　본각이 '분별'되어서 만들어지는 두 가지의 상相 중 하나인 지정상智淨相은 깨끗하고 맑은 지혜의 상相입니다. 두 번째 상相은 불사의업상不思議業相인데, 생각으로 파악하기 미묘한 업業이 만들어 내는 상相으로, 분별로 오염되었다가 본각으로 돌아온 후 그동안 쌓인 업을 통해서 다시 작용해 나가는 것입니다. 이것이 바로 우리가 추구하는 것인데, '나'의 본질을 발견하고 나서 본질 속에 머물러 있지 않고, 다시 나와 업業을 사용하는 것을 말합니다. 정리해보면 지정상智淨相과 불사의업상不思議業相은 본각이 오염되어서 만들어진 상相으로 본질이 현상화되는 두 가지 모습이며, 맑고 깨끗한 지혜의 모습과 자기가 그동안 쌓아온 업을 자유롭게 사용하는 상相을 말합니다.

　　智淨相者. 謂依法力熏習, 如實修行, 滿足方便故.
　　지 정 상 자　위 의 법 력 훈 습　여 실 수 행　만 족 방 편 고

　　破和合識相. 滅相續心相. 顯現法身, 智淳淨故.
　　파 화 합 식 상　멸 상 속 심 상　현 현 법 신　지 순 정 고

　　지정상이라는 것은 법력의 훈습에 의하여 여실히 수행하여 방편을 만족하기에 화합식상和合識相을 부수고 상속심상相續心相을 멸하여 법신法身을 현현하여 지혜가 맑고 깨끗하게 됨을 말하기 때문이다.

[논論]

　지혜가 맑은 상(智淨相)이라는 것은 진실한 진리의 힘에 젖어들어서 아주 알차게 수행하여 모든 방편들을 만족하여 화합식상和合識相과 상속심상相續心相을 깨뜨리는 것을 말합니다. 이전까지는 각覺과 불각不

覺을 나누어 서로 다르다고 했는데, 대승기신론에서는 각과 불각이 다르지 않다고 말하며 이 둘이 화합한 상을 화합식상和合識相이라고 합니다. 중생이 불각不覺이고 부처가 각覺이라면 이 각과 불각이 다르지 않아 둘을 모두 포용하고 있는 것이 화합식이고 이것도 하나의 상相이라는 뜻입니다. 상相이 붙은 이유는 말로 설명할 수 있는 것은 모두 상相이라는 점이 전제되어 있기 때문입니다. 그것을 전제로 하지 않으면 말로 할 수 있는 것이 없어요. 여러분이 읽는 모든 글과 강의에서 말하는 의미들이 기본적으로 모두 상相이라는 것이 첫 번째 전제입니다. 깨달음이라고 말하는 것 자체도 상相이지요. 왜냐하면, 그것은 말로 할 수 있는 것이 아니기 때문입니다. 깨달음의 세계는 상相이 없는 것인데, 그것을 말로 전하려면 머릿속에 자꾸 상相을 만들어야 하므로 어쩔 수 없이 '지금 말하고 있는 모든 것은 상이다'라는 것을 끊임없이 인식시켜주는 것입니다. 지정상智淨相은 모든 방편을 만족시켜서 화합식和合識으로 인한 상相마저도 깨트린 것입니다.

마음의 상이 서로상相인 까닭

상속심상相續心相은 마음이 마음으로 이어지는 상相을 말합니다. 지금 마음의 흔적들이 다음 마음의 현상을 만들어 내는데 쓰여 서로가 서로한테 이어지는 것이 상속심상相續心相인데, 지정상智淨相은 이런 상속심상相續心相도 깨트린 것입니다. '현상'이라고 할 때의 상은 모양 상象을 쓰지만, 우리가 상이라고 말하는 마음속의 모양은 불교에서처럼 서로 상相을 씁니다. 마음에 일어난 모습은 '어떤 모양'인데 왜 서로 상相을 쓸까요? 마음의 상相은 모습을 지니긴 하였지만, 그것 자체가 독립적으로 존재할 수 있는 것이 아니라 항상 다른 것에 의존해서 생긴다는 의미를 내포하기 때문에 그렇습니다. 서로가 서로에게 의존한다는 뜻이지요. 지난번에 얘기했듯이 '둥글다'는 '느낌'은 마음 밑바닥에 '사각'이나 '둥글지 않음'의 '느낌'이 전제되었기에 둥글다는 것을 아는 것이고, '길다는 느낌'은 짧은 것이나 가로와 세로의 길이가 같은 것 등을 마음 밑바닥에 깔고서 '느껴지는' 것입니다. 모든 느낌이 이와 같이 그것과 반대되는 것이나 그것이 아닌 다른 쌍을 무의식적인 배경에 전제하고 있습니다. 이것이 바로 상相이 의미하는 바입니다. 이렇게 서로가 서로에게 연결되어서 만들어진 상속심상相續心相과 화합식상和合識相을 모두 깨트리면 진리의 몸을 드러낼 수가 있게 되고(顯現法身), 지혜가 순박하고 맑아져 본각에 하나의 상이 만들어지는데 이것이 지정상智淨相입니다.

마음은 끊임없이 살아 움직이려 한다

此義云何. 以一切心識之相, 皆是無明. 無明之相, 不離覺性.
차 의 운 하   이 일 체 심 식 지 상   개 시 무 명   무 명 지 상   불 리 각 성

非可壞. 非不可壞.
비 가 괴   비 불 가 괴

이것은 무슨 뜻인가? 모든 심식心識의 상이 다 무명이니, 무명의 상이 본각의 성질을 여의지 않아서 파괴할 수 있는 것도 아니며 파괴할 수 없는 것도 아니기 때문이다.

[논論]

마음이 만들어 내는 모든 상相은 무명無明입니다. 무명無明은 지혜롭지 못한 어리석음인데, 그 무명의 상相이 본각의 성질을 떠나지 않았다는 말은 본각의 특성과 다르지 않다는 뜻입니다. 그렇기 때문에 파괴할 수 있는 것도 아니고 파괴할 수 없는 것도 아니라고 말했습니다.

우리는 마음속에 일어나는 많은 상相들을 없애거나 가라앉히고 파괴하려고 합니다. 이 상相들은 바다가 무명의 바람을 맞아서 만들어낸 파도와 같습니다. 모든 파도를 없애기 위해 조금이라도 흔들리는 물들을 다 없앤다면 바다가 없어지게 될 것입니다. 그와 같이 마음의 바다는 없앨 수 있는 것이 아닙니다. 본질은 불생불멸인데 어떻게 없애거나 사라질 수 있겠습니까? 또한, 우리 마음의 상相 또한 모두 없앨 수 있는 것이 아닙니다. 왜냐하면, 본질이 현상화된 것이기 때문에 그렇습니다. 상相이라는 것 자체가 본질의 변형에 의해서 만들어진 것이고 본질이 드러난 모습이므로 그러한 상相을 없앨 수 있는 것이 아닌데 우리는 자꾸 없애고 가라앉히려고 합니다. 마음은 끊임없이 살아있고 움직임으로써 작용하는 것이므로, 마음을 가라앉힘으로써 얻을 수 있는 것은 없습니다. 물론 너무도 요동하는 마음을 자신으로 동일시하여 괴로움 속에 있을 때는 잠시 가라앉혀 고요를 맛보는 것은 의미가 있습니다. 그러나 최종적인 목표를 마음을 가라앉혀 모든 것에 고요하고 초연한 상태에 둔다면 그것은 커다란 오해입니다. 마음은 움직일 때 살아있기 때문입니다.

그러므로 '끊임없이 살아 움직이는' 그 속에서 '움직임이 없는' 마음의 본질을 발견해야 합니다. 그렇지 않고 그 끊임없는 움직임을 없애 고요와 평화와 움직이지 않음으로 간다는 것은 곧 죽음으로 가는 것입니다.

如大海水, 因風波動. 水相風相不相捨離. 而水非動性.
여 대 해 수　인 풍 파 동　수 상 풍 상 불 상 사 리　이 수 비 동 성

若風止滅, 動相則滅, 溼性不壞故.
약 풍 지 멸　동 상 즉 멸　습 성 불 괴 고

如是衆生自性淸淨心, 因無明風動. 心與無明俱無形相,
여 시 중 생 자 성 청 정 심　인 무 명 풍 동　심 여 무 명 구 무 형 상

不相捨離. 而心非動性. 若無明滅, 相續則滅, 智性不壞故.
불 상 사 리 이 심 비 동 성 약 무 명 멸 상 속 즉 멸 지 성 불 괴 고

이것은 마치 큰 바다의 물이 바람에 의하여 물결이 움직일 때, 물의 모양
과 바람의 모양이 서로 떠나지 않지만, 물은 움직이는 성질이 아니기에
만일 바람이 그쳐서 없어지면 움직이는 모양인 물결은 곧 없어지나 물의
젖는 성질은 없어지지 않는 것과 같다.
이와 같이 중생의 자성청정심도 무명의 바람에 의하여 움직일 때 마음과
무명이 모두 형상이 없어서 서로 떨어지지 않지만, 마음은 움직이는 성질
이 아닌지라 만일 무명이 없어지면 상속하는 것이 곧 없어지나 지혜의 본
성은 없어지지 않기 때문이다.

[논論]

'마음과 무명이 모두 형상이 없어 서로에게서 떨어지지 않는다(心與
無明俱無形相 不相捨離)'는 것은, 중생이 원래부터 갖고 있는 본질적인 그
맑은 마음(自性淸淨心)이 무명無明으로 인해 움직여 현상화하는 것이니,
현상을 만들어 내는 특별한 상相이 있는 것이 아니라 마음과 무명이 서
로 합해져서 상相이 만들어진다는 뜻입니다. 합하지 않으면 상相이 만
들어지지 않으므로 상의 발생에 대해 마음과 무명은 서로 떨어질 수
없는 관계에 있다고 말했습니다.

마음에 일어나는 모든 현상들은 본질이 있기 때문에 현상으로 드러
날 수 있습니다. 따라서 현상이 없다면 마음이 있음도 알지 못할 것입
니다. 드러난 모습을 빼고 나면 마음이 어디에 '있다'고 할 수 있겠습니
까? 드러난 모습을 빼면 마음은 나타나지 않습니다. 다만 현상은 '드러
난 모습'이기 때문에 본각本覺이 아니라고 말하는 것입니다. 여러분들
이 분명히 알아야 할 것은 "내가 뭔가 알았어"라고 말하는 것 역시 '마
음의 현상'이라는 것입니다. 알아챈 것은 좋지만 알아챘다고 '믿고 있
는 것'은 현상 속에 빠져있는 것입니다. 알아챔은 알아챔이 일어나고

나서 그냥 사라집니다. 그 또한 현상이기에 그렇습니다. 그런데 "난 알아챘어"라고 하는 것은 본각 속에 있지 않고 현상 속에 있는 것입니다. 이것을 철저하게 파악하지 않으면 다시 현상으로, 즉 '나와 대상' 속으로 빠져들게 됩니다.

파도는 바다가 아니지만, 또 바다가 아니라고 할 수도 없다

다시 정리해보겠습니다. 본각本覺은 본질적인 각성을 말하는 것으로 부처든 중생이든 누구나 가지고 있는 것이며 겉으로 드러나지 않습니다. 시각始覺은 현상적으로 깨침이 처음 나타난 것입니다. 그래서 사람들은 드러난 현상을 보고 "저 사람은 뭔가 다르구나!" 하며 거기에 이름을 붙이고는 합니다. 그러나 그 사람 마음에서 일어난 것 역시 하나의 현상일 뿐입니다. 무슨 일이 벌어졌건 간에, '알아챔'이라는 것 자체도 하나의 현상임을 철저하게 파악해야 합니다. 그렇지 않으면 다시 '현상이 자기인 줄 아는' 일이 벌어집니다. 본질에는 심진여문心眞如門과 심생멸문心生滅門이 있다고 했습니다. 진여문은 변함없는 청정한 본질의 측면이고, 생멸문은 나타났다 사라지는 측면인데 진여문과 생멸문이 동시에 있습니다. 소승에서는 생멸문이 본질과 상관없다고 말하지만, 대승에서는 생멸은 본질이 드러난 모습이기에 본질과 다르지 않다고 말합니다. 마음에 나타났다 사라지는 것이 본질과 다르지 않다고 말한 이것이 번뇌즉보리와 불각즉각不覺則覺의 의미입니다. 마음에 일어나는 모든 현상들은 마음의 본질이 드러나 나타난 것이므로 본질과 다르지 않으니, 현상을 없애려고 하지 말고 현상이 있음에도 불구하고 그 현상과 전혀 상관없이 있는 본질을 발견해야 합니다.

본각은 상相이 아니기 때문에 물들어야 드러나게 되는데 그 물듦에 따라서 두 가지 상相으로 분별됩니다. 맑고 깨끗한 지혜라는 지정상智淨相과 내가 그동안 쌓아놓은 마음의 업들을 자유롭게 사용하는 불사의업상不思議業相이 그것인데, 이 두 가지 상은 물들었기에 본각 자체는 아니지만 동시에 본각이 아니라고 말할 수도 없습니다. 대승기신론은 이처럼 현상이 '본각은 아니다'라고 하고 또 '본각이 아니라고 말할 수도 없다'며 둘 다를 부정합니다. 부정하는 그 자체마저 부정하죠. 왜 그럴까요? 마음이 어디에도 '머물지 않도록' 하기 위해서 그렇습니다. 마음은 무언가 "이렇다"라고 하면 즉시 그곳에 머물러 버리기에 또 "그것도 아니다"라고 말함으로써 그 어디에도 뿌리박지 못하도록 합니다. 두 가지 상相이 본각은 아니지만, 그렇다고 본각이 아니라고 말할 수도 없으니, 본각도 아니고 본각이 아닌 것도 아닙니다. 이때 마음은 머물 곳이 없게 됩니다. 그럼 도대체 뭐라는 걸까요? 말로 할 수 없고 마음으로 가늠을 수 없다는 의미입니다. 우리 마음이 가늠을 수 없어서 그저 눈치 채게 하기 위한 신호일 뿐이니 '알았다'고 하지 말라는 뜻입니다. 파도가 바다는 아니지만, 또한 파도를 바다가 아니라고 말할 수도 없다고 비유한 것과 같습니다.

현상으로 나타나는 본각의 특성은 두 가지입니다. 첫째는 지정상智淨相으로 지혜가 맑고 깨끗한 상相입니다. 마음의 상은 서로에게 의존하기 때문에 그중 하나가 쓰러지면 다른 것도 쓰러집니다. 따라서 맑고 깨끗하다는 것은 탁하고 더럽다는 것에 대해 상대적인 모습일 뿐입니다. 그와 같이 '나와 대상'이 동시에 생겨난다는 것도 어느 하나가 따로 존재하는 게 아니며 마음에는 고유한 독립된 존재가 없다는 의미입니다. 미지가 미지를 정의하듯 항상 서로가 서로에게 의존합니다. 수학이나 철학의 시작은 '이렇다고 하자'는 가정 하에 시작합니다. (손가락으로 표시하며) 이만큼의 길이는 10cm임을 모두 '안다'고 생각하지만, 이것의 기반은 1cm이며 그 또한 일정 길이를 1cm라고 이름 붙이고 약속한 정의일 뿐입니다. 10cm 라는 '존재'는, 1cm의 10배라는 '관계'일 뿐인데, 우리는 그 가정을 잊어버린 채 10cm를 절대적인 진리라고 착각합니다. 상대적인 가정에 따라 만들어진 상대적인 표현일 뿐입니다.

우리는 최초의 가정은 잊어버리고 그 이후의 관계를 마음에 그대로 받아들여 수많은 숫자를 가지고 놀고 있습니다. 이것과 똑같은 것이 '나와 대상'과의 '관계'입니다. 내가 없으면 대상이 없고 대상이 없으면 내가 없는데, 이 두 가지를 기본적으로 만들어 놓고 '나'와 '대상'이 독립적으로 '존재한다'고 여기고 살면서, 수많은 나와 대상간의 희로애락을 만들어내고 있습니다. '나'는 어떤 '대상'을 알고 느끼고 생각하고 경험하며, 수많은 관계에서 오는 현상들을 그냥 실제로 받아들입니다. 그 수많은 현상의 마음 밑바탕에 나와 대상이라는 두 개의 벽돌이 있습니다. 이 두 벽돌은 원래 존재하는 고유한 것이 아니라 서로에게 의존하여 임시로 생겨난 '가정假定'이라는 점을 파악하지 못하고 긍정하게 되면, 그 위에 수많은 것들이 층층이 만들어져 쌓이게 됩니다. 그런데 이것을 파악한 것, 즉 모든 상相은 서로가 서로에게 의존하고 상대하여 나타난다는 것을 파악한 것이 지정상智淨相입니다. 또한 생각이든 감정이든 느낌이든 이 모든 것들은, 하나가 이런 저런 모양을 이루어 나타내 보이고 있는 것임을 알아채는 지혜입니다. 사실 모든 상相은 서로가 서로를 상대하여 나타나므로 '하나'가 있다고 말할 수도 없습니다. 그런데 이 지정상智淨相도 역시 마음에 만들어진 느낌인 상相입니다. 경험했다는 것은 경험하지 않음을 기반으로 하고 있고 경험과 경험하지 않음이 서로에게 의존하고 있으며, "나는 뭔가 알았어."는 "나는 모른다."를 기반으로 형성됩니다.

각覺과 불각不覺이 화합하다

이 지정상智淨相은 화합식상和合識相과 상속식상相續識相을 없앰으로써 아주 깨끗하고 맑아집니다. 화합식상은 각覺과 불각不覺을 하나로 묶어서 포용하는 것이라고 말했습니다. 대승기신론 이전에는 용수의 중론中論을 중심으로 하는 중관파中觀派와 유식학唯識學을 기반으로 한 유가행파瑜伽行派가 득세하고 있었습니다. 중관파는 마음의 청정한 본질적인 면을 중요시하여 본질만 찾고 탐구하였습니다. 반면에 유행가파는 본질이 아닌 것, 즉 마음이 물들어 오염된 것을 떼어내고 떨쳐내지 않으면 본질이 드러날 수 없다고 하여 물든 부분을 집중적으로 살펴보기 시작하였고 불각不覺에 초점을 맞추었습니다. 유가에는 이숙식異熟識이라는 것이 있는데 마음이 끊임없이 윤회한다는 개념이 여기에서 비롯되었습니다. 생멸하는 마음이 저장되었다가 다시 상속식에 의해서 전달되어 그 다음 대에 또 나타난다는 것인데 이것이 윤회 개념의 밑바탕이 되었습니다. 우리가 흔히 윤회라고 알고 있는 것은 개별적이고 본질적인 '나'가 있어서 죽으면 다시 태어나고 업을 쌓아서 또다시 태어난다는 것인데 이것은 잘못 알고 있는 것입니다. 에너지체에 쌓인 어떤 패턴이나 특성들이 유전적인 특성이나 에너지적인 형태 형성장 등 지금의 지식으로는 알지 못하는 형태로 전달되어서 그 '특성이 다시 태어난다.'는 것이 원래 윤회의 개념입니다. 이렇듯 중관파는 각覺에, 유가파는 이숙식과 생멸하는 마음을 떨쳐버리는 불각不覺에 초점을 맞추었는데 대승기신론에 와서 드디어 각覺과 불각不覺을 화합시킵니다.

불각不覺에는 과거, 현재, 미래의 세 가지 상相이 있는데 과거로부터 내려온 카르마인 업상業相, 현재의 상인 현상現相, 생각이 구르고 굴러서 추측과 계획으로 이어지는 전상轉相이 그것입니다. 이 세 가지 상이 모두 소멸되어 불각이 멈추고 본각이 살아나는 그 자리가 바로 본질적인 자성청정심自性淸淨心이고 불생불멸不生不滅의 자리이므로, 불각이 본각과 다르지 않다고 대승기신론은 말하는 것입니다. 본각의 마음이 어떤 상相의 모습을 띠고 있기 때문에 불각이라 하는 것일 뿐, 그 모양만 사라지면 마음은 그냥 본질 그 자체라는 말입니다. 지금 마음에 일어나는 그 느낌의 파도만 가라앉으면 그것이 마음의 본질입니다. 그 마음의 상相은 외부의 감각적인 자극이나 과거의 수많은 마음의 흔적들에 의해 늘 나타났다 사라집니다. 그 나타났다 사라지는 마음을 모두 없애려고 애쓸 것이 아니라 그것들이 허상이고 잠시 나타났다 사라지는 현상임을 통찰하면 그만입니다. 이렇게 대승기신론은 각과 불각 두 가지를 포용하여 상相이 없으면 각覺이고 상相이 있으면 불각不覺이라고 하였습니다. 이런 면에서 상相은 굉장히 중요합니다. 이 상이란 바로 우리가 감지라고 이름 붙인 모든 것들입니다. 마음에 의해 '잡히는 무엇'이지요. 관찰자 역시 일종의 감지입니다. 그것도 잡히는 '무엇'이기 때문입니다. 있다는 것을 '아는 것'이지요. 그렇게 상은 마음이 '움직여 일어나는 것'이고, 그 움직임이 그치면 그것이 바로 본질인 것입니다. 따라서 움직여 상이 일어나도 본질은 어떻게 되지 않는다는 것, 그것이 바로 상相만 없으면 각覺이라는 뜻입니다.

모든 마음의 상은 무명이라고 했습니다(一切心識之相, 皆是無明). 상相이라는 것은 나타났다 사라지는 생멸이 있는 물결과 같다고 했습니다. 그러나 바다 자체는 생멸이 없습니다. 아무리 물결이 일어났다 사라져도 바다는 늘 그대로입니다. 그런데 물결은 바닷물의 다른 모습이므로 바다가 아니라고는 할 수 없기 때문에, 결국 바다도 생멸한다고 말할 수 있겠죠. 이것이 바로 생멸심 역시 본질이고, 마음의 본질 또한 생멸이 있다고 말하는 이유입니다.

정리하자면, 생겨났다 사라지는 마음의 상은 생멸이 있는데, 그 상이 본질이 아니라고는 말할 수 없기에 마음의 본질 역시 생멸한다고 말할 수 있다는 것입니다. 더 면밀히 말하면 생멸이 있다기보다는 생멸이 없다고 말할 수 없습니다. 생멸이 '있다'고 하면 "생멸이 있는데 어떻게 그것을 본질이라고 할 수 있어?"라고 말할 수 있으니 "생멸이 없다고 말할 수 없다."라고 말하면 생멸을 무시할 수 없게 됩니다. 왜 이렇게 표현했는지 잘 봐야합니다. "생멸이 있다."라고 긍정적으로 표현하지 않았습니다. 긍정적으로 표현하면 마음이 거기에 묶여버리기 때문입니다. 우리가 깨어있기™ 워크숍 진행 중에 "감지는 이런 것입니까?" 하고 물어볼 때 "감지는 그런 것일 수 있습니다."라고 대답하는 이유는 "그렇습니다."라고 대답하면 "아~ 감지는 이거구나." 하고 결론내고 탐구를 멈추기 때문입니다. 마음을 머물게 하고 멈추게 만드는 것이 긍정적인 대답의 커다란 함정입니다. 부정어는 그것이 아니라고 말하는 것이기에 멈출 이유가 없어져 마음을 뿌리박지 못하게 만듭니다.

다시 한 번 정리해보면, 물결에 생멸이 있으니 '바다에 생멸이 없다'고 할 수는 없습니다. 그렇다고 '바다에 생멸이 있다'고 할 수도 없습니다. 왜냐하면 바다는 태어났다 사라지는 것이 아니니까요. 바다는 생멸이 없다고 말할 수도 없고, 생멸이 있다고 말할 수도 없습니다. 그냥 하는 말이 아니라 깊은 의미가 있는 말입니다.

일체의 심식心識의 상이 무명無明이라는 것은 굉장히 중요합니다. 무명無明은 본질이 잊혀졌다는 의미입니다. 눈에 보이는 이미지뿐 아니라 마음에 의해 잡히는 모든 느낌이 상相인데, 이 상相은 본질적으로 독자적인 존재가 아니기에 사실 존재한다고 할 수도 없습니다. 벽난로의 장작에 불을 붙일 때 장작을 하나만 넣으면 불이 붙지 않습니다. 꼭 두 개 이상을 놓아야 불이 붙어 유지되게 됩니다. 여기 함양에서는 겨울에 장작난로를 사용합니다. 이때 장작에 불을 붙여보면 압니다. 분리된 둘이 되어야 에너지가 더 활성화됨을 말입니다. 장작 한 개비는 아무리 세게 타도 화력이 일정 한계 이상을 넘어가지 못합니다. 그런 화력 두 개를 가져야만 서로의 화력이 서로에게 도움이 되어서 꺼지지 않기 때문에 두 개를 붙여놔야 불이 계속 유지됩니다. 마찬가지로 나와 대상도 나눠져야 제 역할을 하게 됩니다. 그렇지 않으면 어디로부터 어디로 흘러갈 것이 없고 의식도 일어나지 않습니다. 이처럼 모든 마음의 상은 서로에게 의존하기 때문에 있는 것도 아니고, 현상으로 나타났으니까 없다고도 할 수 없습니다. 이런 것들을 명확하게 보는 것이 바로 지정상智淨相이고 그것을 보지 못하면 무명無明입니다. 모든 상이라는 것 자체가 무명인데, 그 상이 곧 본질이 드러난 모습이기 때문에 결코 본각을 떠나 있지는 않습니다. 파도가 바다가 아닌 것은 아니듯이 말이죠.

유식학에서는 불각을 없앤다는 의미에서 불각을 중요시하고, 중관파에서는 각을 각성하는 것을 더 중요시했는데, 대승기신론에서는 왜 각과 불각이 모두 중요하다고 했을까요? 중관파는 부처와 중생은 다르다는 관점을 가지고 있습니다. 그런데 대승기신론에서는 각은 각성이고, 불각은 아직 세 가지 상을 없애지 못한 상태(불각삼상不覺三相)의 각으로 봅니다. 그래서 각성한 사람이 자기만 각성하고 끝나면 제대로 된 것이 아니니, 스스로를 이롭게 하고 타인을 이롭게 하는 것(自利利他)이 동시에 필요하다고 대승기신론은 말합니다. 위로는 진리를 구하고(상구보리上求菩提), 아래로는 중생을 교화시키고 진리를 전파하는 것(하화중생下化衆生)이 자리이타自利利他입니다. 두 가지를 동시에 해야 한다고 말하는 것은, 대승기신론이 각과 불각을 화합해서 모두 중요하게 여기기 때문이며 이것이 소승과 다른 점입니다. 소승은 자기만 각성하면 끝인 반면 대승은 자기 각성과 진리를 중생에게 전달하는 작업을 동시에 해나갑니다.

지금 하늘을 떠올려보세요. 하늘의 느낌은 땅의 느낌과 다르죠? 하늘의 느낌은 땅의 느낌에 의존하고 있음을 알겠습니까? 검은색을 떠올리면 그 검은색은 흰색에 의존하고, 옳다는 생각은 그르다는 생각에 의존하고 있습니다. '그르다'가 없는 곳에 '옳다'가 어디 있으며, '깨닫지 못했다'가 없는 곳에 '깨달았다'가 어디 있겠습니까? 이것이 서로 상相의 의미입니다. "나는 깨달았다"고 생각한다면 깨닫지 못한 상相을 밑바탕에 깔고 있는 것입니다. 따라서 상相 속에 빠져 있는 것입니다. 깨닫지 못함이라는 것이 없다면 어떻게 깨달음이 일어날 수 있겠습니까? 이 또한 이것과 저것의 분별 속에 있다는 뜻입니다. 깨달음은 분별이 없어지는 것인데 "깨달았다"고 믿는 것은 다시 분별 속으로 들어가는 것입니다. 말장난 같지만 깊은 의미가 있습니다. "나는 뭔가를 경험했어"라고 하는 것은 경험하지 않음을 기반으로 하고 있고, 경험과 경험하지 않음을 나눠놓은 마음의 분별 속에 내 중심이 들어가 있는 것입니다. 그것이 바로 분별에 빠져 있는 것이므로 진정한 경험이 아직 일어나지 않은 것입니다. 그래서 "나는 경험했어."라고 말하는 사람은 아직 경험하지 못했음을 그 말을 통해 실토하고 있는 것입니다. 이 말을 들으면 경험이 안 된 사람은 "그럼 어쩌란 말이야"라는 말을 하게 됩니다.

모든 마음의 상相을 떠나면 드디어 본질적인 각성인 본각本覺에 이르게 되는데, 그것이 대승에서 말하는 자리이타自利利他 중의 자리自利, 즉 상구보리上求菩提입니다. 지금부터 설명할 불사의업상不思議業相은 하화중생下化衆生, 즉 이타利他와 관련이 깊습니다. 불사의不思議는 마음으로는 절대로 생각해 낼 수 없고 헤아릴 수 없다는 뜻이고 업業은 경험을 통해 쌓인 마음의 흔적들을 말하니, 불사의업상이란 불가사의한 업의 무한한 용도를 말하는 것으로 불사의업용이라고도 표현합니다. 대승기신론은 결코 자리自利에 대해서만 논하지 않습니다. 쌓여있는 카르마인 업을 무시하지 않고 없애야할 대상으로 여기지도 않습니다. 불사의업상이라는 말이 그것을 증명합니다. 마음에 쌓여있는 감정, 생각, 느낌들이 모두 업인데 이것들을 무조건 처치하고 소멸시켜야 할 대상으로 본 것이 아니라 이것을 불가사의하게 사용할 수 있는 업이라고 말했습니다. 이것이 자기해탈 이후에 행해야 하는 이타利他, 하화중생下化衆生입니다.

분별에 빠지지 말고 분별을 잘 사용하기

不思議業相者, 以依智淨, 能作一切勝妙境界.
불사 의 업 상 자   이 의 지 정   능 작 일 체 승 묘 경 계

所謂無量功德之相, 常無斷絕. 隨衆生根, 自然相應,
쇼 위 무 량 공 덕 지 상   상 무 단 절   수 중 생 근   자 연 상 응

種種而現. 得利益故.
종 종 이 현   득 리 익 고

불사의업상이란 것은 지혜가 맑아짐에 의하여 모든 뛰어난 경계를 짓는
것이니 이른바 무량한 공덕의 상이 항상 끊어짐이 없어서, 중생의 근기에
따라 자연히 상응하여 여러 가지로 나타나서 이익을 얻게 하기 때문이다.
[논論]

맑은 지혜에 의존해서 불가사의한 자기 안의 업業들을 사용해서 일
체의 탁월하고 신묘한 경계를 만들어 낼 수 있다고 하였습니다. 불교
나 유사한 종교에서 말하는 경계는 대부분 마음의 장애나 문제를 일으
키는 분별을 일컫는데, 여기서는 '뛰어나고 신묘한 경계'라고 표현했습
니다. 즉 '경계'라는 것을 분별의 장애나 마음이 걸려 넘어지는 그런 문
제거리로 보는 것이 아니라, 아주 신묘하고 놀랍게 사용할 만한 분별
로 보는 것입니다. 이것은 마음이 섬세해지면 극도로 치밀해진 경계를
만들어냄으로써 세밀한 분별을 잘 해낼 수 있음을 말합니다. 분별심에
끌려다니는 것이 아니라 분별을 잘 사용하는 것을 말하는 것이죠. 이
렇게 분별은 유용한 도구이기도 하고 위험한 함정이기도 합니다. 처음
자리自利의 과정에서는 분별은 해결하고 뛰어넘어야 할 함정입니다.
그러나 자기문제가 해결되었거나 아니면 아직은 완전히 해결되지는
않은 미진한 상태로 자리와 이타를 함께 해가는 과정에서라도, 분별심
이 문제가 될 수 있음을 알면서도 잘 사용할 수가 있습니다.

마음에 쌓인 감지 때문에 생겨나는 분별심에 끌려다니거나 묶이지

않고 잘 사용하는 것이 바로 능작일체승묘경계能作一切勝妙境界인데, 이렇게 하면 헤아릴 수 없는 무한한 공덕의 상이 끊어지지 않는다고 하였습니다. '무한한 공덕'이라 하지 않고 '무한한 공덕의 상相'이라 표현했지요? '무한한 공덕'이라고 하면 그것이 존재하는 것이 되고, 내가 다른 사람을 돕는 것도 공덕을 짓는 의미가 됩니다. 그런데 상相은 다른 것에 의존하는 것이니 있는 것도 아니고 없는 것도 아니어서 '내가 했다.'라는 마음이 일어날 수 없게 합니다. 그러한 이유로 '상相' 자를 자꾸 붙이는 것입니다. 양무제가 달마대사에게 "스님, 제가 절을 많이 짓고 스님들께 보시도 많이 했는데 제 공덕이 얼마나 됩니까?" 하고 물으니 달마대사가 "무無"라고 대답하였습니다. 아무것도 한 것이 없고 오히려 당신 마음속에 공덕을 쌓았다는 업만 생겼다는 뜻입니다. 양무제는 공덕을 쌓았다고 생각하지만 달마가 보기에는 공덕을 쌓았다는 상相만 생긴 것이지요.

불가사의한 업을 사용해서 맑은 지혜에 의존해 일체의 탁월하고 신묘한 경계를 만들어 무량한 공덕의 상을 단절 없이 쌓는다는 것은 바로 이타행利他行을 말하는 것입니다. 이러한 이타행利他行은 무량한 공덕의 상相입니다. 자기가 무량한 공덕을 행하면서 남을 도와주고 있는 것이 아닙니다. 도와주는 상相이 있을 뿐인 거예요. 그 상相이라는 것은 있는 것도 아니고 없는 것도 아니기에 거기에 빠지지 않게 합니다. 다른 사람을 돕고 나서 "내가 그 사람을 도왔어."라고 말하는 것은 상相에 빠진 것이고, 이는 상相이라는 것이 존재한다고 여기는 것과 마찬가지입니다.

중생근衆生根은 중생의 타고난 근기를 말하는데, 흔히들 상근기上根機, 중근기中根機, 하근기下根機로 나누어 표현합니다. 상근기는 진리의 한 말씀을 들으면 번뜩 깨어나거나 그것을 향해 매진하는 사람을 말하고, 중근기는 진리를 듣고서 애써 노력하는 사람을 말하며, 하근기는 진리를 들어도 "이게 뭐야."라며 하찮게 여기는 사람을 말합니다. 하근기가 발로 차지 않는 진리는 진리가 아니라는 말도 있습니다. 자리自利를 이룬 사람은 쌓인 업을 사용해서 공덕을 펼쳐내는데, 그 공덕이 끊임없을 뿐 아니라 중생의 다양한 근기에 맞춰서 자연스럽게 그들에게 상응하여 다양한 종류의 이익을 얻게 해주기에 무량한 공덕의 상相이 쌓이게 됩니다. 여기에 대해서 기신론 소에서 중요한 얘기가 있어서 뽑아 보았습니다.

> 問. 始得自利已. 方起利他業. 云何利他說無始耶.
> 문 시득자리이 방기리타업 운하리타설무시야

> 묻기를, "비로소 자신의 이익을 얻고 나서야 다른 사람을 이롭게 할 수 있다고 하였으면서, 어찌하여 다른 이를 이롭게 하는 것을 無始(시작이 없다)라고 하였는가?"
>
> [소疏]

자신의 이익을 얻었다는 것은 자기 문제를 해결했다는 의미입니다. 이 질문은 "자신의 문제를 먼저 해결한 이후에 다른 사람을 도와야 한다."고 말했으면서 이타利他에는 시작이 없다고 말하는 것은 모순되지 않느냐 묻는 내용입니다. 자기 문제가 해결되지 않은 사람은 타인을 도와줄 수 없고, 그렇다면 다른 사람을 도울 수 있는 시기가 있는 것인데 왜 무시無始라고 하였는지 묻는 것이지요.

> 解云. 如來一念, 徧應三世. 所應無始故, 能應則無始.
> 해운 여래일념 편응삼세 소응무시고 능응즉무시

> 설명하기를 "여래는 일념에 삼세를 두루 응하니 소응所應에 시초가 없기에 능응能應도 시초가 없다.
>
> [소疏]

소응所應은 응하는 대상 즉 과거, 현재, 미래의 삼세三世를 말하며 피동적이고 수동적인 개체를 뜻하고, 능응能應은 능동적인 주체인 여래如來를 뜻합니다. 즉, 자기 문제라는 경계는 시작이 있거나 끝이 있는 것이 아니라 시초부터 존재하지 않는 것이기 때문이라는 겁니다. '자기'라는 것 자체가 '허상의 경계'이기에 시작 자체가 없다는 것입니다. 그러니 문제 해결이라는 것도 사실은 문제를 문제로 보지 않으면 없는 것이라는 겁니다. 그렇기 때문에 내 안의 여래가 드러나는 것도 특별한 시작이 없는 것입니다.

猶如一念圓智, 徧達無邊三世之境, 境無邊故, 智亦無邊,
유 여 일 념 원 지 편 달 무 변 삼 세 지 경 경 무 변 고 지 역 무 변

無邊之智所現之相, 故得無始亦能無終. 此非心識思量所測.
무 변 지 지 소 현 지 상 고 득 무 시 역 능 무 종 차 비 심 식 사 량 소 측

是故名爲不思議業也.
시 고 명 위 불 사 의 업 야

이는 마치 일념의 원만한 지혜가 한없는 삼세의 경계에 두루 이르는 것과 같으니, 경계가 끝이 없기 때문에 지혜도 한이 없고, 한없는 지혜가 나타내는 상이기 때문에 시작도 없게 되며 끝도 없게 되니, 이것은 심식의 사량으로 헤아릴 수 있는 것이 아니기에 '불사의업'이라고 부르는 것이다".

[소疏]

여기서 지혜의 깨끗함과 무량한 여래의 일념一念이 행하는 업의 용도를 말하고 있습니다. 지혜가 깨끗해진다는 말은 수염본각隨染本覺이 깨끗해진다는 뜻입니다.

수도하고 닦아서 본질을 깨끗하게 할 수 없다

전체적인 이해를 위해 먼저 본각本覺과 시각始覺에 대해서 다시 살펴

보겠습니다. 흔히들 만물에는 불성佛性이 있다고 합니다. 나나 여러분이나 녹같이 가시고 있는 불성, 본질직인 지혜와 깨끗한 근본을 본각本覺이라고 합니다. 그런데 그 본각이 현상계에 드러나는 것은 무언가에 오염되어 있거나 덮여 있을 때 가능합니다. 물론 오염되어 있거나 덮여있다고 해서 본각이 물들어 있는 건 아니에요. 마치 진흙 속의 연꽃처럼 말이죠. 아무리 더러운 진흙 속에 있어도 연꽃은 늘 이슬 머금은 이파리처럼 깨끗합니다. 본각이라는 불성, 근본의 자리는 전혀 물들지 않고 오염되지 않고 그대로 있지만 현상으로 드러나지는 않았어요. 의식화되지 않았다는 말입니다. 우리가 본질을 발견한다는 것은 늘 있는 그대로를 발견하는 것일 뿐입니다. 수도하고 닦아서 작았던 본질을 크게 키우는 게 아니라는 말이죠. 우리는 본질을 발견하는 것이지 결코 만들어 내거나 깨끗이 닦거나 키우는 것이 아닙니다. 본질적으로 우리는 이미 각성되어 있고 깨달아 있기에 본각이라고 말하는 것입니다. "그렇다면 깨달아 봤자 별거 없을 거고, 깨달을 이유도 없고, 있는 그대로가 이미 완벽한데 뭘 애써 노력할 필요가 있는가?"라고 말할 수 있지만, 우리 모두가 이미 깨달았다고 표현하는 것은 의식화 되지 않은 상태를 가리키는 것입니다. 의식화까지 이루어진 것이 바로 시각始覺인데, 드디어 현상세계에 본각이 드러나기 시작하는 것이죠. 이상이 본각과 시각의 의미입니다.

수염본각隨染本覺, 동일시된 본질

본각은 본각인데 오염을 따라 다니는 것을 수염본각隨染本覺이라 합니다. 마음속에 감정의 파도가 일었는데 내가 그 감정이라고 동일시한다면 그것이 수염본각입니다. 감정에 물든 마음을 따라가는 본각이죠. 어떤 생각이 떠올라서 그 생각대로 행동한다면 생각에 물들어 따라가는 수염본각입니다. 아침에 일어나니 미묘한 짜증이 좀 있는데 그 짜증이 자기인 줄 알고 하루 종일 작은 일에도 예민해지는 것도 마찬가지입니다. 그런데 이런 수염본각이 깨끗해지면 드디어 시각始覺이 되는 것입니다. 각覺이 현상화되기 시작했다는 것이죠. 그러므로 시각이란, 본각이 현상계에 드러나서 '누군가가 각성을 했다.'고 여겨지는 하나의 현상입니다. 그렇다면 이 시각이라는 것은 존재하는 것인가요, 아닌가요? 드러난 것은 모두 현상입니다. 마음에 나타난 파도란 말이죠. 누군가 깨닫거나 각성했다는 것은 드러났기에 하나의 현상입니다. 그런데 현상이라는 것은 나타났다 사라지기에 진정으로 존재한다고 말할 수는 없습니다. 따라서 누군가가 각성했다고 여긴다면, 또는 본인이 그렇게 여긴다면 깨달았다는 현상 속에 빠진 것입니다. 물론 시각 안에 본각이 있습니다. 깨달았다는 현상이 현상임을 명확히 알면 본각에 가있는 것입니다.

시각과 본각의 개념은 매우 중요합니다. '누군가가 깨달았다.'고 말한다면 그 '누군가'가 있기에 벌써 드러난 현상임을 알 수 있습니다. 본질의 세계에는 '누군가'라는 개별적인 사람은 없어요. 근본의 세계에는 경계가 없기 때문에 너와 나를 나눌 수 없고 분별도 할 수 없는데 어떻게 '누군가'가 있을 수 있겠습니까? '누군가'라는 것 자체가 나타난 파도, 곧 현상 속의 일임을 뜻합니다. 바다가 아닌 파도의 일인 거예요. 그런 '누군가'가 각성했다는 것도 역시 파도에서의 일이고 그것이 바로 시각입니다. 의식화 되었다는 뜻이죠. 그 시각이라는 것도 하나의 현상임을 분명히 파악하는 것이 드디어 본각이 명확히 알아채진 시각입니다. 현상이라는 것은 나와 대상을 기본으로 하는 관계를 통해서 드러나기 때문에 누군가 각성했다는 것 또한 현상일 뿐임을 분명히 봐야합니다. 그렇지 않고 자신이 깨달았다고 여긴다면 그 사람은 본각은 잊은 채 시각 속에 머물게 되면서 다시 현상으로 빠져들게 됩니다. 본각의 세계는 누군가도 없고 깨달음도 없습니다. 본각과 시각의 의미는 그것을 분명하게 말해주고 있습니다.

시각始覺이라는 현상이 불가사의한 업業을 사용하여 다른 사람의 시각始覺을 일으키려고 돕는 것이 이타利他입니다. 깨달음이 현상계에 드러난 것이 시각이고 드러나지 않는 것이 본각이라고 했습니다. 에너지가 있음을 알려면 그 에너지가 어느 방향으로든지 움직여야 합니다. 바람이 뭔가를 때려서 흔들리게 해야 그 공간에 바람이 있다는 것을 아는 것처럼, 무언가가 드러나려면 어느 방향으로든 에너지가 움직여야 합니다. 그것을 벡터vector, 방향이 있는 에너지라고 하지요. 현상계에 에너지가 드러나려면 방향이 있어야 하고, 이러한 방향이 있다는 것은 그것이 곧 현상임을 뜻합니다. 그래서 드러난 깨달음은 시각인 것이고 시각은 현상에 불과한 것입니다. 그럼 각성이라는 것이 있다는 것인가요, 없다는 것인가요? 결론적으로 있는 것도 아니고 없는 것도 아닙니다. 없다고 생각하는 사람에게는 "있다."고 말하고, 있다고 생각하는 사람한테는 "없다."고 말함으로써 그 사람이 붙들려있는 고정관념으로부터 떨어지게 하여 어디에도 머물지 않게 하는 것이 응무소주應無所住라고 얘기했습니다. "뭔가 있어." 하고 붙들고 있거나 "뭔가 되었어."라고 말하는 것은 머무는 것이고, 마음의 어떤 현상을 붙들고 있는 것입니다. 그런 것을 놓게 하기 위해서 있는 것도 아니고 없는 것도 아니라는 말을 하는 것입니다.

본각과 시각은 같지 않습니다. 드러난 시각 안에 분명히 본각이 있으니 본질적으로는 같다고 할 수 있지만 똑같지는 않습니다. 부처와 중생이 같지 않음과 마찬가지입니다. 그렇다고 본각과 시각이 다르지도 않습니다. 부처와 중생이 본질적으로 다르지 않음과 마찬가지에요. 다르지도 않지만 같지도 않습니다. 이렇게 말함으로써 사람들이 붙잡혀 있는 마음의 틀로부터 빠져나오게 합니다. "아, 나는 아직 못 깨달았어."라고 말하는 사람에게는 "너와 부처는 다르지 않다."고 말함으로써 "나는 아직 몰라. 나는 저렇게 될 수도 없어."라는 자신의 틀에서 빠져나오게 만듭니다. 반면 "아. 나는 이제 됐어."라는 사람에게는 그 마음이 현상임을 보게 하고, 현상 속에 빠진 사람은 역시 하나의 중생에 불과하며 진정한 본각을 이룬 부처와 같지는 않다고 함으로써 '나는 경험했다'는 미묘한 틀에서 나오게 합니다. 이렇게 대부분의 경전의 말은 사람의 마음을 어디에도 머물지 않게 하고 고정된 관념에 묶이지 않게 합니다.

본각은 지금 이 순간 누구에게나 갖춰져 있는 것이니 그것을 발견하기만 하면 됩니다. 발견해서 현상계에 드러난 것이 시각이지요. 그렇지만 '누군가'가 발견한 건 아니죠. 발견한 누군가가 있거나 깨달은 누군가가 있다면 현상입니다. 깨달은 사람은 없습니다. 그냥 본각이 어떤 임시적인 존재를 통해 드러날 뿐입니다.

번뇌장煩惱障과 지장智障, 집착과 의도에서 떠나기

대승기신론 소疏에서는 지혜의 깨끗함이 어떻게 생겨나는지도 설명합니다. 번뇌장煩惱障과 지장智障을 떠날 때 지혜가 깨끗해지는데, 번뇌장은 번뇌의 장애를 말하며 지장은 지혜의 장애를 말합니다. 인간의 몸과 마음은 여러 가지 것들의 조합으로 이루어진 임시적인 결합물에 불과한데, 영구적인 '나'가 존재한다고 여겨 집착하는 마음이 바로 번뇌장煩惱障입니다. 그 '나'를 유지하고 보호하며 확장하고 강하게 만드는 것에 집착하므로 번뇌가 일어나는 것이지요. 나를 보호하고 강하게 하려는 이유는 내가 있다고 믿기 때문인데, 그것이 하나의 믿음일 뿐이고 믿음이란 일종의 일시적인 에너지의 흐름일 뿐임을 발견해야 합니다. 두 번째 지장智障은 있는 그대로의 진상을 파악하는 지혜를 막는 장애로서 탐貪, 진瞋, 치癡를 말합니다. 탐은 탐욕, 진은 성내고 분노하고 싫어하는 것, 치는 어리석인 것을 말하는데 이 세 가지가 지혜를 막는 장애입니다.

번뇌장을 떠난다는 것은 몸과 내가 존재한다고 믿고 집착하는 것으로부터 떠나는 것입니다. 과연 몸은 독립적으로 존재하는 것일까요? 음식을 먹지 않고 물을 마시지 않으면 몸은 차차 사라질 것이고, 산소와 탄소가 없으면 몸의 기능은 즉시 멈출 것이므로 몸이 홀로 존재한다고 말할 수 없습니다. 몸 또한 상相입니다. 왜냐하면 어떤 것에 의존하고 있기 때문에 그렇습니다. 불교에서는 몸을 오온五蘊의 집합체라고 표현했습니다. 몸은 독립적으로 존재하는 것이 아니라 오온이 모여서 이루어진 형태에 '몸'이라는 이름이 붙여진 것에 불과하다는 것이죠. 몸은 이름일 뿐 본체가 아닙니다. 그럼 '나'는 존재할까요? '나'라는 것 또한 독립적이지 않습니다. '나'라는 것은 수많은 마음의 상相들의 집합체입니다. 여러분이 '나'라고 생각하는 그것에서 지금껏 경험한 모든 것들을 빼면 과연 '나'라고 할 만한 것이 남을까요? 그 다음에는 경험의 흔적은 그대로 두고 지금 이 순간 느끼는 존재감이나 주체감을 모두 빼면 어떨까요? '나'라는 느낌을 모두 없앤다면 과연 여러분은 그 경험의 기억을 '나'라고 여길까요? 이렇게 '나'라는 것은, 다양한 것들이 서로에게 의존하여 나타나는 임시적인 조합일 뿐입니다. 그런 '나'는 드라마에 푹 빠져 있을 때나 일에 몰두하고 있을 때는 사라지고 없습니다. '나'라는 것은 독립적으로 존재하지 않고 어떤 관계망에 의해서 생겨난 임시적인 느낌일 뿐인데, 그 '나'라는 것이 존재한다고 믿고 집착하는 것이 번뇌의 장애이니 그 번뇌장을 떠나면 지혜가 깨끗해집니다.

다음으로, 지장智障을 떠난다는 의미를 살펴보겠습니다. 지혜를 막는 첫 번째 장애인 탐욕은 도덕적인 측면이 아닌 공부의 원리적인 측면을 말하는 것입니다. 탐욕으로 공부한다는 것은 뭔가를 얻기 위해서 공부한다는 뜻입니다. 세상에 존재하는 것들을 얻기 위해서 열심히 공부하면 그것을 성취할 수 있으나, 이 공부만은 그런 방식으로는 절대로 얻을 수 없습니다. 그 이유는 두 가지입니다. 첫 번째는 얻으려고 하는 마음이 있다는 것 자체가 얻으려는 '내'가 있음을 뜻하기 때문입니다. '내가 없다'는 것, 나의 허구성을 발견하고자 하는 의도를 가지고 공부에 몰두하면 그 의도가 사라지지 않기 때문에 계속해서 내가 남게 됩니다. 두 번째는 어떤 의도를 가진 채 목표를 저 멀리 두고 "이렇게 하면 저것이 얻어지겠지."하는 생각으로 공부하고 수련하면, 막상 지금 이 순간에 일어나는 것을 제대로 관찰할 수 없기 때문입니다. 마음이 저 멀리 다른 곳에 가있기 때문에 철저하게 관찰이 안 될뿐더러 쉽게 지치게 됩니다. "저걸 얻고 싶은데 뜻대로 안 돼."하는 마음으로 인해 열심히 하는 사람일수록 빨리 지치게 됩니다. 그렇다고 열심히 하지 말라는 말은 아니고, 지치지 않을 만큼 쉬면서 놀면서 해야 한다는 말입니다.

지혜를 막는 두 번째 장애인 진에瞋恚는 저항하는 마음으로 수행하는 것을 말합니다. 싫어하면서 "이것을 해야 하나?" 하는 마음이죠. 그런데 잘 살펴보면 우리는 무엇을 싫어하면 싫어할수록 늘 그것을 끌고 다니게 된다는 것을 알 수 있습니다. 왜 그럴까요? 싫어한다는 것은 나도 모르게 무의식적으로 그것에 주의를 쏟고 있다는 것입니다. 에너지를 주고 있는 거예요. 나는 흰 마우스를 좋아하는데 지금 나에게 검은 마우스만 있다면 검은 마우스를 볼 때마다 자꾸 신경이 쓰이겠지요? 싫어하면 할수록 주의가 자꾸 끌려가기 때문에 싫어하는 마음을 가지면 그것이 떠나지 않는 것입니다. 깨달아가는 과정에서 뭔가 싫어하는 것이 보이고, 불편한 것이 나타나면 왜 그럴까 하고 면밀히 들여다봐야 합니다. 그것을 제쳐놓거나 피하려 할수록 그것은 늘 따라다니게 되어 있습니다.

지혜를 막는 세 번째 장애인 어리석음으로 수행한다는 것은 기본적인 마음의 구조를 보지 못하고 공부하는 것을 말합니다. 마음의 기본 구조는 나와 대상이 동시에 같이 생긴다는 거예요. 절대로 나만 또는 대상만 혼자 생겨나지 않습니다. 그런데 '나'를 없애려고 아무리 애써도 대상이 계속 외부에 있다면, 그 사람은 자신도 모르게 계속 '나'를 되뇌고 있는 것입니다. "저 사람 보기 싫어." 한다면 마음의 밑바닥에서 "저건 내가 아니야."를 늘 되뇌고 있는 거예요. 이렇게 대상을 본다는 것은 대상을 보고 있는 '내'가 있다는 것을 뜻합니다. 동일시되어 잘 느껴지지 않고 보이지 않지만 '내'가 있습니다. 대상과 내가 동시에 있음을 확인하면서 대상을 보는 것은 괜찮지만, 그것을 모른 채 싫어하는 대상은 멀리하고 좋은 것은 끌어오려고 하고 마음에 안 드는 것은 보지 않으려고 한다면 그것이 바로 어리석음으로 수행하고 있는 것입니다. 왜냐하면 나와 대상은 항상 붙어있기 때문에 그 사람은 늘 동일시된 자기는 알아차리지 못하고 대상만 끊임없이 탐구하며 오랜 시간을 낭비하는 것이죠.

이상이 탐, 진, 치로 수행하지 말라는 뜻이고, 그렇게 하면 맑고 올바른 지혜를 막는 장애를 떠나게 됩니다. 그렇게 지혜가 깨끗해지면 본각과 시각을 명확히 구분하고 본각으로 가는 것이고 그 지혜를 통해서 자기의 마음과 몸에 쌓인 불사의업을 사용해서 이타를 하게 되는 것입니다. 정확히 말하자면 다른 사람을 돕는 것이 아니라 돕는 상相을 이루는 것입니다.

각성의 본체라는 상相

復次覺體相者, 有四種大義, 與虛空等, 猶如淨鏡, 云何爲四.
부 차 각 체 상 자　유 사 종 대 의　여 허 공 등　유 여 정 경　운 하 위 사

다음으로 각체상이라는 것은 네 가지 종류의 커다란 뜻이 있어 허공과 같으며 마치 맑은 거울과 같다. 네 가지 큰 뜻은 무엇인가?

[논論]

각체상覺體相이라는 것은 각성覺性의 본체에 대한 상相을 말합니다. '각성의 본체'라고 하지 않고 '각성의 본체의 상相'이라고 표현하는 것은, 여러 번 설명하였듯이 말을 한다는 것 자체가 상相을 통한 것임을 항상 인식시키기 위해서입니다. 말로 할 수 있고, 생각할 수 있고, 표현할 수 있는 모든 것은 상相을 통한 것임을 한시도 잊지 말아야 합니

다. 선사들의 표현이든 부처님의 표현이든 그 누구의 표현이라 할지라도 그것은 모두 상相이라는 것이죠. 각성의 본체에 대한 표현도 상相을 가지고서 얘기하는 것이기에 결코 직지인심直指人心할 수 없습니다. 직지인심直指人心 한다는 것은, 그 사람이 처해있는 마음의 상태를 보고 말로써 표현하지 않고 행동으로 찔러주는 것을 말합니다. 지금 오인회에서 마음이 어떤지를 묻고 이에 대답하는 중에 갑자기 손바닥을 들이댄다든가 하는 식으로 즉각적으로 자신의 마음을 볼 수 있도록 하는 방법이지요. 경험적인 것입니다. 이와 달리 말로 하는 설명은 마음을 직접 인지하게 하는 것이 아니라 상相을 통한 것이므로 여기서도 각체상覺體相이라고 표현했습니다.

一者如實空鏡. 遠離一切心境界相. 無法可現. 非覺照義故.
일 자 여 실 공 경　원 리 일 체 심 경 계 상　무 법 가 현　비 각 조 의 고

첫 번째는 여실공경如實空鏡이니, 모든 마음의 경계상을 멀리 떠나서 나타낼 만한 법이 없는지라 각조의 뜻이 아니기 때문이다.

[논論]

여실공경如實空鏡은 텅 빈 거울과 같다는 뜻으로, 각성의 본체는 거울과 같아서 모든 것을 다 비추지만, 자신은 비추는 상에 전혀 물들지 않음을 말하는 것입니다. 거울은 그 안에 수많은 상을 비추는 역할을 하지만 거울 자체는 결코 그 상들의 영향을 받지 않습니다.

'마음의 경계'(心境界)는 나누어 분별하는 마음입니다. 앞에서 세상世上과 세계世界에 관해 설명했었죠? 저 밖에 있는 분리할 수 없는 그것, 우주 전체라고 할 수 있는 것을 '세상'이라 하고, 그 세상을 여러 개로 분리해 놓은 것이 마음속의 '세계'라고 했습니다. 그런데 이렇게 표현하면 "저 밖에는 말로 표현할 수 없는 세상이라는 것이 있어서 그것이 마음에 남긴 흔적이 세계인 것이니, 밖에도 무언가가 있긴 있구나." 하

고 생각할 수 있습니다. 저 밖에 있는(실제로는 밖이라고도 할 수 없지만 말로 하기 편하게 밖이라고 표현하자면) 불이不二의 세상 그 자체는 결코 있는 것도 없는 것도 아닙니다. 왜냐하면, 우리가 뭔가가 "있다"고 여기려면 우리의 감각기관에 반응하는 것이 있어야 합니다. 반응할 감각기관이 없다면 그것은 결코 있는 것도 아니고 없는 것도 아닙니다. 감각기관이 있을 때는 그것도 있고, 감각기관이 없으면 그것도 없습니다. 감각할 대상도 감각할 기관도 없기 때문이지요. 이렇게 설명하면 "당신이 없어진다고 해서 세상도 없어지는가? 당신이 없어져도 세상은 여전히 존재하지 않는가?"라고 말하는 사람들이 있을 수 있습니다. 그런데 세상을 감각하는 기관을 가진 사람이 아무도 없다면 그 세상이 과연 존재하는 것입니까? 누가 그것의 존재를 알 수 있을까요? 지금 이 순간에도 수많은 전자파가 있지만, 우리의 감각기관으로는 그것을 인식하지 못합니다. 그렇다면 그 전자파는 우리에게 존재하는 것이 아닙니다. 그것을 감지해낼 수 있는 전자파측정기나 전파망원경 등이 발명되어 그것과 전자파가 반응하는 것을 보고서야 "전자파가 있다."고 말하는 것이죠. 그러면 또 이렇게 질문할 수 있습니다. "인체의 감각기관으로는 전자파를 감각하지 못하지만, 우리 신체가 감각하지 못한다고 해서 전자파가 아예 없는 것은 아니지 않은가?" 이렇게 말하는 사람은 감각기관(감각하는 어떤 한계 지어진 측정기)과 상관없이 전자파는 존재하는 것이라고 생각하는 것이죠. 그런데 이것을 감지 상태에서는 이해하기 쉽습니다.

감지상태로 들어가면 둥그런 것은 둥그런 느낌이 있고, 사각의 것은 사각의 느낌이 있습니다. '사각형'이라는 이름을 떠올리지 않아도 마음속에 어떤 각진 느낌이 느껴집니다. 그러나 이전에 곡선이나 원형을 경험하지 않았더라면 그 각진 '느낌'은 결코 느낄 수 없을 것입니다. 사각형에 내해 김시상태에 있다가 감지으로 들어가면 사각의 느낌은 사라지고 마음은 텅 비어 어떤 느낌도 없습니다. 다시 감지로 나오면 형태감과 질감 등으로 사각의 느낌이 느껴집니다. 이와 같은 과정을 통해 감지의 세계, 즉 모든 마음의 상相의 세계는 서로가 서로에게 의존하는 상대적인 의타성의 세계임을 확인할 수 있습니다. 사각형을 경험하지 않았다면 결코 원형의 느낌을 느낄 수 없고, 원형이나 곡선을 경험하지 않았다면 결코 사각형의 느낌을 느껴낼 수 없습니다. 사각의 느낌을 느낀다는 것 자체가 이미 마음속에 원형이나 곡선 등의 사각 아닌 것이 배경으로 동시에 떠올라 있는 것입니다. 모든 '느낌'은 두가지의 만남입니다. 손이 핸드폰을 건드리면 어떤 느낌이 있습니다. 그 느낌은 어디서 생겨나는 건가요? 손과 핸드폰의 사이에서 그 느낌이 일어납니다. 마찬가지로 사각이 느껴지려면 그 사각의 배경이 되어주는 곡선이나 원형의 느낌이 있을 때만 사각이 그에 대비되어서 구별되는 것입니다. 그래서 원형과 사각의 느낌은 서로가 서로에게 의존한다고 말할 수 있고, 이러한 의타성 때문에 불교에서는 '서로 상相' 자를 사용합니다.

  원자폭탄을 만드는 데 일익을 담당했던 존 휠러John Wheeler라는 물리학자는 '존재는 관계'라고 말했습니다. 그는 원자폭탄을 만드는 과정에서 모든 질량은 에너지로 변환될 수 있음을 발견하였습니다. 에너지는 질량으로 환원되고 질량은 에너지로 환원됩니다. 이 말은 에너지와 질량이 서로 다르지 않으며, 그것들이 둘이 아니라는 의미입니다. 둘로 느껴지는 것은 어떤 관계에 있어서 구별되기 때문일 뿐입니다. 이와 마찬가지로 원형의 느낌은 사각형의 느낌을 느끼게 해주는 기초 경험이 되어주고 있으며, 사각형의 느낌은 원형의 느낌을 느끼게 해주는 기초 경험이 되어줍니다.

'나'라는 느낌은 대상의 느낌을 통해서만 느낄 수 있다고 말하는 것도 같은 맥락입니다. 그래서 나와 대상은 동전의 양면처럼 동시에 나타났다 사라집니다. 대상이 없으면 '나'로 느껴지지 않고, 대상 역시 '나'라는 느낌이 없으면 대상으로 느껴지지 않습니다. 그래서 이 모든 것들이 상相입니다. 그래서 우리가 존재한다고 여기는 것은 감각적인 느낌 때문이며, 그 느낌은 서로(相)의 상호관계 속에 있다는 것입니다.

다시 원문으로 돌아와서 살펴보겠습니다. 각체의 상相은 텅 빈 거울과 같아서 마음에 있는 모든 경계를 떠나 있다(遠離一切心境界相)고 했는데, 이것은 거울은 거울에 비친 모든 상과 상관이 없다는 뜻입니다. 어떠한 법도 나타낼 만한 것이 없다(無法可現)는 말은 진정한 법은 드러낼 수 없다는 뜻입니다. 즉, 각성을 이룬 부처님이 팔만사천경을 모두 설법해도 그중 어떤 것도 진정한 법은 아니라는 의미입니다. 드러낼 수 있는 어떤 법法도 없으며 결국 남은 것은 상相입니다. 진짜 법法은 거울에서 나올 수 없으며 나오는 것은 모두 상相일 뿐입니다.

각조覺照라는 것은 각성의 본체가 태양처럼 밝게 무명無明을 비추는 것을 말합니다. 어리석고 어두운 중생들의 마음을 깨달음의 빛이 비춰주는 것이 각조覺照입니다. 그러나 진정한 각覺이라는 것은 결코 상相도 아니고 나타낼 수 있는 법法도 아니어서 사실 각조覺照라는 것은 있을 수 없습니다. 어느 누구의 입에서 나온 말도 어느 책에서 나온 글도 절대로 우리의 본질을 드러낼 수 없으며, 그것들은 모두 상相이기 때문에 진정한 각성의 빛이라고 할 수 없습니다. 이상이 각성의 본체가 가지고 있는 상相의 첫 번째인 여실공경如實空鏡입니다.

공空과 불공不空, 거울과 그 속의 수많은 상

二者因熏習鏡. 謂如實不空. 一切世間境界, 悉於中現.
이 자 인 훈 습 경 위 여 실 불 공 일 체 세 간 경 계 실 어 중 현

不出不入. 不失不壞. 常住一心. 以一切法卽眞實性故.
불 출 불 입 부 실 불 괴 상 주 일 심 이 일 체 법 즉 진 실 성 고

又一切染法所不能染. 智體不動, 具足無漏, 熏衆生故.
우 일 체 염 법 소 불 능 염 지 체 부 동 구 족 무 루 훈 중 생 고

둘째는 인훈습경因熏習鏡이니, 여실불공如實不空을 말한다. 일체 세간의
경계가 모두 그 가운데 나타나서 나오지도 않고 들어가지도 아니하며, 잃
지도 않고 깨지지도 않아서 일심에 항상 머무르니, 이는 일체법이 곧 진
실성이기 때문이며, 또 일체의 염법이 더럽힐 수 없으니 지체智體는 흔들
리지 않으며 무루無漏(번뇌 없음)를 구족하여서 중생을 훈습하기 때문
이다.

[논론]

각체상覺體相의 두 번째는 인훈습경因熏習鏡입니다. 인因은 내재된 원
인을 말하며, 각성에 있어서의 내재된 원인이란 우리 마음의 타고난
불성佛性을 뜻합니다. 내성內省(자신을 반성하고 살펴보는 것)을 하여 타고
난 각성의 본체인 자신의 본질로부터 조금씩 물들고 익혀지는 것을 인
훈습경이라고 합니다. 각체상覺體相의 첫 번째는 여실공경如實空鏡인데
두 번째는 여실불공如實不空이라고 했습니다. 여실불공如實不空이란 단
순한 공空은 아니라는 의미입니다. 거울에 비친 상相을 통해서 끊임없
이 법法이 나오고, 수많은 가르침이나 배움이 있기에 불공不空이라고
한 것입니다. 공空이라 말할 때는 본질 그 자체를 일컫는 것이고, 불
공不空이라고 말할 때는 그 본질로부터 수많은 법法과 가르침과 현상
이 나오는 것을 뜻합니다. 텅 빈 거울 같지만 그 거울 안에 일체 모든

세계의 상相과 경계가 들어있고, 내재된 본각의 상相도 여기서 나타납니다. 그래서 본각本覺과 시각始覺에 대한 얘기를 하는 것입니다. 본각은 결코 드러날 수 없는 각성의 본체이고, 시각은 그것이 현상으로 드러난 것이라고 했습니다. 각성의 본체는 결코 현상화될 수 없으며, 우리가 보는 부처님의 깨달음은 현상화된 상相입니다. 내재적인 본각의 상相, 즉 시각始覺이 마음의 텅 빈 거울로부터 나타나서 스스로 자신을 훈습시키는 것이 인훈습경의 의미입니다.

모든 세간의 경계가 안에서 나타난다(一切世間境界 悉於中現)는 말은 세상에 대해 우리가 아는 모든 것이 마음 안에 나타나는 상相임을 뜻합니다. 그래서 우리가 경험하는 것은 느낌의 세계라고 말하는 것입니다.

불출不出은 모든 상相이 그 거울로부터 한 발짝도 나오지 않았다는 말입니다. 우리가 경험하는 모든 것은 감지이며, 거울 안의 상相과 같습니다. 보는 것은 시각적인 감지이고, 듣는 것은 청각적 감지이며, 만지는 것은 촉각적인 감지요, 맛보는 것은 미각적 감지, 냄새 맡는 것은 후각적 감지입니다. 이것들은 모두 내 안에서 일어나는 느낌이므로 우리는 느낌의 세계 속에서 살아간다고 할 수 있으며, 이것이 바로 세계는 마야Maya이고 환상이라고 말하는 근본적인 이유입니다. 본질의 거울 속에서 상相은 한 발짝도 나오지 않으며 내가 경험하는 것은 모두 느낌의 세계임을 뜻하는 말이 불출不出입니다.

불입不入이란 그 안에 정말로 뭔가 있는 것은 아니라는 의미입니다. 정말로 거울 안에 무엇인가가 있다면 거울을 물들여야 하는데, 그 상相은 거울 자체를 조금도 물들이지 못하기 때문에 불입不入이라고 하였습니다. 이것은 선사들이 "이 세상이 온통 폭우와 폭설로 뒤덮였어

도 땅은 한 치도 젖지 않았다."고 말하는 것과 같습니다. 폭우로 젖은
땅이 실은 한 치도 젖지 않았다는 것은 무엇을 뜻하는 것일까요? 이것
은 거울이 수많은 상相들로 가득 차 있어도 그 어떤 상도 거울을 건드
리지 못한다는 뜻입니다. 온 세계가 전쟁과 기아로 가득 차도 마음의
거울은 전혀 건드리지 못한다는 것을 먼저 알아야 합니다. 그 후에 그
상相들을 다루는 건 괜찮습니다. 그러나 그 상相이 진실이라고 여기면
서 상相 속에 빠져버리면 안 됩니다. 모든 것이 마음의 상相이기에 잃
어버릴 것도 없고 붕괴될 것도 없습니다(不失不壞). 우리가 생로병사生老
病死라고 말하는 그 많은 것들은 마음속의 느낌이고 상相이며, 이것이
있으므로 저것이 있는 의타성의 세계일뿐입니다. 수많은 상相이 망가
진다 해도 각성의 본체는 결코 무너지지 않습니다.

　일체의 모든 염법이 결과적으로는 물들일 수 없다고 얘기했습니다(
一切染法所不能染). 거울 속의 상이 아무리 물들었다고 여겨도 거울은 전
혀 물들지 않고, 그 상들이 어떤 얘기를 한다 해도 거울 자체는 늘 진
실입니다. 이것은 거울 속의 상과 거울이라는 본체가 서로 없는 것도
아니고, 있는 것도 아니라는 뜻입니다. 거울 속의 상이 있는 것도 아니
라는 것은 그 상들이 결코 거울을 전혀 물들이거나 바꿀 수 없으므로
그렇게 말하는 것이고, 없는 것도 아니라고 말하는 것은 거울속의 상
이 단순한 공空이 아니라 분명히 무언가가 있기 때문입니다. 그래서 있
는 것도 아니요, 없는 것도 아닙니다. 그리고 거울은 거울 속의 상을
통해 드러나기에 상과 거울을 서로에게 의존하고 있습니다.

　각성의 본체를 알게 하는 지혜의 본체는 흔들리지 않아 무루無漏(번
뇌 없음)를 만족하여 중생을 훈습합니다. 자기 자신을 살피게 되면 내재
적인 각성이 자신을 훈습하여 가르쳐 깨우치게 하는 것이 인훈습경因

熏習鏡이며, 자기 자신이 바로 스승이라는 뜻입니다.

三者法出離鏡. 謂不空法, 出煩惱礙, 智礙. 離和合相.
삼 자 법 출 리 경   위 불 공 법   출 번 뇌 애   지 애   이 화 합 상

淳淨明故.
순 정 명 고

세 번째는 법출리경法出離鏡이니, 불공법不空法이 번뇌애와 지애를 벗어
나고 화합상을 여의어서 깨끗하고 맑고 밝게 되기 때문이다.

[논論]

법출리경法出離鏡은 거울로부터 법法이 나와서 다른 이에게 전해지는
것을 말합니다. 즉 각성을 한 사람의 입에서 나온 말과 법法을 통해 번
뇌의 장애와 지혜의 장애를 벗어나고, 각과 불각을 화합하는 화합상마
저 떠나 깨끗하고 밝게 되는 것을 말합니다.

四者緣熏習鏡. 謂依法出離故, 徧照衆生之心, 令修善根,
사 자 연 훈 습 경   위 의 법 출 리 고   편 조 중 생 지 심   영 수 선 근

隨念示現故.
수 념 시 현 고

네 번째는 연훈습경緣熏習鏡이니 법출리에 의하기 때문에 중생의 마음을
두루 비추어서 선근을 닦도록 하여 중생의 생각에 따라 나타내기 때문
이다.

[논論]

연훈습경緣熏習鏡은 외부적인 원인에 의해 본성에 물들고 익혀가는
것을 말합니다. 선근善根은 진리의 법을 한번 들으면 그것을 위해 매진
하는 상근기上根機를 말하는데 이런 선근이 우리 모두에게 있어 그것을
닦도록 하는 것이 영수선근令修善根의 의미입니다.

이상 살펴봤듯이 각성의 본체가 가진 상相은 네 가지가 있습니다. 첫

번째는 자기 마음의 텅 빔을 발견하는 여실공경如實空鏡, 두 번째는 자기 자신의 내재된 각성으로부터 배우는 인훈습경因熏習鏡, 세 번째는 깨달은 사람의 글이나 말을 통해서 타인의 각성을 돕는 법출리경法出離鏡, 네 번째는 스승 등의 외부 인연을 통해서 훈습을 받는 연훈습경緣熏習鏡입니다. 이 네 가지를 통해 깨달아가지만, 이 또한 모두 상相이기에 그 어떤 것도 주인으로 삼아서는 안 됩니다. 아무리 작은 티끌이라 할지라도 상相이라는 것은 마음의 흔적이고 현상이기 때문에 나타났다 사라지는 그 현상을 한 번 주인 삼게 되면 자신도 모르게 또 다른 상相을 주인 삼게 됩니다.

5. 불각의不覺義

흔들림은 흔들리지 않음을 배경으로 한다

대승기신론은 깨달음마저도 하나의 상相이라고 말하기에, 신중하고 깊이 있게 들여다봐야 합니다. 마찬가지로 깨닫지 못함 즉, 불각不覺에 대해서도 이 점을 놓치지 않고 살펴봐야 합니다.

기본적으로 불각不覺이라는 것은, 깨어있기™ 방식으로 설명하자면 어떤 스토리 속에 들어가 있음을 말합니다. 즉, 어떠한 믿음 속에 들어가 있고, 그 믿음에 계속해서 에너지가 투입되고 있는 상태이며, 감지, 생각, 감정 등의 마음의 상相 속에 들어가 있는 것이라고 할 수 있습니다.

대나무가 바람에 '흔들리는' 것처럼 느껴지는 이유는 그 배경에 '흔들리지 않는' 느낌이 자리 잡고 있기 때문입니다. 늘 흔들리는 것만 봐온 사람이 있다면 결코 우리처럼 느끼지 않을 것입니다. 흔들림이 느껴지는 이유는, 흔들림이 이미 경험한 흔들리지 않음에 대비되고 있기 때문입니다. '흔들림'의 상相이 '흔들리지 않음'이라는 상相을 배경으로 하여 느껴지는 것이죠. 이렇게 우리 마음의 모든 상相은 서로가 서로에게 의존하고 있는데, 대승기신론은 그것을 깨달음이라는 상相에까지 적용하고 있습니다. 즉 '깨닫지 못함'을 배경으로 하여 '깨달음'이라는 것이 있다고 여겨진다는 의미입니다. 원문 보겠습니다.

所言不覺義者. 謂不如實知眞如法一故, 不覺心起而有其念.
소 언 불 각 의 자　위 불 여 실 지 진 여 법 일 고　불 각 심 기 이 유 기 념

念無自相, 不離本覺. 猶如迷人, 依方故迷.
염 무 자 상　불 리 본 각　유 여 미 인　의 방 고 미

若離於方則無有迷.
약 리 어 방 즉 무 유 미

불각不覺의 뜻이라고 말하는 것은, 진여법이 하나라는 것을 분명히 알지 못하기 때문에 불각의 마음이 일어나서 그 망념이 있는 것이다. 그러나 망념은 자상自相이 없으므로 본각本覺을 떠나있지 않으니, 비유하자면 방향을 잃은 사람이 방향에 의하기 때문에 혼미한 것과 같다. 만약 방향을 떠난다면 방향을 잃음도 없다.

[논論]

여실하게 진여법이 하나라는 것을 알지 못한다는 것은 무명無明, 즉 마음이 어둡고 맑지 못함을 말합니다. 그 무명無明에 의해서 불각심不覺心이 일어나고 망념妄念이 생겨납니다. 대승기신론 소에서는 이를 업상동념業相動念이라고 말하는데, 쌓여 있는 상相이 마음을 움직여서 생각을 일으키면 망념이 된다는 것입니다.

이 내용을 깨어있기™ 식으로 설명해보겠습니다. 컵을 보면 그것을 인식하기 위해서 마음에 어떤 감지가 느껴집니다. 그 이름을 몰라도 명확한 경계선을 가진 어떤 느낌을 마음이 인식하는 것이죠. 이렇게

되기 위해서는 일단 컵의 감지(느낌)가 있어야 하고, 그 감지를 인식하는 작용도 생겨나야 합니다. 대승기신론 소疏에서는 마음의 상相에 해당하는 부분을 상분相分이라 하고, 상분을 인식하는 작용을 견분見分이라고 합니다. 상분相分은 감지이고, 견분見分은 감지의 투사입니다. 무엇이 '보이는' 것은 감각적 자극으로 보는 것이지만, 사물을 무엇으로 '볼' 때는 마음속의 경험 흔적인 감지가 작용하여 투사된 것입니다. 컵을 감각적으로 자극받은 후에 그것과 대비되어 발견되는 내면의 흔적인 감지가 투사되고, '내가 컵을 본다.'는 인식작용이 일어납니다. 이것이 바로 불각심이 일어난 것이고, 마음의 경계가 생겨 스토리 속으로 들어간 것입니다. 마음의 상相이 없다면 불각심도 생겨나지 않습니다.

감지라는 것은 항상 상대적인 반쪽을 가지고 있는 마음의 흔적입니다. 예를 들어, 흔들림을 경험하는 것은 흔들리지 않음을 동시에 경험하는 것이고, 그렇기에 마음이 인식하는 것입니다. 견見하게 되는 것이죠. 무언가를 본다는 것은 항상 그것과 상대되는 것을 배경삼아 보고 있는 것입니다. 조용한 곳에 있다가 시끄러운 경기장에 가면 굉장히 소란스럽게 느껴질 겁니다. 고요한 상태가 자기의 기준이 되어 그것에 익숙해졌기에 그렇습니다. 원래 시끄러운 곳에 있다가 다른 시끄러운 곳으로 옮겨가면 그렇게 소란스럽게 느껴지지는 않겠죠. 이렇게 '소란스러움'을 경험한다는 것 자체가 벌써 그 배경에는 '고요함'의 경험이 있기 때문입니다.

이것은 인식에 관한 문제이고 더 깊이 들어가 살펴볼 수 있는 것은, 시끄럽다고 느끼는 '나'라는 관성의 문제입니다. 내 마음이 고요함을 비추어 그것이 어떤 패턴이 되었는데, 그 패턴을 가진 채 소란스러운 장소에 가면 그 고요함의 패턴이 흔들리게 되고, 이것을 '내가 소란스럽게 느낀다.'고 여기게 됩니다. '나'라는 것이 고요함과 동일시 되어있기 때문에 그렇습니다. 내 마음이 거울처럼 고요함을 비추어 고요함으로 진동하던 상태에서 소란한 곳으로 가면, 약하게 진동하고 있던 고요함이 외부의 강한 진동을 어색하거나 불편하게 또는 자극적으로 느끼게 되는 것입니다. 시끄러움을 인식하는 것은 내 마음에 고요함이 경험되어 서로 대비되기 때문이고, 고요함과 동일시 되어있는 '나'는 이 인식작용을 조금 더 표면적으로 끌고 나와서 '내가 시끄럽게 느낀다.'고 여기게 합니다.

"나는 아직 깨닫지 못했다."는 불각심不覺心은 기본적으로 깨달은 마음이 있다는 것을 전제로 합니다. 깨달음과 깨닫지 못함의 상相이 만들어내는 스토리 속에 빠져 있는 것이죠. 그런데 어린애는 아직 이런 스토리가 형성되지 않았기 때문에 깨달음과 깨닫지 못함에 구애받지 않습니다. 그렇다고 유치(어리고 어리석은)한 어린애로 돌아가자는 것은 아닙니다. 우리가 어린아이로 돌아가지 않고서도 깨달음과 깨닫지 못함에 구애받지 않으려면 그것을 넘어서야 합니다. 스토리에서 빠져 나와 이 스토리를 보는 것이죠. 스토리라는 것은 항상 상대적이며 서로를 의지해서 존재하는 것임을 알아채고 그런 마음으로부터 떨어져 나와 생각을 넘어서 있으면 그것에 구애받지 않게 됩니다. 내 마음에 그어떤 스토리가 있다 해도 아무 상관이 없죠. 이것이 스토리를 벗어나는 것이고 드디어 마음의 작용을 벗어나는 것입니다. 마음의 작용이 없어지는 것이 아니라, 그 작용과 상관없이 있을 수 있다는 것입니다. 그래서 우리는 깨어있기™ 심화과정에서 "아픔은 아픔대로 있고, 나는 나대로 있다."고 했던 것입니다.

각覺과 불각不覺마저 떠나라

불각심이 일어나면 망념妄念이 있다고 했는데(不覺心起而有其念), 망념에는 자상自相(자체의 고유한 상)이 없습니다. 망령된 생각, 예를 들어 깨달음이라는 것은 그에 대비되는 깨닫지 못함에 의존하고 있으며, 이렇게 서로에게 항상 의존하기에 홀로는 존재할 수 없는 것을 자상自相이 없다고 표현합니다. 망념은 이렇게 스스로 존재할 수 없기에 결국은 본각심에서 떠나지 않고 있습니다(念無自相, 不離本覺). 본각本覺은 근본적인 깨달음, 근본적인 각성입니다. 파도가 바닷물에서 분리되어 잠시 있는 것처럼 보이지만, 그것은 스스로 존재하는 것이 아니므로 곧 물로 돌아갑니다. 실제로는 물에서 분리되지 않았으므로 파도는 있는 것이 아닙니다. 깨달음과 깨닫지 못함이라는 망념도, 있는 것 같아 보이지만 실제로는 본각에서 떨어져 나온 적이 없기 때문에 결국은 본각과 다르지 않다고 얘기하는 것입니다. 파도가 스스로 존재하는 것이 아니라 바닷물이 바람에 흔들려 만들어진 것이기에 결국 물을 떠날 수 없듯이, 망념은 스스로 존재하는 자상自相이 없으므로 본각을 떠날 수 없습니다.

본각은 모든 만물이 갖추고 있는 불성佛性을 말하는데 이는 현상으로 드러나지 않습니다. 현상으로 드러나는 것은 시각始覺입니다. 부처님의 깨달음도 드러난 깨달음, 곧 시각始覺입니다. 근본은 드러나지 않지만 모든 현상을 현상으로 볼 때 근본이 저절로 자리 잡는다고 했습니다. 드러난 것은 어쨌든 근본이 아니기에, 깨달음이라 할지라도 그것이 현상으로 드러나면 그것은 근본이 아닌 하나의 상相입니다. 그래서 대승기신론에서는 '깨달음의 상相'이라는 표현을 했습니다.

부처님은 본각이 현상으로 드러난 사람입니다. 현상으로 드러났으니 그 깨달음을 우리가 알아보기는 하지만, 드러난 것은 역시 현상이기 때문에 진정한 깨달음은 아닙니다. "아, 내가 드디어 알았어. 진정으로 내 본질을 발견했어." 하고 그 상태에 머문다 하더라도 그것 자체는 드러난 현상입니다. 그래서 부처님이 수보리에게 "깨달은 아라한이라는 게 있니?" 하고 물었을 때 "아니요"라고 대답한 것입니다. 드러난 깨달음은 현상에 속하기 때문에 그렇습니다. 그렇다고 해서 현상적인 깨달음이 없다는 것은 아니지요. 깨달음이 있다 해도 '그것은 현상'임을 철저하게 인식하라는 의미입니다. 그래서 마음을 넘어섰다 할지라도 "나는 마음을 넘어섰어"에 머문다면 '현상' 속에 있는 것입니다. 마지막에 빠지는 함정이 "나는 다 알았어. 나는 다 경험했어." 하는 마음인 것이죠. 그것이 하나의 현상임을 즉각적으로 파악하면서 그렇게 아는 것은 괜찮습니다만, 그것이 현상임을 파악하지 못한 채 "나는 경험했어" 하고 있다면 그 사람은 다시 그런 믿음이라는 현상, 즉 마야 속에 빠진 것입니다.

이어서 원문을 보면, 혼돈 속에 빠진 사람은 방향에 의존하기 때문에 혼미한 것과 같다(猶如迷人, 依方故迷)고 했습니다. 이 말을 대승기신론 소疏에서는, 동서남북의 방향을 알던 사람이 갑자기 동쪽이 어딘지 모르는 상황에 처했을 때, 동쪽을 찾아야 한다는 마음으로 인해 혼미 속에 빠지는 것과 같다고 설명하였습니다.

지하철 서울역에 내려서 어딘가로 나가야 하는데, 어느 출구로 나갈지 모른다면 마음이 어떻습니까? 가야 할 목적지는 아는데 어느 방향으로 가야하는지 모르면 우왕좌왕 하면서 마음이 혼돈 속으로 들어갑니다. 어느 쪽이 옳은 방향인지를 알기 전까지는 마음이 혼란스럽습니다. 이것은 내 마음에 '옳은 방향'이라는 기준이 있기 때문에 일어나는 일입니다. 그러나 서울역에서 어디로 나와도 상관없다면 혼란은 없습니다. 이렇게 내 마음에 정해 놓은 '옳은 방향'이 없다면, 그것을 찾는 마음도 없으므로 혼란스러운 마음도 생기지 않습니다. 찾아야 할 무엇을 찾을 수 없을 때 혼돈이 일어나는 것이죠. 평소 알던 길을 걷다가 갑자기 "여기가 어디야?" 하는 마음이 들 때가 있습니다. 늘 가던 길인데도 언뜻 마음속의 지도가 사라져 마음이 혼란 속에 빠진 것입니다. 지금 이곳이 어딘지 모르는 혼란에 빠진 그때가, 있는 그대로를 보는 감각과 유사한 상태입니다. 낯설게 보기, 감각으로 가는 도중의 아주 좋은 경험이라고도 할 수 있는데, 길을 찾고 있는 마음 때문에 "여기 어디야?" 하며 혼돈 속에 빠지는 것입니다. 만약 방향을 떠나면 즉, 방향을 찾는 마음에서 멀어지면 곧 바로 혼미해짐도 없다고 했습니다(若離於方則無有迷). 그것은 깨달음이라는 것에 대해서도 마찬가지입니다.

衆生亦爾. 依覺故迷. 若離覺性則無不覺. 以有不覺妄想心故,
중생역이   의각고미   약리각성즉무불각   이유불각망상심고

能知名義, 爲說眞覺. 若離不覺之心, 則無眞覺自相可說.
능지명의   위설진각   약리불각지심   즉무진각자상가설

중생도 그와 같아서 각覺에 의하기 때문에 혼미하게 되었으나, 만약 각覺의 성질을 떠난다면 불각不覺이 없을 것이며, 불각의 망상심이 있기 때문에 명의名義를 알아서 진각眞覺이라고 말하는 것이니, 만약 불각의 마음을 떠난다면 진각의 자상이라고 말할 만한 것도 없다.

[論論]

방향을 잃은 사람과 마찬가지로 중생도 각성이 있다고 믿기 때문에 미혹되어 혼돈 속에 빠집니다. 깨달음에 의해서 깨닫지 못한 자기가 있게 되는 것이죠. 깨달음을 찾는 마음에서 떨어져 나가면 "나는 깨닫지 못했어."라는 마음도 없습니다.

물론 처음에는 깨달음을 추구하고 찾기 시작해야 합니다. 이것을 찾지 않는 사람들은 마음의 상相에서 벗어나지 못합니다. 찾기 시작하면서 자신이 마음의 상相 속에서 살고 있음을 알게 되고 드디어 상相을 벗어날 준비를 하는 것이죠. 그러다가 상相을 상相으로 보기 시작하면 드디어 현상을 현상으로 보게 될 수 있고, 모든 것이 상相임을 보게 되면 거기에서 떨어져 나올 수 있게 됩니다. 상相에서 떨어져 나온다고 해서 멀리 떨어져 나오는 '누군가'가 있다는 것은 아닙니다. 그럴 때 바로 마음의 상相에 의존하지 않는 존재가 된다는 것이죠. 여러분이 경험하는 모든 것은 마음의 상相이며, 그것은 모두 상대적인 것입니다. 각覺과 불각不覺도 마찬가지입니다. "나는 경험했어."라고 여긴다면 '경험함'과 '경험하지 못함'을 분별해 놓고 그 중의 일부인 '경험함' 속에 머물러 있는 것입니다. 경험했다는 것은 경험하지 못함을 배경으로 깔고 있기 때문에 그렇습니다.

궁극적으로는 각覺과 불각不覺마저도 떠나 그 어디에도 머물지 않아야 합니다. 부처는 평생 동안 중생들에게 깨달으라고 설법해놓고, 맨 마지막에 가서는 깨달음이라는 것은 없다고 말했습니다. 그럼 도대체 어쩌라는 걸까요? 그 사람이 어느 수준에 있는지에 따라서 들려주는 얘기가 모두 다르다는 점을 염두에 둬야 합니다. 대장경에 나오는 말들을 모두 똑같이 받아들이면 안돼요. 이제 처음 시작하는 사람에게는 깨달음이 없다고 얘기하면 안 되겠지요. 그러나 감지가 마음의 상相이고 내가 보는 모든 것이 감지의 세계, 느낌의 세계이며 그 느낌은 항상 상대적이라는 것을 인식하는 여러분은, 각覺과 불각不覺을 떠나라는 말을 충분히 이해할 수 있을 겁니다.

각覺과 불각不覺이 있다는 것은, 파도와 같은 마음의 표면에 머문다는 뜻입니다. 큰 파도와 작은 파도, 거친 파도와 잔잔한 파도로 나뉘는 그 표면에 있으면서도 그것과 상관없이 있을 수 있을 때 드디어 각覺을 맛보게 됩니다. 즉, 각覺과 불각不覺의 분별이 의미 없음을 발견하게 되는 것이죠. 이 둘은 서로가 서로에게 의존하기 때문에 그렇습니다. 그래서 대승기신론 소疏에서는 '옳은 동쪽 방향'이 없으면 '잘못된 서쪽 방향'이라는 것도 없다고 말합니다. 동쪽방향이 옳다는 기준이 없으면 서쪽 방향이 틀렸다는 마음도, 어떤 혼란도 없다는 뜻입니다. 이것이 바로 서로 의존한다는 말이며, 방향을 잃은 사람이 혼미해지는 이유는 옳은 방향이라는 기준을 갖고 있기 때문이라는 것입니다.

어린아이는 그런 기준이 없습니다. 깨달음이라는 기준이 없기에 깨닫지 못함이라는 것도 없어요. 그런데 우리에게는 불각不覺이 있습니다. 언제부터 그랬죠? 깨달음이라는 것이 있다는 것을 안 이후부터 우리는 깨닫지 못함에 매이기 시작했습니다. 그렇다고 해서 다시 어린아이로 돌아가라는 뜻은 아니고, 이제 각覺과 불각不覺을 넘어가야 한다는 말입니다. 다시 어린아이의 상태로 돌아가는 것은 마음이 둔해지는 것입니다. 분별심을 넘어선 마음이 아닌, 분별심이 생기기 이전의 둔한 마음인거죠. 세밀한 분별심이 생겨났으면 이제부터는 그 분별심을 넘어가야 합니다. 분별심이 있으면서도 그것에 구애받지 않는 마음이 진정한 각覺의 의미입니다. 불각不覺과 상대되는 각覺속에 있을 때는, 그 사람 마음속에는 여전히 불각不覺한 사람과 불각不覺한 마음이 있습니다. 그래서 "나는 깨달았다."고 여기는 거죠. 하지만 그 사람은 여전히 분별 속에 있는 것입니다. 각覺의 진정한 의미는 분별이 없는 것이기에 깨달은 것도 깨닫지 못함도 없습니다.

깨닫지 못하여 망상하는 마음이 있기 때문에 이름과 뜻을 알 수 있고 진각眞覺이라는 말을 하게 된다고 했습니다(以有不覺妄想心故, 能知名義, 爲說眞覺). 분별하는 마음인 불각심不覺心 속에 각覺과 불각不覺이 있습니다. 각심覺心에는 각覺과 불각不覺이 없어요. 진각眞覺이라는 이름과 뜻이 있다는 것은 불각심不覺心 속에 있음을 뜻합니다. 동서남북을 나누는 분별심 속에 있기 때문에 동쪽이라는 올바른 방향이 생겨나듯, 깨달음과 깨닫지 못함의 분별 속에 있기 때문에 깨달음이라는 이름과 뜻이 있습니다. 여기서 말하는 진각眞覺이란 분별심 속에 있는 진각입니다.

따라서 불각의 마음을 떠난다면 진각이라고 말할 만한 것이 없습니다(若離不覺之心, 則無眞覺自相可說). 동쪽이 서쪽에 대비되는 말인 것처럼, 진각眞覺은 불각不覺과 대비되는 말입니다. 즉, 불각이 없다면 진각도 없습니다. 대승기신론에서는 '어떤 법法(진리)도 얻을 만한 것이 없다.'고도 말했습니다. '진리라는 것이 없다'고 말한 것이 아니라 '얻을 만한 진리가 없다'고 했어요. 진리라는 것은 있습니다. 무엇에 대비해서? 진리가 있고 없음을 분별하는 마음에 대비해서 '분별하지 않는 마음'이라는 의미인 진리가 있습니다. 이렇게 분별 속에서는 진리가 있다고 말할 수 있지만, 분별을 떠나면 거기에는 진리와 진리 아님이라는 것은 없습니다.

파도와 같은 표면의식에 머물 때는 수많은 분별이 일어납니다. 그러다 감각感覺(깨어있기 용어)으로 들어가면 나와 대상의 나뉨 없는 은근한 분열만 있는 상태가 됩니다. 미약한 주체감과 대상감만 있는 상태죠. 좀 더 내려가면 그냥 존재감만 있는 상태가 됩니다. 거기서 더 내려가면 이제 '있음'마저 없는, 스스로 깨어나올 수 없는 깊은 삼매三昧 상태가 되는데, 그 상태 속에서는 깨달음도 없고 깨닫지 못함도 없습니다. 깨달음과 깨닫지 못한 마음은 분별하는 표면 의식에 있습니다. 이 표면에서 끝내 해결할 수 없는 것이 바로 깨달음의 문제입니다. 분별이 없는 상태에서는 깨달음이 있든 없든 번뇌와 보리가 있든 없든 전혀 상관이 없습니다. 그러한 상태로 간 마음이 바로 분별을 떠나있는 마음이고, 각覺과 불각不覺이 아무런 의미도 없으며 그것에 휘둘리지도 않는 마음입니다. 표면의식으로 나와서 각覺은 이런 것, 불각不覺은 저런 것 하며 분별하는 마음은 각覺과 불각不覺에 영향 받지 않을 수가 없습니다. 그런데 우리가 추구하는 것은 이 분별하는 평상의식 속에서 분별없는 절대성이 함께하고 있음을 발견하려는 것입니다.

끊임없이 움직이는 불각의 마음

불각不覺에는 세 가지 상相이 있는데 무명업상無明業相, 능견상能見相, 경계상境界相이 그것입니다. 원문을 보면서 얘기하겠습니다.

> 復次依不覺故生三種相. 與彼不覺相應不離. 云何爲三.
> 부 차 의 불 각 고 생 삼 종 상   여 피 불 각 상 응 불 리   운 하 위 삼
>
> 다시 불각不覺에 의하기 때문에 세 가지의 상相이 생겨서 저 불각과 더불어 상응하여 떠나지 않으니, 무엇이 세 가지인가?
>
> [논論]

우리 마음에 생겨난 상相이라는 것은 서로가 서로한테 의존하여 오직 하나만으로는 존재할 수 없기에 자상自相이 없다고 했습니다. 자기 스스로 존재하는 상相이 없기에 변하지 않는 본질적인 것이 아니고, 마치 파도처럼 바람에 의존해서 생겨났다가 사라집니다. 컵이 '컵'이라는 이름과 도자기라는 재질, 물을 담을 수 있는 빈 공간과 용도, 물을 마

시는 사람 등의 상相과 서로 연계된 것처럼, 불각不覺은 세 가지 상相인 무명업상, 능견상, 경계상과 상응하는 관계에 있어 동전의 양면처럼 서로 떠나지 않습니다. 우리는 동전의 앞면과 뒷면이 별개인 것처럼 말하지만 그것들은 서로 분리되어 존재할 수 없기에 결코 둘이 아닙니다. 그런 것처럼 불각삼상不覺三相은 불각不覺과 분리될 수 없습니다.

一者無明業相. 以依不覺故心動, 說名爲業. 覺則不動.
일 자 무 명 업 상   이 의 불 각 고 심 동   설 명 위 업   각 즉 부 동

動則有苦. 果不離因故.
동 즉 유 고   과 불 리 인 고

첫 번째는 무명업상無明業相이니, 불각에 의해 마음이 움직이는 것을 업業이라고 한다. 깨달으면 움직이지 않으며, 움직이면 고통이 있게 되니 결과가 원인을 떠나지 않기 때문이다.

[논論]

그중 첫 번째는 무명업상無明業相입니다. 무명無明은 어리석음, 밝지 않음을 뜻하며 모든 현상의 가장 처음에 생겨나는 것입니다. 불교에서는 모든 현상의 기본적인 발생원인을 무명無明이라고 말합니다. 무명無明 때문에 내가 있고 네가 있으며, 나와 대상이 존재한다고 여기게 됩니다. 서너 살 정도 되면 서서히 '나'라는 것이 의식되지요. 이전에는 그런 게 없다가 차츰 생겨납니다. 그 이후에 그 '나'라는 것이 점차 강화되면서, '나'가 있으니까 '너'도 있고, 나와 너 사이의 관계가 생겨나고, 좋고 싫음이 생겨나며, 수많은 생각이 일어나고, 그 생각들이 부딪쳐 희노애락喜怒哀樂이 발생합니다. 그 모든 마음작용의 가장 밑바탕에는 나와 대상의 분리가 있으며, 이러한 나와 대상의 분리는 무명無明 때문에 생긴다고 불교에서는 말합니다.

업상業相의 업業이란 쌓여있는 것을 뜻합니다. 우리가 흔히 '업業이 쌓인다.'고 표현하죠. 카르마Karma를 말합니다. 대승기신론에서는 움

직이는 마음을 생겨나게 하는 근본원인이 업상業相이라고 말합니다. 움직이는 마음이란 무엇이니 왜 생기는 걸까요? 깨어있기 방식으로 설명하면 이렇습니다. 우리 마음에 어떤 흔적이 남게 되는 과정을 살펴보면, 맨 처음에는 감각적인 입력을 통해 어떤 흔적이 생겨도 그냥 사라지지만, 한 번 두 번 보고 자꾸 보게 되면 마음에 이 흔적이 쌓이게 되고, 나중에는 이 흔적을 통해서 대상을 보게 됩니다. 그래서 컵을 처음 볼 때는 그게 무엇인지 몰랐다가 두세 번 보며 마음에 흔적이 쌓이면, 나중에는 마음의 흔적을 가지고 컵을 바라보며 "이게 무엇인지 안다."고 느끼는 거죠. 그때 마음속에서 나와 컵이 분리되고, 나로부터 컵이라는 대상을 향해 주의가 나가면서 '내가 컵을 본다.'는 느낌이 일어납니다. 이것이 움직이는 마음, 즉 동념動念입니다. 동념動念이 왜 생겨났나요? 업상業相, 즉 쌓여있는 감지들 때문에 생겨납니다. 업상業相은 기본적인 감지, 감지 간의 끌림과 밀침인 정情, 이런 것들이고 이 업상業相에 의해서 동념動念이 생겨나고 '내가 뭔가를 본다.'고 표현하게 됩니다.

금방 언급한 정情에 대해서 설명하겠습니다. 외부대상이 안이비설신眼耳鼻舌身이라는 감각기관을 통해서 입력되어 마음에 어떤 흔적을 남겨 쌓인 것이 감지이고, 그 감지 간에 발생하는 서로 밀치고 끌리는 현상이 정情입니다. 마음의 흔적, 마음속의 어떤 느낌을 신경생리학에서는 퀄리아Qualia라고 합니다. 빨간색을 볼 때 우리가 경험하는 빨간색의 느낌이 바로 퀄리아Qualia인데, 우리가 말하는 감지와 비슷한 것이죠. 컵을 보면, '컵'이라는 이름이나 생각이 아닌 컵의 어떤 미묘한 느낌이 쌓이는데, 그 느낌들이 그냥 쌓이는 것이 아니라 그것들 간의 경계가 그려지고 각각의 경계마다 이름이 붙습니다. 그 이름 붙은 것들의 느낌의 차이에 의해서 서로 밀치고 끌리는 현상들이 일어납니다. 그래서 '나'라는 느낌과 내가 좋아하는 사람의 느낌이 내 마음 안에서 서로 끌리고, '나'라는 느낌과 내가 싫어하는 사람의 느낌이 내 마음 안에서 서로 밀칩니다. 이것이 바로 마음속에서 일어나는 밀침과 끌림의 현상인데, 그러한 현상들이 패턴으로 쌓인 것을 우리는 '정情'이라고 말합니다. 그래서 미운 정, 고운 정이 쌓인다고 하죠.

안이비설신眼耳鼻舌身의 감각기관을 통해서 마음에 들어온 흔적인 감지가 쌓여 점차 나와 대상으로 분열됩니다. 아기의 마음에 어떤 흔적이 쌓여도 나와 너를 구별하지 못하다가 어느 시기가 지나면 나와 너를 구별하게 됩니다. 아기가 태어나서 성인이 될 때까지의 의식 발달 과정을 잘 살펴보면, 지금 이 순간 여러분의 마음이 분열되는 과정과 똑같습니다. 어린아이의 의식에 마음의 흔적이 쌓이고, 나와 너를 구별하고, 좋은 것과 싫은 것이 생겨나고, 여러 가지 다양한 생각과 감정이 생겨납니다. 또한, 그 과정은 아침에 잠에서 깨어 의식이 돌아오는 과정과 닮았습니다. 다시 어린아이로 돌아갈 필요 없이 아침에 일어나자마자 자기 마음이 어떻게 분열되는지를 살펴보세요.

마음속의 감지들은 점차 나와 대상으로 나뉩니다. "이것은 나이고, 저것은 내가 아니야."하는 거지요. 여러분이 외부의 컵을 볼 때마다 사실은 마음속의 흔적을 보는 것입니다. 왜일까요? 컵이라고 '알기'에 그렇습니다. 어린아이일 때는 컵이란 것을 모릅니다. 그런데 지금 컵을 '안다'는 것은, 마음에 컵의 흔적이 쌓인 상태에서 컵을 보면 시각적인 자극이 마음에 쌓인 컵의 흔적을 불러일으켜서 "아, 이게 컵이구나." 하는 것입니다. 마음속에서 컵의 흔적이 대상으로 불러일으켜 질 때, 주체로서의 '나' 또한 생겨납니다. 여러분들이 외부의 컵을 보면서 "저

건 컵이야"라고 할 때마다 마음속에서는 무의식적으로 "나는 저 컵이 아니야. 서선 내가 이니야"괴고 하고 있어요. 동전의 양면과 같습니다. 대상을 보는 순간 '나'라는 주체를 되뇌면서 자기를 강화합니다. 나와 대상의 이런 관계를 파악하지 못하면 거기에 빠져 끊임없이 되풀이할 수밖에 없습니다. 나와 대상으로 마음이 나뉘면 주의가 나로부터 대상을 향해 나아가고 "내가 저 대상을 본다."는 생각이 나타나기 시작합니다. 이것이 동념動念입니다. 그리고 "나는 저 컵이 좋아."라거나 하는 다른 생각이 연속해서 일어납니다.

나와 대상이 분리되어 수많은 스토리를 만들어 내는 상태인 불각不覺에 의해서 마음이 움직입니다(以依不覺故心動). 마음이 움직인다는 것은, 주체에서 대상으로 주의가 나아가며 "나는 쟤가 아니야."라고 여기는 것이므로, 외부의 대상을 보는 순간마다 마음은 끊임없이 움직입니다. 나와 대상이 마음의 작용이라는 것을 보지 못하는 불각不覺으로 인해 그 마음의 작용 속에 들어가 있기 때문에 '움직인다'고 표현합니다. 작용을 '보는' 것은 괜찮습니다. 작용을 본다는 것은 자기는 움직이지 않고 마음의 움직임을 보는 것입니다. 그런데 움직이는 마음을 자기라고 알면 자기 또한 움직이는 것이죠. 불각不覺에 의존하는 고로 마음이 움직이는 것을 업業이라고 이름 붙입니다(說名爲業). 그러니까 이 업業이라는 것은 쌓여있는 것이기도 하고, 그것에 의해서 마음이 움직여 나간 것을 일컫는 말이기도 하죠. 무명업상無明業相에 의해서 동념動念이 생기는데 그러한 동념動念 역시 하나의 업業이 되는 것입니다.

마음의 흔적들은 그냥 생겨났다가 사라지고, 작용에 의해서 마음의 회로를 따라 움직여 나가게 되어 있는데, 그 마음의 흔적을 자기라고 여기는 마음이 불각不覺입니다.

음식을 조금 먹어보세요. 음식이 입에 들어오고, 씹고, 혀가 움직이고, 맛보고, 삼키는 과정을 내가 일일이 관여하나요, 아니면 저절로 일어나나요? 잘 살펴보면 저절로 일어난다는 것을 알 수 있습니다. 이런 과정이 자동적으로 일어나기까지는 많은 연습과 노력이 있었습니다. 지금 그것을 기억하진 못하지만, 아기였을 때 열심히 노력한 끝에 지금은 어떤 노력을 들이지 않고도 이가 씹는 사이에 혀가 자유자재로 움직이며 음식물을 이동시키죠. 그런 과정에 우리 마음이 관여해야만 되는 것이 아닙니다. 운전도 마찬가지입니다. 맨 처음 운전을 배울 때는 애를 써야 합니다. 스틱 같은 경우에는 기어를 움직이고, 액셀러레이터를 밟고, 클러치 밟고, 브레이크 밟고, 핸들 돌리고, 백미러와 사이드미러 보고... 얼마나 복잡합니까? 깨어있지 말라고 해도 깨어있을 수밖에 없지만 한 1년쯤 지나면 졸면서도 운전할 수 있게 됩니다. 그러니까 어떤 노력이 들어가는 과정에는 의식이 관여하다가 그것에 익숙해지면 의식하지 않아도 작용할 수 있도록 자동화 됩니다. 그런 자동화된 것들에 마음이 꼭 관여해야 하는 게 아닌데, 불각不覺의 마음은 그것들을 모두 자기가 하는 것으로 여깁니다. 실상은 어떤 작용이 일어날 뿐인데, 나와 대상을 나누어 '내가 이것도 하고 저것도 한다.'고 여기며 이름을 붙입니다. 그렇게 불각不覺에 의한 거짓된 형상을 '나'라고 믿고, '내가 한다.'고 믿는 것이 '마음이 움직인다(心動)'는 것이고 그것을 업業이라고 합니다. 이때의 마음이란 나와 대상으로 나눠놓고 내가 뭔가를 한다고 여기는 분열된 마음을 얘기합니다.

움직이는 마음이 각覺에는 없다

그래서 대승기신론 소疏에서는 불각은 움직이는 것이라 했습니다(不覺則動). '내가 무언가를 한다.'는 것이 움직임이에요. 그렇다면 각覺은 뭘까요? 각覺은 움직이지 않는 것이겠죠(覺則不動). 뭐가 움직이지 않는다는 겁니까? 나와 대상으로 나눠놓고 '내가 무엇을 한다. 내가 무엇을 보았다.'하는, 주체로부터 대상을 향해 가는 움직임이 각覺에는 없다는 말입니다. 왜? 주체와 대상은 현상이기 때문에 그렇습니다. 다시 물과 파도의 비유를 들어보겠습니다. 파도는 끊임없이 움직이고 생겨났다가 사라지지만, 바다는 움직이지 않고 늘거나 줄지도 않으며 늘 그대로 변함없습니다. 그래서 자기를 파도라고 여기면 끊임없이 움직이는 거고, 자기를 바다로 여기면 어떤 모양도 없고 변함도 움직임도 없지요. 파도로 있든 바다로 있든, 물은 물 자체로서 변화가 없습니다. 그것이 바로 움직임이 없다는 것입니다. 움직임이라는 것은 나와 대상이라는 마음 구조의 회로 속을 생명력이 흘러가고 있는 것을 말합니다. 그 구조를 파악하면 움직이되 움직이지 않는 상태가 됩니다. 구조를 파악한다는 것은 내가 그 구조에서 떠나있다는 뜻이기에 그렇습니다. 그 구조가 파악되지 않으면 나는 그 구조 속에 포함되어서 회로 속에서 헤매게 됩니다. 회로에는 수많은 저항도 있고, 전기기기도 있고, 콘덴서도 있고, 그 외 다양한 부품들이 있는데 그 사이를 전기가 흐르면서 다양한 현상을 일으킵니다. 그런데 모니터에 색칠하거나 글자를 쓰는 등의, 전기가 회로를 통과하면서 일어나는 다양한 현상을 자기라고 여기는 것이 바로 '회로 속에 들어가 있다.'는 말의 의미입니다. 그러한 다양한 현상들은 일시적인 현상일 뿐이고, 그 본질은 전기입니다. 전기의 통과 여부에 따라서 컴퓨터 기계어인 0, 1, 0, 1이 생겨나고, 그것들의 다양한 조합이 소프트웨어적으로 변하면서 여러 색깔과 형상을 만들어 냅니다. 그런 일시적인 현상들을 나라고 여기면 나는 끊임없이 변화하고 움직이는 것이고, 전기 자체를 나라고 여기면 내게는 어떠한 변화도 없습니다. 우리는 전기와 같은 아무런 변화 없는 생명력과 같은 것인데, 그 생명력이 어떤 구조나 틀을 통과하면서 만들어 내는 다양한 현상을 나라고 믿는다면, 나는 끊임없이 움직이고 변화하게 되는 거지요.

그래서 각覺은 움직이지 않지만 불각不覺은 움직인다고 한 것입니다. 즉, 무명無明 때문에 동념動念이 생겨난 것이지요. 그런데 사실은 움직임이라는 게 있는 것도 아닙니다. 움직이려면 움직일 '무언가'가 있어야 하는데 그 '무언가'는 상相입니다. 자기 자체적으로 존재할 수 없고 다른 것에 의존하는 상相이라는 말이죠. 자체의 고유함이 없다는 것은, 존재하거나 움직이는 주체가 있을 수가 없다는 말입니다. 마차를 예로 들어보겠습니다. 석가모니가 "마차가 있느냐?"라고 물으니 나가세나 비구가 눈앞의 마차를 보며 "마차가 있습니다."라고 대답했습니다. 그러자 석가모니가 바퀴를 하나 뜯어내서 "이게 마차냐?" 하고 물으니 "아니요."라고 대답합니다. 손잡이를 뜯으면서 "이게 마차냐?" 물으니 "아니지요."라고 대답합니다. 제일 밑의 발판을 뜯어서 "이게 마차냐?", "아닙니다." 이렇게 하나씩 뜯으면서 묻는 것을 반복하니 모두 사라졌습니다. 조금 전에 있던 마차는 어디로 갔나요? 마차는 여러 가지 조합으로 이루어진 일시적인 기능을 하는 상相이라는 것이죠. 마차라는 것은 바퀴와 네모난 널빤지와 손잡이 등의 조합인 것이고, 그런 각자의 상相들에 의존하는 것입니다. 마차 자체가 하나의 상相이므로, 마차가 움직인다는 것은 다양한 것들의 조합인 일시적인 상相이 움직이는 깃일 뿐, 변함없는 고유한 마차가 움직이는 것은 아니라는 말입니다. 그래서 움직임이라는 게 있는 것도 아니라고 말하는 것입니다.

각즉부동覺則不動, 즉 깨달음은 움직이지 않는다고 말하는 것은 시각始覺의 상태를 얘기합니다. 시각始覺은 본각本覺에 대비된 상태이고 본각이 현상으로 드러난 것을 말하죠. 나와 대상의 분열된 마음에서 벗어나 스토리에서 빠져나온 것이 바로 시각始覺인데, 이는 움직이지 않는 상태로 온 것입니다. 정확히는 움직이되 움직임이 없는 상태죠. 이렇게 되면 감지 자체로 쌓인 업業, 감지 간의 주고받음이 쌓인 업業, 나와 대상이 만들어 내는 업業, 이런 모든 업業으로부터 자유로워져서 괴로움(苦)이 사라지게 됩니다.

지금 전체주의[20](깨어있기™ 용어)에 들어가 보세요. 전체주의 상태에서 '나'라는 것이 어떻게 느껴지나요? 명확히 느껴지나요? 지금 살펴보려고 하니 '나'가 생겼겠지만, 전체주의 상태에서는 '나'라는 것이 희미합니다. 다시 평상시의 상태로 나와 보세요. '나'라는 것이 명확하게 느껴지는 지금의 상태는 무명無明이 작용하고 있고, 그러므로 나와 대상이 있다고 여겨집니다. 그런데 좀 전에 해봤듯이 전체주의 상태로 들어가면 그런 나와 너의 분리가 없어집니다. 이번에는 나와 너를 계속 의식하며 전체주의로 들어가 보세요. '나'와 '너'의 개념을 사용하며 대화하면서도 동시에 분리 없는 '그것'을 확인해 보세요. 지금 나와 너에 상관없이 있는 '그것'이 확인됩니까? 이 상태가 바로 업業이 있으면서도 업業에 상관없는 상태와 유사합니다. 그러니까 업業을 없앨 필요가 없다고 대승기신론은 말합니다.

우리 마음에는 생멸과 상관없는 본질적인 진여眞如의 마음과 더불어 생멸의 마음이 있는데, 생멸의 마음과 진여의 마음은 항상 같이 있으며, 생멸의 마음이 곧 진여의 마음이고 진여의 마음이 곧 생멸의 마음입니다. 끊임없이 나와 너를 나누는 마음이 곧 나와 너에 상관없이 존재하는 그런 마음이라는 것이죠. 나와 너를 나누는 마음이 바로 생멸하는 마음이며 업業을 일으킵니다. 그렇지만 그와 동시에 업業과 상관없는 부동不動의 마음이 있습니다. 이 부동不動의 마음이 동념動念에 상관없이 있다는 것을 발견하면 각覺과 불각不覺이 동시에 있는 것이고, 진여의 마음과 생멸의 마음이 동시에 있는 것입니다.

컵은 없다

마음이 움직이면 고통이 있는 것은 결과가 원인을 떠나지 않기 때문이라고 했습니다(動則有苦. 果不離因故). 업業의 존재가 모든 고통의 원인입니다. 고통의 원인인 업業이 있는 한 결국은 고통이 있을 수밖에 없겠죠. 업상業相으로 인해 마음속에서 나와 대상이 분열되면, 그 둘 사이에 빈틈이 생기고, 밀침과 끌림이 생겨 좋은 사람을 못 만나면 괴롭고 싫은 사람을 자꾸 보게 되면 괴롭습니다. 이렇게 모든 괴로움은 나와 대상의 분열로 인한 마음의 움직임으로 인해 발생합니다. 업業-분열-움직임-고통의 순서입니다. 고통은 원인인 업業이 있는 한 결코 사라지지 않습니다. 그런데 그 업業이라는 것이 과연 '있다'고 볼 수 있을까요? 업業이 있다고 여기는 것은 컵이 있다고 여기는 것과 같은 것으로, 고유한 자상自相이 없으므로 업業이라는 것도 존재하지 않습니다. 갈대가 서로를 의지하며 서 있는 것과 마찬가지로 업業 또한 다른 것에 의존해서 의타적으로 존재합니다. 그런데 그것이 존재한다고 믿기 시작하면 그것에 의존해서 다른 것들이 현실감을 갖게 됩니다.

'내'가 뭔가를 본다는 것이 불각不覺의 증거이다

二者能見相. 以依動故能見. 不動則無見.
이 자 능 견 상 　 이 의 동 고 능 견 　 부 동 즉 무 견

두 번째는 능견상能見相이니, 움직임에 의하기에 볼 수 있게 된 것이니, 움직이지 않으면 보는 것이 없다.

[논論]

불각의 상相 중에 두 번째는 능견상能見相입니다. 드디어 우리가 감각™과 감지™에서 다룬 내용이 나옵니다. 능견能見은 능동적으로 보는 걸 뜻하며, '내가 뭔가를 본다.'는 상相이 능견상能見相입니다. 감각 연습을 할 때, 사물의 느낌(감지)마저 내려놓으면 대상이 갑자기 희미해지거나 흐려지면서 그것을 보던 '나'도 흐려지는 현상을 모두 경험했을 겁니다. 대상이 흐려지면 대상을 보던 나도 흐려집니다. 대상이 있다는 것은 내가 대상을 본다는 것이며 그것이 바로 능견상입니다. 대상이 나타난다는 건 마음이 둘(나-대상)로 나뉘었다는 것이고 감지가 생겨났다는 의미입니다. 맨 처음에 컵을 볼 때는, 그냥 감각적인 자극으로 컵이 내 눈에 보입니다. 컵이 '보이지만' 그것이 무엇인지 모르는 상태이며, 실제로 내가 '보는 것'이라고 말할 수 없습니다. 저것이 무엇인지를 '알' 때만 '내가 뭔가를 본다.'는 느낌이 생깁니다. 마음속에 많은 그림이 그려져 있지 않은 어린 아이의 상태에서 뭔가를 생전 처음 본다면, 그것은 그냥 보입니다. 그런데 마음에 예전에 봤던 그것의 흔적이 있으면 "아~ 저것은 컵이잖아."라는 느낌이 듭니다. 이런 방식으로

내가 '보는 것'이 능견상能見相이고, 이 능견상이 불각不覺의 마음에 일어나는 두 번째 현상입니다.

'본다(見)'는 현상은 움직임에 의하여 일어나며(以依動故能見), 그것의 기본 구조는 마음속의 분열입니다. 자연의 장엄한 광경을 보면서 넋을 잃은 순간에 "내가 저 멋있는 광경을 보는구나."라고 생각하는 사람은 아무도 없습니다. 그저 그 장관 속에 푹 빠져 온 마음이 감상하는데 몰두해 있을 뿐, 마음의 분열이 없어요. 그런데 정신이 조금 돌아와 "야~ 멋있네. 내가 예전에 봤던 폭포보다 훨씬 멋져."이런 생각이 들 때는 이미 마음이 분열되어 스토리 속으로 들어온 것이죠. 멋진 장관 속에 푹 빠져 분열이 없는 순간은 능견能見이 아닙니다. 그냥 소견所見이죠. 그때는 마음이 그냥 그대로 느끼고 있을 뿐 움직이지 않습니다. 저 것들이 와서 마음에 그대로 닿고, 나는 저 광경을 비추는 거울이 되는 것입니다. 그런데 생각이 끼어든다는 것은, 그 거울에 폭포의 이미지가 하나 딱 나타나고 '내'가 하나 생겨나서, 내가 이 폭포를 분석하는 것입니다. "아~ 이거 옛날에 봤던 거네." 하는 거죠. 마음이 분열되는 현상과 내가 폭포를 본다는 움직임이 일어나고 '본다(見)'는 현상이 일어납니다.

다시 차례대로 설명하자면, 분열로 인한 나와 대상의 발생에 의해서 움직임(動)이 생겨나고, 그로 인해서 감지가 작동하면 '나는 저것을 본다.'는 현상이 일어나게 됩니다. 여기서 움직임(動)이라는 것은, 마음의 분열현상에 의해서 '나'와 '대상'으로 나뉘고, 나에서 대상 쪽으로 주의의 움직임이 생겨나며, 그로 인해 생각이 흐르고, 그 흐름으로 인해서 의식이 발생하는 모든 과정을 말하는 것입니다. 무언가를 '의식한다'는 것은 무엇을 '본다'는 것과 같습니다. 내가 컵을 본다는 것은 내가 컵을 의식하는 것이죠. '나'와 '대상'과 '본다', 이 세 가지가 동시에 생겨나서 그 셋 사이에 어떤 흐름이 생겨나는 것이 움직임입니다. 그 움직임에 의해서 능견能見이라는 현상이 생겨납니다. 따라서 마음이 움직이지 않으면 '보는 것'이 없습니다(不動則無見). 마음이 움직이지 않으려면 나와 대상의 분열이 없어야 하겠죠. 그 움직이지 않는 마음에는 '본다'가 없습니다. 그래서 감각™으로 들어가면 마음이 투명해지고, 컵은 그저 내 마음의 텅 빈 거울에 비칠 뿐, 컵이라는 현상은 마음에 떠오르지 않습니다. 평상시에는 컵을 보면 무엇인지 아는데, 감각™상태로 들어가면 투명하게 비쳐 보일 뿐입니다. 그런 마음은 '내가 무엇을 본다'는 것이 없으므로 마음이 움직이는 것이 아니며, 무엇을 보더라도 마음이 텅 비어 있습니다.

三者境界相. 以依能見故境界妄現. 離見則無境界.
삼 자 경 계 상   이 의 능 견 고 경 계 망 현   리 견 즉 무 경 계

세 번째는 경계상境界相이니, 능견에 의해 경계가 거짓되이 나타나는 것이니 보는 것을 떠나면 경계가 없다.

[논論]

불각의 마지막 상相은 경계상境界相인데, 마음이 이것과 저것으로 수없이 나누는 것을 말합니다. 수많은 경계가 있습니다. 여기서 저기까지는 유리창이고, 그다음부터 저만큼은 창틀이라고 경계 짓고, 그냥 땅일 뿐인데 미국과 캐나다를 경계 짓습니다. 이런 경계는 동념動念과 능견상能見相으로부터 생겨납니다.

능견상能見相과 경계상境界相은 긴밀하게 연계되어 있습니다. 무언가를 '본다'는 것은 경계 지어 보는 것을 말합니다. 여러분이 컵과 마우스를 경계 짓지 않는다면 그 둘을 구별하여 볼 수 없습니다. 둘로 보이지 않아요. 이것을 둘로 보는 것은, 컵과 마우스 사이를 경계 그려 나눴다

는 말입니다. 다시 말해서 컵을 본다는 것은, 컵이 아닌 것과 컵을 경계 지어 나눴다는 뜻입니다.

능견상이 일어난 후에 대상에 경계가 일어납니다. 주체와 대상이 나뉘며 '본다'는 현상이 일어나고, 그 후에 이 사물과 저 사물이 명확하게 경계 지어지면서 나뉘는 현상이 일어납니다. 즉 인간이 분별하는 현상이 일어난 이후에 세상이 구별되어 경계 지어지고 나뉘는 현상을 말하는 것입니다. 세상, 우리가 느끼지 못하는 우주 자체는 결코 경계 지어지지 않았는데, 그것이 남긴 우리 마음속 그림자에 이리저리 경계를 짓고 이런 저런 이름을 붙여 놨기 때문에 세계가 생겨납니다. 우리가 경험하는 것은 바로 우리 마음속의 분별의 세계라는 말이 그런 의미입니다. 우리는 너무도 오랫동안 그림자 세계 속에서 살아왔기 때문에 세상에는 경계가 없다는 말을 받아들이기가 쉽지 않습니다. 우리가 어릴 때 세상의 경계를 그리지 못했을 때는 세상을 나눠서 보지 못했습니다. 하지 않은 게 아니고 못한 것이죠. 그렇다면 우리는 이제 어떻게 해야 합니까? 다시 어린애로 돌아가야 할까요? 그건 아닙니다. 어린애는 세상을 경계 짓지 못했기 때문에 앎이 없습니다. 안다는 현상이 일어나지 않아요. 우리는 세상을 경계 지어 보기 때문에 앎이 일어나는데, 그 앎은 우리 마음의 구조 때문에 생긴다는 것을 알고, 분별된 세상의 경계를 넘어가야 합니다. 넘어간다는 것은, 이것이 마음의 세계라는 것을 알면 되는 것입니다. 내가 알고 있고, 보고 있는 것은 내 마음이 분별해 놓은 경계의 세계이지 실재의 세계가 아니라는 것을 알면 됩니다. 그래서 칸트는 "물物 자체에 우리가 가 닿을 수 없다."고 얘기했습니다. 우리가 만날 수 있는 것은 마음에 경계 지어 놓은 현상세계라는 것이죠. 보는 것을 떠나면 경계가 없어진다고 했습니다(離見則

無境界). 우리가 감지^{TM}(깨어있기 용어)를 떠나 감각^{TM}(깨어있기 용어)으로 가면 성계가 없어지죠.

무명업상과 능견상과 경계상, 이 세 가지가 어떤 구조로 생겨나는지 다시 살펴보겠습니다. 맨 처음, 마음속에 경험의 흔적들인 감지가 생깁니다. 감지가 생겨나는 것은 무슨 특별한 이유가 있어서가 아니에요. 타고난 감각이 있으므로 끊임없이 노출되면 그냥 아무런 이유 없이 감지가 쌓이게 됩니다. 이렇게 쌓인 것을 업業, 무명업상無明業相이라고 합니다. 그다음, 쌓인 감지들이 주체와 대상으로 분열되어 '내가 무엇을 본다.'는 현상이 일어나는데 그것이 바로 능견상能見相이고, 그 대상을 세세하게 이것과 저것으로 나누는 것이 바로 경계상境界相입니다. 마음이 움직이는 과정이 보이나요?

이 세 가지 상相이 바로 불각不覺의 가장 기본적인 상相입니다. 다시 말하면 감지가 있다고 여기는 것, 나와 대상을 나누고 "저건 내가 아니고 이것만 나"라고 여기는 것, 대상을 다양하게 나눠놓고 '내가 아닌 것들이 있다.'고 여기는 것, 이 세 가지가 바로 불각不覺의 기본적인 속성입니다. 깨닫지 못한 마음은 이렇게 무명업상無明業相, 능견상能見相, 경계상境界相이라는 마음의 과정에 빠져있습니다. 그렇다면 마음의 과정을 떠나는 것이 깨달음일까요? 사실은 그걸 떠나면 깨달음도 깨닫지 않음도 없습니다. 그 상相에 빠지지 않을 뿐입니다.

경계상境界相의 여섯 가지 상相 : 경계육상

업으로 쌓인 것들이 나와 대상으로 나뉘고, 내가 대상을 보기 시작하며, 대상을 끊임없이 나누는 것이 경계상인데, 이 경계상에는 여섯 종류가 있습니다. 우리는 통틀어 감지라고 표현했는데, 대승기신론에서는 그것을 세밀하게 나눠 놓았습니다.

以有境界緣故, 復生六種相. 云何爲六.
이 유 경 계 연 고　　부 생 육 종 상　　운 하 위 육

경계의 연이 있기에 여섯 가지 상相을 내니 무엇인가?

[논論]

연緣은 환경, 조건 등의 외적인 이유 또는 외적인 측면입니다. 인因은 내적인 원인이라고 했습니다. 경계는 외부 대상에 해당되는 말이므로, 그 경계가 원인이 되어서 여섯 가지 상相을 만들어내는 것을 말합니다.

'다르다'라는 분별을 통해 현실이 '생겨난다'

一者智相. 依於境界, 心起分別, 愛與不愛故.
일 자 지 상　　의 어 경 계　　심 기 분 별　　애 여 불 애 고

첫째는 지상智相이니, 경계에 의해 마음이 일어 호오好惡를 분별한다.

[논論]

지상智相은 지혜, 앎의 상相입니다. 안다는 것은 나누어 분별한다는 뜻이죠. 무엇을 분별하느냐면, 경계에 의해 마음이 일어나 좋아하는 것과 좋아하지 않는 것을 분별합니다. 경계는 기본적으로 이것과 저것이 다르다는 분별인데, 만약 경계가 없다면 좋아하는 것과 싫어하는 것을 분별할 수도 없겠죠. 경계로 인해 분별이 일어난 후에 좋음과 싫음, 즉 끌림과 밀침이 일어납니다. 좋고 싫음은 결국 나뉘는 것으로부터 생겨납니다. 선택의 여지가 없다면 우리 마음에 갈등도 없습니다.

어떤 선택의 여지가 있을 때, 좀 더 좋은 것을 선택하기 위해 마음의 갈등이 생겨나죠. 둘을 비교해보며 별 차이가 없을 때에도 마음은 꼭 더 나은 것을 선택하려 합니다. 조삼모사朝三暮四[22]의 예를 보면 거시적인 관점에서는 별 차이가 없죠. 지상智相이 왜 경계상境界相에 속할까요? 업이 쌓여 마음에 흔적이 생기고(無明業相), 나와 대상으로 분열되고(能見相), 대상 간에 경계가 생기고(境界相), 어떤 대상을 안다는 것이 생기면(智相), 대상들의 비교에 의해 호오好惡가 생겨납니다. 이렇게 마음이 일어나서 좋아하고 좋아하지 않음을 분별하는 것은, 기본적으로 마음의 경계 때문이므로 지상智相이 경계상에 속하게 됩니다.

마음의 경계境界란 무엇입니까? 지금 자신이 앉아있는 방을 둘러보고 하나의 사물을 보세요. 천정의 전등을 본다면 마음은 전등으로 가득 찹니다. 그러다가 즉시 전등의 알과 덮개와 전선 등으로 '나누기' 시작합니다. 그냥 '전등'이던 것이 이렇게 세 가지 경계를 지니는 것으로 즉시 나뉘며 '분별'됩니다. 마음이 '다르다'고 여기는 느낌, 그것이 바로 마음의 경계이며, 우리가 이 '현실'이라고 여기는 전체 세계를 인식하는 것은 바로 이 마음의 경계를 통해서인 것입니다. 저 분리없는 세상에는 어떤 경계도 없건만 우리는 마음의 경계를 통해 이것과 저것을 나누는 것이지요. 그러고는 그중 하나가 더 좋다라고 하고 있습니다. 그런데 그것을 '나누는' 마음이 없다면, 또는 '나눌 수 있는 능력'이 없다면 '좋다'가 있을까요? 그러니 '능력'이란 하나의 환상이며, '좋다'도 하나의 환상인 것입니다.

---

22) 조삼모사朝三暮四 : 옛날 중국 춘추전국시대에 원숭이 키우는 저공이라는 사람이 먹이로 아침에 도토리 3개, 저녁에 4개를 준다고 하자 원숭이들이 화를 냈다. 그래서 아침에 4개, 저녁에 3개를 준다고 하자 좋아하였다. 도토리 수는 차이가 없는데 눈앞에 보이는 단기적 차이에 일희일비하는 어리석음을 상징한다.

二者, 相續相. 依於智故, 生其苦樂, 覺心起念, 相應不斷故.
이 자　상 속 상　의 어 지 고　생 기 고 락　각 심 기 념　상 응 부 단 고

둘째는 상속상相續相이니, 지상智相에 의해 그 고락苦樂을 내어 각심으로
망념을 일으켜 상응하여 끊어지지 않는다.

[논論]

　두 번째 상속상相續相은 끊임없이 이어지는 것을 말합니다. 지상智
相은 경계에 의존하고, 상속상은 지상智相에 의존하여 고락苦樂이 생겨
납니다. 경계-앎(智)-호오好惡의 분별-고락苦樂의 순서이죠. 여기에
나오는 각심覺心은 깨달은 마음을 뜻하는 것이 아니고, 각관심覺觀心이
라고 칭하는 파악하는 마음 중의 각심覺心을 말합니다. 각심覺心은 추
심麤心, 즉 전체적으로 거칠게 통째로 아는 마음이고, 관심觀心은 세
심細心, 즉 세밀하게 분석하는 마음입니다. 뭔가를 알아내는 이 각심覺
心이 망념을 일으켜 서로 상응함이 끊이지 않는 것이 상속상입니다. 망
념妄念은 있지도 않은 것을 있다고 여기는 마음입니다. 경계라는 것이
없는데 있다고 여기죠.

　생각은 네트워크여서 계속해서 상응합니다. 마우스라는 생각이 컴
퓨터라는 생각을 불러일으키고, 컴퓨터는 모니터와 키보드를, 모니터
는 LED… 이렇게 끊임없이 불러일으키며 이어집니다. 상응相應은 서
로가 서로에게 영향을 주고받으며 응하는 것이죠. 일단 생각 속으로
들어가면 끊어지지 않습니다. 그래서 '생각 느끼기'를 하려면, 생각의
내용 속으로 들어가지 말고 생각이 불러일으키는 물리적인 느낌을 느
껴야 합니다. 그 느낌을 바라보면 생각의 흐름이 즉각 끊어집니다. 생
각의 물리적인 느낌을 느끼기 시작하면 생각의 내용 속에서 빠져나올
수 있게 됩니다. 생각은 자상自相이 없기 때문에 결코 저절로 끊어지지
않습니다. 이것은 저것을, 저것은 이것을 불러일으키며 끊이지 않는

것이 생각의 세계이기 때문입니다. 그래서 네트워크라고 표현하는데, 이것이 상속상입니다.

三者執取相. 依於相續, 緣念境界, 住持苦樂, 心起著故.
삼 자 집 취 상　의 어 상 속　연 념 경 계　주 지 고 락　심 기 저 고

셋째는 집취상執取相이니, 상속에 의해 경계에 의존하여 생각해서 고락에 머물러 마음이 집착을 일으킨다.

[논論]

세 번째는 집취상執取相입니다. 우리는 괴로움(苦)에도 집착을 일으키고, 즐거움(樂)에도 집착을 일으킵니다. 괴로움에 머물고 싶은 사람은 없겠지만 자기도 모르게 괴로움에 집착하여 머물고 있어요. 락樂에 머무는 것은 끌려서 머무는 것이니 이해가 되는데, 괴로움에는 왜 머물까요? 싫어하기 때문에 괴로움에 머물게 됩니다. 싫어하지 않으면 괴로움에 머물러지지 않아요. 겨울에 세수할 때 찬물을 싫어하면, 마음속에서 내가 끊임없이 찬물을 붙잡고 있으므로 괴로움에 머물게 됩니다. 그러나 손을 물에 넣을 때 싫어하지 않으면 그냥 잠깐 차가웠다가 사라져요. 좋아하고 싫어하는 마음이 괴로움을 불러일으키고 그 괴로움에 나도 모르게 머물러 있는 것이 주지고락住持苦樂입니다.

이상하게도 괴로움과 즐거움은 별 차이가 없습니다. 처음에는 좀 차이가 나죠. 괴로움은 기분 나쁘고, 싫고, 아프고, 고통을 줍니다. 그런데 이렇게 고통을 받다가 그것이 딱 멈추면 기분이 좋습니다. 괴로움이 있다가 사라지면 기분이 상쾌하고 좋아요. 심한 감기 몸살 때 푹자고 일어나 개운함을 느끼면 '병이 없다는 것이 이렇게 좋구나, 건강한 몸이라는 게 이렇게 좋구나.'하고 기분 좋아지죠. 즉시 즐거움이 됩니다. 평상시에 아무 병이 없을 때는 즐거움을 못 느끼다가, 한 번 심하게 아픈 후에 평상시 몸으로 돌아오면 이 몸이 정말로 고맙고 즐겁

게 느껴집니다. 이렇게 고락苦樂은 상대적으로 같이 붙어 있습니다. 고통이 곧 즐거움(樂)인 이유죠. 마찬가지로 즐거움(樂)도 곧 고통인 이유는, 아주 기분 좋고 즐거운 일을 하다가 그것을 못하게 되면 기분이 가라앉고 괴롭게 되기 때문입니다. 그래서 모든 중독 현상은 괴로움을 일으키는 즐거움이라고 보면 됩니다. 괴로움을 잔뜩 들러 붙이고 있는 즐거움이기에 집착을 일으키게 됩니다. 너무 좋은 것만 찾지 마세요. 가끔 적당히 좋은 것은 괜찮습니다만, 평상심이 가장 좋은 겁니다. 이렇게 상속상에 의해서 생겨난 고락苦樂을 딱 붙잡고 놓지 않고 집착하는 것이 집취상執取相입니다.

> 四者計名字相. 依於妄執, 分別假名言相故.
> 사 자 계 명 자 상　의 어 망 집　분 별 가 명 언 상 고

> 넷째는 계명자상計名字相이니, 잘못된 집착에 의해 거짓된 명칭과 언설상을 분별한다.

[논論]

네 번째 계명자상計名字相은 이름과 글자를 통해서 분별하는 상相을 말합니다. 집취상執取相까지는 그래도 뭔가 약간의 실체가 있는 경험적인 것을 말하지만, 계명자상計名字相부터는 완전히 환상 속으로 들어갑니다. 실질적인 집착은 그래도 상대적으로 괜찮습니다만, 계명자상에 오면 망령된 집착에 의존해서 완전히 생각 속으로 빠집니다. 경험도 아닌 이름에 빠지는 거예요. 집취상執取相까지는 어떤 경험에 이름이 붙는 것이라면, 계명자상부터는 이름이 경험을 만들어 냅니다. '행복'이라는 생각과 '행복'을 떠올려 보세요. 내가 행복했던 때가 떠오르고 행복하고 즐거운 마음이 되지요? 이제 '고통'이라는 말을 떠올려 보세요. 그러면 '행복'이라는 말이 주었던 느낌이나 이미지와 다른 괴로움의 느낌이 떠오릅니다. 증오, 무시, 이런 말을 듣기만 해도 그 느낌이

달라집니다. 그리고 그걸 정말 믿기 시작하면 어떤가요? '그는 나를 비난한다.'라는 생각을 믿으면 그 느낌은 더 강해집니다. 내 믿음의 강도가 강하면 강한 만큼이나 세져요. 계명자상計名字相의 말과 생각을 믿기 시작하면 이것은 커다란 경험적인 느낌을 일으킵니다. 그것이 바로 망령된 집착에 의존해서 거짓된 명칭과 언설상言說相을 분별하여 거기에 빠진다는 뜻입니다. 거짓된 명칭과 언설상이란 예를 들어 이런 겁니다. 수학 시간에 "개의 꼬리가 다리라고 생각해 보자. 그렇다면 개의 다리는 총 몇 개일까?"라고 물어 아이들이 "5개요."라고 대답하면 선생님이 아이들에게 상을 줍니다. 상을 받은 아이들은 기분이 좋겠죠? 그런데 개의 다리는 사실 4개잖아요. 거짓된 명칭과 언설상이 어떤 가정 하에 수학적으로는 맞을지 모르나 실제 자연적인 세계와는 맞지 않습니다. 그런데 생각의 세계에서는 누군가 보상을 하고 칭찬을 해 주면 생각만으로도 기분이 좋아져요.

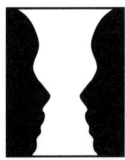 누군가 여러분에게 이 그림을 보여주면서 "흰색이 중요합니다."라고 말하면 여러분은 꽃병을 볼 것입니다. "흰색보다 검은색이 더 중요해."라고 말하면 사람 얼굴이 보입니다. 이렇게 어떤 말에 의해서 우리가 경험하는 것이 달라집니다. 누구의 말을 듣느냐, 어떤 명자상名字相을 갖느냐에 따라서 내 경험이 달라지는 것이죠. 이 그림을 보여주고 흰색 꽃병이 보인다고 말하면 1,000원을 주고, 검은색 얼굴이 보인다고 하면 1,000원을 뺏는 실험을 여러 번 반복해서 경험하게 하면 나중에

는 사람들이 검은색 얼굴을 잘 못 보고 흰색의 꽃병만 보게 됩니다.[23] 보상을 주는 쪽으로 의식이 묶이는 거죠. 이처럼 현대의 보상 위주의 교육은 우리의 의식을 세뇌하여 다른 경험을 하지 못하게 만듭니다. 어떤 것이 중요하다는 생각과 명칭, 글자에 중요성을 부여하면 다른 것을 경험하지 못하고 특정한 것만 경험하게 하는 왜곡된 현상을 불러 일으키고, 이러한 말과 생각이 우리의 경험을 지배하게 되는 상황까지 가게 됩니다. 계명자상은 계산하고 나누어 이름으로 분별함을 말하는 것으로, 잘못된 집착에 의거해서 거짓된 명칭과 언설상言說相(말과 언어로 만들어진 상)으로 분별하는 것입니다.

五者起業相. 依於名字, 尋名取著, 造種種業故.
오 자 기 업 상　　 의 어 명 자　　 심 명 취 저　　 조 종 종 업 고

다섯째는 기업상起業相이니, 명자에 의해 이름을 따라 집착하여 여러 행동을 일으킨다.

[논論]

다섯 번째는 업을 일으키는 기업상起業相입니다. 어떤 이름이나 생각을 따라서 집착이 일어나면 그 집착에 따라 행동하게 됨을 말합니다. 우리에게 어떤 생각이 일어나면 항상 행동하게 돼요. 만약 "2015년 12월에 지구가 멸망할 것 같아."라는 생각에 집착을 일으키면 우르르 몰려가서 라면 사고, 물 사고, 산에 동굴 파는 그런 행동이 일어나겠죠. 이렇게 어떤 생각에 집착함으로써 어떤 행동이 일어나는 것이 바로 기업상起業相입니다. 이런 생각은 실제로 있지 않은 일을 근거도 없이 만들어 낸 것이죠. 예를 들어 지진계, 해일계, 폭풍계 등을 가지

---

23) 《자연의 말걸기》(히어나우시스템 刊)에서 저자인 마이클 코헨이 인간의 왜곡된 마음이 자연을 왜곡시킨다는 것을 설명하는 내용.

고 측정해서 어떤 변화가 예상된다면 그 말이 그럴듯하게 들리겠지만, 마야 날락으로 예측한 얘기를 듣고 그렇게 행동한다면 그것이 바로 생각에 집착하는 겁니다. 생각에 끄달리는 사람은 그런 일이 많습니다.

명자상名字相은 순전히 생각만 가지고 만들어 낸 상相입니다. 생각의 세계를 아주 상세하게 100가지도 넘게 분류해놓은 유식학처럼 이론만 있고 경험이 없는 것이 바로 명자상名字相입니다. 생각에 너무 끄달릴 필요가 없습니다. 공부할 때도 말에 끌려다니지 말고, 항상 자기 자신을 살펴서 내면적인 경험에 근거하여 그 말이 맞는지 실험을 해 봐야 합니다. 내가 하는 말도 마찬가지입니다. 내 말은 나에게는 경험적이지만 여러분에게는 아닐 수도 있습니다. 그렇다면 내 말은 여러분에게 명자상名字相일 뿐입니다. 그 말이 자기 자신에게 경험되고 실험돼서 존재의 경험으로 남고 확인되고 통찰이 일어나야 진짜 의미가 있습니다. 그렇지 않으면 그것은 그냥 명자상일 뿐이고, 자신의 경험도 없이 내 말을 맹목적으로 믿다가 누군가 그 말을 틀렸다고 하면 우기면서 싸우려고 한다면, 그것은 생각이 자기에게 업을 일으킨 기업상起業相입니다. 옳다고 믿는 것과 진정한 경험이 일어나는 것은 다릅니다. 어떤 생각을 믿기 시작하여 행동을 일으키는 것이 기업상起業相입니다. 그렇게 행동이 일어나면 그것이 또 나에게 업業으로 쌓입니다. 생각과 이름에 집착하면 그것이 행동을 일으키고, 그러한 행동들이 또 다양한 업業을 만들어 냅니다.

六者業繫苦相. 以依業受果, 不自在故.
육 자 업 계 고 상   이 의 업 수 과   부 자 재 고

여섯째는 업계고상業繫苦相이니, 업에 의해 과보를 받아 자재自在하지 못한다.

[논論]

여섯 번째 업계고상業繫苦相은 업이 고통을 묶어놓아 고통이 일상이 돼버린 것인데, 그것은 업에 따라 결과를 받는 것입니다. 명자상名字相에 의해서 집착을 일으켜서 행동이 일어나고, 그 행동(業)이 여러 가지 결과를 만들어 내는데 그 결과에 묶여서 고통이 되는 형상을 말합니다. 그것이 바로 업에 의한 결과를 받는 것(依業受果)이고, 그러므로 스스로 마음이 자유롭지 못합니다(不自在).

當知無明能生一切染法, 以一切染法, 皆是不覺相故.
당 지 무 명 능 생 일 체 염 법   이 일 체 염 법   개 시 불 각 상 고

무명無明이 모든 염법을 내고 있음을 마땅히 알아야 하니, 모든 염법은 불각상不覺相이기 때문이다.

[논論]

무명은 어리석음입니다. 아무 이유 없는 무명無明의 바람이 감지를 일으키고, 감지가 나와 대상으로 나뉘어 주체가 생겨나 대상을 보고, 대상에 다양한 경계가 생기면서 그 경계가 이름과 행동과 업을 일으켜서 고통에 연결되는 이 모든 과정이 무명無明 하나가 일으킨 고리들입니다. 이것을 무명이 일체의 염법染法을 일으킨다고 표현했습니다(無明能生一切染法). 염법染法이란 물든 마음을 말하는 것으로 나와 대상의 분열, 그 분열을 통해 생겨나는 다양한 상相을 믿는 것, 그 믿음의 에너지가 수많은 행동과 희노애락喜怒哀樂을 일으키는 것을 말합니다. 이 모든 염법은 불각不覺의 상相으로 깨닫지 못한 마음입니다.

경계육상境界六相을 다시 한 번 순서대로 살펴보겠습니다. 첫 번째 지상智相은 경계를 통해 이것과 저것을 나눠놓고 호오好惡를 분별하여 아는 것입니다. 두 번째 상속상相續相은 좋은 것을 끌어당기고 싫은 것은 밀쳐내는 고락苦樂이 생겨 끊임없이 망념이 일어나 상응하는 것을

말합니다. 세 번째 집취상執取相은 상속상에 의한 괴로움과 즐거움에 머물러 집착하는 깃입니다. 네 번째 계명자상計名字相은, 그렇게 좋고 싫음의 집착이 생겨 그 마음이 수많은 생각을 일으키는 것입니다. 망령된 집착 때문에 거짓된 명칭과 언사를 분별하게 되는 것으로, 수많은 좋고 싫음을 느낌이 아닌 말로 분별하기 시작하는 것입니다. 다섯번째 기업상起業相은 갖가지 분별된 생각에 집착해서 행동하여 업을 일으키는 것이고, 이 업이 우리를 괴로움에 묶어두는 것이 여섯 번째 업계고상業繫苦相입니다. 이렇게 앎이 괴로움에 연결되는 과정을 여섯 단계로 나누어 설명했습니다. 그 가장 처음은 분별입니다. 분별이 없으면 비교도 없고, 비교로부터 시작되는 모든 괴로움이 없을 것입니다.

모든 '같고' '다르다'는 상相이다

復次覺與不覺有二種相. 云何爲二.
부 차 각 여 불 각 유 이 종 상   운 하 위 이

一者同相. 二者異相.
일 자 동 상   이 자 이 상

言同相者. 譬如種種瓦器, 皆同微塵性相.
언 동 상 자   비 여 종 종 와 기   개 동 미 진 성 상

如是無漏無明種種業幻, 皆同眞如性相.
여 시 무 루 무 명 종 종 업 환   개 동 진 여 성 상

다시 각覺과 불각不覺에 두 가지 상相이 있으니, 무엇인가?
첫째는 동상同相이고, 둘째는 이상異相이다.
동상同相이라고 말한 것은 도자기가 모두 진흙으로 만들어진 것처럼 번뇌와 무명의 여러 업으로 된 환상도 모두 같은 진여의 성상이다.

[논論]

동상同相은, 컵이나 접시가 모양은 다르지만 같은 재료인 진흙으로 만들어졌음을 의미합니다. 그런데 재료가 같다고 하면 "재료가 같으

니 본질이 같은 거지."라고 생각하기 쉽지만, 대승기신론에서는 '상相'을 붙여서 동상同相이라고 표현했습니다. 같다는 것도 다르다는 것도 상相이라는 것이지요. 그것을 기반으로 모든 설명이 이루어지고 있으니 항상 잊지 말아야 합니다. 동상同相은 도자기는 모두 진흙으로 만들어졌다는 측면으로, '같다'는 말은 '다르다'는 말에 의존하므로 '동상同相'이라고 합니다. 마찬가지로 '다르다'도 '같다'라는 말이 있음을 전제로 하기에 '이상異相'이라고 합니다. 말이라고 하는 것은 이렇게 늘 서로가 서로한테 의존하고 있으므로 앞으로는 그냥 '같다, 다르다'라고 여기지 말고, 상相의 개념을 늘 염두에 두고 말해보세요. 상相은 서로 그 개념을 의존하고 있다는 의미에서 '서로 상相'의 한자를 사용한다고 했습니다. 우리가 하는 모든 말은 그 사람의 경험이 있든 없든 간에 경험을 나누어 개념화시킨 것으로 이루어져 있습니다. 개념화된 말은, 개념을 떠나있고 나누어지지 않은 그 경험 자체를 결코 설명할 수 없습니다. 상相이 붙은 이유는 그것을 알고 이 말을 들어야 한다는 의미입니다.

무루無漏는 번뇌없음을, 무명無明은 어리석음을, 업환業幻은 업이 만들어낸 환상을 뜻합니다. 번뇌없음과 어리석음의 여러 업환이 모두 같은 진여의 성상性相을 지니고 있다고 했습니다. 말이 이상하죠? 진여眞如는 진리이고 본질인데, 특성의 상을 가지고 있다고 말했어요. 이 '상相'이라는 말에 관심을 기울이고 보기 바랍니다.

업환業幻에 대해 살펴보겠습니다. 업業은 감각을 통해서 마음 안에 들어와 남은 흔적들을 말하며, 깨어있기에서 말하는 감지에 해당한다고 했습니다. 미묘한 느낌에서부터 거친 느낌, 그 느낌에 붙은 이름,

이름 간의 관계인 생각, 생각이 끼어들어서 만들어 내는 감정 등의 다양한 스펙드림의 감지가 있고, 이 모든 감지가 업業입니다. 그 업의 가장 기본적인 작용은 마음속에 경계를 만들어서 나와 너를 분리하는 것입니다. 분열되지 않은 마음을 가진 어린아이는 '나'와 '너'를 모르는데, 마음이 분열되면서부터 '나'와 '너'를 알고 여러 가지 번뇌가 생겨납니다. 내가 너한테 뭔가를 해 준 것 같고, 네가 나한테 뭔가를 빼앗은 것 같고, 네가 나에게 은혜를 베푼 것 같고, 내가 너를 위해 열심히 해 주었는데 너는 내게 아무것도 안 해준 것 같고. 이런 모든 괴롭고 슬픈 번뇌가 마음의 기본적인 분열 현상인 나와 너의 탄생으로부터 생겨납니다.

어리석음(무명無明)도 업業이 만들어 내는 환상입니다. 불교에서 '무명의 업'이라는 표현을 자주 하는데 어리석음이나 아무런 이유 없이 생겨나는 업을 말합니다. 무명을 어리석음이라 하고 한번 살펴보면, 밝지 못하고 지혜롭지 못한 마음을 얘기하는 것은, 지혜로운 마음이 그에 대비될 때 가능합니다. 이렇게 지혜로운 마음과 지혜롭지 않은 마음은 모두 마음이 만들어낸 경계 속에서의 일입니다. 마음의 혼란은 '이래야 돼. 이게 옳아. 이게 맞아.'라는 기준이 있기 때문이라고 했습니다. 그 기준이 없다면 어떤 선택을 하더라도 혼란스럽지 않습니다. 어린애한테는 그런 마음이 없으니까 어느 상황에서도 절대 혼란스러워하지 않습니다. 혼란스러움은 마음이 만들어 낸 현상입니다. 마찬가지로 '모른다. 어리석다.'는 것도 '이게 맞아.'라는 마음의 기준이 형성돼 있을 때 일어납니다. 마음이 경계 속에 빠지지 않으면 어리석음도 지혜로움도 있을 수 없기에 무명無明은 마음의 분열에 기반을 두고 일어나는 업환業幻입니다.

이처럼 번뇌와 무명은 마음의 근본에서 경계를 지었기 때문에 일어나는 환상일 뿐, 마음 근본 자체의 변화는 전혀 없습니다. 진흙으로 빚어서 컵과 접시가 만들어졌을 뿐이지, 그 진흙 자체는 변함없음과 같습니다. 그런 의미에서 번뇌와 무명의 업환이 모두 진여眞如의 성상性相이라는 겁니다. 진여, 본질 그 자체의 특성을 가진 상相이라는 것이죠.

깨달음은 닦음이 아니라 알아채는 것

是故修多羅中, 依於此眞如義故,
시 고 수 다 라 중　　의 어 차 진 여 의 고

說一切衆生本來常住入於涅槃菩提之法, 非可修相,
설 일 체 중 생 본 래 상 주 입 어 열 반 보 리 지 법　　비 가 수 상

非可作相, 畢竟無得.
비 가 작 상　　필 경 무 득

그래서 경에서 이 진여의 뜻에 의하기에 '일체의 중생은 본래 열반, 보리의 법에 상주하여 들어가 있는 것이니, 이는 닦을 수 있는 상이 아니며, 지을 수 있는 상이 아닌지라 끝내 얻을 수 없는 것이다.

[논論]

일체의 중생이 본래 열반과 보리의 법에 항상 머물러 있다는 것은, 비유하자면 컵과 접시라는 형상의 근본이 결국 진흙 덩어리라는 뜻입니다. 그런 측면에서 중생의 번뇌심과 무명심은 보리와 열반을 근본으로 해서 만들어진 것이라고 할 수 있습니다. 우리의 주의가 컵의 형상에 가 있기 때문에 근본이 진흙이라는 것을 모를 뿐, 그렇게 형상에 주의가 가 있다고 해서 그것이 진흙이 아닌 게 아닙니다. 그러니까 주의가 컵에 묶여 있든 그렇지 않든 컵의 근본은 진흙인 것처럼, 중생은 항상 보리와 열반 속에 있는 것이고, 우리는 본질적으로 보리와 열반을

떠날 수 없습니다.

'이미 깨달아 있다.'는 말이 바로 이런 의미입니다. 내 관(觀)만 바꾸면 즉각 나는 원래 이 상태로 있었음을 알게 됩니다. 컵에서 진흙으로 옮겨 오기만 하면 끝일 뿐, 따로 닦을 게 없어요. 컵을 깨뜨려 부수어 가루로 만들어야 하는 것도 아닙니다. 컵은 컵대로 잘 써야지요. 이 말은 '슬픔은 슬픔대로 두고 그와 상관없는 자기를 발견하라.'는 말과 같습니다. 컵 모양은 컵 모양대로 두고, 모양과 상관없는 늘 변함없는 것에 초점을 맞춰보세요. 마음속의 컵이라는 것은 슬픔, 기쁨, 분노처럼 모양이 달라지는 것들을 말합니다. 내 마음속에서 느껴지는 수많은 천변만화하는 형상들과 늘 함께 있는 변함없는 그것을 발견하세요. 모든 변하는 것들은 변하지 않는 것을 기반으로 해서 일어나는 것이기 때문에 내 초점만 바꾸면 됩니다. 그래서 닦을 수 있는 상이 아니라고 했습니다(非可修相).

닦고, 수련하고, 명상해서 될 일이 아니에요. 그냥 알아차리는 겁니다. 깨달음의 의미가 바로 알아챈다는 것입니다. 수련해서 얻어지는 것이라면 '깨달음'이라는 말이 없겠죠. 만약에 닦아서 변하는 것이라면 그것은 본질이 아닙니다. 훈련 전과 훈련 후가 닦아서 달라진다면 그것도 본질이 아닙니다. 닦기 전에도 닦은 후에도 변함없는 것이 바로 본질입니다. 그래서 우리가 '근원'이라 이름 붙인 것은 언제나(태어나기 이전부터 태어난 이후에도, 내가 변하기 이전에도, 변한 이후에도) 건드려지지 않고, 움직이지 않고, 달라지지 않는 것이 본질에 가까운 것입니다. 말로 하자면 이런데, '달라지지 않음'은 곧 '달라짐'을 기준으로 하는 말이고, '변하지 않음'은 '변함'을 기준으로 해서 만들어진 말이므로 결국 이것도 모두 경계상입니다. 말에 속지 말고 어쨌든 이 말이 의미하는 바를 즉각적으로 느껴 보세요.

열반과 보리, 진리, 근본이라는 것은 닦을 수 있는 상相도 아니고, 만들어 낼 수 있는 상도 아닙니다(非可作相). 만들어 낸다는 것은 없던 것을 생겨나게 하는 것인데 없던 것이 생겨난다면 그것이 진리일 수 없지요. 그래서 얻을 수 있는 게 아니라는 겁니다(畢竟無得).

중생衆生은 모든 생멸生滅의 상相이 모여서(衆) 생겼기(生) 때문에 중생이라고 합니다. 생멸이 없는 곳에 중생은 없습니다. 생멸의 상相 속에 빠진 존재가 중생이라는 것이지요. 컵과 접시의 모양은 생겨났다가 사라지지만, 그 컵이나 접시가 깨지든 불에 들어가든 다시 진흙 반죽으로 돌아가든 진흙 자체는 변함이 없습니다. 실지로는 컵과 접시의 모양도 생겨났다 사라지는 것도 아니죠. 변할 뿐입니다. 특정한 모양은 나타났다가 사라지지만, 진흙은 전혀 사라지지 않습니다. 그래서 사실은 컵은 사라지는 게 아니고 그 모양만 잠깐 사라지는 것뿐입니다. 정리해보면, 컵은 사라지는 것도 아니고 사라지지 않는 것도 아닙니다. 컵은 왜 사라지는 게 아닙니까? 컵이 깨진다 해도 그 본질이 그대로 남아 있으니 그렇습니다. 컵은 왜 또 사라지지 않는 게 아닙니까? 어쨌든 우리가 컵이라고 여기는 그 모습은 사라졌으니까요. 그래서 사라지는 것도 아니고 사라지지 않는 것도 아니라고 말하는 것이죠.

색色도 상相이요 공空도 상相이다

亦無色相可見. 而有見色相者. 唯是隨染業幻所作.
역 무 색 상 가 견   이 유 견 색 상 자   유 시 수 염 업 환 소 작

非是智色不空之性. 以智相無可見故.
비 시 지 색 불 공 지 성 이 지 상 무 가 견 고

또 색상色相을 볼만한 것이 없되 색상을 봄이 있는 것은 오직 염법의 업
환에 따라 지은 것이지 지색불공智色不空(지혜)의 성질은 아니니, 지상智
相은 볼 만한 것이 없기 때문이다.'라고 말하였다.

[논論]

색色은 공空과 대비되는 것으로 뭔가 존재한다고 여기는 것입니다.
반야심경에 '색불이공色不異空 공불이색空不異色'이라는 말이 나오죠. 존
재하는 것(色)의 세계는 사라지는 것(空)과 다르지 않고, 사라지는 것 또
한(空) 또한 존재하는 것(色)과 다르지 않다는 말입니다.

색상色相을 볼 만한 것이 없다(無色相可見)는 말은 무슨 뜻일까요? 컵
을 컵으로 '보는' 때는 나이 들고, 그 이름에 대해 배우고, 생각이 끼어
들고, 그 기능을 알 때부터입니다. 그때부터 나에게 컵이 컵으로 존재
하는 거예요. 그걸 모르는 아이한테는 컵이라는 것이 존재하지 않아
요. 목마를 때 그냥 손이나 다른 오목한 것으로 물을 떠서 먹어요. 그
런데 컵이란 걸 알게 되면 물 먹을 때 일단 컵을 찾게 됩니다. 이것이
바로 색色의 세계입니다.

'본다(見)'는 것에 대해 더 근본적으로 살펴보면, '본다(見)'는 마음은
나와 너로 분열된 이후에 생겨납니다. '본다(見)'가 성립하려면 견見의
주체와 견見의 대상이 생겨나야 합니다. 나와 대상 사이에 일어나는 일
이 견見이에요. 나와 대상이 없으면 견見 또한 없습니다. 이것이 바
로 '무색상가견無色相可見'의 뜻입니다. 무색가견無色可見(볼 만한 색이
없다)이라고 하지 않고 무색상가견無色相可見(볼 만한 색상이 없다)이라
고 했습니다.

대승기신론은 철저하게 논리적인 표현을 해 놓았습니다. 사실

색色이라는 것은 없는 거예요. 색상色相만 있는 거죠. 색불이공色不異 空도 정확한 표현이 아니죠. 색상불이공상 공상불이색상色相不異空相 空 相不異色相이 정확한 표현이겠죠. 공空도 상相입니다. 공空은 색色에 대 비된 용어잖아요. 상相은 항상 마음에서 일어나기에 마음이 없는 곳에 는 아무것도 없습니다. 마음을 떠난 곳에서는 모든 설명이 의미가 없 어지죠. 생각의 세계, 분별해 놓은 모든 색色의 세계는 결국 마음 안에 서의 일입니다.

그런데 볼 만한 색상色相이 없다면서, 색상을 보는 게 있다(有見色相 者)고 했습니다. 이것은 마음의 분열에 물든 업환이 생성시킨 것일 뿐 (唯是隨染業幻所作), 지혜의 마음이 아닙니다(非是智色不空之性). 여기서 말 하는 지智는 본질적인 것을 보는 마음을 말합니다. 어리석음에 대비 된 상대적인 지혜가 아닌 절대적인 지혜라고 보면 됩니다. 불공不空은 각覺의 성질 중의 하나로 이전에 각覺의 공성空性과 불공성不空性에 대 해 강의했었죠. 지색불공지성智色不空之性은 한마디로 말하면 지혜의 마음입니다. 컵이라는 색상色相이 있다고 보는 마음은 업業이 만들어 낸 환상 때문에 생겨난 것일 뿐, 지혜로운 마음의 성질은 아니라는 내 용입니다. 지혜의 마음은 컵이 아닌 진흙 자체를 봅니다. 컵이라는 것 은 어떤 기능과 역할을 위해 잠시 변한 모습일 뿐, 진흙 자체가 변한 것은 아닙니다. 지상智相으로 보면 볼 만한 것이 없다(以智相無可見故)는 말은 지혜로우면 컵이라는 건 없다는 뜻입니다.

言異相者, 如種種瓦器各各不同, 如是無漏無明隨染幻差別,
언 이 상 자   여 종 종 와 기 각 각 부 동   여 시 무 루 무 명 수 염 환 차 별

性染幻差別故.
성 염 환 차 별 고

이상이란 여러 가지 도자기가 각기 동일하지 않은 것처럼 번뇌와 무명이

수염환隨染幻에 의한 차별이며, 성염환性染幻에 의한 차별이기 때문이다.
[논論]

이상異相이란 여러 가지 도자기의 모습이 같지 않음을 말합니다.

번뇌없음(無漏)과 어리석음(無明)은 수염환隨染幻과 성염환性染幻에 의한 차별 때문에 생겨납니다. 수염환隨染幻은 물들어 분열된 마음이 만들어 내는 환상을 말합니다. 원래는 차별이라는 것이 없어요. 어린아이는 컵과 접시를 아무런 차별 없이 대합니다. 그런데 나이가 들어 컵과 접시에 대해 배워서 마음속에 경계 그려 놓은 마음이 바로 수염환隨染幻입니다. 나와 대상이라는 마음의 분열로부터 시작된 수많은 다층적인 분열상, 즉 수염환隨染幻에 의한 차별로 인해 생겨난 것이 번뇌와 무명입니다.

어릴 때는 어리석은 사람과 지혜로운 사람을 구별하지 못합니다. 그리고 구별하려고 하지도 않습니다. 커서 이런저런 구별을 하고 차별을 하게 되지요. 이처럼 마음의 경계에 의한 환상 때문에 구별하고 분별하여 어리석음과 지혜로움이 생기는 것이지, 그 환상이 없는 곳에는 어리석음과 지혜로움이 없습니다.

성염환性染幻이란 본성이 물들어서 만들어진 환상을 말하는 것으로 근본根本과 지말枝末의 무명을 뜻합니다. 불각에 근본불각根本不覺(근본을 보지 못하는 것)과 지말불각枝末不覺(현상으로 드러난 것이 전부인 것으로 여기는 것)이 있습니다. 이 근본과 지말의 불각은 본성이 물들어서 일어나는 것이고, 성염환차별性染幻差別은 그로 인해 생겨나는 차별입니다. 번뇌는 수염환隨染幻 때문에 생긴 것이고, 무명은 성염환性染幻 때문에 생긴 것이라고 보면 됩니다.

같다고 여기는 것과 다르다고 여기는 것이 일종의 상相이라는 것이 동상同相과 이상異相의 핵심입니다. 그 모습에 있어서 차이가 있다는 것이 이상異相이고, 그러나 모습이 생겨나기 이전의 그것은 서로 다르지 않다고 여기는 것이 동상同相입니다.

이해가 어려운 부분은 컵과 접시의 모양처럼 차이가 나는 것은 상相이라고 할 수 있지만, 본질이라는 것도 상相이라고 한다는 점입니다. "컵과 접시가 같다."는 말은 상相입니다. 진흙 자체는 같은 것도 다른 것도 없지만, 컵과 접시로 나눠 놓았기 때문에 "컵과 접시의 본질이 같다."는 말이 생긴 거예요. 즉, 나눔이 없다면 나뉘어진 그 둘 사이의 '같다'라는 게 어떻게 생기겠습니까? 그래서 동상同相과 이상異相은 둘 다 불각不覺입니다. "이것과 저것의 본질은 같아."라고 하는 것은 동상同相 속에 빠져 있는 불각이고, "이것과 저것은 달라."라고 하는 것은 이상異相 속에 빠진 불각입니다.

진리 자체인 진여문眞如門과 진리의 또 다른 측면인 생멸문生滅門이 있고, 그 생멸문生滅門에 심생멸心生滅과 생멸인연生滅因緣이 있는데 지금부터는 생멸인연에 대해서 살펴보겠습니다.

6. 생멸인연生滅因緣

의意라는 감각기관과 그것이 만드는 의식意識

復次, 生滅因緣者, 所謂衆生依心. 意. 意識轉故.
부 차　생 멸 인 연 자　소 위 중 생 의 심　의　의 식 전 고

다음으로 생멸인연이라는 것은 중생이 마음에 의존하여 의意와 의식意識이 전변하는 것이다.

[논論]

의意와 의식意識에 대해 살펴보겠습니다. 안이비설신의眼耳鼻舌身意의 여섯 가지 짐직이 있고, 이 감각기관을 통한 인기자용을 육식六識이라고 합니다. 예를 들어, 눈이라는 감각기관으로 본 사물의 형태, 색깔 등이 마음 안에 어떤 흔적, 즉 시각적인 감지感知(깨어있기 용어)로 남고, 그 흔적들이 사용되어 알고 느끼는 것이 안식眼識입니다. 안이비설신眼耳鼻舌身까지는 몸의 감각기관으로 시각, 청각, 후각, 미각, 촉각적인 감지를 쌓습니다. 의意도 하나의 감각기관으로서, 쌓여있는 감지를 대상으로 하는 감각기관입니다.

감지는 한번 쌓이면, 다음번에 쓰일 때 주체의 역할을 하게 됩니다. 안경집을 여러 번 보면 그것이 시각적인 감지로 마음에 쌓입니다. 이렇게 감지가 쌓인 후에 다시 다른 안경집을 보면, 마음 안에 쌓인 그 감지가 주체 역할을 해서 "어! 나 저거 알아. 저 안에 안경이 들어있어."하며 그것을 안다고 '느낍'니다. '나'라는 것은 '주체감'과 '경험 내용'이 합쳐져서 지금 이 순간에 '나'라고 느껴지는 것입니다. 여러분이 깊이 몰입한 채로 내 말을 듣고 있을 때 여러분에게는 '나'라는 게 없습니다. 그러다가 자신이 알고 있는 것과 대치되는 내용을 듣게 되면 "어! 저 말은 이상한데?" 하면서 그 순간 과거를 기반으로 한 '내'가 나타납니다. 또는 "이게 무슨 말이지?" 하며 나타나기도 합니다. 마음의 작용은 늘 같습니다. '나'라는 것은 내가 알고 있는 것 또는 모르는 것이 나타나거나, 내가 알고 있는 것과 대치되는 것이 나타나면 슬슬 나타납니다. 그렇게 내가 과거에 여러 번 봐서 알고 있는 것을 보는 「과거 경험」과 '내가 저것을 보고 있다'는 '주체감'이 합쳐져서 지금 이 순간 '나'의 역할을 하게 되는데, 이때 감지感知(깨어있기 용어) 자체를 감각하는 것이 '의意'라는 감각기관입니다. 여러분은 깨어있기™를 통해 감지를 발견했죠? 감지 발견 연습을 통해서 의意라는 감각기관을 사용하기 시작한 것입니다. 그 전까지는 그냥 무의식적으로 자동화된 기능으로 의意를 사용했지만 감지 발견 연습 때 처음으로 의식적으로 그것을 사용하였습니다. 보통 사물을 볼 때, 밖에 있는 사물을 보는 것 같지만 사실은 내 마음에 쌓여 있는 그 사물의 흔적을 본다는 것을 알아챈 거죠. 즉, 감지 연습 때 마음의 흔적인 감지를 감각하는 기관인 의意를 사용했던 겁니다.

의意는 하나의 감각기관이고, 마음속의 감지를 대상으로 하며, 그것으로 인해 쌓인 식識이 의식意識입니다. 그것은 눈이 하나의 감각기관이고, 시각적 사물을 대상으로 하며, 그것으로 인해 쌓인 것이 안식眼識인 것과 같습니다.

의식意識의 가장 기본적인 작용은, 마음의 한 장場에서 주체(나)와 대상(너)을 나누고 이것과 저것을 경계 지어 구분하는 것입니다. 경계 지어진 세계를 보는 것은 내 마음속에 경계가 그려져 있기 때문이라고 했습니다. 어린아이가 세상을 어른처럼 보지 못하는 이유는, 의意가 제대로 형성되지 않아, 세계를 경계 지어 나누어 보지 못하기 때문입니다. 나누어 본다는 것은 하나의 능력이어서 그것을 지도처럼 편리하게 사용하면 되는데, 나누어지지 않은 '세상世上'을 나누어진 '세계世界'로 경계 지음으로써 어떤 문제가 생겨나기도 합니다. 지도를 가지고 있으면 헤매지 않고 편하게 산에 갈 수 있지만, 지도 자체를 산으로 여기는 오류가 발생할 수 있습니다. 결코 나누어지지 않은 '세상'을 우리의 편의 때문에 나눠 놓고서 마음의 지도에 표시를 해놨을 뿐인데, 지도에 표시된 산을 실제의 산으로 여기는 것이죠.

의意의 작용에 의해 의식意識이 생겨나고, 그것들이 구르고 굴러서 삼라만상이 펼쳐지는 깃, 이것이 바로 생멸인연生滅因緣입니다, 인연에서 인因은 내적인 원인, 연緣은 외적인 원인을 의미합니다. 여기서 말하는 생멸을 일으키는 인연은 기본적으로 마음에 타고난 경험의 흔적들입니다. 부모로부터 받아서 타고난 것들이 있죠? 수십억 년 동안의 인류의 경험이 세포와 에너지장과 마음의 장에 묻어서 어떤 식으로든 전달되고 있습니다. 꼭 물질적인 측면으로만 보는 것은 아닙니다. 7년이 되면 우리 몸의 세포는 모두 갱신됩니다. 그러므로 손에 생긴 상처가 7년 정도 지나면 깨끗이 없어져야 하는데 그보다 더 오랜 시간이 흘러도 상처의 흔적이 그대로 남아있는 경우가 있죠? 사실 이건 물질적인 측면에서는 말이 되질 않습니다. 7년이라면 모든 세포가 바뀌잖아요. 상처를 입은 세포는 이미 옛날에 죽었는데, 새로운 세포가 그 상처를 여전히 가지고 있는 것이나 마찬가지입니다. 어떻게 이것이 가능할까요? 죽어가는 세포가 새로 생겨난 세포에게 자신의 정보를 전달하고 간 것입니다. 상처의 흔적을 물들여놓고 간 거예요. 그러니까 7년이 지나도 20년이 지나도 상처가 남아 있습니다. 깊은 상처일수록 더 오래 가죠. 깊은 상처일수록 그 세포에게 더 강하게 각인되어서 정보가 강력하게 전달됩니다. 이와 같이 유전적으로, 에너지적으로 부모로부터, 이전의 경험으로부터 전달되어온 것들을 업業, 업식業識이라고 합니다. 카르마Karma라고도 하죠. 이렇게 이어져 내려온 업이 인因이 되고, 의식의 장인 마음이 지금 경험하는 것들이 연緣이 되어서 그 인과 연이 합쳐져 생멸을 일으킵니다.

이 다음부터는 우리가 알고 싶어 하는 의식의 과정을 설명하고 있습니다. 대승기신론은 의식의 과정을 아주 면밀하게 잘 표현한 논문입니다. 앞서 불각삼상不覺三相과 경계육상境界六相도 무척 치밀한 설명이었는데, 그 내용이 다시 나옵니다.

'보는 것'과 '보여지는 것'

此義云何?
차 의 운 하

以依阿黎耶識說有無明, 不覺而起, 能見, 能現, 能取境界, 起念相續,
이 의 아 뢰 야 식 설 유 무 명   불 각 이 기   능 견 , 능 현 , 능 취 경 계   기 념 상 속

故說爲意.
고 설 위 의

이것은 무슨 말인가?
아뢰야식에 의해 무명無明이 있다하니 불각不覺이 일어나 볼 수 있고, 나타나며, 경계를 취하고, 망념을 일으켜 서로 이어지니 '의意'라 하였다.

[논論]

아뢰야식은 저장식이라고도 하는 업식業識을 말합니다. 모차르트가 아주 어린 네 살때부터 작곡을 한 것처럼 사람들은 각자 어떤 특징들을 갖고 태어나기에 서로 다를 수밖에 없습니다. 이것은 업식業識에 의한 어떤 현상일 뿐인데, 우리는 그 다름을 '개인'이라고 착각합니다.

불각이기不覺而起는 각성이 없기에 '마음이 일어난다'고 여기는 것을 의미합니다. 실제로는 마음이 일어난 것이 아닌데, 일어났다고 여기는 것이에요. 바다에 파도가 생겨 표면이 움직이는 것을 보고 "물이 변했어."라고 말하는 것과 같습니다. 모습만 변했을 뿐, 물은 조금도 변하지 않았는데 말이죠. 그와 같이 불각不覺의 마음이 '파도처럼 일어난 마음'을 보고, 그 일시적인 파도를 항구적인 '내가 있음'이 일어나 있다고 여기는 것입니다. 태어나서 지금까지 변함없는 '나'라는 것이 있다고 여기는 마음이 바로 불각不覺의 마음인데, 이것은 마음이 각성하지 못하고, 면밀하지 못하기 때문에 그렇습니다. 면밀히 살펴보면 '나'라

는 것이 변함없이 일어나있다고 여겨지는 것은 마음의 일시적인 현상이지 항구적인 속성이 아닙니다. 이 '나'는 늘 변합니다. 그럼에도 그 관찰이 면밀하지 못하기에, '변함없는 나가 존재한다'라고 여기는 것이니, 이런 모든 현상은 불각의 마음 때문에 생겨납니다.

불각不覺 때문에 마음이 일어나서 움직이는 것을 동심動心이라고 했습니다. 그렇다면 부동심不動心이란 '움직이지 않는 마음'일까요? 어느하나의 믿음이 옳다고 여겨서 그것을 붙들고 절대로 흔들리지 않는 마음을 부동심不動心이라고 알고 있는 사람들이 있는데, 불교에서 말하는 부동심不動心이란 흔들리지 않는 마음이 아니라 이리저리 흔들리되그것에 상관없이 '변함없는 마음'을 뜻합니다. 움직이되 움직이지 않는 마음, 그것이 바로 각심覺心입니다. 움직이는 마음은 불각심不覺心인데, 이 움직이는 마음은 움직이지 않는 마음과 항상 같이 있습니다. 정확히는 같이 있는 것이 아니라 같은 것입니다. 파도와 물이 같은 것처럼 각심覺心과 불각심不覺心은 같은 것입니다.

불각不覺이 일어나면 능견能見한다고 했습니다. 감각을 사용하는 것은 be seen, 즉 '보여지는' 것이고, 능견能見은 can see, 즉 '보는' 것입니다. 능동적으로 마음의 과거 데이터를 투사해서 '보는 것'을 말합니다. 앞서 설명한 '불각삼상不覺三相'에서 능견상能見相에 의해 경계상이생겨난다고 한 것처럼, '능견(보는 것)'할 수 있을 때 드디어 경계가 생겨납니다. 그 후에 분별에 의한 '세계'가 생겨나지요.

불각삼상不覺三相을 간단히 살펴보겠습니다. 불각不覺에 의해 세 가지 상相이 생기는데 무명업상無明業相, 능견상能見相, 경계상境界相이 그것입니다. 마음에 쌓여있는 흔적들인 업상業相이 마음의 작용에 사용되기 시작하면, 그 흔적들인 감지가 투사되어 볼 수 있게 되는 능견能見이 됩니다. '이것'과 '저것'을 볼 수 있다는 것은 그것들을 구별한다는 것이며, 그것들 사이에 경계가 그려졌다는 것을 의미합니다. 그래서 세 번째가 경계상이에요.

一者, 無明業相. 以依不覺故心動, 說名爲業 : 覺則不動.
일 자 무 명 업 상 　 이 의 불 각 고 심 동 　 설 명 위 업 　 각 즉 부 동

動則有苦, 果不離因故.
동 즉 유 고 　 과 리 부 인 고

二者, 能見相. 以依動故能見 : 不動則無見.
이 자 능 견 상 　 이 의 동 고 능 견 　 부 동 즉 무 견

三者, 境界相. 以依能見故境界妄現 : 離見則無境界.
삼 자 경 계 상 　 이 의 능 견 고 경 계 망 현 　 리 견 즉 무 경 계

움직이는 마음은 분별하는 마음이고, 움직이지 않는 마음은 분별이 없는 마음이라고 보면 됩니다. '깨어있기' 수업에서 무극無極, 태극太極, 음양陰陽을 얘기했었습니다. 무극에서 태극을 지나 음양으로 나뉘면서 드디어 능견能見이 가능해집니다. 음양陰陽에 이어 사상四象, 팔괘八卦가 나오고 만물萬物이 분화됩니다. 주역에서는 이렇게 얘기했고, 도덕경에서는 '무無가 유有를 낳고, 유有가 일一을 낳고, 일一이 이二를 낳고, 이二가 만물萬物을 낳는다.'고 말하는데 모두 같은 것을 표현하고 있습니다. 유태 신비학인 카발라Kabbalah에서는 이러한 태극 이전의 무극을 아인소프Ayin-Sof라고 합니다. 아인소프는 무한無限이라는 의미입니다. 이것은 카발리즘의 신에 대한 명칭으로 이해를 초월한 전체적 통일체를 상징합니다. 즉 '아인소프'는 존재하지 않으며, 측정할 수 없고, 존재 또는 비존재라는 용어로도 전혀 논의되어질 수 없는 것이라고 말해집니다. 무극과 설명과 참으로 유사한 개념입니다. 그 이후 태극에 해당하는 케테르, 음양에 해당하는 호크마와 비나로 이어집

니다. 인도의 케나우파니샤드KenaUpanisad에도 비슷한 이야기가 나옵니다. 무극과 같은 것을 이들은, '그곳은 눈으로도, 언어로도, 심지어는 마음으로도 갈 수 없다. 그것은 알 수 없으며 이해할 수도 없다. 어떻게 우리가 그것을 설명할 수 있을까? 그것은 '알려진' 그 어떤 것과도 같지 않으며, 또 '알려지지 않은 것' 너머에 존재한다.'라고 말이죠.

대부분 무無에서 하나가 나오고, 하나가 둘을 낳고, 둘에서 만물이 나온다는 이야기죠. 비슷한 신화도 많은데 모두 마음이 움직여서 펼쳐지는 모습들을 그려낸 것입니다.

이렇게 능견能見 즉, 마음의 데이터를 통해 '볼 수 있음'이 드디어 이것과 저것을 나누고 그것들을 개별적으로 '존재'케 하는 거죠. 내가 보는 세계는 내 느낌의 세계입니다. 실제가 아닌, 감각기관이 감각한 느낌의 세계에요. 감각 기관이 감각했다는 것은 그것이 느낌일 뿐, 절대적인 사실은 아니란 말입니다. 눈을 감고서 어떤 물체를 만졌는데 그 모양이 길쭉하니 바나나 같아서 "이것은 바나나네."라고 했는데, 눈을 뜨고 보니 다른 물체일 수 있습니다. 눈을 감고 만졌을 때 바나나라고 여긴 것은 사실이 아니라 느낌이라고 밖에 할 수 없죠. 마찬가지로 눈으로 본다고 해도 그것은 사실 그 자체라기보다는 아주 미세하고 치밀한 시각적인 느낌일 뿐입니다. 왜냐하면 현미경으로 보면 또 다른 '모습'이 보이기 때문입니다. 이렇게 우리가 '느낌'으로 경계를 짓고 '나누어' 볼 수 있게 되면서부터 세계는 '수많은' 사물로 가득 차게 됩니다. 그래서 '본다(見)'가 없는 곳에 경계는 없고 사물도 없는 것입니다. 이상이 불각삼상不覺三相에서 말하는 내용입니다.

다시 아뢰야식을 말한 원문을 보면서 설명하겠습니다.

以依阿賴耶識設有無明, 不覺而起, 能見, 能現, 能取境界,
이 의 아 뢰 야 식 설 유 무 명   불 각 이 기   능 견 . 능 현 . 능 취 경 계

起念相續, 故說爲意.
기 념 상 속   고 설 위 의

아라야식에 의하여 무명이 있다고 말하니, 불각하여 일어나서 볼 수 있고 나타낼 수 있으며 경계를 취할 수 있어서, 망념을 일으켜 서로 이어지기 때문에 '의意'라고 말하였다.

[논論]

불각不覺이 일어나 마음이 '나와 너'로 나뉜 다음에, '내가 무엇을' '본다'는 현상이 일어나는 것이 능견能見입니다. '내가 무엇을 본다'는 현상이 일어나려면 '무엇을'이 존재해야 하는데, 그 '무엇을'이 바로 이 것, 저것으로 나타나기 시작하는 것이 '능현能現'입니다. 우리가 의식의 발전과정을 첫 강의에서 설명하면서, '나와 대상'이 나타나는 것을 전식轉識, 그 '대상'이 여러 가지로 모두 구별되는 것을 현식現識이라고 했습니다. 즉 마음이 대상들을 하나하나 경계지어 구분할 때 비로소 현실이라 부르는 것이 나타난다 해서 현식이라 한다 했습니다. 이렇게 '무엇을 본다'가 되면서부터 밖의 사물이 나타나게 되는 것이죠. 그리고 그 사물은 보는 사람이 없으면 사물이 나타나지 않습니다. 다시 정리하자면, 불각으로 인해 '나와 너(대상)'가 생겨나고, 이후 대상이 여러 가지로 구분되며, 그 후 '내가 대상을 본다'는 능현이 일어난다는 것입니다. 즉 보는 자의 능견과 보이는 능현은 동시에 발생한다는 것입니다.

A 하나를 볼 때는 경계가 필요 없는데, A가 나타나고 B도 나타나면 A와 B 사이에 경계가 그려지는데 이것을 능취경계能取境界라고 합니다. 이렇게 경계가 그려지면 각각의 것들에 이름이 붙습니다. A는

안경집, B는 컵, 이렇게 이름이 붙은 것은 명자상名字相입니다. 이렇게 하나의 이름이 붙으면 이제부터는 그것이 계속해서 이어질 수밖에 없습니다. 예를 들어서, C라는 사물에 '도끼'라는 이름을 붙였어요. 도끼는 도끼날과 도끼자루로 구성되어 있는데, 그 도끼를 사용하다 보니 날이 닳아서 새 도끼 날로 바꿔 끼웠어요. 더 사용하다 보니 이번에는 도끼자루가 망가져서 새로 바꿨어요. 이렇게 되면 지금의 도끼는 처음의 도끼가 아닌데도 '내 도끼'라고 이름 붙여 놓으니까 여전히 내 도끼로 유지되고 있습니다. 상속相續되는 것이죠. 거듭된 이름 붙이기가 계속 무언가를 이어지게 만들고 있습니다. '나'라는 것도 그렇습니다.

의식의 전개 과정

此意復有五種名. 云何爲五?
차 의 부 유 오 종 명   운 하 위 오

一者, 名爲業識, 謂無明力不覺心動故.
일 자   명 위 업 식   위 무 명 력 불 각 심 동 고

이 의意는 다섯 가지 이름이 있으니 무엇인가?
첫째, 업식業識이니, 무명의 힘으로 불각심不覺心이 움직이기 때문이다.
[논論]

업業은 쌓여있는 흔적들입니다. 아무런 이유 없이 생겨나는 알 수 없는 어떤 에너지, 즉 무명의 힘이 불각심不覺心을 일으켜 업業이 움직이는데, 이렇게 업業을 통해 생겨난 것이 업식業識입니다.

二者, 名爲轉識, 依於動心能見相故.
이 자   명 위 전 식   의 어 동 심 능 견 상 고

둘째, 전식轉識이니, 동심動心에 의존해 상相을 볼 수 있다.
[논論]

바람에 의해서 파도가 움직이듯 불각不覺에 의해 일단 마음이 움직이면 드디어 볼 수 있게 됩니다. 마음이 나와 너로 나누어지는 것은 자연스런 흐름입니다. 마음에 흔적이 생겨나 있으니까 그 흔적을 통해 사물을 보려는 것이 마음이 나와 너로 나뉘는 이유입니다. 동심動心(움직이는 마음)은 나와 너로 나뉘는 마음을 말하며, 이 동심으로 인해 내가 능견能見하게 됨으로써 전식轉識이 일어납니다.

우리가 경험하는 세계는 느낌일 뿐이다

三者名爲現識. 所謂能現一切境界. 猶如明鏡現於色像.
삼 자 명 위 현 식   소 위 능 현 일 체 경 계   유 여 명 경 현 어 색 상

現識亦爾. 隨其五塵對至卽現, 無有前後. 以一切時任運而起,
현 식 역 이   수 기 오 진 대 지 즉 현   무 유 전 후   이 일 체 시 임 운 이 기

常在前故.
상 재 전 고

셋째, 현식現識이니, 일체의 경계를 나타냄이 마치 맑은 거울이 물체의 형상을 나타냄과 같다. 현식도 그러하니, 그 오진을 따라 대상이 이르면 곧 나타내어 앞뒤가 없다. 항상 임의로 일어나서 앞에 있기 때문이다.

[논論]

내가 무엇을 볼 수 있게 되면 사물이 나타나기 시작합니다. 일체 경계가 나타난다는 것은 만물 만상이 나타나는 것입니다. 만약 두 사물 사이에 경계가 없으면 이것과 저것은 다르지 않습니다. 모든 분별은 경계를 통해서 일어나므로 경계 짓는 마음은 분별심을 뜻하기도 합니다.

일체 경계의 나타남이, 맑은 거울이 물체의 형상을 나타내는 것과 같다고 했습니다. 거울 속을 보면 수많은 물체가 있는 것 같지만, 그것을 건드리거나 따로 떼어 낼 수 있습니까? 그럴 수 없죠. 우리 마음도

그와 같습니다. 우리 마음속에 수많은 현상이 있지만 그것을 따로 떼어낼 수가 없어요. 마음의 그림자일 뿐이기에 그렇습니다. 그런데 그 그림자가 있기 때문에 우리가 저 밖의 사물을 나누어서 보고 알 수 있으며, 그로 인해 '세상'이 '세계'로 보이는 것입니다. 경계 없는 세상이 경계 있는 세계로 보이는 이유는 마음의 그림자 때문이라는 거죠.

　수만 수천 가지 사물은 마음속 거울의 상과 같습니다. 그 상을 빼내면 무언가가 그냥 있을 뿐이지, 그 무언가가 이것 또는 저것과 다르지 않습니다. 사실 '그냥 있다'는 표현도 할 수 없어요. 왜냐하면 우리의 안이비설신의眼耳鼻舌身意라는 감각기관이 없다면 그것을 '있는 것'이라고도 말할 수 없기 때문입니다. 손으로 컵을 만져서 어떤 감각도 없다면 과연 그 컵이 있다고 말할 수 있을까요? 감각기관이 없다면 사물을 분별할 수 없습니다. 예를 들어, 개의 눈에는 초록색과 빨간색이 구분되지 않습니다. 그래서 잔디밭에서 개에게 빨간색 공을 던져주면 그 공이 움직일 때는 잘 찾지만, 잔디 위에 떨어지면 어디 있는지 쉽게 찾지 못합니다. 개한테는 빨간색과 초록색의 사물이 두 개가 아닙니다. 구별이 안 되니까요. 이렇게 분별이라는 것은 감각기관에 의해 구별될 때만 가능한 것입니다. 단순하게 말하면, 마음에 분별시켜놓은 그림자진 경계들, 그 경계들이 없으면 결코 우리가 보는 세상의 경계 지어진 사물도 없습니다. 컵의 표면이 나에게는 매끈하게 느껴지지만, 바이러스에게는 그 컵의 표면이 첩첩산중일 것입니다. 왜 이렇게 차이가 날까요? 그것은 각자의 감각기관의 차이 때문입니다. 즉 우리 감각기관으로 만들어놓은 우리 마음의 세계를 눈앞에서 보고 있는 것일 뿐, 그것이 바이러스한테는 완전히 다르게 보인다는 것입니다. 뭔가 세상 또는 우주라는 게 있긴 있는데, "정말 있는 것인가?" 하고 철저하게 들여다보면 그것은 감각 기관 때문에 있는 것이니 엄밀하게는 "있다"고 말할 수 없습니다. 그런데 "그러면 없는 것인가?" 하고 물으면, 그래도 주고받는 작용이 있는 것을 보면 전혀 없는 건 아닌 것 같습니다. 그래서 비유비무非有非無, 있는 것도 아니고 없는 것도 아니라고 말하는 거예요. '마음속에서 일어나는 일'임을 표현하기 위해서 수많은 설명을 하고 있습니다. 우리가 끊임없이 이야기 하는 것은 "우리가 경험하는 것은 감지일 뿐이다, 곧 느낌일 뿐이다."입니다.

  현식現識도 그러하니, 그 오진五塵(색, 성, 향, 미, 촉)을 따라 대상이 이르면 곧 나타내어 앞뒤가 없다고 했습니다. 현식現識은 나타난 것을 말합니다. 마음이 나와 대상으로 나뉘어 대상이 나타나면 대상끼리의 분별이 드러나는데, 이 대상과 저 대상이 차이 나는 것이 현상現相입니다. 현상은 상이 나타났다는 뜻입니다. 오진五塵은 다섯 가지의 먼지인데, 감각기관인 안이비설신眼耳鼻舌身의 대상이 되는 색성향미촉色聲香味觸이 바로 오진입니다. 의意 한 가지를 더하면, 안이비설신의眼耳鼻舌身意가 색성향미촉법色聲香味觸法을 만나서 육식六識이 일어나죠. 그 오진五塵을 따라 대상이 이르면 앞뒤가 없다고 했습니다. 앞뒤가 없다는 말의 의미는, 항상 임의로 일어나 앞에 있기에 앞뒤가 따로 있지 않다는 것입니다. 지금 하늘에 보이는 별빛이 저 다른 별에서 출발한 것은 수억 광년 전이니까 지금의 우리에게 그것은 과거의 일이고, 별빛이 출발할 당시 지구의 사람들, 즉 그 별빛을 보지 못한 사람들에게 별빛이라는 것은 미래이며, 별빛을 보고 있는 지금의 우리는 저 별빛을 현재라고 생각합니다. 별빛 하나에 현재, 과거, 미래의 의미가 같이 있어요. 이렇게 앞뒤라는 것은 바뀔 수도 있으며, 조건적으로 현재, 과거,

미래가 있는 것이지 절대적인 과거, 현재, 미래가 있는 것이 아닙니다.

현상도 진리도 넘어서

四者名爲智識. 謂分別染淨法故.
사 자 명 위 지 식   위 분 별 염 정 법 고

넷째, 지식智識이니, 염법과 정법을 분별함을 말한다.

[논論]

염법染法은 오염된 법이고 정법淨法은 맑은 법이므로, 진리를 정법淨
法, 현상을 염법染法이라 보면 됩니다. 우리는 저것은 현상이고, 이것
은 진리이다, 이것은 진리가 아니다, 이런 식으로 나누는데, 이처럼 현
상과 진리를 분별하는 것이 지식智識입니다. 그런데 그렇게 나눠진 진
리는 현상과 똑같은 차원의 진리입니다. 진리 자체가 아니라 진리라
는 상相이죠. 현상과 나눠진 진리는 우리가 생각하듯이 영원하고 변함
없는 것이 아니라 하나의 상相으로 존재할 뿐입니다. 왜냐하면 마음이
진리라고 나눠놨으니까 진리 아닌 것과 같은 분별의 차원에 있기 때문
입니다. 현상도 진리도 없는 세계로 가는 것이 드디어 이 둘을 넘어가
는 것이죠. 나한테 현상과 진리가 있다면, 나는 아직 현상과 진리가 공
존하는 차원에 있는 것입니다. 시각始覺과 본각本覺에 대해 여러 번 이
야기했습니다. 본각本覺은 모든 사물에 내재된 각성 그 자체라면, 시
각始覺은 현상으로 드러난 깨달음입니다. 뭔가 알아챈다는 것은 '내'
가 알아챈 것이기 때문에 역시 현상 속의 일입니다. 깨달음이라고 말
하는 것은 내가 현상 속에서 이런 것을 알아채고 있음을 아는 것이고,
현상이 현상임을 보는 것입니다. 모든 앎이라는 것은 현상 속의 일이
기 때문에 그 알아챔 역시 현상이라고 말하는 것이 시각始覺입니다. 이

렇게 시각과 본각으로 나누는 것도 염법染法과 정법政法입니다. 지식智識은 진리와 현상을 나누고 분별하는데, 분별심 자체가 하나의 물든 마음이므로 그 분별심이 분별하는 진리와 현상 역시 오염된 마음일 수밖에 없습니다.

五者, 名爲相續識. 以念相應不斷故.
오 자　명 위 상 속 식　이 념 상 응 부 단 고

住持過去無量世等善惡之業令不失故. 復能成熟現在未來苦樂
주 지 과 거 무 량 세 등 선 악 지 업 령 불 실 고　부 능 성 숙 현 재 미 래 고 락

等報無差違故. 能令現在已經之事忽然而念.
등 보 무 차 위 고　능 령 현 재 이 경 지 사 홀 연 이 념

未來之事不覺妄慮.
미 래 지 사 불 각 망 려

다섯째, 상속식이니, 망념이 상응하여 끊이지 않기 때문이다. 과거 한량없는 기간의 선악업을 간직하여 잃지 않기 때문이며, 현재와 미래의 고락 등의 과보를 성숙시켜 어긋남이 없게 하기 때문에 현재 이미 지나간 일을 문득 생각하게 하고 미래의 일을 모르게 망려한다.

[논論]

나와 너를 나누는 망념은 상응하여 끊이지 않습니다. 나와 너로 나뉘면 마음은 끊임없이 싸우고, 갈등하고, 부대끼고, 기뻐하고, 슬퍼하며 난리를 치잖아요. 그게 바로 망념이 상응하여 끊이지 않는 것입니다. 또한 지나간 선악의 업業을 잔뜩 쌓아놓고 그것이 실존한다고 믿고 있으면, 그것들이 빚어내는 끌리고 밀치는 상응을 통하여 망념이 끊임없이 이어지게 됩니다. 또한 현재와 미래의 고락苦樂의 결과를 성숙시켜서 오차 없이 받게 함으로써 상응이 계속됩니다. 내가 공중에서 물건을 떨어뜨렸는데 그 물건이 바닥에 떨어지지 않고 허공에 떠 있다면 내가 그것을 떨어뜨린 행동이 의미가 없습니다. 내가 알고 있는 업業과 다른 일이 일어난 것이고, 내가 그 물건에서 손을 뗀다는 행동이 물건

이 바닥으로 떨어진다는 결과로 이어지지 않으니까 이치에 어긋나게 되고 인연이 이루어지지 않습니다. 이렇게 어긋남이 생기면 과보가 형성되지 않아 상응함이 계속되는 일이 생기지 않을 텐데, 물건을 공중에서 놓으면 어김없이 바닥으로 떨어집니다. 이것이 바로 11층 높이에서 물건을 떨어뜨리는 행동이 아래 1층에 서 있는 사람 머리에 떨어지면 큰일이 난다는 '과보로 이어진다'는 말의 의미입니다.

是故三界虛僞唯心所作. 離心則無六塵境界.
시 고 삼 계 허 위 유 심 소 작   리 심 즉 무 육 진 경 계

이러므로 삼계三界는 허망하여 마음이 만든 것이요. 마음을 떠나면 곧 육진의 경계는 없다.

[논論]

삼계三界는 과거, 미래, 현재를 말합니다. 육진경계六塵境界는 눈으로 보거나 귀로 들리는 차이 등을 말하는데, 모든 육진경계가 마음 안에서 생겨난 경계이므로, 마음을 떠나면 이 세상이라고 하는 육진경계는 없습니다. 모두 내 느낌의 세계라는 것이죠. 시각이나 청각으로 느낄 수 없다면 세상에는 경계가 없습니다. 눈앞에 있는 의자와 탁자가 서로 구별이 안 된다면 그 둘은 둘로 존재하지 않고 하나로 존재하겠죠. 그게 바로 무경계라는 것입니다. 옛날에 벌써 대승기신론에서 이야기한 것을, 켄 윌버Ken Wilber라는 사람이 현대에 와서 《무경계》라는 책을 썼지요.

분별은 밖이 아닌 자기 마음 안에 있다

此義云何.
차 의 운 하

以一切法皆從心起妄念而生. 一切分別卽分別自心.
이 일 체 법 개 종 심 기 망 념 이 생   일 체 분 별 즉 분 별 자 심

心不見心無相可得.
심 불 견 심 무 상 가 득

이는 무슨 말인가?
일체현상은 마음이 망념을 일으켜 생겨난 것이다. 일체분별은 자기 마음
의 일을 분별하는 것이니, 마음은 자신을 보지 못하고, 자신에 대한 상을
만들 수 없다.

[논論]

일체의 법法은 일체의 현상을 말하는데, 현상은 마음을 따라서 망
념妄念이 일어나서 생겨났다고 했습니다. 망념이란 기본적으로 나와
대상을 나누는 마음이에요. 나와 대상이 나뉘면(轉識) 무언가를 볼 수
있게 되고(現識), 볼 수 있다는 것은 이것과 저것의 경계가 생기는 것이
며, 경계가 생기면 좋고 나쁨을 분별하여(智識) 좋고 나쁨에 집착이 생
기고, 집착이 생기면 끌어 모아서 유지하려고 하며(相續識), 그것을 얻
기 위해 행동하게 되고(意識), 그 과정에서 업이 쌓여 괴로움에 묶이게
되는데(業識) 이 모든 과정이 망념 하나에서 비롯됩니다. 간단히 말하
면 망념은 나와 대상을 나누는 분별심이며, 이 망념으로 인해 고苦에
이르게 됩니다. 불교의 핵심이 들어있는 아주 논리적인 책인 대승기신
론에서 일체의 현상은 마음이 망념을 일으켜서 만들어 낸 것이라는 말
을 반복합니다. 망념妄念은 틀린 생각이 아니라 나와 대상을 나누는 생
각입니다.

일체의 분별이라는 것은 자기 마음속에 있는 것을 분별하는 것입니
다(一切分別, 卽分別自心). 밖에 있는 사물을 분별하는 것 같지만 사실은
내 마음을 분별하는 거예요. 분별은 밖이 아닌 자기 마음 안에 있다는
것이 분별의 핵심입니다. 당연히 분별로 인해 생기는 괴로움도 자기

마음이 일으키는 것이죠. 'A는 이런 사람, B는 저런 사람' 이렇게 내 마음 속에서 나누어 이름과 구별과 따지를 붙여놓습니다. 두 살짜리 어린애가 A, B라는 사람을 본다면 그렇게 분별하지 않을 거예요. 어린 애는 그렇게 못하는데 나는 그렇게 한다는 것은 그 사람에 대한 이름표나 딱지는 내가 붙인다는 것입니다.

마음은 자기 자신을 보지 못합니다(心不見心). '눈은 눈을 보지 못한다.'와 같은 말이죠. 나는 '눈은 눈을 보지 못한다.'는 말을 통해서 마음은 마음 자체의 본질을 보지 못한다는 것을 통찰했습니다. 그것은 마음 자체는 자신의 상相이 없기 때문이에요(無相可得). 마음의 본질이라는 것에 대한 상相을 만들 수 없기 때문입니다.

물과 파도로 비유를 해보겠습니다. 상相은 파도로 비유될 수 있는데, 파도는 물의 모습이에요. 물 자체는 따로 특정한 모습이 없습니다. 물의 표현되는 모든 움직임과 모습은 '파도'라고 이름 붙여져 있습니다. 마음이 마음 자체의 상相을 만들 수 없다는 것은 물이 물 자체의 상相을 만들 수 없다는 것과 비슷합니다. 물 자체의 파도를 만든다는 것이 가능한 말인가요? 파도는 물 자체는 아니기에 우리가 파도만 보고 물을 알 수는 없습니다. 이와 똑같이 마음은 마음 자체의 상相을 만들 수 없습니다. 그런데 여기서 어려운 점은, 상相이 만들어지지 않으면 우리는 그것을 감지하여 파악할 수 없다는 데 있습니다. 마음은 '상相'을 통해서만 '알 수 있기' 때문입니다. 심불견심心不見心의 견見은 파악한다는 뜻입니다. 우리가 아는 모든 것은 '대상'입니다. 본다(見)로 말하면 보일 대상이 있어야 볼 수 있습니다. 마음으로 치면 마음에 잡히는 것, 즉 상相이 있어야 하는데 그 상相을 만들 수 없으니 마음은 자기 자신을 파악할 수 없습니다. 마음이 뭔가를 알 때 그것은 모두 마음 안의 상相입니다. 마음속에서 그 상相을 느낄 때 안다고 하는 것이지, 그 상相이 없다면 마음은 절대로 알 수 없습니다. 마음은 세상 수많은 것들의 상相을 만들어내지만, 오직 하나 자기 자신의 상相은 만들 수 없습니다.

當知世間一切境界，皆依衆生無明妄心而得住持.
당 지 세 간 일 체 경 계　개 의 중 생 무 명 망 심 이 득 주 지

是故一切法，如鏡中像，無體可得. 唯心虛妄.
시 고 일 체 법　여 경 중 상　무 체 가 득　유 심 허 망

세간의 일체경계는 모두 중생의 무명망심에 의해 머물러 있게 되니, 그래서 일체현상은 거울속의 형상과 같아서 얻을 만한 실체가 없고 오직 마음일 뿐 그 상은 허망한 것임을 알아야 한다.

[논論]

세간의 일체경계라는 것은 우리가 보는 세계입니다. 그 경계는 중생의 어리석고 밝지 못한 분별심에 의해서 생겨났고 존재하며 머물 수 있게 됩니다.

以心生則種種法生. 心滅則種種法滅故.
이 심 생 즉 종 종 법 생　심 멸 즉 종 종 법 멸 고

왜냐하면 마음이 생기면 갖가지 현상이 생기고, 마음이 사라지면 그 현상도 없어지기 때문이다.

[논論]

여기서의 심心은 분별하는 마음입니다. 심멸心滅은 감각™ 상태라고 할 수 있습니다. 감각 상태로 가면 '나'를 포함한 다양한 종류의 현상들이 사라지죠. 경계는 마음의 분열에 의해서 생겨나며, 일체의 현상은 마음의 분별하는 망념으로 인해 생겨납니다. 이 말은 일체의 분별은 자기 마음속에서 일어나는 것이며, 결국 분별이란 외부의 것이 아닌

자신을 분별한다는 것입니다. 이것을 꼭 기억하세요! 내 마음속에서 분별하고 있다는 것. 신호등이 빨간불인데 누가 횡단보도를 막 지나가면 화가 나죠? 마음속으로 '빨간 불일 때는 건너면 안 돼.'라는 것을 강하게 믿고 있으면, 그 믿음이 강할수록 화가 강하게 올라옵니다. 이것은 내 마음속에서 일어나고 있는 일입니다. 빨간 불이라는 것과 누가 건너가고 있다는 것도 내 마음이 분별하고 있을 뿐입니다. 가장 중요한 것은 마음 자체는 잡을 수 있는 상相을 만들 수 없기 때문에 마음 자신을 볼 수 없다는 것입니다.

> 如彼偈云. 非他非因緣. 分別分別事. 五法及二心.
> 여피게운　비타비인연　분별분별사　오법급이심
>
> 寂靜無如是.
> 적정무여시

이는 〈십권능가경〉의 게송에서 "다른 것도 아니고 인연(依他起)도 아니며, 분별과 분별한 일과 오법과 이심二心(能,所二心)은 적정하여 이와 같은 것이 없다."라고 한 것과 같다.

[별기別記]

〈십권능가경〉에 대한 이야기가 나오던 중입니다. 비타非他는 의타성을 말하는 것입니다. 오법五法은 법의 다섯 가지 자성을 분별하여 나눈 것인데 마음의 상相, 상相에 붙은 이름인 명名, 분별分別, 분별하는 마음을 떠난 올바른 지혜인 정지正智, 그 지혜를 통해 발견하는 법의 본체인 진여眞如를 말합니다. 이심二心은 능소이심能所二心을 말합니다. 대승기신론에 나오는 능能은 능동적인 측면을, 소所는 수동적인 측면을 이야기 합니다. 적정무여시寂靜無如是는 이와 같은 것들이 없을 정도로 텅 비고 고요하다는 말입니다.

마음은 스스로를 보지 못하나 증득할 수 있다

問. 如集量論說, 諸心心法, 皆證自體, 是名現量.
문 여집량논설 제심심법 개증자체 시명현량

若不爾者, 如不曾見, 不應憶念. 此中經說, 云不自見.
약불이자 여부증견 불응억념 차중경설 운부자견

如是相違, 云何會通.
여시상위 운하회통

묻기를 "〈집량론〉에서 '모든 심과 심법은 다 자체를 증득하니, 이를 현량
(감각 : 상없이 보는 것)이라고 이름한다. 만약 그렇지 않다면 일찍이 보
지 못한 경우에는 마땅히 억념憶念(생각과 기억)하지 못할 것이다'라고 하
고, 여기 〈십권능가경〉에서는 '스스로 보지 못한다'고 하였으니, 이와 같
이 서로 어긋나는데 어떻게 회통하겠는가?"

[별기別記]

이제 누군가가 질문을 하는 내용이 이어집니다. 〈집량론〉은 서기
400~480년에 살았던 유식학파 불교 논리학자인 진나陳那가 지었습니
다. 유식학파는 오직 식識(앎)만 있다고 말했습니다. 진나는 〈집량론〉
에서 "모든 마음과 마음의 법은 스스로를 알아서 증득證得하니 이를 현
량現量이라고 한다."라고 했습니다. 현량現量은 비판과 분별을 떠나 외
계의 사상事象, 즉 모든 것을 즉각적으로 아는 것입니다. 감지가 아닌
감각적인 앎이죠. 감각적인 앎은 '안다'는 생각이나 느낌 없이 외계의
상을 그대로 비추는 것입니다. 알지만 알지 않는 것인데, 그것이 드러
난다고 해서 현량이라고 합니다. 거울이 사물을 비추는 것과 같이 마
음에 왜곡된 어떤 상相이 없이 사물을 있는 그대로 비추는 것이죠.

만약 보지 못하면 억념에 응하지 않는다(如不曾見, 不應憶念)고 했습니
다. 억憶은 기억, 염念은 생각을 말하는 것으로 억념憶念은 과거의 경험
으로 저장된 것입니다. 즉, 보지 못한 것이라면 과거에 저장된 것과 응
하지 않는다는 것이죠. 무언가를 한 번 보면 기억해 두었다가 다음에

다시 그것을 볼 때 생각해 내잖아요. 그런데 한 번도 본 적이 없다면 그것을 끌어내 볼 수가 없겠죠. 데이터가 없다는 말입니다.

마음과 마음의 법이 스스로를 증득한다는 것은 깨어있기™의 감각感覺™을 말하는 것인데, 감각적인 앎은 보고, 듣고, 알고, 느끼는 일반적인 앎과 다릅니다. 마음에 어떠한 상相 없이 깨끗하게 비추는 이러한 현량現量도 일종의 '앎'이라고 할 수 있는데, 만약 이렇게 스스로를 증득하여 보는 것이 안 된다면, 본 적이 없어 마음에 경험이 없을 경우에는 당연히 생각이나 기억을 하지 못할 것이라는 말입니다. 그런데 〈십권능가경〉에서는 '스스로 보지 못한다(不自見)'고 하였으니 마음이 스스로를 보지 못한다는 것과 마음이 그 자체를 증득할 수 있다는 것은 모순되는 것 아니냐고 묻는 것입니다.

주체도 대상도 모두 '나'이다

答. 此有異意, 欲不相違. 何者.
답 차유이의 욕불상위 하자

此經論意, 欲明離見分外無別相分. 相分現無所見.
차 경 론 의 욕 명 리 견 분 외 무 별 상 분 상 분 현 무 소 견

亦不可說卽此見分反見見分.
역 부 가 설 즉 차 견 분 반 견 견 분

답하기를, 여기에는 같지 않은 뜻이 있어서 서로 어긋나지 않게 하니, 어째서인가?
이 〈능가경〉과 〈기신론〉의 뜻은 견분見分을 여읜 밖에 따로 상분相分이 없음을 밝히고자 한 것으로, 상분이 나타타도 소견상(보여지는 것)이 없어서 또한 상분이 있다고 말할 수 없는 것이니, 곧 이 견분이 곧 견분을 보는 것이다.

[별기別記]

이어서 질문에 대한 답이 나오는데, 두 내용의 뜻이 달라 서로 어긋

나지 않는다고 했습니다. 이렇게 다른 것은 설명과 논리의 문제이지 진리의 문제가 아닙니다.

앞 원문에서 일체분별一切分別 즉분별자심卽分別自心 심불견심心不見心 무상가득無相可得이라고 했습니다. 모든 분별은 눈으로 외부 사물을 분별하는 것이 아니라 자기 마음속의 분별이라 했으며, 심心은 심心 자체를 볼 수 없는 것은 볼 수 있는 상이 없기 때문이다라고 했어요. 그런데 〈집량론〉에서는 '마음은 스스로를 증득證得한다'라고 했습니다. 곧 자기 자신을 볼 수 있다는 말이니, 이것은 서로 모순되지 않는가 하는 질문을 한 것이고, 그에 대한 대답으로 '그렇지 않다'고 하며 상세히 설명합니다.

상분相分은 마음의 어떤 흔적이나 경험이 마음에 영상으로 나타나는 것을 말하고, 견분見分은 그러한 상분을 '인식하는 능력'을 말합니다. 견분은 주체, 상분은 대상을 의미하죠. 〈능가경〉과 〈기신론〉이 "견분을 여읜 밖에 따로 상분이 없음을 밝히고자 한다(欲明離見分外無別相分)."는 것은, 견분과 상분이 서로 떨어져서 존재할 수 없다는 말이고, 이는 주체와 대상이 동시에 나타났다가 동시에 사라진다는 의미이기도 합니다.

마음이 탄생하는 과정을 〈대승기신론〉에서 설명하기를, 볼 수 있는 능력인 능견能見이 생기고 또 그 대상인 상견相見(所見)이 생긴다고 했습니다. 능견能見은 보는 주체로서 인식하는 능력이고 소견所見은 보이는 대상인 상相인데, 다시 말해 마음이 분열되면 주체와 대상이 생겨나는데, 이때 주체가 대상을 보기 시작하고, 대상을 보기 시작하면 이 대상이 세분화 되어 하나하나 분별되고, 대상들이 각각 분별되면 여러 가지 삼라만상이 생겨나는 과정이 펼쳐집니다. 이것이 능견과 상견에 대한 설명인데, 여기서 말하는 견분과 상분도 같은 내용입니다. "상분(대상)이 나타나도 보여지는 것(소견)이 따로 없어서 또한 상분(대상)이 있다고 말할 수 없는 것이니, (결국은) 견분이 곧 견분을 보는 것이다 (相分現無所見. 亦不可說 卽 此見分反見見分)"라는 말은 주체를 떠나서는 대상이 따로 없음을 밝히고자 한 것입니다. 마음이 주체와 대상으로 나뉘어 주체가 대상을 보던 상태에서 돌아와 자기 자신을 관찰하면 어떻게 되죠? 이렇게 내가 나를 관찰하는 것이 견분이 견분을 보는 것입니다. 이때는 주체(나)도 대상(나)도 모두 주체가 되지요.

눈을 감고 주체(B)를 한번 만들어 봅니다. 마음속에 상相(예를 들어 자기 집에 있는 책상)을 하나 떠올리면(C) 그것을 바라보는 '나'인 주체도 마음속에 만들어집니다. 이제 그 주체 자체를 바라보세요. 처음의 상相(C)을 없애지 말고 남겨둔 채, 그 상相을 바라보는 주체를 바라보는 것이죠. 이것이 바로 견분(A)이 견분(B)을 보는 것입니다. 이렇게 관찰자가 주체를 보면 맨 처음엔 뭔가 보이는 것 같은데 보면 볼수록 주객이 합일 되면서 본다는 느낌이 사라지죠? 맨 처음 떨어져 있을 때는 보는 것 같은 느낌이 들지만, 점차 가까워져 합쳐지면 보여지는 바가 없습니다. 왜냐하면 이때 주체도 '나'이고 대상도 '나'이기 때문입니다. 이것이 바로 상분이 나타났으되 보여질 것이 없다(相分現無所見)는 말의 의미입니다.

非二用故. 向外起故. 故以刀指爲同法喩.
비 이 용 고　향 외 기 고　고 이 도 지 위 동 법 유

集量論意, 雖其見分不能自見. 而有自證分用, 能證見分之體.
집 량 론 의　수 기 견 분 불 능 자 견　이 유 자 증 분 용　능 증 견 분 지 체

以用有異故. 向內起故. 故以燈燄爲同法喩. 由是義故,
이 용 유 이 고   향 내 이 고   고 이 등 염 위 동 법 유   유 시 의 고

不相違背.
불 상 위 배

이는 두 가지 작용이 아니기 때문이며, (견분이) 밖을 향해 일어난 것이기 때문이다. 그러므로 칼과 손가락으로써 동법同法의 비유를 삼은 것이다. 〈집량론〉의 뜻은 비록 그 견분이 스스로를 볼 수 없다 하더라도 자증분의 작용이 있어서 견분의 체를 증명할 수 있으니, 그 작용에 다름이 있기 때문이며 (견분이) 안을 향해 일어난 것이기 때문이다. 그러므로 등과 불꽃으로 동법의 비유를 삼은 것이니, 이러한 뜻에 의하므로 서로 어긋나지 않는다.

[별기別記]

비이용非二用은 보는 주체라는 작용과 보이는 대상이라는 작용이 두 개가 아니라는 말입니다. 별개가 아니라 모두 하나의 마음 작용이란 말이죠. 견분이 견분을 보는 것과 견분이 상분을 보는 것은 실제로는 모두 '마음이 마음을 보는 것'입니다. 다만, 밖을 향하기 때문에 상相을 보는 것인데, 여기서 밖이라는 것은 주체와 대상으로 나뉘어 주체가 대상을 바라보는 것을 말합니다. 주체가 주체 자신을 바라보면 견분이 견분을 보는 거죠. 우리는 잘 때 꿈속에서 수많은 현상들을 경험하는데, 이 또한 모두 마음에서 일어나는 일이고 마음이 스스로를 본 것입니다. 마음이 다채로운 상相을 만들고서 밖을 향하면 다채로운 대상을 보는 것이고, 안을 향하면 주체가 주체를 보는 것이 됩니다. 이 둘이 결국 마음이 마음을 본다는 면에서는 똑같습니다. 꿈속에서 꿈을 보는 것이나 깨어서 내 마음을 보는 것이나, 마음이 마음을 본다는 측면에서는 같아요. 그런 의미에서 마음은 마음을 볼 수 있죠. 심견심心見心이에요. 이것은 마음이 만들어낸 상(주체)이 마음이 만들어낸 상(대상)을 바라본다는 것입니다. 꿈속에서 꿈을 보는 것도, 깨어나 눈뜨

고 외부를 보는 것도, 관찰자가 주체를 보는 것도 모두 마음이 마음을 보는 것입니다. 그런데 그렇다고 해서 마음 자체를 볼 수 있나요? 마음 자체는 볼 수 없어요. 마음이 만들어낸 상相들을 볼 뿐이죠. 앞서 말한 '심불견심心不見心'은 상相이 아닌 마음 자체를 보지 못한다는 뜻이었던 거죠. 깊은 뜻을 모르는 사람이 말만 가지고 모순된다고 질문한 것입니다. 칼과 손가락의 비유는, 칼은 칼을 자를 수 없고 손가락은 손가락을 가리킬 수 없다는 것입니다. 눈은 눈을 볼 수 없다는 것과 같은 의미죠.

〈집량론〉은 견분이 스스로를 볼 수 없긴 하지만 자기 스스로를 이해하는 자증분自證分의 작용이 있어서 견분의 체體를 증명할 수 있다고 했습니다. 심心이 심心 자체를 볼 수는 없지만 증명할 수는 있다는 뜻으로 보면 됩니다. 이것이 바로 현상을 현상으로 보면 본체로 있게 된다고 말하는 것과 같은 내용입니다. 마음에서 일어나는 모든 현상을 현상으로 보면 그것 자체가 마음이 자기 스스로의 본체를 증명하는 것입니다.

주체인 '나'도 하나의 상相이다

견분은 주체이고, 견분의 본체는 마음 자체입니다. 주체가 상相을 볼 때는 밖을 향해 가기 때문에 결코 자기 자신을 볼 순 없지만, 견분이 견분을 향할 때는 (주체가 주체를 볼 때는) 뭔가 보이는 것 같다가 즉시 견분(나)과 상분(나)이 사라지므로, 그것을 통해서 마음 자체 즉 견분의 본체를 증거할 수 있다고 말하고 있습니다. 자증분自證分은 스스로를 증거하는 상相입니다. 견분의 본체, 즉 주체의 본체를 그 자증분自證分의 기능을 통해서 증거할 수 있다고 했어요. '볼 수 있다'고 하지 않고 '증거할 수 있다'고 했습니다. 결코, 견분이 견분의 체體를 볼 수 있다고 하지 않았습니다. 마음은 마음을 볼 수 없지만 증명할 수는 있습니다. 어떻게? '현상이 현상임을 봄'을 통해서 증명하는 것입니다.

이것은 우리가 늘 말해온 "주체와 대상은 동시에 생겼다가 동시에 사라진다.", "주체가 주체를 보기 시작하면 처음엔 있는 듯하지만, 점점 사라져서 태극의 상태로 간다."는 말과 같은 말입니다. 그걸 통해서 우리가 주체를 볼 순 없어요. 다만 주체(A)가 주체(B)를 봄으로써 주체(A)와 대상(B)이 동시에 사라져 가는 것을 통해 "아! 주체와 대상은 동시에 생겨났다가 사라지는구나. 즉, 내가 무언가를 보고서 '안다'는 것은 상相이 또 다른 상相을 보는 마음의 작용이구나. 그 말은 뒤집으면 보는 주체인 '나'도 하나의 상相이구나."를 알게 됩니다. 모든 마음의 상相을 상相으로 보게 되면 드디어 견분의 본체를 증명할 수 있게 됩니다. 견분의 본체는 마음 자체인데, 견분과 상분이 모두 대상이라는 것을 아는 것이 곧 견분의 본체인 마음 자체를 증명하는 것이나 같다는 말입니다.

견분見分과 상분相分이라고 이름 붙여놓은 것을 보세요. '나눌 분分' 자를 썼습니다. 보는 자로서의 부분과 보이는 대상으로서의 부분으로 마음이 분열되었다고 표현한 거예요. 우리식으로 말하면 주체와 대상이죠. 이 주체와 대상이 모두 마음의 상相이라는 것을 알면 드디어 이 주체의 본체를 증명할 수 있습니다. 그럼 어떻게 증명하느냐? 견분이 견분을 보는 것, 즉 관찰자가 주체를 보는 것을 통해서 증명할 수 있고, 이것이 안을 향해 마음이 일어나는 것(向內起)입니다. 그래서 등이 그 안에 불꽃을 담고 있는 것으로 비유를 삼았습니다. 이러한 뜻이므로 절고 이긋니는 것이 아닙니다. 이것은 경험한 자만이 말할 수 있기에 경험이 없는 사람은 말만 가지고 모순된다고 할 수 있어서 상세히 설명했습니다.

> 又復此經論中爲顯實相故, 就非有義說無自見.
> 우 부 차 경 론 중 위 현 실 상 고　취 비 유 의 설 무 자 견
>
> 集量論主爲立假名故, 依非無義說有自證.
> 집 량 론 주 위 립 가 명 고　의 비 무 의 설 유 자 증
>
> 또한 이 〈능가경〉과 〈기신론〉 가운데에는 실상을 나타내고자 했기 때문에 있지 않음(非有)의 뜻에 나아가 스스로를 볼 수 없다고 말한 것이고, 〈집량론〉의 저자는 가명을 세우고자 했기 때문에 없지 않음(非無)의 뜻에 의하여 스스로 증명함이 있다고 말하였다.
>
> [별기別記]

심불견심心不見心이라고 말한 〈능가경〉과 〈기신론〉은 실상 즉, 마음의 본질 자체를 다뤘기 때문에 있지 않음(非有)의 뜻에 의한다고 했습니다. '있는 것이 아니다(非有)'는 것은 '본질인 아트만이 존재한다는 상견常見은 하나의 견見일 뿐'이라는 의미입니다.

상견常見이란 끊임없이 변하지 않는 주체가 존재한다는 것입니다. 영원한 존재가 있으며, 그것이 변해서 모든 것이 생겨난다는 견해로 힌두교의 아트만Atman이나 진아眞我, 생명의 힘인 푸루샤Purusha 같은 것이 있다는 것이죠. 상견常見과 달리 그 어떤 것도 존재하지 않는다고 하는 견해를 단견斷見이라고 합니다. 흔히 말하듯이 세상의 본질은 무無나 공空이라는 거죠. 어떤 것도 영원한 것은 없다는 것이 단견斷見입니다.

그런데 불교에서는 "비유非有, 비비유非非有"라고 하면서 상견도, 단견도 부정합니다. 있는 것도 아니고 없는 것도 아니라는 거죠. 생각

에 묶이지 말라고 이렇게 말하는 것입니다. 만약에 있다(有)고 단정지어 말하면 "나는 진아를 체험했어. 나는 본질을 체험했어. 변함없는 진리의 무언가를 체험했어. I'm THAT." 이렇게 주장하게 됩니다. 그래서 불교에서는 "비유非有(있는 것이 아니다)"라고 합니다. 자 그러면 어떤 사람은 "아무것도 없어. 모든 것이 공空이야. 텅 비었어. 색色이라는 것은 없어. 모두 다 공空이지."라며 공空에 머무를 수 있습니다. 불교에서는 이런 사람에게 "비비유非非有(없는 것도 아니다)"라고 하는 거죠. 이렇게 되면 마음은 어떤 곳에도 머물지 못하게 하고, 무엇을 주장하는 '나'는 사라지게 되는 것입니다.

심불견심心不見心은 비유非有의 뜻에 의한 것으로, 마음의 본질을 볼 수 있는지 따지면 진아眞我조차 없는데 누가 무엇을 보겠습니까? 이렇게 "볼 수 없다"고 말한 것은 비유非有의 차원에서 말한 것입니다. 〈집량론〉의 저자는 가명假名을 세우고자 했기 때문이라고 했는데, 가명은 임시로 가짜로 만들어 놓은 이름인 주체와 대상을 말합니다. 이렇게 잠시 가명으로라도 만들어 놓았으므로 아무것도 없는 것은 아니기에 (非無) 주체가 주체의 본질을 증득하는 것이 가능한 것이죠.

증득證得이란 무엇인가

지금까지의 내용을 정리해보겠습니다. 〈능가경〉과 〈기신론〉에서는 '심불견심心不見心'이라고 했고, 〈집량론〉에서는 '마음은 마음을 증득證得할 수 있다.'고 했습니다. 경험이 부족한 누군가가 두 말이 모순되지 않느냐고 묻자 원효대사가 대답했습니다. 마음의 본체라는 것이 특별히 있는 것이 아닌데 무엇을 볼 수 있겠습니까? 우리는 있는 것만 볼 수 있고 잡아낼 수 있습니다. 마음속의 모든 상相을 잡아낼 수 있지만, 마음 자체는 상相이 있지 않기에(非有) 잡아낼 수 없다는 것이 심불견심心不見心의 의미입니다. 반면 〈집량론〉은 마음 자체가 없는 것은 아니기에(非無), 마음을 볼 수는 없지만 증득할 수는 있다고 했습니다. 이 두 가지 내용은 모순되는 것이 아닙니다. 그렇다면 어떤 방법으로 증득할까요? 가명假名, 즉 주체와 대상을 만들고 주체가 주체를 보는 작업을 통해서 주체와 대상이 모두 상相이라는 것을 알면, 상相에서 저절로 벗어나게 됩니다. 상相이 아닌 것을 보는 것이 아니라, 상相을 상相으로 봄으로써 상相이 아닌 자리에 제대로 서게 되는 것이 증득證得입니다.

> 然假名不動實相. 實相不壞假名. 不壞不動, 有何相違.
> 연 가 명 부 동 실 상　　실 상 불 괴 가 명　　불 괴 부 동　　유 하 상 위

> 그러나 가명은 실상을 움직이지 못하고 실상은 가명을 깨뜨리지 아니한다. 깨뜨리지 않고 움직이게 하지 않으니 어찌 서로 어긋남이 있겠는가?
> [별기別記]

가명假名은 가짜이므로 실상實相을 움직이지 못하겠죠? 또한, 실상은 가명을 없앨 수 없습니다. 없앨 필요도 없지만, 가명이라는 것은 실체가 없기 때문에 없애려 해도 그럴 수가 없어요. 이전에 얘기했듯 허공의 꽃을 없앨 수 없는 것과 같습니다. 이 둘이 서로 모순될 수가 없습니다. 하나는 진짜고 하나는 가짜이니 서로 만나지도 못하는데 어떻게 모순이 있겠습니까?

> 如此中說離見無相, 故見不見相. 而餘處說相分非見分,
> 여 차 중 설 리 견 무 상　　고 견 불 견 상　　이 여 처 설 상 분 비 견 분

> 故見能見相分. 如是相違, 何不致怪.
> 고 견 능 견 상 분　　여 시 상 위　　하 불 치 괴

이 가운데에는 견분을 떠나서는 상분이 없기 때문에 견분은 상분을 보지 못한다고 말하였으나, 다른 곳에서는 상분은 견분이 아니기 때문에 견분은 상분을 볼 수 있다고 말하였으니, 이와 같이 서로 어긋나는데, 어찌 이상하지 않겠는가?

[별기別記]

'견분見分을 떠나서는 상분相分이 없다'는 말은 주체를 떠나서는 대상이 없다는 말입니다. 주체와 대상은 손등과 손바닥의 관계처럼 동시에 생겨나기에 그렇습니다. 그런데 주체와 대상이 동시에 생겨난다는 것은, 곧 주체가 대상이라는 의미입니다. '견분이 상분을 보지 못한다.'는 말은, 견분이 보는 것은 실제는 견분이지 따로 있는 상분이 아니라는 뜻이에요. 여기서 말하는 상분은 견분과 완전히 별개의 것으로서의 상분을 뜻하는데 그런 것은 볼 수 없다는 의미입니다.

전체적으로는, 여기에서는 견분은 상분을 보지 못한다고 말했으나, 다른 곳에서는 상분은 견분이 아니기 때문에 견분이 상분을 볼 수 있다고 말하였으니 이상하다고 따지는 문장입니다.

當知如前亦不相壞. 又說爲顯假有, 故說有相有見. 爲顯假無,
당 지 여 전 역 불 상 괴　　우 설 위 현 가 유　　고 설 유 상 유 견　　위 현 가 무

故說無相無見.
고 설 무 상 무 견

(이것도) 앞서와 같이 역시 서로 깨뜨리지 않음을 알아야 한다. 또 말하기를 가유假有를 나타내려 하기 때문에 상분도 있고 견분도 있다고 하였고, 가무假無를 나타내려 하기 때문에 상분도 없고 견분도 없다고 말하였다.

[별기別記]

상분相分과 견분見分은 모두 마음속의 상相인 가유假有입니다. 영원토록 존재하는 것이 아닌 잠시 나타났다가 사라지는 것이죠. 지금 내가 컵을 보고 있다는 이런 느낌이 있죠? 주체와 대상이 지금 나타나 있습

니다. 이렇게 나타났다가 사라지겠지만, 없다고 말할 수는 없기에 가유假有입니다. 가무假無는 가짜로 없는 것입니다. 진짜로 아무것도 없는 게 아니에요. 마음에 정말 아무것도 없다면 주체와 대상의 기능도 나타나지 못합니다. 내가 뭔가에 몰입했을 때는 주체와 대상의 느낌이 없죠? 그때는 주체인 견분도 대상인 상분도 없습니다. 그런데 그 순간 없긴 하지만, 진짜 아무것도 없는 것이 아니라 가짜로 없는 것이라는 말입니다. 이것이 가무假無입니다.

이 논문을 통해서 원효대사가 말하고 싶어 하는 것은 "있는 것도 아니고 없는 것도 아니다."이며, 그 말을 통해 우리가 어떤 주장도 할 수 없게 만들려고 합니다. "나라는 것이 있는 것도 아니고, 없는 것도 아니라니. 이게 뭐야!" 하며 마음이 정지하게 하려고 합니다. 마음은 항상 무언가를 붙잡고 늘어지려고 합니다. 무언가를 붙잡고서 "내가 존재해." 또는 "나라는 것은 존재하지 않아." 하고 결론을 내리고 싶어 해요. 그런데 비유非有, 비무非無는 마음으로 하여금 어떤 것도 결론 내리지 못하게 하고, 그 어디에도 머물지 못하게 합니다. 읽어 내려갈수록 그 무엇도 주장하지 못하게 하는 내용이 많음을 알 수 있습니다. 마음을 혼돈에 빠뜨리는 것이 이 논문이 노리는 바입니다.

假有不當於有, 故不動於無. 假無不當於無, 故不壞於有.
가 유 부 당 어 유　고 부 동 어 무　가 무 부 당 어 무　고 불 괴 어 유

不壞於有, 故宛然而有. 不動於無, 故宛然而無.
불 괴 어 유　고 완 연 이 유　부 동 어 무　고 완 연 이 무

가유假有는 (참)유有에 해당하지 않기 때문에 무無를 움직이지 않고, 가무假無는 (참)무無에 해당하지 않기 때문에 유有를 깨뜨리지 않는다. 유有를 깨뜨리지 않기 때문에 의연히 있는 것이요, 무無를 움직이지 않기 때문에 의연히 없는 것이다.

[별기別記]

견분(주체)과 상분(대상)이 있다는 가유假有는 임시적인 상相으로 있을 뿐, 진짜 있는 것이 아니기 때문에 무無를 깨뜨리지 않습니다. 즉 주체와 대상이 없다는 무無와 모순되지 않는다는 말입니다. 마찬가지로 잠시 없을 뿐이지 진짜 없는 것이 아니라는 가무假無는 유有에 모순되지 않습니다.

비유비무非有非無, '나'를 주장하지 않으며 '나'를 잘 쓴다

如是甚深因緣道理. 蕭焉靡據. 蕩然無礙, 豈容違諍於其間哉.
여 시 심 심 인 연 도 리   소 언 미 거   탕 연 무 애   기 용 위 쟁 어 기 간 재

이와 같이 매우 깊은 인연의 도리가 고요하여 의거하는 것이 없으며 환하여 막힘이 없으니, 어찌 어긋나는 논쟁을 그 사이에 용납하겠는가?

[별기別記]

인연의 도리는 이것이 있으므로 해서 저것이 있는 것인데 이것은 의타적이므로 진짜 있는 게 아닙니다. 또한, 이것이 있을 때 저것이 있는 것이니까 전혀 없는 것이라고도 할 수 없습니다. 결국, 인연은 있는 것도 아니고 없는 것도 아니라는 것이에요.

'나'라는 것은 있는 것도 아니고 없는 것도 아닙니다. 이것을 파악하면 마음 깊은 곳에서 자기의 존재를 확신하지 않게 되어 자기를 주장하지 못하게 됩니다. 그렇다고 또 완전히 자기가 없다고 생각하지도 않아요. 그 자기를 필요에 따라 잘 사용할 수 있게 됩니다. 자기가 없다고 말하는 사람은 자기를 잘 사용하지 못하겠죠? 없는데 어떻게 사용하겠어요? 비유비무非有非無는 이런 의미입니다. 비유非有라는 것은 있지 않다는 것이니, 심중 깊숙한 본질 속에서 '나'는 존재하지 않는다는 의미입니다. 그렇지만 이 현상계에서는 없는 것은 아니라는 것이 비무非無입니다. 비유비무非有非無를 정확히 잘 터득하면 나를 주장하

지 않으면서 나를 필요에 따라 잘 쓸 수 있게 되는 것이죠. 오늘은 비유非有와 비무非無의 의미를 깊이 들여다보세요. '나'라고 하는 것은 정말로 깊이 들여다보면 있지 않습니다. 그러나 이 현상계에서는 내가 있다고 느껴지죠. 있다고 느껴질 때는 잘 사용하고, 그 외에는 헛된 자기가 있다고 주장하지 않으면 됩니다.

7. 의식意識의 근경식根境識

지금부터는 의식意識의 근경식根境識에 대해서 살펴보겠습니다.

근根은 감각기관인 안이비설신의眼耳鼻舌身意를 말하고, 경境은 감각대상인 색성향미촉법色聲香味觸法을 말하며, 식識은 안식眼識, 이식耳識, 비식鼻識, 설식舌識, 신식身識, 의식意識을 말합니다. 이러한 근경식根境識은 동시에 발생합니다. 나, 대상, 내가 대상을 안다는 것이 동시에 일어난다는 의미입니다.

의식의 측면에서의 근경식根境識을 의근意根, 의경意境, 의식意識이라고 하는데, 자세한 설명에 들어가기 전에 의意가 어떻게 근경식이 되는지를 먼저 살펴보겠습니다. 감각기관이 어떤 대상을 접하여 그것에 대한 앎이 생기는 것이 근경식입니다. 예를 들어 천장을 본다면 보는 눈이 근根이고, 천장이 경境이며, "저것은 천장이구나." 하는 앎이 식識입니다. 안이비설신眼耳鼻舌身 다섯 개의 감각기관은 그 대상이 뚜렷한 반면에 의意는 감지를 대상으로 삼기에 이해하기 조금 어렵습니다. 내 마음 속에 쌓여있는 감지가 의경意境입니다. 사람이나 사물을 보고 생겨난 어떤 느낌, 스키를 탈 때 넘어질 것 같은 두려움 같은 감지가 의意라는 감각기관의 대상이 되어 그것을 분별하는 의식意識이 생기게 됩니다.

　안이비설신眼耳鼻舌身이라는 근根은 신체적인 기준을 가지고 태어납니다. 안眼의 감각 기준은 가시광선이므로 적외선이나 자외선은 볼 수 없습니다. 빨간색부터 보라색까지 볼 수 있는 한계를 지닌 감각기관을 가지고 태어난 것이죠. 이렇게 모든 감각기관은 한계가 있기 마련입니다. 눈에 한계가 없다면 모든 것이 보이겠죠? 그러나 모든 것을 본다는 것은 아무것도 못 본다는 소리도 됩니다. 모든 것을 다 볼 수 있다고 상상해보세요. 원자, 소립자부터 시작해서 태양계, 더 멀리 있는 우주 전체를 낱낱이 볼 수 있다고 생각해봐요. 눈에 보이지 않는 것이 없으면 한계가 없으므로 '자기'라는 것이 생기지 않습니다. 한계가 자아를 만들어 냅니다. 존재한다는 것은 일종의 한계예요. 본다는 것에 어떤 제한이 없으면 '보는 자'가 만들어지지 않습니다. 듣는 것도 마찬가지죠. 이렇게 안이비설신眼耳鼻舌身에는 한계가 있음을 알겠는데, 그렇다면 의근意根은 어떤 한계나 기준을 가지고 있을까요?

　의근意根은 원래 가지고 태어나 고정적인 것이 아닌 생겨나는 것이며, 기본적으로 소의所依라고 합니다. 수동적으로 받아들이는 의식의 측면이에요. 눈으로 무엇을 보려면 그것을 다른 것과 구분할 수 있는 기준이 있듯이, 의意에 있어서는 쌓여있는 무명업상無明業相이 그 기준이 됩니다. 무명업상은 태어나면서 부모나 인류의 경험으로부터 받은 것도 있고, 태어난 이후 살아가면서 경험하여 쌓인 업業도 있습니다. 이 무명업상으로부터 분열이 일어나고, 그 분열에 의해서 볼 수 있게 되고, 볼 수 있게 되면 보이는 대상이 구별되기 시작하는 것이 불각삼상不覺三相이고, 이런 과정을 통해 의식이 일어나게 됩니다. 구별되

기 시작하면 드디어 분열과 상相 속으로 들어가는 것입니다. 상相이 있
나는 것은 다양성의 세계로 들어가는 것을 말합니다. 각覺의 세계에는
다양성이 없어요. 온 천지에 불성佛性이 전부인데 어떤 다양성이 있겠
어요? 다양성의 세계는 분리와 희로애락喜怒哀樂이 있는 재미있는 세계
죠. 그 희로애락이 자기를 괴롭혀 살기 힘들어서 문제이지, 그것에 개
의치 않을 수 있다면 아주 재미있는 세계입니다. 언제든지 그만두고
나올 수만 있다면요. 게임이 얼마나 재미있어요? 언제든지 그만 둘 수
도 있습니다. 게임 속에서 피 흘리고 죽어도 자기와는 상관없고 그러
다가 나올 수 있잖아요. 삶에서도 그럴 수 있다면, 내 육체와 마음이
피를 흘려도 상관없다면 그 사람은 삶을 통해서 게임을 하고 있는 거
죠. 다양성의 세계에는 피 흘리는 고통이 있는 반면에 눈부신 환희도
있습니다. 그런데 환희만 좋아하고 고통을 싫어하는 사람은 그 세계의
반쪽만 보고 있는 겁니다. 경험하려면 둘 다 경험할 수밖에 없어요. 그
중 하나만 경험하고 싶다면 아예 다 그만둬야 합니다. 그런 다양성의
세계가 경계가 생겨나면서부터 펼쳐지기 시작합니다. 의식意識이라는
것은 쌓여있는 무명업상無明業相과 능견상能見相과 경계상境界相에 의해
서 마음이 뭔가를 보기 시작하고 삼라만상을 펼쳐내면서 시작됩니다.
그 전에 쌓여있는 무명업상이 의근意根이라고 할 수 있습니다. 그것을
기준으로 모든 것이 시작되기 때문입니다.

의경意境은 의근意根의 대상입니다. 눈의 대상은 색, 귀의 대상은 소
리, 코의 대상은 향기, 혀의 대상은 맛, 몸의 대상은 촉감인데, 의근의
대상은 마음속의 느낌인 감지입니다. 우리가 말하는 느낌이라는 것은
마음에 의해 붙잡히는 모든 것을 말합니다. 예를 들어 마음속에서 초
조한 느낌이 잡힌다면, '초조함'이라고 하는 것은 '초조하지 않음'을 배

경으로 하는 것이고, 이 배경이 어떤 기준이 되는 의근意根이라고 할수 있습니다. '초조하지 않음'이라는 의근意根에 의해서 '초조함'이라는 의경意境이 잡히고 '나는 지금 초조해'라고 아는 것이 의식意識이 생깁니다. 이것이 바로 의意의 근경식이에요.

의근意根은 몸이 갖고 태어나는 안이비설신眼耳鼻舌身처럼 명확하지 않습니다. 또한, 계속해서 추가되고 제거되며 조금씩 변화합니다. 다양한 경험을 하는 사람은 변화가 클 것이고, 그냥 무난하게 살아가고 있다면 의근에 큰 변화는 없겠지요. 보통 스무 살 정도 되면 생활에 큰 변화가 없습니다. 우리는 의근意根을 잘 알지 못하고, 느껴지는 대상인 의경意境을 통해서 알게 됩니다. 사각의 느낌은 사각이 아닌 것을 배경으로 하여 즉 의타성을 통해서 파악됩니다. 사각의 느낌이라는 의경을 통해 사각 아닌 느낌인 의근을 파악할 수 있습니다. 의근과 의경이 만나서 식識이 생겨난 것이 의식意識인데 '무엇을 느낀다, 안다, 본다.'는 것이죠. 사실은 의意뿐만 아니라 그 외의 다섯 가지의 근根으로부터도 의식이 생겨납니다. 눈으로 인해 안식眼識만 생기는 것이 아니에요. 그리고 안식眼識, 이식耳識 등을 통틀어서 의식이라고도 합니다.

정리해보겠습니다. 의식이라는 측면의 근경식根境識을 의근意根, 의경意境, 의식意識이라고 하는데, 의근은 그동안 쌓인 것으로 배경과 기준이 되는 것이고 (무명업상), 의경은 의근이 잡아내는 느낌이며 (감지), 의식은 의근과 의경이 접하여서 나타나는 '이게 어떻다'는 앎입니다.

여기서 중요한 것은 의意라는 것도 하나의 감각기관이라는 것입니다. 느낌을 잡아낼 수 있기 때문에 감각기관이라고 하는 거예요. 우리는 마음속의 감지를 잡는 연습을 해왔습니다. 마음속에 어떤 느낌이 일어나면 "감지가 있다."고 말하죠? 형광등을 보면서 이름과 형태를 빼고 남는 어떤 느낌, 그 느낌이 잡혔다고 말합니다. 지금껏 그 느낌을 누가 잡았다고 생각했어요? 마음이 잡았다고 생각했죠. 그런데 잘 보세요. 정말 마음이 잡은 거예요? 그것은 의근이라는 배경에 대비적으로 나타난 현상일 뿐입니다. 만약에 배경이 없다면 그 느낌은 나타나지 않습니다.

파란색 배경에서는 파란색 원이 보이지 않습니다. 흰색 배경에서는 파란색 원이 잘 보이겠죠. 이렇게 뭔가 의식한다는 것은 그것과 구분되는 배경이 있다는 것입니다. 존재하는 모든 것은 상호의존적입니다. 파란색 원이 존재하려면 파란색이 아닌 배경을 전제해야 합니다. 사실, 존재한다는 것은 배경으로부터 분리되었다는 뜻입니다. 이 예에서는 흰 배경이 의근으로 기준이 되고, 파란 원이 의경이고, '아! 이게 파란 동그라미야'하는 것이 의식입니다.

의근意根과 깨달음

통찰과 깨달음은 내 안에 쌓여 배경이 되는 의근意根까지도 마음이 알아채는 것입니다. 깨달음은 마음이 무엇을 잡아내어 아는 것과 다른 거예요. '안다'는 것은 자기가 배경으로 있으면서 전경을 파악하는 거라면, 알아챔이나 깨달음은 배경으로 있으면서 배경과 전경이 동시에 생겨났다 사라진다는 것을 파악하는 것입니다. 자기가 배경으로 있으면서 그 배경마저도 알아차리는 것이 깨닫는 것이에요. 다시 말해 의근으로 있으면서 의근 자체를 파악하는 거지요. 이것이 '나' 자체가 현상임을 파악하는 것입니다. 지금의 '나'라는 느낌 자체가 배경과 전경이 다르므로 생겨난 하나의 느낌임을 파악하면 이 '나'를 고집할 수 없습니다. 내가 느껴진다는 것 자체가 만들어진 현상임을 알면 고집할 수 없어요.

이상의 내용을 기반으로 해서 의식에 대해 얘기합니다. 감각기관인 의意에 의해서 만들어진 앎이 의식意識입니다. 한자에는 이렇게 논리적인 구조가 있고, 철학이 있습니다. 하지만 영어는 이런 게 없어요. Consciousness뿐입니다. 의식에 대한 원문 보겠습니다.

復次言意識者. 卽此相續識. 依諸凡夫取著轉深. 計我我所.
부 차 언 의 식 자   즉 차 상 속 식   의 제 범 부 취 저 전 심   계 아 아 소

種種妄執. 隨事攀緣. 分別六塵. 名爲意識. 亦名分離識.
종 종 망 집   수 사 반 연   분 별 육 진   명 위 의 식   역 명 분 리 식

다음, 의식이라고 말한 것은 곧 상속식이 모든 범부의 집착함이 점점 깊어짐에 의하여 아我와 아소我所를 계탁하여 여러 가지 망집妄執으로 일에 따라 반연하여 육진(육경)을 분별하기 때문에 의식이라 하고, 또 분리식이라 한다.

[논論]

서로가 서로를 끊임없이 연결하는 것이 상속식相續識입니다. 불각不覺이 일어나 볼 수 있고, 나타나며, 경계를 취하고, 망념을 일으켜 서로 이어지는 것을 의意라고 하였고(不覺而起. 能見. 能現. 能取境界. 起念相續. 故說爲意), 의意의 다섯 가지 이름에서 상속식이 나왔습니다. 업식業識, 전식轉識, 현식現識, 지식智識, 상속식相續識이 의意의 다섯 가지 이름입니다. 이것이 곧 기준이 되는 의근意根이라고 할 수 있습니다.

무명無明의 힘으로 불각심不覺心이 움직이는 것이 최초의 업식業識입니다. 두 번째 전식轉識은 움직이는 마음(動心)에 의존해서 상相을 볼 수 있는 것입니다. 능견상能見相이 생긴 것이죠. 동심動心이라는 것은 마음

이 움직인다는 것인데, 움직이려면 움직일 주체와 움직일 수 있는 공간이 있어야 합니다. 곧 나와 대상으로 나뉜 마음이라는 뜻입니다. 세 번째 현식現識은 일체의 경계를 나타냄이 마치 맑은 거울이 물체의 형상을 나타내는 것과 같다고 했습니다. 무엇인가 '나타났다'는 것은 전체로부터 분리됐다는 뜻입니다. 흰바탕에 흰색 원을 그렸다고 해봅시다. 그것이 '나타날까요?' 오직 흰바탕과 다른 색일 때만 그것은 나타날 것입니다. 즉 구분되고 분별될 때만 그것은 전체에서 분리되어 나타납니다. 마치 파란 원이 흰색 배경으로부터 분리되듯이 말이죠.

네 번째 지식智識은 염법染法과 정법淨法으로 나누는 것을 말합니다. 옳고 그름, 진리와 진리 아닌 것을 나누기 시작합니다. 지식智識은 지혜로운 앎인데, 지혜는 기본적으로 분리를 기반으로 합니다. 지혜 이전에 지혜를 사용해야지, 지혜로 나눈 부분 속에서 지혜를 사용한다는 것은 결국 분리를 조장하는 것입니다. 세상 속에 살면서 염법染法과 정법淨法을 나누는 것은 중요합니다. 사회에서 옳고 그름을 가리는 것은 중요해요. 그러나 "나는 조화와 질서의 편에 서 있어."라는 것을 절대적으로 믿어버리면 자기는 전체가 아닌 분리된 일부일 뿐입니다. 전체를 보고 염법과 정법을 넘어서서 정법을 사용해야 하는데, 염법과 정법을 나눠놓고 정법에만 속해 있으면 분리된 반쪽으로 존재하는 것입니다. 상식적으로는 염법과 정법을 구별하면 지혜로운 거죠. 깨끗함과 더러움을 구분할 줄 알아야지, 그것을 구별하지 못한다면 바보입니다. 그런데 구분 자체가 지혜로움이고 그 지혜는 나누어진 분리를 기반으로 하기에, 누군가가 '나는 깨끗한 사람이야'라고 여긴다면 그 사람은 전체를 보지 못하고 스스로 일부분임을 인정하는 것이나 똑같습니다. 깨끗함은 더러움이 있기 때문에 있습니다. 더러움이 없으면 깨끗함도 없어요. 그 더러움도 자신에 의해서 나온 것이고 그 더러움마저 전체의 한 측면이라는 것을 파악해야 하는데, '나는 더러움이 싫어.'하고 있다면 자기는 부분으로 남겠다는 소리입니다. 이렇게 염법과 정법이 분별되면 옳고 그름, 싫고 좋음, 이것과 저것이 생겨나면서 망념이 상응하여 끊이지 않게 되는데 이것을 다섯 번째 상속식相續識이라고 합니다. 이 다섯 가지는 의意의 이름이며, 곧 의근意根이 되고, 마지막 상속식이 드디어 여섯 번째 의식意識으로 이어집니다. 이것이 육식六識이 생겨나는 과정입니다.

계아아소計我我所는 나와 나 아닌 것을 계산하고 헤아려 분별하는 것입니다. 무언가를 '나'라고 하면 그 주변에 '나 아닌 것'이 생겨나고, '나 아닌 것'은 나의 소유가 되므로 아소유我所有라고 말하는데 줄여서 아소我所라고도 합니다. 이렇게 분별하여 나누면, 좋고 싫음이 생겨 집착할 수밖에 없습니다. 계산하고 분별하기 시작하면 그때부터 여러 가지 망령된 집착으로 '일에 따라서 반연攀緣하여 육진六塵을 분별한다'고 했습니다. 반연攀緣은 의존한다는 뜻입니다. 덩굴이 스스로 위로 올라갈 수 없기에 나무를 타고 올라가듯이 그렇게 의존하는 것을 반연攀緣이라고 합니다. 일事이라는 대상을 기준 삼아서 망집의 덩굴이 올라가는데, 이 일들은 분별 때문에 생기는 것이고, 분별은 기본적으로 쌓여있는 무명업無明業에 의한 분열 때문에 생겼습니다. 이렇게 모든 것이 무명업無明業으로부터 시작됩니다. 십이연기十二緣起가 거기서 시작되는 거죠. 세상 만물의 펼쳐짐은 모두 이것은 저것으로 인해 생기고, 저것은 이것으로 인해 생겨나는데, 그것을 추적하고 추적해 들어가면 무명업無明業으로 귀착됩니다.

그럼 그렇게 쌓여있는 업業은 내가 만들었나요? 아닙니다. 그냥 홀
토 오는 깃일 뿐, 우리에게는 아무 잘못이 없습니다. 망령되고 어리석
은 집착은 좋고 나쁨의 분별 때문에 생겨나고, 그 분별은 분열로 인해
생겨나고, 그 분열은 쌓여있는 업 때문인데, 그 업은 왜 생겼는지 아무
도 모릅니다. 어떤 이유도 없어요. 아무런 이유 없는 바람에 의해서 쌓
이기 때문에 무명업無明業이라고 합니다. 무명無明의 다른 말은 밝지 않
음입니다. 어리석음에 의해서, 모름에 의해서, 혹은 아무 이유 없이 우
주 삼라만상의 다양한 현상이 생겨났다가 사라집니다.

번뇌煩惱와 보리菩提는 다르지 않다

무명업으로부터 시작된 망집妄執은 일에 따라 반연하여 번뇌를 일으
킵니다. 육진六塵은 육경六境입니다. 색성향미촉법色聲香味觸法은 여섯
가지의 경계인데, 이것을 다른 말로 육진이라고 합니다. 육진을 분별
하기 때문에 의식意識이라고 하는데, 이 의식은 안이비설신의眼耳鼻舌身
意의 식識을 분별합니다. 다른 말로는 분리식分離識, 곧 분리하는 앎입
니다. 모든 앎은 분리와 분별에서 일어나는 앎이기에 그렇습니다.

又復說名分別事識. 此識依見愛煩惱增長義故.
우 부 설 명 분 별 사 식　　차 식 의 견 애 번 뇌 증 장 의 고

다시 분별사식이라 이름하니, 이 식識이 견애번뇌의 증장되는 뜻에 의하
기 때문이다.

[논論]

분별사식分別事識은 일을 분별하는 앎이라는 말입니다. 견애번뇌見
愛煩惱는 견혹見惑과 사혹思惑을 말합니다. 견혹見惑은 신견身見, 변견邊
見, 사견邪見, 견취견見取見, 계금취견戒禁取見, 탐貪, 진瞋, 치痴, 만慢,

의疑의 10종이 있는데, 보는 것(능견상)을 통해서 미혹되어 미로 속에 빠지는 것을 말합니다. 사혹思惑은 생각을 통해서 미혹되는 것으로 수혹修惑이라고도 합니다. 이는 낱낱의 사물의 진상을 알지 못하므로 일어나는 번뇌를 말하는데 그중에서도 특히 탐애하는 것을 말합니다. 애착과 같은 것이죠. 이 사혹思惑은 정情과 의意에 관한 것이어서 끊기 쉽지 않습니다. 우리가 "정이 쌓였네."라고 말하는 그 정情이에요. 정情이 모든 정서를 일으키고, 그 정서가 증폭되어서 감정을 일으킵니다. 정情 자체는 감정하고 떨어져 있어 감정적인 극성이 약한데, 이 쌓인 정이 발현되어 끌리고 밀치는 것이 증폭되면 감정으로 발전합니다. 불교에서도 정情이라는 단어를 '쌓여있다'는 의미로 사용하고 있습니다. 우리는 '정이 쌓였네.'라고 표현하죠. 좋고 싫은 것이 없어도 오래 같이 있으면 정情이 쌓입니다. 딱히 좋은 것도 아니었는데 그 사람이 사라지면 허전한 마음이 드는 것은 정情 때문입니다. 늘 같이 있으면서 자기도 모르게 공명하고 또는 미묘하게 끌리고 밀치면서 어떤 패턴이 자리 잡게 됩니다. 좋든 싫든 간에 어떤 패턴이 자리 잡았는데 그 사람이 떠나버리면 그 패턴이 재구성되어야 하잖아요. 그러면서 생기는 변화 때문에 허전한 마음이 생겨나게 됩니다. 미운 정, 고운 정이 그런 뜻이죠. 아무리 미운 사람이라도 떠나면 허전한 거예요. 그래서 밉다고 너무 미워하면 안 됩니다.

이런 정과 번뇌들을 끊기란 쉽지 않습니다. 우리는 평소에 이름과 생각으로 사람을 보기에 고정된 느낌이 듭니다. 그런데 감지感知™가 예민해지면 사람을 볼 때, 어제 본 느낌과 오늘 보는 느낌이 다릅니다. 사람의 느낌이 바뀌어요. 이렇게 느낌으로 보기 시작하면, 정情을 끊을 수 있는 토대가 마련됩니다. 그런 느낌은 무의식적인 심층의 자동적인 느낌인데 이것을 느낄 줄 알면 정情을 끊기 쉬워요. 그것이 안 되니까 끊기 쉽지 않고, 오랜 시간에 걸쳐서 앓고난 후에 끊게 되는 거죠. 이제부터 일상에서 감지를 발견하며 사람들을 느낌으로 잘 살펴보세요. "저 사람은 이런 사람이야." 하고 정해놓고 보면 늘 똑같지만, 그것을 빼고 보면 매번 느낌이 달라집니다. 일상을 감지로 살아가면 재미있습니다.

의意와 의식意識은 생멸문生滅門에 속합니다. 생멸문은 마음에 생겨났다가 사라지고, 진여문眞如門은 늘 변함없습니다. 소승은 진여眞如를 추구하므로 끊임없이 자기를 탐구하고 깨달음에 온 에너지를 투입하는 반면, 대승은 생멸生滅과 진여眞如가 다르지 않다고 얘기합니다. 중생과 부처가 다르지 않고, 번뇌와 보리가 다르지 않다고 말하죠. 번뇌를 느끼는 것은 그것이 보리를 기반으로 하기 때문입니다. 보리를 높게 여길 필요도 없어요. 번뇌가 있어야 보리가 있으니까요. 번뇌가 없다면 어디에 무슨 보리가 있겠습니까? 번뇌나 보리가 다 마음의 현상이라는 것이죠.

그렇기 때문에 어렵습니다. 본질과 본질 아닌 것이 정해져 있다면 알아차리는 것이 어렵지 않습니다. 고요한 물이 진리이고 파도치는 격랑이 번뇌라고 구별된다면 쉽습니다. 고요해지려고 애쓰고 노력하면 됩니다. 상相은 오염되어 있고 본질은 깨끗하여 이 본질만 파악하면 된다고 정해져 있다면 어렵지 않아요. 하지만 대승은 "본질은 깨끗하기도 하고 오염되어 있기도 하다, 오염되어 있지만 오염되어 있지 않다." 이런 식으로 분명하게 나누지 않습니다. 그것이 번뇌 즉 보리라는 거죠. 파도 자체가 물이라는 것입니다. 깨달음이라고 이름 붙은 현상의 어려운 점은, 명확하게 분리하고 나눠서 알 수 있는 것이 아니라는 것입니다. 분열 속에는 결코 깨달음이 없습니다. 진아眞我와 진아 아닌 것, 깨달음과 깨달음이 아닌 것을 나눴다는 것 자체가 이미 분열 속에 있는 것입니다.

.. 하권에서 계속 됩니다 ..

깨어있기™에서 사용하는 용어는 경험을 통해 분류된 것이기 때문에 일반적으로 알고 있는 내용과 다를 수 있습니다. 이렇게 정의를 분명히 하게 되면 경험에 도움이 될 것이므로 먼저 소개합니다.

감각感覺 : 있는 그대로를 느껴 앎
감각하다(있는 그대로 느끼기)

우리가 태어나 처음 감각기관을 사용하기 시작할 때 느껴지는 것으로, 자아의식과 존재감에 대한 아무런 지식과 통찰이 없는 상태이기 때문에 암흑에서 시작하는 아이와 같습니다. 여기서 말하는 '감각'은 수동적인 받아들임입니다. 이것은 불교에서 말하는 수상행식受想行識의 수受와 유사합니다. 사물을 직접적으로 감각하며 '나'로 인한 왜곡이 없습니다. 쉽게 표현하자면 우리가 보는 사물에서 기억으로 인한 '이름'과 그것의 '형태 및 질質'에 대한 느낌을 내려놓았을 때 남는 순수한 느낌입니다.

감지感知 : '익숙하다', '안다'는 느낌

감지되다(익숙하고 안다고 느끼기)

감지感知는 무언가 '안다'는 느낌입니다. 감각된 것이 흔적을 남겨 내면에 쌓이기 시작한 이후, 우리는 이제 그것들을 통해 외부의 사물을 보게 됩니다. 그 내적인 기준으로 인해 느껴지는 '익숙한' 느낌이 감지이며 이것은 일종의 미세한 기억입니다. 이때부터 사물은 있는 그대로 '보여지는' 수동적인 것이 아니라, 그렇게 내면에 쌓인 것을 통해 '보는' 능동적 대상이 됩니다. 즉, '보이는 것'이 아니라 내면에 '쌓인 것을 통해' '보는 것'입니다. 불교에서 말하는 상想과 유사합니다. 내면에 쌓인 일종의 고정된 과거過去라고 할 수 있습니다. 시계, 책상과 같은 사물에서 식물, 동물에 이르기까지 익숙하고 안다고 느껴지는 느낌, 더 나아가 슬픔, 행복과 같은 '느낌'도 역시 감지에 속합니다. 느껴서(感) 안다(知)는 의미입니다. 지금 이 순간, 처음 느끼는 것이 아니라 과거에 한번이라도 맛보았던 것으로 느껴진다면 모두 일종의 과거인 감지에 속합니다. 즉, 이름 붙일 수 있는 모든 것은 감지이며 과거입니다. 그리고 감지에는 시각적인 것뿐만이 아니라 청각, 후각, 미각, 촉각적인 것까지 모두 있습니다. 예를 들어 감지가 체험되고 구별된다면, 흔히 선사禪師들이 '바람에 흔들리는 깃발'은 바람이 흔들리는가, 깃발이 흔들리는가라고 물을 때, 흔들리는 것은 바람도 깃발도 아니고 '그대의 마음이다'라는 말의 의미가 이해될 것입니다. 내 안의 과거인 '흔들린다'는 감지가 느껴지고 있는 것입니다. 그것은 우화가 아니라 실제 우리 의식에서 일어나고 있는 일입니다. 감지를 구별하게 되면 우리의 의식작용을 더 깊이 이해하게 됩니다. 더 나아가 가장 미세하면서도 상위의 감지로는 '나'라는 느낌이 있습니다. 수많은 감지들 중 어떤 상황에 적절한 하나의 감지와 동일시되어 '주체'로 느껴지는 것이 '나'라는 느낌입니다.

모든 감지는 고통을 만들어냅니다. 왜냐하면 감지란 내적인 '안다'를 기준삼아 다른 것들과의 사이에 끌림과 밀침이 일어나게 하는 원인이기 때문입니다. 끌림이 일어나면 그것과 함께 하려하게 되고, 함께 하지 못하면 미세한 고통이 일어나며, 끌림이 강해질수록 고통은 강해집니다. 그와 반대로 밀침은 그것과 함께하고 싶지 않은 것인데 이때 피하지 못하면 고통이 뒤따릅니다. 이렇듯 모든 내적인 끌림과 밀침은 괴로움의 원인이 됩니다. 이를 불교에서는 고苦라고 부릅니다. 그러므로 고苦는 '감지' 수준에서부터 시작됩니다. 그러나 이것은 말 그대로의 생각(想)뿐 아니라 그에 앞서 형성되는 일종의 이미지나 미세한 느낌까지 포함합니다. 즉, '깨어있기'의 감지感知는 '익숙하다'거나 '안다'는 느낌으로서, 우리가 보통 '시계'라고 할 때 떠오르는 그 느낌에서 '이름'을 뺀 상태라고 보면 됩니다. 그에 반해 감각은 이름과 형태와 질을 모두 뺀 상태입니다. 감지는 감각들이 흔적을 남긴 것이며 그들 간의 관계가 작용하여 서로 간에 밀침과 끌림이 일어난 상태입니다. 하나의 사물에서 이름을 빼더라도 그것의 전체 이미지나 느낌에는 분명히 '안다'는 느낌이 있습니다. 이름을 빼어냈으므로 그 내적 대상을 '무엇'이라고 말할 수는 없지만 그것을 '안다'는 느낌은 있는 것입니다. 즉 감지는 '안다'거나 '익숙하다'는 느낌을 지닌 일종의 과거입니다. 우리는 이 무의식적 저장물과 그들 간의 관계에서 오는 끌림과 밀침을 의식적으로 알아차리지 못하여 그것에 이리저리 끌려다니고 있습니다. 그러므로 사실은 무의식적으로 저장된 이미지들의 관계 속에 빠져서 행동하고 있다고 해도 과언이 아닐 것입니다. 그래서 자신도 모르게 무언가가 좋기도 하고, 싫기도 하며, 그에 따라 행동하고는 나중에 의식하여 후회하기가 다반사인 것입니다. 우리의 좋다/싫다는 대부분이 이 감지의 층에서 일어나고 있으며, 보통은 그것이 의식화되지 않기에 자신의 행동이 의식적으로 컨트롤되지 않는다고 느끼는 것입니다. 이렇게 저장된 경험으로서의 과거기억인 감지는 흔히 카르마로, 과거의 경향성으로 불리어지며 이를 해소하기 위해서는 심층심리로 들어가 그 고리를 끊어야 한다고 말합니다. 물론 이러한 감지에는 유전적, 집단 무의식적 저장물도 있을 것이며, 그 저장물들 사이의 끌림과 밀침으로 인한 작용도 있을 것입니다. 그러나 이 순간에 깨어있으면, 그 감지들과 동일시되는 순간을 알아차릴 수 있으며, 그러면 감지에 저절로 쏟아 부어지는 생명에너지가 차단됨으로 해서 동일시가 끊어지고 그로부터 자유로울 수 있게 됩니다. 그러므로 깨어있기만 해도 이 동일시의 고리는 언제든 끊을 수 있습니다(《깨어있기−의식의 대해부》책 '동일시 끊기' 연습 참조).

주의注意 : 생명의 투명한 힘

주의에는 자동적自動的 주의와 의도적意圖的 주의가 있습니다. 자동적 주의는 부지불식간에 일어나며, 놀라거나 위급한 상황을 알리는 소리에 저절로 우리의 주의가 가는 것과 같이, 자신도 모르게 주의가 사로잡히는 경우입니다. 이는 감각과 관련이 있습니다. 그에 반해 의도적 주의는 어떤 뜻을 가지고 주의를 '보내는' 것입니다. 그 모든 주의에는 내적으로 끌어당기는 힘(인력引力)과 밀어내는 힘(척력斥力)이 수반

될 수 있습니다. 그 의식적 끌림과 밀침이 아주 미세하여 잘 느껴지지 않을 수도 있지만 내적으로 감지感知가 완전히 형성된 성인成人들은 늘 무의식적으로라도 이러한 끌림과 밀침을 경험하고 있습니다. 이때 끌림과 밀침은 불교에서 말하는 탐貪과 진嗔에 해당한다 할 수 있습니다. 탐진貪嗔이 보통 '의식적인 측면'에서 일어나는 것을 주로 말한다면, 여기서는 그것이 무의식적 감지의 층에서도 일어나며 그 모든 것을 포괄하여 말하기 위해 끌림과 밀침이라는 용어를 사용하였습니다.

끌림(貪)과 밀침(嗔)이 느껴져 그것이 자각 되더라도, 보통은 의식하기 전에 이미 자동적으로 동일시가 진행되고 그로 인해 에너지 통로가 형성되어 되돌리기 어렵게 됩니다. 그리고 동일시된 의식적 대상에 에너지가 유입되기 때문에 '내가 저것을 싫어한다'거나 '나는 저것을 좋아한다'는 느낌에 무의식적으로 빠져버리고 맙니다. 그런데 중요한 것은 일단 여기에서 빠져 나와야 한다는 것입니다. 밀침의 경우에는 에너지가 유입되기 시작하면, 저항하는 그 상황에 이르기 싫다는 느낌이 커지게 됩니다. 그때 자신의 주의注意를 그 밀침의 '느낌'에 주지 말고 그 밀침을 '자각하고 있는 의식' 쪽으로 옮겨야 합니다. 그러면 그 밀침의 감정으로 유입되는 에너지가 줄어들고 깨어있는 의식 쪽으로 에너지가 더 많이 유입되게 됩니다. 그 후 감정은 자연스레 약해지고 사라지게 됩니다. 그러나 여기서 무엇보다 중요한 것은 동일시가 일어나는 순간을 볼 수 있어야 한다는 점입니다. 그 순간을 볼 수 있게 되면 노력하지 않아도 저절로 의식은 '깨어있기'로 들어가게 되고 에너지도 낭비되지 않습니다. 알아챈다는 것은 생명에너지의 방향을 전환시키는 역할을 하기 때문에 동일시로 흐르는 거대한 에너지 강물을 애써 막지 않아도 그 흐름을 저절로 멈추게 합니다.

생각과 의식 : 감지들의 네트워크

앞의 세 단계를 다시 정리하면 순수한 감각단계를 지나면서 우리 근원의식에 일종의 흔적인 감지感知('익숙하다, 안다'는 느낌을 일으키는 것)를 남기는데, 이후 저장된 흔적인 감지와 지금 새롭게 주의가 가서 감각된 정보가 비교, 대조되면서 우리 내면에 생각과 의식을 일으킵니다. 그러나 생각도 결국 근원 에너지의 패턴입니다. 따라서 생각의 내용에 빠지지 않고 생각을 '감각하기'시작하면, 그것을 정밀하게 들여다보게 되고 그것이 의식에너지의 '작용'임을 알아채게 됩니다. 그런 후에는 일어났다 사라지는 생각이라는 패턴과 감정이라는 패턴, 더 미세한 감지라는 패턴을 볼 수 있습니다.

이것을 물로 비유하자면, 생각과 감정과 감지는 일종의 파도입니다. 분명한 모양이 있는 것으로 보이며 서로 간에 구별이 됩니다. 그런데 그것을 좀 더 자세히 들여다보면 모두가 물의 '작용'임을 보게 됩니다. 그리고 마지막으로 물의 작용이란 일어났다 사라지는 현상이라는 것을 눈치채게 됩니다.

동일시 : 삶을 '알게' 해주는 유용한 도구

생각과 의식이 발생하면 이때부터 어느 한 생각과의 동일시가 일어나고, 동일시가 일어나면 에너지가 주로 쏟아부어지는 부분인 '나'가 고착되며, 이후 '나 아닌 것'과의 끌림과 밀침을 통해 좋다/싫다는 감정이 일어나게 됩니다. 예를 들면, 도로에서 차 한 대가 급하게 끼어듭니다. 순간 화가 일어납니다. 그런데 사실 이렇게 화가 나는 것은

'저런 행동을 해서는 안된다'라는 생각이 내면에 저장되어 있었기 때문입니다. 그 생각과 '내'가 동일시되어 있는 것이지요. 즉, 그 주체가 되는 생각이 반대되는 상황으로 인한 생각과 부딪혀 밀침의 감정이 일어난 것입니다. 그런데 흥미로운 점은 이 두 가지 생각 모두가 저 밖의 '외부'에서 일어나는 것이 아니라 사실은 이 '내면의 세상'에서 일어나는 생각들이고, 나의 생명 에너지가 그중 하나의 생각과 동일시될 때 분노의 느낌이 분명해진다는 점입니다. 만일 이때 일어난 생각과 동일시가 되지 않고 초연히 이 두 생각들이 생겼다 사라지는 현상을 볼 수 있었다면 자유에 한발 가까워졌을 것입니다. 다시 말해 동일시란 지금 일어나는 수많은 생각들 중, 그동안 살아오면서 내가 받아들이고 인정한 생각의 네트워크에 유사한 것을 '나'라고 이름 붙여 에너지 중심을 삼는 것입니다.

감정 : 감지들 간의 밀고 당기는 관계를 보여주다

현재 일어난 상황이, '나'와 동일시된 생각에 일치하거나 불일치함에 따라 끌림(탐욕)과 밀침(저항)이 발생하는데 그 에너지가 증폭되면서 감정이 일어납니다. 대표적 감정을 단계별로 나누면 밀침에 해당하는 것에는 무기력 또는 냉담함, 슬픔, 두려움, 증오, 분노가 있고, 끌림에 해당하는 것으로는 육체적 즐거움에 대한 탐닉, 사랑에 대한 탐닉, 정신적 기쁨에 대한 탐닉이 있습니다. 냉담함이란 얼어붙어 움직이지 못하며 에너지가 갇혀있는 것을 말합니다. 거기서 조금 나와 움직일 수 있지만 수동적으로 느끼기만 하는 슬픔이 있습니다. 그 후 뭔가 대처를 해보고 싶지만 상처를 입을까 함부로 움직이지 못하는 두려움이 있

고, 상대를 향해 쏟아내기 시작하는 증오가 있습니다. 그리고는 드디
이 폭발하는 분노가 있습니다.

탐욕에는 크게 육체적, 과도적, 정신적 탐욕이 있는데, 육체적 탐욕
은 즐거움을 갈망하는 것으로 나타나고, 과도적인 탐욕은 흔히 갈애渴
愛라고 하는 사랑의 탐욕으로, 그 후 정신적 탐욕은 기쁨에 탐닉하는
형태로 나타납니다.

이 모든 감정들을 느끼고 사용하는 것은 좋지만 문제가 되는 것은
그 감정들에 빠지는 것입니다. 저항하게 되는 감정들은 위험의 신호로
보고, 탐욕하게 되는 감정들은 잠시 누린다고 여긴다면 이들을 잘 사
용하는 것이 됩니다.

빠지지 않기 위해서는 이러한 감정에 대해 내면에서 끌리거나 밀치
는 순간을 알아채면 됩니다. 그렇게 되면 그것을 향해 생겨나는 에너
지 통로를 멈출 수 있습니다. 사실 모든 감정은, 그 전에 생겨나 있는
감지와 동일시되면서 에너지 통로가 생성되고 그를 통해 생명에너지
가 주로 부어져, 그것과 밀침 또는 끌림이 일어나 발생하는 것입니다.
그렇게 일어난 감정은 나의 심신을 온통 물들이게 됩니다. 그러므로
어떤 생각에 끌리거나 저항할 때 그 생각의 짝이 되는 숨겨진 주체생
각을 순간적으로 알아채게 되면 주체생각과의 자동적인 동일시가 멈
추고, 그로 인해 에너지 통로가 생기지 않으며 그 두 생각 전체를 그냥
바라볼 수 있게 됩니다.

감각에 열려있기

이렇게 어느 한 생각이나 어느 한 감지와의 동일시를 알아채기 위해

'모든 감각에 열려있기'라는 방법을 사용할 수 있습니다. 예를 들어 자신의 몸을 민감한 진동체라고 생각합니다. 그리고 주의를 몸에 둡니다. 사방에서 날아와 내 몸에 부딪히는 소리가 몸의 어느 부위에 자극을 주고 공명을 일으키는지에 주의합니다. 그렇게 하면 사방에서 들리는 모든 소리를 들을 수 있습니다. 어느 한 소리에 빠지지 않고 모든 소리를 듣는 것입니다. 보통 우리의 주의는 소리 나는 사물이나 장소로 빠르게 달려가 그것만을 듣습니다. 그렇기에 들려오는 수많은 소리들 중 하나의 소리에 귀를 기울이며 거기에 빠지는 것입니다. 그 습관적인 '빠짐'을 멈춰보는 것입니다.

그와 같이 시각도 마찬가지입니다. 주의를 자신에게 두고 사방을 봅니다. 어느 한 가지에 시각적 주의가 빠지지 않도록 하여 보게 되면 시야에 나타나는 모든 것이 '보이게 됩니다'. 어느 한 가지를 '보는' 것이 아니라 '보이는' 것입니다. 그와 같이 내적인 감정이나 생각도 그렇게 할 수 있습니다. 생각과 감정 하나에 빠지지 말고 그냥 내적중심에 주의를 남겨둔 채 있으면서 열어놓습니다. 그렇게 되면 모든 생각과 감정 및 느낌들이 전체적으로 '느껴집니다.' 어느 하나를 '느끼려고' 하거나, 어느 한 가지 느낌이나 생각, 감정에 '빠지지' 않은 채 그 모든 것을 향해 열려있기가 가능합니다.' 그리되면 모든 것이 느껴지고, 보이고, 생각되어짐을 알 수 있습니다. 더 나아가 그 '보여짐'이 깊어지면 내가 동일시되어 있는, 그래서 '내'게 보이지 않던 '주체생각'도 보이게 됩니다. 사실 주체가 되는 생각이나 느낌은 잘 보이지 않습니다. 그것은 이미 '내'가 되어있기 때문입니다. 그러므로 그렇게 동일시된 주체생각을 보기 위해서는 섬세하고 투명하며 중도적인 자세가 요구됩니다.

깨어있기 : '있음'을 깨닫기

깨어있기는 투명한 의식의 상태이며, 아무런 '안다'는 생각이나 느낌이 없이 열려있는 의식을 말합니다. 보통 우리는 어떤 생각이나 느낌을 늘 의식하고 있으며, 그것을 내용이 있는 의식이라고 부릅니다. 그러나 깨어있기는 어떤 내용도 없는 의식이며, 그런 의미에서 '의식이 없다'라고도 할 수 있습니다. 그렇지만 항상 현재에 반응할 수 있는 상태이므로 텅 빈, 열려있는 의식이라 하는 것입니다. 그래서 생각이 감각되기 시작하면 이제 그 생각을 '아는 깨어있는 의식' 느끼기로 갑니다. 깨어있기는 수동적으로 감각하기입니다. 의식과 생각, 감정, 감지 등 모든 것을 수동적으로 감각하는 것입니다. 다가오는 대로 감각하기, 이것이 깨어있기의 정의입니다. 그리고 그 깨어있기가 항상 가능하도록 열려있는 것입니다. 깨어있기 연습 과정에서 졸림이 일어나기도 하는데 졸린다는 것은 지금 깨어있는 것이 아니라 '깨어있다'는 '감지' 속에 있기 때문입니다. 우리의 의식은 놀라운 능력을 가지고 있어 '깨어있다'는 느낌도 만들어냅니다. 즉, 일종의 미세한 이미지를 만들어 느끼고 있는 것입니다. 그것 역시 고정된 과거이기에 졸리는 현상이 일어납니다. 변화가 없으면 의식은 졸음에 빠집니다. 이때는 그 이미지를 느끼고 있는 깨어있는 의식을 느끼도록 해야 합니다. 또 피곤하다는 현상도 나타납니다. 힘들고 피곤하다는 것은 내적인 끌림이나 밀침에 에너지를 낭비하기 때문입니다. 끌림은 뭔가 좋은 경험을 하였다고 판단하여 그것을 계속 맛보려고 하는데서 오는 것이고, 밀침은 뭔가 자신은 열등하다고 느끼거나 잘 안될까 불안하거나 다른 일들에 신경이 쓰이는 등의 느낌에 저항할 때 일어납니다. 그 저항과 탐욕에 에너지를 낭비하기에 피곤한 것입니다. 이때는 그저 자신이 내적으로 무언가에 끌리거나 밀치고 있다는 것을 알아채고 깨어있기 상태로 돌아오면 됩니다.

각성覺性 : 의식의 본질을 깨닫기, 느끼는 자로 있기

'느끼는 자'로 있는 것을 의미합니다. 다시 말하면 근원으로 있는 것입니다. 깨어있는 의식을 느끼거나 순수한 있음을 느끼는 것이 아니라 그것을 가능하게 하는 '존재하는 자로 있기'입니다.

이 책은 아래 오인회 회원님들의 후원을 받아 제작되었습니다.
고미영, 김명희, 김복래, 김선희, 문장식, 민은주, 박치하, 배진희, 신주연,
이도연, 이승구, 이현호, 임선희, 정인호, 황세희 (가나다 순)

대승, 현상과 본질을 뛰어넘다 上

지은이 월인越因
펴낸이 이원규
펴낸곳 히어나우시스템
발행일 2016년 8월 15일
출판등록 제 1-24135호 1998.12.21
주소 서울시 관악구 봉천동 1540-33호 혜남빌딩 3층
전화 (02) 747-2261~2, 팩스 (02) 747-3642
홈페이지 www.herenow.co.kr
전자메일 cpo@herenow.co.kr

ISBN 978-89-94139-14-2, 04190